电子商务"十三五"系列
编审委员会名单

主　　任　陈　进
副 主 任　祁　明　汤兵勇　贺盛瑜　张润彤
委　　员（按拼音排序）
　　　　　曹　杰（南京财经大学）
　　　　　陈　进（对外经济贸易大学）
　　　　　郭卫东（首都经济贸易大学）
　　　　　贺盛瑜（成都信息工程学院）
　　　　　胡　桃（北京邮电大学）
　　　　　华　迎（对外经济贸易大学）
　　　　　琚春华（浙江工商大学）
　　　　　劳帼龄（上海财经大学）
　　　　　李　明（重庆师范大学）
　　　　　倪　明（华东交通大学）
　　　　　祁　明（华南理工大学）
　　　　　瞿彭志（上海大学）
　　　　　帅青红（西南财经大学）
　　　　　孙宝文（中央财经大学）
　　　　　孙建红（宁波大学）
　　　　　孙细明（武汉工程大学）
　　　　　汤兵勇（东华大学）
　　　　　闫相斌（哈尔滨工业大学）
　　　　　杨路明（云南大学）
　　　　　叶琼伟（云南财经大学）
　　　　　张李义（武汉大学）
　　　　　张润彤（北京交通大学）
　　　　　张玉林（东南大学）

电子商务"十三五"系列

电子商务创业

孙细明　叶琼伟　朱湘晖　　等编著
张　曦　张宗祥　秦　娟

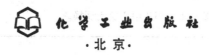

化学工业出版社

·北京·

"互联网+"时代,大众创业、万众创新时代,电子商务创业恰逢其时。为更好指导高校大学生进行创业,指导社会上有志于从事电子商务创业的人士,我们精心准备、认真编写了《电子商务创业》,希望能为有志之士提供一点智力支持、点燃创业激情、激发创业灵感。

《电子商务创业》分为三篇,共8章。第一篇知识准备篇,系统梳理了近期发布的关于电子商务和创业的各项政策和措施,电商创业形式和流程,以及创业者素质能力、团队组建方式、互联网思维;分析了创业项目可行性和总体规划以及网络、物流、支付、营销等设计方式。此篇旨在为电子商务创业者进行必要知识储备。第二篇为电子商务创业计划篇,内容包括商业计划书编写、商业模式设计及创业经营管理等,此篇旨在进一步落实创业计划。第三篇为实践案例篇,从大量电子商务"创新、创意、创业"获奖案例及实践案例中精选了11个案例,其中既有目前运营顺利的成功案例,也有失败的案例;既有大学生创业案例,又有社会人士创业案例;既有产品案例,又有平台案例;既有传统电商方式又有微商等方式的案例。案例各有侧重,以期帮助电商创业者广开思路。

《电子商务创业》可作为有志于从事电子商务创业的普通高校学生创业教材,也可作为社会上立志从事电子商务创业人员的参考书。

图书在版编目(CIP)数据

电子商务创业/孙细明等编著. —北京:化学工业出版社,2015.6(2023.1重印)
电子商务"十三五"系列
ISBN 978-7-122-24186-3

Ⅰ.①电… Ⅱ.①孙… Ⅲ.①电子商务-商业经营 Ⅳ.①F713.36

中国版本图书馆CIP数据核字(2015)第118323号

责任编辑:宋湘玲　　　　　　　　装帧设计:尹琳琳
责任校对:宋　玮

出版发行:化学工业出版社(北京市东城区青年湖南街13号　邮政编码100011)
印　　装:北京建宏印刷有限公司
787mm×1092mm　1/16　印张18¼　字数456千字　2023年1月北京第1版第7次印刷

购书咨询:010-64518888　　　　　　售后服务:010-64518899
网　　址:http://www.cip.com.cn
凡购买本书,如有缺损质量问题,本社销售中心负责调换。

定　　价:49.80元　　　　　　　　　　　　　　　　　　版权所有　违者必究

编写说明

近年来国家有关部委发布了《电子商务发展"十二五"规划》、《"十二五"电子商务发展指导意见》等文件,为电子商务的发展制定了宏伟蓝图。并从国家层面开展了电子商务示范城市创建工作、电子商务示范基地创建工作及电子商务示范企业评选工作等。电子商务的发展进入了快车道。2015年"互联网+"行动计划的提出,为电子商务的快速发展提供了助推器。

电子商务的飞速发展,使得各行各业对电子商务人才的要求越来越高。我国高等教育承担着为国家培养和输送懂技术、能实干的电子商务活动的策划、开发和管理的专门人才。目前,我国300多所高校开设了电子商务本科专业,每年约有5万多电子商务的高等学校毕业生走向电子商务相关行业。为了更好地培养电子商务专业人才,我们经过多次调研、反复研讨、认真组织,与化学工业出版社合作出版了本套电子商务系列教材。

本套教材是依据电子商务专业最新专业规范的培养要求,组织电子商务研究领域中颇有建树的学者教授、行业专家共同编写。主编老师大多为教育部高等学校电子商务专业教学指导委员会委员及业内公认专家学者。

本套教材定位于为企业培养开展电子商务活动的策划、开发和管理的专门人才。

本套教材具有如下特色:

(1)行业特色:融入电器、服装、制造、化工、钢铁、粮食、小商品;金融、电信移动、新材料、网络信息等行业特点;重视制造业与服

务业的融合。

（2）案例特色：以传统行业开展电子商务活动的典型案例为主，注重案例分析及拓展。

（3）校企合作：教材面向社会需求和应用，与企业结合、与企业共同编写，将企业实战观点渗入教材。

本套教材配套有电子资源（电子课件、习题解答），为选用教材的任课老师免费提供，如有需要请登录化学工业出版社教学资源网www.cipedu.com.cn下载或者联系1172741428@qq.com。

编写时虽力求精益求精，但疏漏在所难免，还请广大专家读者批评指正。

电子商务"十三五"系列
编审委员会
2015年7月

前言 Preface

当前,我国正步入增速换挡、方式转变、结构优化、动力转换的经济发展"新常态"。加快形成新的经济发展方式,需要更多地依靠现代服务业和战略性新兴产业带动,电子商务作为战略性新兴产业,在转变经济增长方式、推动产业转型升级、促进信息经济发展等方面发挥着重要作用,也是提振内需、扩大消费、促进就业、实现"全民创业,万众创新"的重要途径之一。

近年来,电子商务呈现井喷式发展,商业模式持续创新,产业分工体系逐步细化和完善,产业规模迅速扩大,直接和间接创造了大量就业机会,在国民经济和社会生活中的影响力日益增强。日前,国务院印发《关于大力发展电子商务加快培育经济新动力的意见》,部署进一步促进电子商务创新发展,鼓励电子商务领域就业创业,加强人才培养培训;近期又印发《关于深化高等学校创新创业教育改革的实施意见》,明确2015年起全面深化高校创新创业教育改革,2017年普及创新创业教育,2020年建立健全高校创新创业教育体系等。在此背景下,《电子商务创业》出版可谓恰逢其时。

电子商务类专业是以互联网等信息技术为依托、面向现代经济社会领域商务活动的新兴专业。该类专业强调管理、经济和信息等多学科的融合,具有很强的知识交叉和实践应用特点,是典型的面向互联网商务就业和和创业的创新类专业。

2014年10月,教育部电子商务类专业教学指导委员会完成了《电子商务类专业教学质量国家标准》的制定工作,确定了"电子商务创业"作为电子商务类专业的主要课程。鉴于此,我们在电子商务系列图书中立项了《电子商务创业》一书。经过大家一年的共同努力,终于完成了《电子商务创业》的编著工作。通过本课程的学习,读者能系统地掌握电子商务创业的基本理论知识和方法技能,通过大量的实践案例,训练电子商务创业的思维;培养电子商务创业的初步能力;为进行电子商务创业打下坚实的基础。

《电子商务创业》共分为三篇8章。第一篇知识准备篇,内容包括电子商务创业形势政策、创业流程和创业风险、创业者素质(互联网思维)等以及创业项目选择及规划设计,此篇旨在为电子商务创业者进行必要知识储备;第二篇为电子商务创业计划篇,内容包括商业计划书编写、商业模式设计及创业经营管理等,此篇旨在进一步落实创业计划；第三篇为实践案例篇，从大量电子商务"创新、创意、创业"获奖案例及实践案例中精选了11个典型案例进行分析。全书以"创业形势政策、必备创业知识—创业项目策划设计—商业计划书编写—商业模式设计—企业经营管理—创业成败案例分析"为线索首次全面系统疏理了电子商务创业之路，并在其中穿插了大小共计37个案例。《电子商务创业》希冀点燃更多创业激情，并为黑暗中孤独行走的创业者送去一丝光明。

《电子商务创业》由武汉工程大学孙细明教授，云南财经大学叶琼伟教授，武汉工程大学朱湘晖副教授、张曦副教授、张宗祥副教授及秦娟讲师等编著而成。明均仁、万文君、王琨、张醍、李婧源、李成义、龙帅等参与了本书的资料收集和部分编写工作。具体分工如下：第一章由孙细明、秦娟、王琨撰写；第二章由张宗祥、朱湘晖、张曦撰写；第三章由张宗祥撰写；第四章由朱湘晖撰写；第五章由张曦、孙细明、张宗祥、张醍撰写；第六章由张曦、朱湘晖、明均仁、万文君撰写；第七章由孙细明、叶琼伟、朱湘晖、张曦、王琨、张醍、李婧源、李成义、董兆琪等撰写；第八章由孙细明、朱湘晖等撰写；全书由孙细明、朱湘晖、叶琼伟进行统稿。

武汉工程大学管理学院、云南财经大学商学院的领导，对外经济贸易大学陈进教授、东华大学汤兵勇教授、武汉大学张李义教授、东南大学张玉林教授、北京交通大学张润彤教授、哈尔滨工业大学闫相斌教授、重庆师范大学李明教授、云南大学杨路明教授等都对本书的编写给予了大力支持。在此，一并表示衷心的谢意！

《电子商务创业》部分成果出自湖北省人文社科重点研究基地湖北民族地区经济社会发展研究中心项目（HMY201407）。

《电子商务创业》出版受"国家自然科学基金项目（71162005）"和"云南省高校电子商务创新与创业重点实验室（云教科2014[16]"）的资助。

由于作者水平有限，书中不足在所难免，恳请各位同行和读者们赐教。

本书配套有电子课件、微课等资料，为读者免费提供，如有需要，可以扫描下述二维码，在线观看。

作 者

2015年7月

目录 Contents

第一篇 创业知识储备

第1章 电子商务与创业

1.1 电子商务概述 ·· 002
 1.1.1 电子商务概念 ·· 002
 1.1.2 电子商务类型 ·· 002
 1.1.3 电子商务现状及趋势 ··· 004
 1.1.4 电子商务创新应用 ·· 006

1.2 电子商务创业 ··· 009
 1.2.1 电子商务创业的特点 ··· 009
 1.2.2 电子商务创业形势政策 ·· 009
 1.2.3 电子商务创业形式及手段 ··· 016
 1.2.4 电子商务创业流程 ·· 019
 1.2.5 电子商务创业的风险 ··· 023

1.3 电子商务创业者素质 ·· 024
 1.3.1 基本素质和能力 ··· 024
 1.3.2 知识结构 ·· 024
 1.3.3 团队组建 ·· 024
 1.3.4 互联网思维 ··· 029

本章小结 ·· 034

思考题 ··· 034

第2章　电子商务创业项目策划与设计

- 2.1 创业项目需求及可行性分析 ········· 035
  - 2.1.1 创业项目选择 ········· 035
  - 2.1.2 创业项目融资 ········· 038
  - 2.1.3 创业项目的可行性分析 ········· 039
- 2.2 创业项目总体规划 ········· 042
- 2.3 网站建设 ········· 044
  - 2.3.1 定位网站并设定目标 ········· 045
  - 2.3.2 申请域名和空间 ········· 045
  - 2.3.3 网站功能和需求策划 ········· 046
  - 2.3.4 网站风格设计 ········· 046
  - 2.3.5 网站代码制作 ········· 047
  - 2.3.6 网站测试与上传 ········· 047
  - 2.3.7 网站的推广与维护 ········· 047
- 2.4 物流设计 ········· 048
  - 2.4.1 电子商务物流概述 ········· 048
  - 2.4.2 电子商务物流模式 ········· 048
  - 2.4.3 电商物流模式选择 ········· 057
- 2.5 支付方式选择 ········· 058
  - 2.5.1 电子支付和网上支付 ········· 058
  - 2.5.2 支付方式选择 ········· 059
  - 2.5.3 支付安全措施 ········· 063
- 2.6 网络营销 ········· 064
  - 2.6.1 网络营销方式及案例 ········· 064
  - 2.6.2 营销模式创新 ········· 069
- 本章小结 ········· 070
- 思考题 ········· 070

第二篇　电子商务创业商业计划

第3章　商业计划书

- 3.1 商业计划书作用和分类 ······ 078
  - 3.1.1 商业计划书概念和作用 ······ 078
  - 3.1.2 商业计划书分类 ······ 079
- 3.2 商业计划书的基本要求 ······ 080
  - 3.2.1 写作风格要求 ······ 081
  - 3.2.2 创业者视角的内容要求 ······ 082
  - 3.2.3 投资者视角的内容要求 ······ 083
  - 3.2.4 写作目标与注意事项 ······ 084
- 3.3 商业计划书的结构与内容 ······ 085
  - 3.3.1 计划摘要 ······ 086
  - 3.3.2 产品（服务）介绍 ······ 086
  - 3.3.3 人员及组织架构 ······ 087
  - 3.3.4 市场预测 ······ 088
  - 3.3.5 营销策略 ······ 089
  - 3.3.6 制造计划 ······ 089
  - 3.3.7 财务规划 ······ 089
- 3.4 商业计划书的编写 ······ 090
  - 3.4.1 商业计划书的各项目编写 ······ 091
  - 3.4.2 商业计划书的参考案例 ······ 094
- 思考题 ······ 100

第4章 电子商务创业商业模式设计

4.1 商业模式简介 ……………………………………………………………… 101
　4.1.1 商业模式概述 ………………………………………………………… 101
　4.1.2 商业模式的类型 ……………………………………………………… 105
　4.1.3 商业模式核心原则 …………………………………………………… 107
4.2 电子商务盈利模式 ………………………………………………………… 108
　4.2.1 盈利模式概述 ………………………………………………………… 108
　4.2.2 盈利模式类型 ………………………………………………………… 109
4.3 电子商务盈利模式选择 …………………………………………………… 114
　4.3.1 盈利模式构成要素 …………………………………………………… 114
　4.3.2 盈利模式影响因素 …………………………………………………… 115
4.4 电子商务创业新商业模式 ………………………………………………… 120
　4.4.1 微博电商 ……………………………………………………………… 121
　4.4.2 工业品电商 …………………………………………………………… 122
　4.4.3 微信电商 ……………………………………………………………… 123
　4.4.4 社区电商 ……………………………………………………………… 124
　4.4.5 达人电商 ……………………………………………………………… 125
4.5 案例分析 …………………………………………………………………… 126
思考题 …………………………………………………………………………… 132

第5章 创业企业的经营管理

5.1 创业企业的组织结构设计 ………………………………………………… 133
　5.1.1 组织结构概述 ………………………………………………………… 133
　5.1.2 组织结构特征 ………………………………………………………… 133
　5.1.3 组织结构设计内容 …………………………………………………… 134
5.2 创业企业团队管理 ………………………………………………………… 135

  5.2.1 创业团队文化 ································ 135
  5.2.2 创业团队不同阶段管理策略 ···················· 136
 5.3 创业企业的经营管理 ······························· 137
  5.3.1 企业创业初期及管理 ··························· 137
  5.3.2 企业创业成长期特征、挑战与管理 ············ 140
 5.4 创业企业财务管理 ·································· 142
  5.4.1 财务管理模式 ···································· 142
  5.4.2 财务报表解读 ···································· 143
  5.4.3 制订财务分析 ···································· 153
  5.4.4 财务计划案例 ···································· 158
  5.4.5 阿里巴巴的财务分析 ··························· 160
 5.5 创业企业的风险管理 ······························· 164
  5.5.1 创业企业成长风险的分析 ······················ 165
  5.5.2 风险分类 ··· 165
  5.5.3 分类风险管理 ···································· 167

思考题 ··· 172

第三篇 电子商务创业案例分析

第6章 全国大学生电子商务"创新、创意、创业"挑战赛案例

 6.1 知交网 ··· 174
  6.1.1 技术与服务 ······································ 175
  6.1.2 市场分析 ··· 181
  6.1.3 营销策略 ··· 183
  6.1.4 盈利模式 ··· 187

6.1.5 增值服务 189
　　6.1.6 公司管理 189
　　6.1.7 风险分析 191
　　6.1.8 风险资本退出 193
6.2 谷绿农品 195
　　6.2.1 产品简介 196
　　6.2.2 经历的困境 196
　　6.2.3 成功因素 199
　　6.2.4 未来的发展 201
6.3 学伴旅途 201
　　6.3.1 网站简介 201
　　6.3.2 电子商务网站 203
　　6.3.3 市场分析 205
　　6.3.4 竞争性分析 207
　　6.3.5 营销策略 209
　　6.3.6 公司管理 210
　　6.3.7 财务分析 212
　　6.3.8 风险分析 220
6.4 斯达沃网上创业项目 221
　　6.4.1 公司简介 221
　　6.4.2 项目背景 221
　　6.4.3 项目介绍 222
　　6.4.4 市场分析 225
　　6.4.5 公司战略 230
　　6.4.6 市场营销 231
　　6.4.7 公司管理 234
　　6.4.8 财务分析 237
　　6.4.9 融资规划 238
　　6.4.10 项目特点 239
6.5 小结 241
案例启示与思考 242

第7章 电子商务创业实践案例分析

7.1 御泥坊电子商务案例分析 243
7.1.1 基本情况 243
7.1.2 商业模式 243
7.1.3 管理理念 244
7.1.4 营销策略 244
7.1.5 问题与建议 244

案例启示与思考 245

7.2 云南土特产网电子商务平台案例分析 245
7.2.1 基本情况 246
7.2.2 商业模式 246
7.2.3 运营模式 247
7.2.4 技术架构 248
7.2.5 问题与建议 248

案例启示与思考 249

7.3 微淘吧电子商务案例分析 250
7.3.1 项目背景 250
7.3.2 商业模式 250
7.3.3 经营模式 251
7.3.4 技术方案 252
7.3.5 问题与建议 252

案例启示与思考 253

7.4 百途微投电商平台案例分析 253
7.4.1 基本情况 253
7.4.2 组织机构 254
7.4.3 运营模式 255
7.4.4 管理模式 255
7.4.5 创新模式 256

7.4.6 综合概述 ········· 256
7.4.7 案例点评 ········· 256

案例启示与思考 ········· 257

7.5 在线电子商务信誉管理系统及应用案例分析 ········· 257
    7.5.1 基本信息 ········· 257
    7.5.2 商业模式 ········· 258
    7.5.3 技术模式 ········· 258
    7.5.4 系统延伸 ········· 262

案例启示与思考 ········· 263

第8章 电子商务创业失败案例分析

8.1 生鲜电商失败案例分析 ········· 264
    8.1.1 公司基本情况 ········· 264
    8.1.2 创业项目优势与特色 ········· 264
    8.1.3 创业失败原因分析 ········· 265
    8.1.4 创业失败中发现的问题 ········· 267

8.2 团购网站失败案例分析 ········· 267
    8.2.1 ×团购网的倒下 ········· 267
    8.2.2 团购的困境 ········· 268
    8.2.3 创业失败分析 ········· 269

案例启示与思考 ········· 270

参考文献

案例目录

案例2-1	Wavebetter洗脸神器	035
案例2-2	下厨房	036
案例2-3	挖财	036
案例2-4	苹果与微软	037
案例2-5	京东商城物流——自营物流案例	049
案例2-6	聚美优品——半外包模式案例	054
案例2-7	大数据与云物流	056
案例2-8	最后一公里物流	057
案例2-9	Sweet & D-mousse——美国乡村派甜点的崛起	066
案例2-10	网易、新东方的一对——SAT之道	067
案例2-11	疯狂猜图——分享的胜利	068
案例2-12	阿里巴巴——双十一的狂欢	068
案例2-13	稀品网——专业海外代购	069
综合应用案例2-14	大学生创业	070
案例3-1	××公司的商业计划书目录与结构	094
案例4-1	换个角度看商机	103
案例4-2	优视科技公司盈利模式分析	117
案例4-3	Rose Only	121
案例4-4	科通芯城	122
案例4-5	微信卖板鸭	123
案例4-6	铁血网	124
案例4-7	Ayawawa的娃娃美颜课	125
综合应用案例4-8	途牛旅游网商业模式分析	126
案例5-1	小米的组织结构	134
案例5-2	阿里巴巴企业文化构建	136
综合应用案例5-3	凡客诚品	169
6.1	知交网	174
6.2	谷绿农品	195

6.3	学伴旅途	201
6.4	斯达沃网上创业项目	221
7.1	御泥坊电子商务案例分析	243
7.2	云南土特产网电子商务平台案例分析	245
7.3	微淘吧电子商务案例分析	250
7.4	百途微投电商平台案例分析	253
7.5	在线电子商务信誉管理系统及应用案例分析	257
8.1	生鲜电商失败案例分析	264
8.2	团购网站失败案例分析	267

第一篇

创业知识储备

- 第1章 电子商务与创业
- 第2章 电子商务创业项目策划与设计

第1章 电子商务与创业

随着信息技术在国际贸易和商业领域的广泛应用，利用计算机技术、网络通信技术和因特网实现商务活动的国际化，已成为各国商务发展的一大趋势。电子商务正是为适应这种以全球为市场的变化而出现和发展起来的，它可以使商家和供应商之间的联系更加紧密，更快地满足客户的需求，也可以让商家在全球范围内选择最佳供应商，在全球市场上销售产品。

1.1 电子商务概述

1.1.1 电子商务概念

电子商务起始于20世纪80年代，是一个不断发展的概念。首先将电子商务划分为广义和狭义的电子商务。

从狭义上讲，电子商务（Electronic Commerce，EC）是指通过使用互联网等电子工具（这些工具包括电报、电话、广播、电视、传真、计算机、计算机网络、移动通信等）在全球范围内进行的商务贸易活动，是以计算机网络为基础所进行的各种商务活动，是商品和服务的提供者、广告商、消费者、中介商等有关各方行为的总和。人们一般理解的电子商务是指狭义上的电子商务。

从广义上讲，电子商务一词源自于Electronic Business，就是通过电子手段进行的商业事务活动。通过使用互联网等电子工具，公司内部、供应商、客户和合作伙伴之间，利用电子业务共享信息，实现企业间业务流程的电子化，配合企业内部的电子化生产管理系统，提高企业的生产、库存、流通和资金等各个环节的效率。

无论是广义的还是狭义的电子商务概念，电子商务都涵盖了两个方面：一是离不开互联网这个平台，没有了网络，就称不上电子商务；二是通过互联网完成的是一种商务活动。

1.1.2 电子商务类型

按照商业活动的运行方式，电子商务可以分为完全电子商务和非完全电子商务。

按照商务活动的内容，电子商务主要包括间接电子商务（有形货物的电子订货和付款，仍然需要利用传统渠道如邮政服务和商业快递车送货）和直接电子商务（无形货物和服务，如某些计算机软件、娱乐产品的联机订购、付款和交付，或者是全球规模的信息服务）。

按照开展电子交易的范围，电子商务可以分为区域化电子商务、远程国内电子商务、全球电子商务。

按照使用网络的类型，电子商务可以分为基于专门增值网络的电子商务、基于互联网的电子商务、基于Intranet的电子商务。

按照交易对象，电子商务可以分为企业对企业的电子商务（B2B）、企业对消费者的电子商务（B2C）、消费者对消费者的电子商务（C2C）、针对企业或者产品的销售者或者为其工作者（B2M）、经理人直接面对最终消费者的电子商务（M2C）、企业对政府的电子商务（B2G）、消费者对政府的电子商务（C2G）、线上线下电子商务（O2O）。另外，还有企业、消费者、代理商三者相互转化的电子商务（ABC）、以消费者为中心的全新商业模式（C2B2S）、以供需方为目标的新型电子商务（P2D），以及团队向商家采购的模式（B2T）。

（1）B2B（B2B=Business to Business）

商家（泛指企业）对商家的电子商务，即企业与企业之间通过互联网进行产品、服务及信息的交换。通俗的说法是指进行电子商务交易的供需双方都是商家（或企业、公司），她（他）们使用了Internet的技术或各种商务网络平台（拓商网），完成商务交易的过程。这些过程包括：发布供求信息，订货及确认订货，支付过程，以及票据的签发、传送和接收，确定配送方案并监控配送过程等。

（2）B2C（B2C=Business to Customer）

B2C模式是中国最早产生的电子商务模式，如今的B2C电子商务网站非常多，比较大型的有天猫商城、京东商城、一号商城、亚马逊、苏宁易购、国美在线等。

（3）C2C（C2C=Consumer to Consumer）

C2C同B2B、B2C一样，都是电子商务的几种模式之一。不同的是C2C是用户（消费者）对用户的模式，C2C商务平台就是通过为买卖双方提供一个在线交易平台，使卖方可以主动提供商品上网拍卖，而买方可以自行选择商品进行竞价。

（4）B2M（B2M=Business to Manager）

B2M是相对于B2B、B2C、C2C的电子商务模式而言，是一种全新的电子商务模式。而这种电子商务相对于以上三种有着本质的不同，其根本的区别在于目标客户群的性质不同，前三者的目标客户群都是作为一种消费者的身份出现，而B2M所针对的客户群是该企业或者该产品的销售者或者为其工作者，而不是最终消费者。

（5）M2C（Manager to Consumer）

M2C是针对于B2M的电子商务模式而出现的延伸概念。B2M环节中，企业通过网络平台发布该企业的产品或者服务，职业经理人通过网络获取该企业的产品或者服务信息，并且为该企业提供产品销售或者提供企业服务，企业通过经理人的服务达到销售产品或者获得服务的目的。

（6）B2G（B2A）（B2G=Business to Government）

B2G模式是企业与政府管理部门之间的电子商务，它的概念是商业和政府机关能使用中央网站来交换数据并且与彼此作生意，而且比他们通常离开网络更加有效。如政府采购，海关报税的平台，国税局和地税局报税的平台等。

B2G也可能支持虚拟工作间，在这里，商家和代理可以通过共享一个公共的网站来协调已签约工程的工作，协调在线会议，回顾计划并管理发展。B2G也可能包括在线应用软件和数据库设计的租赁，尤其为政府机关所使用。

（7）C2A（C2G）（Consumer to Administration）

消费者对政府的电子商务，指的是政府对个人的电子商务活动。这类电子商务活动目前还没有真正形成。然而，在个别发达国家，如在澳大利亚，政府的税务机构已经通过指定私营税务，或财务会计事务所用电子方式来为个人报税。这类活动虽然还没有达到真正的报税电子化，但是，它已经具备了消费者对行政机构电子商务的雏形。

政府随着商业机构对消费者、商业机构对行政机构的电子商务的发展，将会对社会的个人实施更为全面的电子方式服务。政府各部门向社会纳税人提供的各种服务，如社会福利金的支付等，将来都会在网上进行。

（8）O2O（O2O=Online to Offline）

O2O是新兴起的一种电子商务新商业模式，即将线下商务的机会与互联网结合在一起，让互联网成为线下交易的前台。这样线下服务就可以用线上来揽客，消费者可以用线上来筛选服务，还有成交可以在线结算，很快达到规模。该模式最重要的特点是：推广效果可查，每笔交易可跟踪。以美乐乐的O2O模式为例，其通过搜索引擎和社交平台建立海量网站入口，将在网络的一批家居网购消费者吸引到美乐乐家居网，进而引流到当地的美乐乐体验馆。线下体验馆则承担产品展示与体验以及部分的售后服务功能。

（9）ABC

ABC模式是新型电子商务模式的一种，ABC分别是代理商（Agents）、商家（Business）、消费者（Consumer）英文第一个字母，被誉为继阿里巴巴B2B模式、京东商城B2C模式、淘宝C2C模式之后电子商务界的第四大模式。是由代理商（Agents）、商家（Business）和消费者（Consumer）共同搭建的集生产、经营、消费为一体的电子商务平台，相互之间可以转化。大家都是这个平台的主人、生产者、消费者、经营者、合作者、管理者，大家相互服务，相互支持，你中有我，我中有你，真正形成一个利益共同体，资源共享，产、消共生而达到共同幸福的良性局面，从而达到共产、共消、共福。

（10）C2B2S（C2B2S=Customer to Business-Share）

C2B2S模式是C2B模式的进一步延升，该模式很好地解决了C2B模式中客户发布需求产品初期无法聚集庞大的客户群体而致使与邀约的商家交易失败。全国首家采用该模式的平台为晴天乐客。

（11）P2D（P2D=Provide to Demand）

P2D是一种全新的、涵盖范围更广泛的电子商务模式，强调的是供应方和需求方的多重身份，即在特定的电子商务平台中，每个参与个体的供应面和需求面都能得到充分满足，充分体现特定环境下的供给端报酬递增和需求端报酬递增。

（12）B2T（Business To Team）

B2T是继B2B、B2C、C2C后的又一电子商务模式，即为一个团队向商家采购。团购B2T，本来是"团体采购"的定义，而今网络的普及让团购成为了很多中国人参与的消费革命。所谓网络团购，就是互不认识的消费者，借助互联网的"网聚人的力量"来聚集资金，加大与商家的谈判能力，以求得最优的价格。尽管网络团购的出现只有短短两年多的时间，却已经成为在网民中流行的一种新消费方式。据了解，网络团购的主力军是年龄25～35岁的年轻群体，在北京、上海、深圳等大城市十分普遍。

1.1.3 电子商务现状及趋势

1.1.3.1 电子商务发展现状

中国电子商务研究中心在杭州发布了《2013年度中国电子商务市场数据监测报告》，数据显示，2013年中国电子商务市场交易规模达10.2万亿元，同比2012年的8.5万亿元，增长20%。

在电子商务各细分行业中，B2B电子商务占比80.4%，2013年交易额达8.2万亿元，同比增长31.2%；网络零售交易规模市场份额占比17.6%，交易规模达18851亿元，同比增长42.8%；网络团购占比0.6%；其他占1.4%。

业内专家指出，2013年各类B2B运营商加速商业模式的探索，中国电子商务研究中心高级分析师张周平分析称，这一年的网络零售市场围绕"价格战""并购""整合"进行，保持了高速发展态势，从之前的混乱格局逐渐走向清晰。团购行业经历3年的起伏，2013年国内大型团购网站相继实现盈利共同推动团购市场规模，团购俨然已经成为消费者最主要的消费形式之一。

在区域分布上，电子商务规模排在前十的省份（含直辖市）分别为：广东省、江苏省、北京市、上海市、浙江省、山东省、湖北省、福建省、四川省、湖南省。分析指出，目前国内电子商务发展依然不平衡，东南沿海及经济发达地区电子商务规模较大，而中、西部地区则刚刚起步。

近年来，政府大力支持企业利用电子商务平台开展国际贸易，建设电子商务示范城市、示范基地，示范企业，对电子商务产业发展发挥了积极作用。未来电子商务应用将会得到飞跃式的发展。

截至2013年12月，电子商务服务企业直接从业人员超过235万人。目前由电子商务间接带动的就业人数已超过1680万人。电子商务正在为中国社会创造新的经济增长点、新市场和新的就业方式。

一方面，中央政府出台了一系列电子商务政策和法规，努力推动电子商务的快速发展，政策和法规具有一定的继承性。2012年，商务部、工业和信息化部以及地方经信委等监管单位都已经将电子商务的发展规划纳入"十二五"规划的范畴之内。2015年，在"互联网+"行动计划的背景下，在"一带一路"国家战略层面上，电子商务发展无疑遇到最佳形势与政策的机遇期。作为驱动国家产业结构升级、拉动GDP增长的新媒体经济典型模式，未来电子商务企业的发展将得到更多政策资源的支持，而更多的国字头的企业也将进入这个快速发展的市场，成为现有领先企业潜在竞争对手。

另一方面，电子商务在企业的应用成效以及对经济、社会发展的推动作用日益明显。电子商务在企业内部各环节的使用降低了企业的运行成本，提高了生产效率，提高了企业竞争力，并且改变了市场交易的运行方式和资源配置范围，催化了经济活动方式的转变和商业模式的创新，提高了经济中的互动性，改变了社会分工的角色定位和时间的相对重要性，并在拉动物流、加工、支付等相关产业发展的同时，助力传统产业的优化升级和转型，从而提高市场配置资源效率，改进经济运行的效率，促进国民经济发展方式的转变。

1.1.3.2 电子商务发展趋势

国内电子商务将呈现以下六个方面的趋势。

① 纵深化趋势。电子商务的基础设施将日臻完善，支撑环境逐步趋向规范，企业发展电子商务的深度进一步拓展，个人参与电子商务的深度也将得到拓展。

② 个性化趋势。互联网的出现、发展和普及本身就是对传统经济社会中个人的一种解放，个性化信息需求和个性化商品需求将成为发展方向，消费者将把个人的偏好参与到商品的设计和制造过程中去。

③ 专业化趋势。一是面向个人消费者的专业化趋势。今后若干年我国上网人口仍将以中高收入水平的人群为主，他们购买力强，受教育程度较高，消费个性化要求比较强烈。所以，提供一条龙服务的垂直型网站及某一类产品和服务的专业网站发展潜力更大。二是面向企业客户的专业化趋势。B2B电子商务模式、以大的行业为依托的专业电子商务平台前景看好。

④ 国际化趋势。我国电子商务企业将随着国际电子商务环境的规范和完善逐步走向世界。我国企业可以由此同发达国家真正站在同一个起跑线上，变我国在市场经济轨道上的后发劣势为后发优势。如跨境电子商务的发展，指分属不同关境的交易主体，通过电子商务平台达成交易，进行支付结算，并通过跨境物流送达商品、完成交易的一种国际商业活动。跨境电子商务不仅冲破了国家间的障碍，使国际贸易走向无国界贸易，同时它也正在引起世界

经济贸易的巨大变革。对企业来说，跨境电子商务构建的开放、多维、立体的多边经贸合作模式，极大地拓宽了进入国际市场的路径，大大促进了多边资源的优化配置与企业间的互利共赢；对于消费者来说，跨境电子商务使他们非常容易地获取其他国家的信息并买到物美价廉的商品。电子商务对我国中小企业开拓国际市场、利用好国外各种资源是一个有利时机。同时，国外电子商务企业将努力开拓中国市场。

⑤ 区域化趋势。我国地区经济发展的不平衡和城乡二元结构所反映出来的经济发展的阶梯性、收入结构的层次性十分明显。在今后相当长的时间内，上网人口仍将以大城市、中等城市和沿海经济发达地区为主，B2C 的电子商务模式区域性特征非常明显。

⑥ 融合化趋势。电子商务将由最初的全面开花走向新的融合，一是同类网站之间的兼并。目前大量的网站属于"重复建设"，定位相同或相近，业务内容趋同，激烈竞争的结果只能是少数企业最终胜出。二是不同类别网站之间互补性的兼并。国内那些处于领先地位的电子商务企业在资源、品牌、客户规模等方面的优势是相对的，国外著名电子商务企业在扩张的过程中必然会采取收购策略，主要模式将是互补性收购。三是战略联盟。每个网站在资源方面总是有限的，客户的需求又是全方位的，所以不同类型的网站以战略联盟的形式进行相互协作也势在必行。

1.1.4　电子商务创新应用

在电子商务类型中，电子商务主要有八类电子商务模式，分别为：B2B、B2C、C2C、B2M、M2C、B2A（即B2G）、C2A（即C2G）、O2O，另有企业、消费者、代理商三者相互转化的电子商务（ABC），以消费者为中心的全新商业模式（C2B2S），以供需方为目标的新型电子商务（P2D），以及团队向商家采购的模式（B2T）。电子商务模式的创新应用在很多方面，这里主要介绍其在旅游、电子政务、证券、保险、招聘和银行方面的应用。

1.1.4.1　旅游电子商务

Internet 的兴起给旅游业带来了契机，网络的交互性、实时性、丰富性和便捷性促使传统旅游业迅速融入网络旅游的浪潮。通过网络查询信息，进行酒店、机票预订和购买、支付旅游产品，成为一种时尚。

旅游电子商务是指以网络为主体，以旅游信息库、电子化商务银行为基础，利用最先进的电子手段来运作旅游业及其分销系统的商务体系。具有运营成本低、用户范围广、无时空限制及能与用户直接交流等特点，提供了更加个性化、人性化的服务。

旅游电子商务相对于电子商务其他行业的优势为：以服务为主的旅游业，不用面临复杂费力的物流配送问题；金融业的参与，使旅游电子商务形成了银行、旅游中介商、旅游产品生产者、旅游者四方得利的共赢局面。

未来中国的旅游电子商务将提供与旅游产业有关的全方位、多层次的服务，提供个性化的旅游散客消费模式，给游客的吃、住、行、游、购、娱等带来各种方便，再通过所占媒介进行宣传，多角度激发民众的网络旅游、自助旅游意识，进入大众网络、自助旅游阶段，与网络良好接轨。

1.1.4.2　电子政务

电子政务指借助电子信息技术而开展国家的管理工作。其定义包括两方面内容：一是内部办公，实现内部信息共享、内部资源整合、内部决策支持；二是对外提供公众服务。

电子政务最重要的内涵是运用信息及通信技术，构建一个电子化的虚拟政府机构，在政府、企业和民众三者之间迅速有效地交换各种信息。

中国的电子政务建设常见的是"一站式"服务方式，这种设计理念虽有不少好处，但在实际应用中还存在着一些障碍。电子政务建设应当从群众的实际应用出发，而不是强迫用户来适应自己的系统。

电子政务的典型应用如下。

① 一般应用。政府通过网络渠道树立政府形象，为企业和民众提供信息资源等服务。包括树立政府形象和对外宣传、提供各种信息、进行信息交流。

② 高级应用。直接涉及国际、政府、企业和个人的直接利益的应用，大部分信息经过信息化处理，并实现信息的全面交流。包括电子金融、电子办公、电子财政。

1.1.4.3 网上证券

证券电子商务是证券业以互联网为媒介为客户提供的一种全新的商业服务，是一种信息无偿、交易有偿的网络服务。一种特别适合在网上交易的商品，其交易只需在账户上进行清算交割就能实现，无需储存和配送，买卖双方没有大量的中间环节，便于实现网上交易。

现阶段网上证券交易已经成为一些营业部的常规业务，对用户、交易平台，或是证券商等都有一些优势。

① 对于券商，一是可以降低成本，二是提高服务质量，三是可以整合各种资源。

② 对于投资者，可以得到优质快速的证券行情信息和交易服务，减少因行情延迟、信息时差或交易不及时等引起的交易损失。

③ 对于交易所，有利于国内证券市场的发展，也有利于将来与国际证券交易市场的接轨。

④ 对于用户，及时有效的信息和更加完善的服务使得用户得到了更大的便利。

1.1.4.4 网上保险

保险电子商务也叫网上保险，是指保险公司或保险中介结构以互联网和电子商务技术为工具来支持保险经营管理活动的经济行为。

保险电子商务包含两层含义：狭义上指保险公司或新型的网上保险中介机构通过互联网为客户提供保险信息、开展保险业务，完成保险产品的销售和服务。广义上还包括保险公司内部基于Internet技术的经营管理活动。

网上保险的优势如下。

① 扩大知名度，提高竞争力。保险公司通过设立主页、介绍保险知识、提供咨询服务等方式扩大知名度。在互联网上开展业务，缩短了销售渠道，降低了费用，为保险公司提高竞争力，获得更高的利润。

② 保险商品交易手续简单、效率高、成本低。电子化的发展大大简化了商品交易的手续，提高保险产品销售、服务的效率，降低成本，从而使保险公司通过降低网上保险业务的保险费率来进一步吸引客户，达到良性循环。

③ 方便保险产品的宣传。保险公司通过在主页中搭载游戏、方案演示等服务，向用户宣传保险产品，既达到了宣传的目的，又体现了为顾客服务的宗旨。

④ 促进保险公司和保险消费者双方的相互了解。可以通过互联网提供保险代理人和经纪人的详细信息，便于消费者联系和选择。保险公司也可以通过互联网了解顾客的需求和其他公司的动向，掌握市场信息。

1.1.4.5 网络招聘

全球网络招聘的市场规模巨大且增长迅速，网络招聘已经成为电子商务最成功的商业应用之一。目前中国的网站招聘模式主要有四种：基金运作模式、上市模式、合资模式、区域性模式。

相对于传统的通过媒体发布招聘信息，网络招聘在费用、信息发布时段及寻找人才的成功率等方面都有其独特的优势。同时网络招聘也没有区域和时间的限制，能够给个人创造更多的就业机会。

① 网络招聘的国际化进程带动中国网络招聘市场新的纷争。网上招聘在全球的发展必然带动中国网上招聘求职市场的发展，国际化战略合作已成为网络招聘的必然趋势。

② 网络广告的大量投放，提升市场知名度。网络招聘机构通过大量投放广告的模式提高了自身的知名度，增加了网站的点击量，网站赖以生存的广告收入和会员制会费收入均有不同程度的增长，这是传统招聘模式远不能及的。

③ 网络招聘市场呈现细化服务趋势，行业面临整合。细化和专业化服务将是网络招聘未来的趋势之一，而其根本动力是能提供更加符合用户需求的本土化、专业化服务。网络招聘用户需求的多样化和互联网的发展导致用户选择的多样化，使得用户越来越挑剔。在这种情况下，网络招聘也在细分，从行业到地域、到专业领域。对于未来的网络招聘网站来说，超越同质化竞争的一个有力武器就是找到细分市场做专业化的服务。互联网经过多年发展，已经走到了质变点上，网络招聘也随之面临变革，行业整合势在必行。

④ 网络招聘创新服务模式趋势。从1998年至今，网络招聘的基本模式就是一个中介平台，然后找企业收费，雷同的招聘网站模式，使产品陷入同质化竞争的局面。而国外的招聘网站则有个人收费模式、融合社会网络概念的模式、专业的工作搜索引擎模式及垂直职位搜索引擎模式等，这些新型模式也是我国网络招聘创新服务模式的新趋势。

1.1.4.6 网络银行

作为支付中介的银行在电子商务中扮演着举足轻重的角色，无论是网上购物还是网上交易，都需要网上银行来进行资金的支付和结算。银行作为电子化支付和结算的最终执行者，起着联结买卖双方的纽带作用，网上银行所提供的电子支付服务是电子商务中最关键的要素和最高层次，直接关系到电子商务的发展前景。

网络银行又称网上银行、电子银行，是指银行通过互联网向客户提供开户、销户、查询、对账、行内转账、跨行转账、信贷、网上证券、投资理财等传统服务项目，使客户足不出户就能够安全便捷地管理活期或定期存款、支票、信用卡及个人投资等。

网络银行主要有两种形式：一种是完全依赖于互联网发展起来的全新电子银行；另一种则是在现有商业银行基础上发展起来的传统业务外挂电子银行系统。

网络银行的特点如下。

① 建立在计算机网络与通信技术基础之上。

② 业务上实现了完全的无纸化，交易过程实现了完全的电子化文件、电子化票据、电子化证书等。

③ 突破了传统的银行业务操作模式，依赖于互联网的技术和手段，来进行"虚拟化"的银行业务操作，并得到"现实化"的业务成果。

④ 使用简单。

⑤ 多样化的服务。网络银行可以向客户提供多种服务，满足客户的各种需求。

⑥ 网络银行可以同时向处于不同地理位置的用户提供周到的金融服务和金融产品。节约了用户的费用，减少了银行的中间服务环节。

⑦ 银行成本降低。一方面可以节省建立网点的投资，另一方面通过网上交易可以节省交

易成本。

1.2 电子商务创业

　　创业创造的社会价值不可低估。从20世纪70年代末起，西方发达国家开始普遍重视创业。伴随着从工业时代到信息时代的社会转型，智慧、创意、创新、速度等成为竞争优势的关键来源。凭借着这种转变，一批新型企业创业成功，如微软、戴尔、苹果等。老牌大企业也逐渐开始注重在内部培育创业精神，强调变革、创业、战略更新、组织年轻化以积极适应这种变化。创业活动的兴起提供了大量的就业机会，在产值、税收、出口等方面贡献巨大。

　　创业创造的个人价值更是不可小觑。2014年11月发布的"胡润创业板富豪榜"显示337位来自355家创业板上市公司的股东财富超过5亿元，四年前只有33位。上榜企业家做科技的最多，其中从事IT行业的人数最多，占总上榜人数的32.7%。伴随着创业的成功，创业者不仅获得了巨额的商业回报，还最大程度地发挥了自己的才能，施展了才华，实现了个人价值，赢得了社会的尊重与肯定。创业的成功对于多数创业者而言，更大的价值在于从一定程度上满足了自我实现需求。在这样令人兴奋、不断获得乐趣、迎接挑战的历程中，创业者不仅从享受做自己喜欢事情的历程中获得无尽乐趣，也把握住自己的命运和未来，甚至还可以回馈社会，造福一方，这些都将带来极大的满足感和成就感。

1.2.1　电子商务创业的特点

　　（1）进入门槛低

　　由于网上开店不需要传统店面租金和装修开支，不需存货，甚至连首批进货资金也可以省去，因而所需的启动资金少得多，加上互联网的使用成本低，企业运行的成本也较低，电子商务创业对于许多年轻人和缺乏资金的人来讲是一个比较好的选择。随着各地网络应用的普及，国内外大多数人都有可能进入网络市场，推销自己的产品或服务。

　　（2）选择机会多

　　由于互联网是一种不受地域限制的市场环境，网上出现的商业机会远远大于在本地区或城市能够利用的市场机会，即使是一项很奇特的产品或服务，也可以在网络的巨大市场空间内找到足够的用户或消费者，从而成为一项有利可图的创业选项。

　　（3）经营方式灵活

　　网上开店不受时间、地域的约束，既可以24小时×365天经营，也不用你整天守着店铺，网上商店由计算机接受处理交易信息，无论白天晚上都可照常营业，有人无人也影响不大，这对于那些兼职创业或希望享受更多业余生活的人来讲，无疑是得天独厚的便利条件，而且交易时间的全天候使得交易成功的机会大大提高。

　　（4）投资回收较快

　　由于网上开店需要的投资少、筹备时间短，很快可以投入运营，而且销售规模不受地理空间限制，小网站也可以经营成千上万种商品，也可以做大买卖，因此，投资回收周期往往比较短。一些拍卖网站同时在线交易的商品可达10多万件——远超过超级市场，而投资比超市低得多。

1.2.2　电子商务创业形势政策

　　电子商务创业环境是指开展电子商务创业活动的范围和领域，是电子商务创业者所处的

境遇和情况。它是对电子商务创业者创业思想的形成和创业活动的开展能够产生影响和发生作用的各种因素和条件的总和。电子商务是国家"十二五"规划的战略性新兴产业。目前，中国电子商务创业形势大好，利好政策不断出台，电子商务创业蕴含了无限的机会。

电子商务迅猛发展，不仅创造了新的消费需求，引发了新的投资热潮，开辟了就业增收新渠道，为大众创业、万众创新提供了新空间，而且电子商务正加速与制造业融合，推动服务业转型升级，催生新兴业态，成为提供公共产品、公共服务的新力量，成为经济发展新的原动力，也为广大创业者提供了大量的创业机会。

1.2.2.1 大众创业、万众创新背景下迎来电子商务创业热潮

国务院总理李克强2015年4月21日主持召开国务院常务会议，部署进一步促进就业鼓励创业，以稳就业惠民生助发展；通过《基础设施和公用事业特许经营管理办法》，用制度创新激发民间投资活力；决定清理规范与行政审批相关的中介服务，更好服务和便利群众。以促改革、调结构，保持经济稳定增长。

会议认为，大众创业、万众创新是富民之道、强国之举，有利于产业、企业、分配等多方面结构优化。面对今年就业压力加大的形势，必须采取更加积极的就业政策，大力支持大众创业、万众创新，把创业和就业结合起来，以创业创新带动就业。

① 将企业吸纳就业税收优惠的人员范围由失业一年以上调整为失业半年以上，把高校毕业生、登记失业人员创办个体工商户的税收减免政策扩展到个人独资企业。将小微企业新招用毕业年度高校毕业生享受1年社保补贴政策，由原定执行到今年底改为长期执行。将失业保险基金支持企业稳岗政策扩大到所有依法参保缴费、不裁员或少裁员的企业。

② 放宽新注册企业场所登记条件限制，推动"一址多照"、集群注册等改革。鼓励地方盘活闲置厂房等提供低成本的创业场所。

③ 将小额担保贷款调整为创业担保贷款，最高额由10万元或不足10万元统一调为10万元，个人贷款比基础利率上浮3%以内的部分由财政贴息并简化手续。

④ 采取鼓励农村劳动力创业的政策措施，发展农民工返乡创业园，支持农民网上创业。支持高校、科研院所等专业技术人员在职和离岗创业，对经同意离岗的可在3年内保留人事关系。

⑤ 加大困难人员就业援助，确保零就业家庭、最低生活保障家庭等困难家庭至少有一人就业。允许实现就业或自主创业的最低生活保障对象在核算家庭收入时，扣减必要的就业成本。通过多措并举确保完成全年就业目标。

1.2.2.2 "互联网+"带来巨大的电子商务创业空间

互联网不仅仅是工具，也不仅仅是媒体，互联网跨越年龄、国家或者民族，将大量的信息沟通重新组合，必然产生更多创新创业的机会。

2015年总理在《政府工作报告》中提出，"制定'互联网+'行动计划，推动移动互联网、云计算、大数据、物联网等与现代制造业结合，促进电子商务、工业互联网和互联网金融健康发展，引导互联网企业拓展国际市场。"

"互联网+"战略是全国人大代表、腾讯董事会主席兼CEO马化腾今年向人大提出的四个建议之一，马化腾解释说，"互联网+"战略就是利用互联网的平台，利用信息通信技术，把互联网和包括传统行业在内的各行各业结合起来，在新的领域创造一种新的生态。简单地说就是"互联网+××传统行业=互联网××行业"，虽然实际的效果绝不是简单的相加。这样的"互联网+"的例子绝不是什么新鲜事物，比如，传统集市+互联网有了淘宝，传统

百货卖场+互联网有了京东，传统银行+互联网有了支付宝，传统的红娘+互联网有了世纪佳缘而传统交通+互联网有了快的和滴滴。

（1）互联网+政务

电子政务面临的信息孤岛、管理本位、利用率低等问题，以移动互联网为平台、通过深化大数据等新一代信息技术解决，从而建立起开放、透明、服务的政府，实现政府治理能力现代化。截至2014年底，各级政府已经在微信上开通了近2万个公众账号，面向社会提供各类服务。武汉交警通过微信服务号可在60秒内完成罚款收取，此项功能全年可为武汉驾驶员窗口缴罚节省时间达140万小时，节约警力300人。

（2）互联网+民生

移动互联网促进的"智慧民生"使得大家可以通过手机便捷地获取各种公共服务，优化公关资源配置，提高社会整体效率。目前已经有91万广州市民通过微信上的"城市服务"入口获得医疗、交管、公安户政、出入境、缴费、教育、公积金等17项民生服务。除广州外，深圳和佛山也已成为微信智慧城市，武汉和上海也将马上加入。

（3）互联网+交通

滴滴打车等打车软件帮助乘客和司机进行有效匹配，避免了空驾和疲劳驾驶，既帮大家更方便用车，也保护了环境。滴滴打车等打车软件服务的出现，创造了12.1%的就业新机会；96.5%的司机在从事专车服务以后每月收入有提升，其中，39.5%的司机有30%以上的收入提升。

（4）互联网+教育

在线教育有助于改善教育资源分配不均等的现状，让每个人以更低成本获得更适合自己的学习资源。目前腾讯已与超过5000家教育机构合作开设腾讯课堂，面向中小学、大学、职业教育、IT培训等多层次人群开放；每周上课人数超过7万人，课程总数达3万多门。

（5）互联网+医疗

互联网与医疗行业的融合，可以解决大家看病时经常遇到的挂号排队时间长、看病等待时间长、结算排队时间长、医生看病时间短的"三长一短"问题。目前全国已有近100家医院上线微信全流程就诊，超过1200家医院支持微信挂号，服务累计超过300万患者，为患者节省超过600万小时。此外，把广州60家医院装进微信的"广州健康通"，公众号于2014年11月正式启用。

（6）互联网+金融

互联网金融有助于中小微企业、工薪阶层、自由职业者、进城务工人员等普罗大众获得金融服务。2015年1月初，全国首家互联网银行"微众银行"开业，李克强总理敲下回车键，卡车司机徐军就拿到了3.5万元贷款。

（7）互联网+媒体

互联网与媒体的融合远不止是网络媒体、微信公众号等传播渠道的改变，还将为传统媒体带来各种全新的与用户互动的方式。2015年春晚微信"摇一摇"送出5亿元红包，全球185个国家的用户摇了110亿次，最高峰时一分钟有8.1亿次"摇一摇"互动。

（8）互联网+汽车

汽车作为人们生活中最常见的驾驶工具，一旦与互联网深度融合，将给人们的出行带来质的改变。业界估计，到2020年，全球75%的汽车，也就是9200万辆汽车都将能够接入互联网的硬件设备。腾讯推车的车载智能硬件"路宝"盒子不仅可以提供实时路况、街景、测评驾驶，还可以对故障检测进行智能解读，违章查询等等。

互联网+还有无限可能，为创业者们提供了无限的创业空间。

1.2.2.3 农业电子商务的快速发展蕴含无限商机

事实上,"互联网+"不仅正在全面应用到第三产业,形成了诸如互联网金融、互联网交通、互联网医疗、互联网教育等新生态,而且正在向第一和第二产业渗透。马化腾表示,工业互联网正在从消费品工业向装备制造和能源、新材料等工业领域渗透,全面推动传统工业生产方式的转变;农业互联网也在从电子商务等网络销售环节向生产领域渗透,为农业带来新的机遇,提供广阔发展空间。

商务部2015年5月15日正式发布"互联网+流通"行动计划,作为"互联网+"的首个行业规划,该行动计划首条重要工作任务就是推动电子商务进农村,培育农村电商环境。

政策层面有多项支持发展农村电子商务的举措。被称为电商"国八条"的《关于大力发展电子商务加快培育经济新动力的意见》正式发布,关于农业电子商务文件提出:

① 加强互联网与农业农村融合发展,引入产业链、价值链、供应链等现代管理理念和方式,研究制定促进农村电子商务发展的意见,出台支持政策措施。

② 加强鲜活农产品标准体系、动植物检疫体系、安全追溯体系、质量保障与安全监管体系建设,大力发展农产品冷链基础设施。

③ 开展电子商务进农村综合示范,推动信息进村入户,利用"万村千乡"市场网络改善农村地区电子商务服务环境。

④ 建设地理标志产品技术标准体系和产品质量保证体系,支持利用电子商务平台宣传和销售地理标志产品,鼓励电子商务平台服务"一村一品",促进品牌农产品走出去。鼓励农业生产资料企业发展电子商务。

⑤ 支持林业电子商务发展,逐步建立林产品交易诚信体系、林产品和林权交易服务体系。

另外,2015年中央财政将拨20亿元专项资金对全国中西部地区的200个县进行支持,专项资金有严格的补贴范围,只能用于县和乡村的物流建设、农村电商服务中心建设、农村电商培训等内容,不能用于政府自建平台和购买网络产品等内容。

在市场需求及各项政策利好背景下,各大电商企业纷纷进军农业电商领域。例如,农村电子商务现已成为阿里巴巴集团IPO以后三大战略中最大、最重要的一个战略。按阿里规划,未来3~5年,将投资100亿元在全国建立1000个县级电商服务中心和10万个村级服务站,覆盖全国1/3的县以及1/6的农村地区。阿里还计划将农村电商依托于旗下整个生态圈发展,支付宝、余额宝、招财宝、蚂蚁微贷等业务都已跟农村挂钩,未来如果有一款农产品在大数据中显示很有销售潜力,农户在采购农资时可以直接通过阿里获得贷款支持。而作为中国最大的农牧产业集群的农业龙头企业,新希望则向电子商务,尤其是时下热门的互联网金融延伸,目前新希望已有P2P平台"希望金融"致力于农村互联网金融的发展。根据这次双方协议书,新希望六和将会与一亩田的实现传统农牧业采购、加工等产业链和互联网O2O模式的深度融合,同时共同探索农牧产品全产业链的电子商务综合解决方案。

互联网整合一切的能力,加速传统农业向现代农业转变的进程。农村网民及互联网普及率稳步提升,农村电商消费市场潜力巨大。预计2016年市场总量有望突破4600亿元,农资、农业电商将进入快速发展期。农业电子商务的快速发展蕴含了无限创业机会。

1.2.2.4 各项有利政策促进跨境电子商务的快速发展

2013年7月,促外贸"国六条"称,积极扩大商品进口,增加进口贴息资金规模。这为国内电子商务平台发展进口业务提供了契机。2013年8月初,国务院发布的《促进信息消费扩大内需的若干意见》提出,挖掘消费潜力、增强供给能力、激发市场活力、改善消费环境。2013年8月底,国务院发布《实施支持跨境电子商务零售出口的通知》。2013年11月底,商务部发布《关于促进电子商务应用的实施意见》。2014年1月，财政部、国税总局联合发布《关于跨境电子商务零售出口税收政策的通知》，明确跨境电子商务零售出口有关的税收优惠政策。2014年5月，国务院发布《关于支持外贸稳定增长的若干意见》，提出进一步加强进口，出台跨境电子商务贸易便利化措施。

2015年5月，政府密集发布了多条促进跨境电商发展的相关政策。

（1）国务院发布《关于大力发展电子商务加快培育经济新动力的意见》（以下简称《意见》）

该意见被称为电商"国八条"。该《意见》表示要大力发展电子商务，支持推动电子商务"走出去"。在跨境电商方面，政府将提升跨境电子商务通关效率。积极推进跨境电子商务通关、检验检疫、结汇、缴进口税等关键环节"单一窗口"综合服务体系建设，简化与完善跨境电子商务货物返修与退运通关流程，提高通关效率。此外，该《意见》还强调，各驻外机构应加大对电子商务企业走出去的服务力度。进一步开放面向港澳台地区的电子商务市场，推动设立海峡两岸电子商务经济合作实验区。鼓励发展面向"一带一路"沿线国家的电子商务合作，扩大跨境电子商务综合试点，建立政府、企业、专家等各个层面的对话机制，发起和主导电子商务多边合作。

（2）国务院出台《关于加快培育外贸竞争新优势的若干意见》（以下简称《意见》*）

该《意见》*提出，要大力推动跨境电子商务发展，积极开展跨境电子商务综合改革试点工作，抓紧研究制定促进跨境电子商务发展的指导意见。政府将鼓励跨境电子商务企业通过规范的"海外仓"等模式，融入境外零售体系。促进市场采购贸易发展，培育若干个内外贸结合商品市场，推进在内外贸结合商品市场实行市场采购贸易，扩大商品出口。培育一批外贸综合服务企业，加强其通关、物流、退税、金融、保险等综合服务能力。此外，该《意见》*还指出，要加快培育外贸品牌，鼓励企业创立品牌，鼓励有实力的企业收购品牌，大力培育区域性、行业性品牌。支持企业开展商标和专利的国外注册保护，开展海外维权。采取多种方式，加大中国品牌海外推介力度。

（3）海关总署在海关内网发布了《海关总署关于调整跨境贸易电子商务监管海关作业时间和通关时限要求有关事宜的通知》（以下简称《通知》）

根据该《通知》，海关将对跨境电商的监管实现全年（365天）无休日的作业时间。此外，海关还设下了货到海关监管场所24小时内办结海关手续的通关时限要求。简言之，该新规推出后，海关将对跨境电商实行365天24小时保持服务在线，为跨境电商办结海关手续，并在周六日仍照常审核发货。

（4）质检总局发布了《关于进一步发挥检验检疫职能作用促进跨境电子商务发展的意见》（以下简称《意见》**）

根据该《意见》**，质检总局促进跨境电商发展的五个重点工作：一是建立跨境电子商务清单管理制度；二是建跨境电子商务风险监控和质量追溯体系；三是持续创新电子商务检验检疫监管模式；四是实施跨境电子商务备案管理；五是加强跨境电子商务的信息化建设。

（5）商务部：两年内建成100个电商海外仓

2015年5月15日，为贯彻落实总理在政府工作报告中提出的"互联网+"行动计划，商务部研究制定了《"互联网+流通"行动计划》。该行动计划表示，政府将把重点放在农村电商、电商进中小城市、进社区以及跨境电商等方面创新流通方式，解决电商"最后一公里"和"最后一百米"的问题。而针对跨境电商，行动计划指出，将推动建设100个电子商务海外仓，促进跨境电商发展，加快电商海外营销渠道建设。

另外，"一带一路"的战略为跨境电商发展提供了更多历史机遇。

1.2.2.5 网络营销更便捷

企业市场营销的大量工作是在收集企业所需的信息，如消费者需求变化、对未来产品的欲望、现行营销策略的反应等，同时将企业的产品信息、生产信息和企业的营销策略等，尽可能广泛地传播出去，并力争更多的人能接收到且受到影响。Internet在信息传输处理上有巨大优势。Internet的各种功能都能作为营销工具，如网站、搜索引擎、电子邮件、即时通信工具、网络广告等，为电子商务创业者开展营销活动提供了极大的便利。

1.2.2.6 我国电子商务创业的税收优惠政策

① 对建立电子商务交易中心，提供电子贸易服务的企业（网络服务商）给予税收优惠，如免征营业税。

② 对以电子商务为载体的新型服务行业，给予政策优惠，如减免营业税。

③ 对企业利用电子商务进行国际型产品销售或服务加大鼓励力度（如提高出口退税税率），提高国际经济竞争力。

④ 对企业进行内部技术更新、提高自动化程度和信息化程度的投资，尤其企业进行B2B电子商务建设，给予税收优惠，如实行投资抵免。

⑤ 对通过电子商务直接销售自产商品的企业，给予税收优惠，如减征有关的税收。

⑥ 利用税收政策，促进以信息产业为主体的高技术产业，包括生命科学、基因工程、新能源、新材料、空间技术、海洋开发技术、环境技术等无污染、可持续发展产业的发展。

1.2.2.7 我国全面深化高校创新创业教育改革

2015年5月4日国务院办公厅印发《关于深化高等学校创新创业教育改革的实施意见》（国办发〔2015〕36号，以下简称《意见》），全面部署深化高校创新创业教育改革工作。实施意见提出，到2020年建立健全课堂教学、自主学习、结合实践、指导帮扶、文化引领融为一体的高校创新创业教育体系，人才培养质量显著提升，学生的创新精神、创业意识和创新创业能力明显增强，投身创业实践的学生显著增加。

中国每年有700多万高校毕业生走向社会。推动"大众创业、万众创新"，离不开最具活力的高校学生，已成各界共识。然而，大学生创业去年在工商部门登记数量只有48万。2.1%的大学生创新创业比例相较于发达国家仍有较大差距。

为鼓励学生创新创业，改革教学和学籍管理制度势在必行。此次实施意见规定，高校要设置合理的创新创业学分，建立创新创业学分积累与转换制度。高校要为有意愿有潜质的学生制定创新创业能力培养计划，建立创新创业档案和成绩单。支持参与创新创业的学生转入相关专业学习。实施弹性学制，放宽学生修业年限，允许调整学业进程，保留学籍休学创新创业。

教育部鼓励各高校根据人才培养定位和创新创业教育目标要求调整专业课程设置，面向全体学生开设创新创业教育必修课和选修课，并纳入学分管理，要求各地区、各高校加快创新创业教育优质课程信息化建设，推出慕课、视频公开课等在线开放课程，建立在线开放课程学习认证和学分认定制度。

深化高校创新创业教育改革，是国家实施创新驱动发展战略、促进经济提质增效升级的迫切需要，是推进高等教育综合改革、促进高校毕业生更高质量创业就业的重要举措。未来将把创新创业教育质量作为衡量高校办学水平、考核领导班子的重要指标。

1.2.2.8 大学生创业的优惠政策

为支持大学生创业，国家各级出台了许多优惠政策，涉及融资、开业、税收、创业培训创业指导等诸多方面。对打算创业的大学生来说，了解这些政策，才能走好创业的第一步。

近年国家助力大学生创业的政策主要有：

① 放宽注册资本登记条件。从2009年起，高校毕业生申办个人独资企业、合伙企业，不受资金数额限制。鼓励高校毕业生依法以知识产权、实物、科技成果等可评估的非货币资产作价出资；允许高校毕业生以股权出资自主创办企业。

② 放宽经营范围和经营场所限制。法律、法规未禁止的行业和领域全部向高校毕业生开放。按照法律、法规规定的条件、程序允许高校毕业生创业人员以家庭住所（经利害关系人同意）、租借房、临时商业用房、农村住宅等作为创业经营场所，凭有关证明材料进行注册登记。

③ 减免有关行政管理费用。实行高校毕业生创业有关证照免费办理制度。从事个体经营的高校毕业生，符合中央和省有关收费减免政策的，均可享受管理类、登记类和证照类等有关行政事业性收费的优惠政策。

④ 实行优质高效便捷的准入服务。各级工商部门要开通工商注册绿色通道，设立创业注册登记优先窗口，负责高校毕业生创业注册登记事项；降低准入门槛，实现"三证合一"，即将企业登记时依次申请，分别由工商行政管理部门核发工商营业执照、质量技术监督管理部门核发组织机构代码证、税务部门核发税务登记证，改为一次申请，核发一个营业执照一个号码的登记制度。"三证合一"最终是要实现"一照一号"，就是一个营业执照一个号码，这个号码在各个地方、各个部门都通用。

⑤ 享受税收减免优惠。高校毕业生从事个体经营，销售额（营业额）未达到现行政策规定的增值税、营业税起征点的，不征增值税、营业税；开办其他生产经营服务项目，符合国家规定的，可享受相应税收优惠政策。

⑥ 实行创业补贴。高校毕业生首次成功地从事非农产业创业，并正常经营3个月以上的，经同级就业服务机构核实、劳动保障部门审核、财政部门复核后，给予一次性创业补贴。其中，个人创业的，给予一次性2000元创业补贴；个人创业并带动2人以上就业的，给予一次性3000元创业补贴，具体补贴办法按市财政局、市劳动和社会保障局就业专项资金使用有关规定办理。

⑦ 实行成功创业奖励。对2009年创业的高校毕业生，正常经营在6个月以上的，分别按以下办法奖励：a.对个人创办的企业，投资额度在10万元以内的一次性奖励3000元；投资额度在10万元以上，每增加10万元（含不足10万元）另奖励3000元，总奖励金额最高不超过9000元。b.对合伙企业总投资额度不足10万元的，按合伙高校毕业生人数每人奖励3000元，总奖励金额不超过1万元；总投资额度在10万元以上的，每增加10万元（不足10万元的按10万元计算）对所有合伙人另奖励3000元，但对该企业的高校毕业生奖励金额不能超过人均9000元。市、县（市、区）可结合实际开展高校毕业生创业竞赛，对在创业中取得显著成绩的高校毕业生进行表彰奖励，成功创业奖励由同级人事部门核实、财政部门复核后予以奖励。

⑧ 实行创业吸纳就业岗位补助。高校毕业生创办的企业招用首次就业的高校毕业生，签订1年以上期限劳动合同并缴纳社会保险费的，根据招用高校毕业生人数和合同期限，按第一年1200元/人、第二年1800元/人、第三年2400元/人的标准给予企业岗位补助。具体补助办法按市财政局、市劳动和社会保障局就业专项资金使用有关规定办理。

⑨ 实行小额担保贷款扶持。高校毕业生自主创业自筹资金不足的，可申请不超过5万元的小额担保贷款（2015年5月该贷款担保额度已调整为10万元）；对合伙经营和组织起来就业的，可根据实际人数和经营项目，按每人5万元以内的额度核定；小额担保贷款期限不超

过2年，到期确需延长的，可展期一年。对个人利用小额担保贷款从事规定微利项目的，由财政全额贴息，展期不贴息。对创办劳动密集型小企业且当年新招用城乡劳动者达到企业现有在职职工总数30%（超过100人的企业达15%）以上，并与其签订1年以上劳动合同的，可给予最高不超过200万元、贷款期限不超过2年的小额担保贷款，并按照人民银行公布的贷款基准利率的50%给予贴息。具体办法按国家、省和市政府办《转发〈中国人民银行财政部人力资源和社会保障部关于进一步改进小额担保贷款管理积极推动创业促就业的通知〉的通知》规定办理。

⑩ 实行创业培训援助。将有创业愿望和培训需求的高校毕业生纳入创业培训服务范围，按规定落实职业培训补贴，同时免费提供政策咨询、开业指导、融资服务、跟踪扶持等创业服务。鼓励大中专院校、技工学校设置创业课程，开展创业培训和创业实训。

此外，实行人事代理和社会保障服务。自主创业的高校毕业生，由公共人才服务机构提供人事代理和人才招聘服务，2年内免收人事代理服务费。享受城市居民最低生活保障的高校毕业生自主创业，前6个月实行渐退制享受城市居民最低生活保障待遇。

同时，还增加了创业资金扶持，例如徐州市出台《关于鼓励支持到村（社区）任职高校毕业生自主创业实施意见》。实施专项资金扶持徐州市全民创业贷款担保基金提供3000万元的贷款担保额度，专项用于鼓励扶持大学生村官自主创业。各县（市）区要设立不少于200万元的"大学生村官创业专项基金"，对大学生村官创业项目提供资金支持。金融机构要完善创业风险担保机制，为大学生村官创业提供小额低息或贴息贷款，大学生村官创业申请小额担保贷款的额度上限可提高到20万元，并逐步对大学生村官创业实行多渠道、多层次"输血"。

另外，大学生村官全面享受就业创业扶持政策。对已出台的鼓励高校毕业生自主创业的税收优惠、小额担保贷款、资金补贴、场地安排等扶持政策，按照职责和管理权限，进行目标任务分解，认真予以落实。对规定免收的登记类、管理类和证照类等有关行政事业性收费，一律不得再向自主创业的大学生村官收取。鼓励大学生村官以知识产权、实物、科技成果等可评估资产作价出资，允许大学生村官自主创办企业以股权出质融资。

1.2.3　电子商务创业形式及手段

要充分利用互联网取得最佳的商业绩效，企业应根据自身业务特点开发适当的电子商务创业活动，网上销售无形产品（服务）与销售实物商品就有很大不同，下面分别进行分析介绍。

1.2.3.1　无形产品和劳务

网络本身具有信息传递的功能，又有信息处理的功能，因此，无形产品和劳务，如信息、计算机软件、视听娱乐产品等，往往可以通过网络直接向消费者提供。无形产品和劳务的电子商务创业形式及手段主要有以下几种。

（1）网上订阅

网上订阅（Subscription—based Sales）指的是企业通过网页向消费者提供网上直接订阅、直接信息浏览的电子商务活动。网上订阅主要用于销售报刊杂志、有线电视节目等。网上订阅主要有以下几种常见的情况。

① 在线服务（Online Services）

在线服务指在线经营商通过每月向消费者收取固定的费用而提供各种形式的在线信息服务。例如，美国在线（AOL）和微软网络（Microsoft Network）等在线服务商都有一个共同的经营特点：让订阅者每月支付固定的订阅费用可以享受所提供的各种信息服务。在线服务商一般都有自己服务的客户群体：美国在线的主要客户群体是家庭使用者；CompuServe 的主要客户群体是商业和高级使用者；微软网络主要客户群是 Windows 系统的使用者；Prodigy 的主要客户群是消费者。

在线服务商提供服务的共同特点如下。

第一，基础信息的一站式服务。在线服务商都向订户提供基础的信息服务，客户通过浏览在线服务商所提供的信息，基本上可以满足日常收集信息的要求。例如在线服务商一般都提供剪报信息，订户不必花费很长时间浏览大量的网页，在线服务商可以用最方便快捷的方式让订户了解最新信息，有的在线服务商还独家发布在线报纸、杂志和研究报告等，如，AOL 就独家发布消费者报告（Consumer Reports）。

第二，可靠的网络安全保障。由于在线服务都是在一定网络安全环境中运行，通过在线服务商联接的安全性比直接联接因特网要可靠。在美国，一些银行，如美洲银行（Bank of America）和联合银行（Union Bank）就是通过 AOL 提供结算服务。在线服务的环境下，订户可以更放心地使用信用卡进行网上购物。

第三，向新订户提供支持服务系统。在线服务商既通过电脑网络，又通过电话向新的订户支持服务。对于新的订户来讲，在线服务商能够为他们解释技术问题，在支持服务上比网络经营商要强。强大的支持服务系统加上有竞争力的价格优势使在线服务商在网络免费内容十分丰富的情况下仍能吸引大量用户。

② 在线出版（Online Publications）

在线出版指的是出版商通过电脑互联网络向消费者提供电子刊物。在线出版一般不提供互联网的接入业务，仅在网上发布电子刊物，消费者可以通过订阅来下载刊物。

一些出版商网站采用双轨制，即免费和订阅相结合。有些内容是免费的，有些内容则是向专门订户提供的。这样，既吸引一般的访问者，保持较高的访问率，同时又有一定的营业收入。例如，ESPN 体育地带（Sport zone）杂志将免费浏览与体育订阅结合起来，特别是推出的一系列独家在线采访体育明星的内容吸引了不少订户。显然，内容独特，满足特定消费群体是在线出版成功的重要因素。

与大众化信息媒体相比，更趋于专业性的信息源的收费方式比较成功。网上专业数据库一直就是付费订阅的，无论是网上的信息还是其他地方的信息，研究人员相对更愿意支付费用。例如，Forrester Research 咨询公司的研究报告就在网上收费发布，一些大企业愿意支付这笔不菲的订阅费。

③ 在线娱乐（Online entertainment）

在线娱乐是无形产品在线销售中令人瞩目的一个领域。一些游戏网站向消费者提供在线游戏，并收取一定的订阅费，目前看来这一做法比较成功，一些游戏网站的经营规模相当可观。

（2）付费浏览

付费浏览（Pay—Per—View）指的是企业通过网页向消费者提供计次收费性网上信息浏览和信息下载的电子商务活动。付费浏览让消费者根据自己的需要，在网址上有选择性地购买一篇文章、一章书的内容或者参考书的一页，在数据库里查询的内容也可付费获取。另外一次性付费参与游戏娱乐也是流行的付费浏览方式之一。

付费浏览的成功要具备如下条件：首先，消费者必须事先知道要购买的信息，并且该信息值得付费获取；其次，信息出售者必须有一套有效的交易方法，而且该方法在付款上要允许较低的交易金额。

最早开展付费浏览的网站之一是 First Virtual's Info House。该网站是一家信息交易市场，其付款方式采用该企业自己开发的互联网付款系统（First Virtual's Internet Payment System）。

该付款系统的运作方式是：消费者先下载所需要的信息，然后决定是否值得付费，如果值得就办理付款。这一系统看似对信息出售者有一定的风险，但是，First Virtual 公司在交易说明中指出，信息出售者几乎没有多大的损失，因为重新制作该信息的成本几乎是零。但公司的内部控制系统可以对那些经常下载信息而不付账的消费者自动关闭账户。

网上信息的出售者最担心的是知识产权问题。他们担心客户从网站上获取了信息，而后又再次分发或出售。一些信息技术公司针对这个问题开发了网上信息知识产权保护的技术，例如 IBM 的密码信封技术，信息下载者一旦打开密码信封，即自动引发网上付款行为；为了解决信息再次分发和出售的问题，密码信封的设计允许信息购买者作为代理人将信息再次出售，而且给予代售者一定的佣金。这样就鼓励了信息的合法传播。

（3）广告支持

广告支持（Advertising-supported）是指在线服务商免费向消费者或用户提供信息在线服务，而营业活动全部用广告收入支持，例如，Yahoo 和搜狐等信息服务门户网站就是依靠广告收入来维持经营。

（4）网上赠与

网上赠与是一种非传统的商业运作模式，它是企业借助于互联网全球性的优势，向网上用户赠送软件产品，借此扩大知名度和市场份额。通过让消费者使用和熟悉该产品，希望消费者购买新版本软件或另一相关软件。由于赠送的是无形的软件产品，用户通过互联网自行下载，企业所投入的分发成本很低，因此，如果软件的确有实用优点，很容易让消费者接受。

采用网上赠与的企业主要有两类，一类是软件公司，另一类是出版商。电脑软件公司在发布新产品时通常在网上免费提供测试版（beta version），用户可以免费下载试用。这样，软件公司不仅取得一定的市场份额，而且也扩大了测试群体，保证了软件测试效果。当最后版本公布时，测试用户可以购买该产品，或许因为参与试用享受一定折扣。许多出版商也采取网上赠与，先让用户试用，然后购买。

（5）专业服务

专业服务指的是网上机构为企业内部管理提供专业化、标准化的网上服务，使企业减少不必要的开支，降低运营成本，提高客户对企业的信任度和忠诚度。一般企业管理涉及多个方面，其中，如何为员工提供便利的工作环境、有效地降低业务开支、维护客户关系是企业管理层要考虑的主要问题。一些网站利用与客户之间相辅相成的协作业务，专门为企业提供管理解决方案，以标准化的网上服务为企业解决某一层面的管理问题。

1.2.3.2 有形商品

实物商品的交付不能通过电脑网络实现，这种产品成交在网上完成，而实际交付仍然要通过传统的方式。

（1）批发电子商务

批发电子商务是企业对企业的业务，即 B to B（B2B）的业务。无论从目前电子商务的现状看，还是从电子商务的未来发展趋势看，企业之间的电子商务市场要远远大于企业对消费者的市场。目前通过电子邮件、EDI 和专用电脑网络所进行的企业之间的批发交易额占到全部电子商务交易额的 90% 以上。

在批发电子商务中，采购主体是公司企业，在采购中受时间的约束性较大，采购对象多数是中间产品，如用于制造最终产品的原材料、零部件等，采购往往要遵循一套相对固定的程序，业务处理过程可能包括询盘、报盘、接受、下订单、开立发票和银行结汇等。由于商业机构之间的商务活动需要遵循一定的惯例和程序，因此，电子商务的过程与零售交易过程是不一样的，批发业务特点决定了企业之间往往倾向于使用EDI方式来实现电子商务。

（2）网上零售

网上零售是B to C（B2C）业务，零售商是电子商务的主体，完成商品从商家到消费者的运动过程，包括网站建立与管理、网页内容设计与更新、网上销售、售后服务的组织与管理等。已经开展有形店铺销售的零售企业从事电子商务时有一些便利条件，因为已有的物流系统、信息网络等可以为电子商务所用，店铺销售与电子商务销售可以共享物流资源，提高物流设施利用率。但新投入到电子销售行业的投资者，如像传统店铺一样新建物流系统等，则成本太高。更合理的方式是，委托第三方设计电子商务的物流系统，确定物流系统的服务内容、成本和服务水平，然后寻找能覆盖市场的物流经营者，将所有物流业务外包给第三方物流企业，以降低经营成本。

（3）网上拍卖

网上拍卖正在风靡整个网络社会，对那些具有探索精神、想找点娱乐或想买便宜商品的网民尤其有吸引力。拍卖活动利用了因特网的互联性质，允许人们从世界各地实时竞价，把传统的购物活动变成带有娱乐因素的经历，许多商品从1美元开始竞价，远远低于商品的成本，竞价的商品可能是珍本书、珠宝、明星签名或任何能吸引人们注意力的东西。由于这些东西往往个性化非常明显，对大多数网民没有什么价值，对少数网民可能是非常宝贵的。要使那些个性化突出的东西价值充分表现出来，拍卖网站就必须聚集大量的买卖方，并为他们提供方便的搜索工具、拍卖竞价工具和秘密谈判工具。通过网上拍卖，普通网民有机会把自己独特的商品向全世界展示，也有机会买到那些自己喜爱而难得一遇的商品。可以说，拍卖网站挖掘出了那些本来不易发现的需求，实现了本来不易成交的交易，扩大了市场的容量，并通过撮合这些交易获得利润。

网上个人之间的交易需要提供交易保障服务的中介，解除陌生交易者之间的安全疑虑和不信任感，如淘宝网的"支付宝"服务。但也有一些拍卖网站自己不提供交易保障服务，当一笔交易撮合成交后，拍卖网站会向达成交易的网民提示一些专门提供网上交易保障服务的网站地址，他们可以转向这些网站联系交易的履行问题。

1.2.4 电子商务创业流程

1.2.4.1 创业机会的识别与分析

创业机会的识别是电子商务创业过程的起点。无论新创企业从事何种事业，对机会的识别都起着举足轻重的作用。国家产业政策的调整、新技术的出现、人口和家庭结构的变化、人的物质精神的需要变化、流行等都可能形成商业机会。作为电子商务创业者，应该具有敏感的嗅觉，能够及时准确地识别创业机会。

创业机会的识别可以分为两个层次，一方面，创业机会的把握离不开对宏观环境的分析；另一方面，创业机会的识别也需要对行业状况和已有资源进行分析。只有这样才能做到有的放矢，根据掌握的资源选择行业、确定项目和业务范围，这也是减少创业风险的需要。

"机会"一词在汉语词典中的解释是"恰好的时候"。创业机会，是指有吸引力的、适时的一种商务活动空间，并最终能表现在为客户创造价值的产品或服务之中。当前新经济常态下，中央各项政策鼓励大众创业，万众创新，互联网+时代让电子商务业恰逢其时。

（1）创业机会的类型

美国经济学家Alexander Ardichvili等根据创业机会的来源和发展情况对创业机会进行了

分类,他的创业机会矩阵中有两个维度:横轴以探寻到的价值(即机会的潜在市场价值)为坐标,代表着创业机会的潜在价值是否较为明确;纵轴以创业者的创造价值能力为坐标,这里的创造价值能力包括通常的人力资本、财务能力及各种必要的有形资产等,表示创业者能否有效开发利用创业机会。按照这两个维度,他们把机会分成四个类型(见图1-1)。

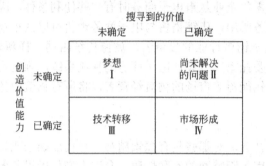

图1-1 机会的四个类型

英国的爱德华·狄波诺博士(Edward de Bono)在《Atlas of Management Thinking》一书中把机会分为以下几个类型。

① 寻找机会。机会是一个隐秘的空间与园地,创业者若想进入这个隐秘地,必须费心去寻找入口。

② 明显的机会与隐蔽的机会。对于明显的机会,企业组织能够凭其自身的技术能力、行销力量开发便可以获取;但是对于隐蔽的机会,就只能由个人的事业逐步形成并发展才能获取。

③ 拥挤的机会空间。市场开拓者与市场追随者共同开发某个市场空间,随后由于竞争者的加入,使得现有的机会空间变得拥挤不堪,如果经过竞争者不遗余力地开发新市场,机会空间又会变得宽广。

④ 狭窄的机会空间。市场潜力或市场容量太小,不宜产生大的经济效益,大企业不想插手,小企业却可视为市场空隙,充分利用策略产生效益。

⑤ 假机会。很多人有时会突发奇想,但是经过深入探讨后,却发现不现实。然而其他一些投资者可能利用假机会赚取财富。

⑥ 察觉机会。在实际发现机会之前,人们常会感到就在机会区徘徊,却无法进入。创业者必须有这样的认知:所有机会区的入口并不一定就能使人成功地掌握机会。创业者必须持续尝试错误失败,才能对机会的整体有完整正确的认识。

⑦ 迟来的报偿。只要热情、诱因或资源仍能继续维持,创业者应该在投资未获报偿之前,坚持追求理想。

(2) 发现创业机会的方法

成功的创业者们白手起家取得非凡业绩,使得人们常以为创业者们有着某种特别敏锐的洞察力,使他能看到别人没看到的机会,并有特别能力知道如何来开发这个机会。事实上,在机会发现过程中,灵感和创造力确实很重要,但创业者在发现和评价创业机会过程中所采用的正确方法和艰苦努力同样重要。其中有些方法简单易懂,以致创业者也没有意识到自己在使用它们,而另一些方法则复杂难懂,要正确、有效地使用需要专家的帮助。掌握分析市场以发现创业机会的方法以及在这个过程中起支持作用的工具和技术是十分重要的。

① 启发式方法

这种方法与创业者的创造性联系最为密切。它首先是分析,即选取一个特定的市场或产品领域并弄清楚相关概念；然后是综合，即将这些概念以一种新视角归纳起来。这个过程是相互作用、相互启发的，每一次分析—综合的循环都改进了对机会的观察认识并使之更加清晰。

② 问题分析法

这种方法起始于个人或组织的需求及其所面临的问题。这些需求和问题可能明显或不太明显，可能被认识到或未被认识到。这种方法的应用，首先是询问"什么事情可以做到更好？"接下来的问题是："怎样才能做得更好？"一个有效的解决方案往往就是创业者创业的基础。

③ 顾客建议

一个创业机会也可能是顾客基于自己需求的建议而产生。如果顾客认为其需要没有得到满足或没有很好地得到满足，则意味着潜在的市场机会。顾客基于自己的认识来提出建议可以采取各种形式，最简单的形式可能是非正式的交谈："如果……岂不是更好吗？"如果顾客是一个组织群体，这种建议会对组织有重大影响，比如涉及组织的大笔支出，那么提出的建议可能是正式而具体的，并有详尽的资料说明来佐证。某些组织会积极主动地向供应商"逆向营销"自己的需求，要求其设法满足。无论顾客采取什么方式来提出请求和建议，创业者都应当热情听取并作出相应反应，因为这往往是一个商业机会。

④ 创造性团体

一个有效的创业者不一定完全依赖自己的创造力，也可以积极地发现、利用和支持其他人的创造力。在一个创造性团体中，有少量经营专家或产品专家，他们思考某一特定市场领域的需求，并思考如何更好地去满足这些需求。如果要创造性团体提供建议，需要对其进行领导和控制，对其建议加以认真分析。一些市场调查和研究公司提供这方面的专业服务，但要认真地加以选择。

⑤ 市场坐标图

市场坐标图是一项正规技术。这种方法是：根据产品的价格、质量和功能等参数来定义某一产品种类的维度，将顾客的特性参数作为另一维度，这两个维度构成一种市场坐标图，产品基于在坐标图中的位置被定位于不同的组，即坐标图中不同的象限。这种图的制作需要有效地确定产品和顾客的维度，有充分的市场信息和有关的统计技术来处理这些信息。这种二维的市场坐标图不仅可以分析产品在市场中所处的位置，而且表明产品之间的相互关系及留下的市场空缺。

⑥ 特性延伸法

特性延伸法是指确定一个产品或服务的基本特性，然后去考察如果它们以某种方式发生变化，会发生什么事情。应用特性延伸的技巧是，以一系列适当的形容词来试验每个特性，如"更大"、"更强"、"更快"、"更方便"、"更多乐趣"等。例如，"傻瓜"相机是为使用者"更方便"而制造的，电脑的更新换代是以芯片运行速度更快为标志的。特性延伸也可以采取更加复杂的、混合的方式，即它不只是改变一个产品特性，而是将来自不同产品的特性混合起来创造新产品。在产品的特性延伸上，孕育着巨大的商机。

以上各种方法不是孤立的和相互排斥的，它们可以单独使用，也可以结合起来使用。而这些方法的有效使用，不仅依赖于创业者本身的知识和创造力，也依赖于其他人，例如，员工、顾客等的知识和创造力。不同的人，在不同的环境中，采用不同的方法，可以发现不同的创业机会。

1.2.4.2 准备和撰写创业计划

如何写创业计划书呢？要视目的即看计划书的对象的不同而有所不同，是要写给投资者

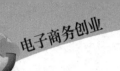

看？还是要拿去银行贷款？目的不同，计划书的重点也会有所不同。就像盖房子之前要画一个蓝图，才知道第一步要做什么，第二步要做什么，或是同步要做些什么，别人也才知道想要做什么。另外，创业计划书不是一成不变，而应随环境条件变化而修改，不断地更新。撰写创业计划书的内容包括：

① 概念（Concept）。概念指的就是：在计划书里，要写得让别人可以很快地知道要创业做什么事情，如目标产品。

② 顾客（Customers）。有了明确的目标产品以后，接下来是要明确顾客。顾客的范围在哪里要很明确，例如认为所有的女人都是顾客，那五十岁以上的女人呢？五岁以下的也是客户吗？针对的顾客群一定要界定清楚。

③ 竞争者（Competitors）。目标产品有没有人卖过？如果有人卖过是在哪里？有没有其他的产品可以取代？跟这些竞争者的关系是直接的还是间接的？

④ 能力（Capabilities）。要卖的东西自己会不会、懂不懂？例如开餐馆，如果师傅不做了找不到人，自己会不会炒菜？如果没有这个能力，至少合伙人要会做，再不然也要有鉴赏的能力，不然最好不要做。

⑤ 资本（Capital）。资本可以是现金也可以是资产，是可以换成现金的东西。那么资本在哪里、有多少，自有的部分有多少，可以借贷的有多少，要很清楚。

⑥ 经营（Continuation）。当事业做得不错时，将来的计划是什么？任何时候只要掌握这6个C，就可以随时检查，随时做更正，不怕遗漏。

创业计划是说服自己，更是说服投资者的重要文件。不仅如此，创业计划书也将使创业者深入地分析目标市场的各种影响因素，并能够得到基本客观的认识和评价。使创业者在创业之前，能够对整个创业过程进行有效的把握，对市场机会的变化有所预警，从而降低进入新领域所面临的各种风险，提高创业成功的可能性。

1.2.4.3 确定并获取创业资源

创业企业需要对创业资源区别对待，对于创业十分关键的资源要严格地控制使用，使其发挥最大价值。而且对于创业企业来说，掌握尽可能多的资源有益无害。当然还有一个问题，那就是如何在适当的时机获得适当的所需资源。创业者应有效地组织交易，以最低的成本和最少的控制来获取所需的资源。创业资源条件主要包括几个方面：

① 业务资源：赚钱的模式是什么；
② 客户资源：谁来购买；
③ 技术资源：凭什么赢取客户的信赖；
④ 经营管理资源：经营能力如何；
⑤ 财务资源：是否有足够的启动资金；
⑥ 行业经验资源：对该行业资讯与常识的积累；
⑦ 行业准入条件：某些行业受到一些政策保护与限制，需要进入资格条件；
⑧ 人力资源条件：是否有合适的专业人才。

以上资源创业者也不需要100%的具备，但至少应具备其中一些重要条件，其他条件可以通过市场化方式来获取。创业者如有足够的财务资源，其他资源欠缺也可以弥补；如果有足够的客户资源，其他资源的欠缺也容易改变。

1.2.4.4 管理新创事业

从企业发展的生命周期来说，新创企业需要经过初创期、早期成长期、快速成长期和成熟期。在不同的阶段，企业的工作重心有所不同。因此创业者需要根据企业成长时期的不同来采取不同的管理方式和方法，以有效地控制企业成长，保持企业的健康发展。例如，在初创时期和早期成长期，创业者直接影响着创业企业的命运，在这一时期，集权的管理方式灵活而富有效率，而到快速成长期和成熟期，分权的管理方式才能使企业获得稳步的发展。

1.2.5 电子商务创业的风险

风险总是与机会并存。目前电子商务创业的诸多机会中也必然存在着一定的风险。

（1）竞争激烈

由于电子商务创业资金门槛相对较低，进入较容易，大量的创业者已经进入，将市场扩展到网络。传统企业也纷纷上网，这使得新进入者面临巨大的竞争压力。

（2）法律与信用风险

电子商务企业在经营过程中还面临法律与信用风险。法律风险一方面来自电子商务立法滞后而导致的没有统一的市场规则作支撑所带来的风险，另外一方面来自电子商务企业不熟悉甚至是不了解电子商务法律所带来的风险。电子合同、在线支付、产品交付等问题虽有初步的法律规范，但还没有做到全面的法律保护。个人隐私权保护、欺诈等问题困扰着消费者，使之不敢大胆地在网上购物。特别是没有一个比较完善的网上信用评价与监控体系，致使"收货不付钱"、"收钱不发货"等欺诈行为时有发生，导致消费者信心下降，经营者信誉下降。

（3）物流成本过高

物流是电子商务的组成部分，也是电子商务实现的保证。电子商务中，资金流和信息流都可以在网络中完成，物流则必须在现实物理空间中完成。我国现阶段物流基础建设相对落后，信息化水平低，管理体制分散，配送效率低而且不规范，管理人才缺乏。这些导致企业在开展电子商务活动中物流成本过高，甚至有了客户却无法将商品送达客户手中。

（4）信息风险

网络的虚拟性使得电子商务的运作存在着比普通商务模式更多的风险因素。主要表现为：① 信息的真实性风险：信息的准确度和可靠性，直接影响到信息使用者的决策。② 信息的实时性风险：信息的实时性反映的是事务的当前状态和属性，其影响因素有主观和客观两种。主观上说，商家的信息发布要及时，客户需求信息的提交和更改也要及时；客观上看，网络中断、系统检修时的补救措施也要及时，才能让买卖双方的信息保持一致。③ 信息的安全性风险：网上支付仍存在很大的安全隐患，病毒或人为攻击支付体系的事情虽属于小概率事件，一旦发生必将损失惨重。

（5）电子商务系统安全风险

电子商务是在开放的网络上进行的支付信息、订货信息、销售信息、谈判信息、机密的往来文件等大量商务信息在计算机系统中存放、传输和处理。黑客攻击、计算机病毒等会造成商务信息被窃、篡改和破坏。机器失效、程序错误、错误操作、错误传输都会造成信息失误或失效，给创业者带来不可挽回的损失。

（6）管理风险

一些大学生创业者虽然技术出类拔萃，但理财、营销、沟通、管理方面的能力存在不足。创业失败者，基本上都是管理方面出了问题，其中包括：决策随意、信息不通、理念不清、患得患失、用人不当、忽视创新、急功近利、盲目跟风、意志薄弱等等。特别是大学生知识单一、经验不足、资金实力和心理素质明显不足，更会增加在管理上的风险。

（7）自身性格风险

大学生作为新生的一代富有激情，对很多事都充满了好奇与向往，这也为他们通过电子商务创业埋下了隐患，具体风险主要包括以下几个方面：喜欢纸上谈兵，创业设想大而不当，市场预测普遍过于乐观；眼高手低，好高骛远，看不起蝇头小利，往往大谈"第一桶金"，不谈赚"第一分钱"；相信一切都是美的，没有看到巨大的利润背后的阴暗面；不能长期坚持，喜欢跳槽，这样很难拥有固定的客户。

1.3 电子商务创业者素质

大众创新，万众创业，创业已然是时代的焦点。创业是极具挑战性的社会活动，是对创业者自身智慧、能力、气魄、胆识的全方位考验。一个要想获得成功的创业者，不仅要具备一般人的基本素质，同时还要了解作为创业者所应具备的创业素质和创业能力。

1.3.1 基本素质和能力

基本素质主要包括：良好的身体素质；强烈的创业意识和激情；健康的心理素质；强烈的竞争意识；诚信为本意识；坚定的信念；不畏困难的勇气。

此外，成功的创业者一般还具有以下特质：乐观性、社交性、坚毅性、活力、企图心、领导性、冒险性、求变性、创造性、敏觉性。

电子商务创业者须具备互联网思维，懂得以用户体验为中心，真正找到用户痛点，找到用户的普遍需求，为客户创造价值。

1.3.2 知识结构

创业者的知识结构对创业起着举足轻重的作用。创业者要进行创造性思维，要作出正确决策，必须掌握广博知识，具有一专多能的知识结构。具体来说，电子商务创业者应该具有以下几方面的知识。

① 用足、用活政策，依法行事，用法律维护自己的合法权益。近年来鼓励创业的政策利好层出不穷，尤其针对大学生有诸多创业优惠政策，涉及融资、开业、税收、创业培训、创业指导等。就电子商务而言，各省市都大力发展电商，相关创业扶持政策也较多，如针对农业电子商务、跨境电子商务等近期都有不少政策。而充分掌握相关法律法规也为电子商务创业路保驾护航。

② 了解科学的经营管理知识和方法，提高管理水平。电商企业不同于传统企业，创业管理也需要创新。

③ 掌握相关的科学技术知识，依靠科技进步增强竞争能力。如农业电子商务创业既需要具备电子商务知识，还要了解农业特性，如产品季节性、冷链物流等物流特性。

④ 具备市场经济方面的知识，如市场营销、财务会计、贸易和金融等。不懂网络营销电商创业将举步维艰，电商创业必须最大限度引爆网络营销核能量，产生核聚变。电商企业融资、投资长足发展等都要求创业者具备一定经济方面知识。

1.3.3 团队组建

电子商务创业能否成功的关键性因素在于创业团队的综合实力，一个优秀的创业团队是创业成功的保障。创业活动的复杂性,决定了所有的事务不可能由创业者个人包揽,要通过组建分工明确的创业团队来完成。创业团队的优劣,基本决定了创业能否成功。成功的创业者是以正确的创业理念来指导创业活动和组建创业团队的。创业理念决定着创业团队的性质、宗旨和获取创业的回报,并且关系到创业的目标和行为准则。

电子商务团队是在企业内部利用互联网开展企业电子商贸活动,利用网络将企业的销、产、供、研等活动串在一起,实现了企业网络发展的多人团体。如何组建一个高效的电子商务创业团队呢?主要从以下几个方面着手。

1.3.3.1 寻找合适的创业伙伴

很多创业者在创业初期并没有想清楚自己有什么、能做什么、自己的团队可否达到创业的彼岸。因此,创业的第一步,你必须要先找到你的队友,也就是你的创业伙伴。

组建创业团队时,成员的共同志向、目标和信仰更为重要。常言道志同道合,志不同则道不合,目标不一致,信仰问题不解决,早晚要出现大的纷争。有的创业团队能同甘苦,不能共患难,顺利时欢天喜地困难时分道扬镳;有的创业团队,做大一点了就分家,企业永远做不大。史玉柱在巨人大厦倒塌后能够迅速东山再起,一个重要原因是有一个死心塌地跟随他的好团队;希望集团兄弟四个一分为四,则失去了提早进入世界大企业的有利时机。

一个好的核心团队该有哪些人?这个没有标准答案。但我们认为至少要有下面的四种角色:

① Product Visionary——能洞悉市场需求的人;
② Designer——能设计出好用户体验的人;
③ Hacker——能快速解决程式问题的人;
④ Hustler——能快速解决一切其他问题的人。

1.3.3.2 确定创业团队的负责人

创业团队的负责人是决定整个团队成败的关键,不仅要懂得电子商务的方方面面,包括:电子商务战略规划、商城建设及营运、互联网营销、网站建设、SEO优化等等,还要懂得传统商业运作,例如品牌规划、营销策略、渠道建设等等,因为说到底,电子商务的本质与传统商业是一样的。

1.3.3.3 团队的技能搭配

每个领导都希望自己的团队成员技能越高越好。从做事的效率上来讲的确如此。但事实上,作为一个管理者,你还必须考虑另外两个问题。一个是成本问题,一个是管理复杂度的问题。这样考虑下来,就不一定是团队的每个人都需要是技能高手了。

如果一个团队都是高手,那这个团队成员的成本就很高。对于做服装电商行业的,毛利就那么一点点,每一分成本的增加都要认真考虑过。而且如果一个团队都是高手,管理难度将大大增加,谁都不服谁。作为管理者,没有足够的个人魅力还真难摆平。到时候不互相拆台就不错了,更不要说协同合作了。

综合下来,以10个人的团队为例,最好的团队搭配是:一个管理者,1名多技能者(不一定是每个技能都专精,但要能适应几个不同的岗位),2名技能专精者(适合做小组长的),5名熟练者,1名初学者。这样的团队搭配,从做事效率上,用工成本上和管理难度上都比较合适。

1.3.3.4 建立团队的组织架构

一个结构完整的 B2C 电子商务团队除了 HR 和财务部门外，其前期电子商务业务共分为 5 个部门，包括客服部、市场部、采购与物流部、技术部和网站运营部，如图 1-2 所示。

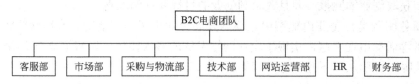

图 1-2　B2C 电商团队组织架构简图

（1）客服部职能及运作

客服部的职能就是客服服务、客户咨询、客服培训和客服考核等，通过各种方式提高用户满意度、订单转化率和平均订单金额。其具体职能及运作如图 1-3 所示。

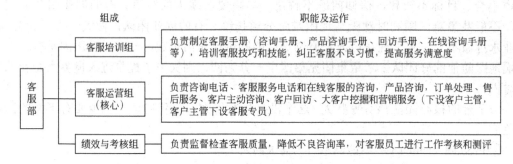

图 1-3　客服部职能及运作

（2）市场部职能及运作

市场部负责对外的合作、推广和宣传工作，包括搜索引擎营销、EDM 营销、网站合作、媒体合作、新闻炒作、口碑合作、活动及研讨会等；负责研究分析 CRM 体系，包括会员级别、积分机制、客户活跃机制、沟通机制等，优化购物流程，提高用户购物体验，制定 CRM 营销战略，分析销售数据，研究用户购买行为，最终提高订单转化率。其具体职能及运作如图 1-4 所示。

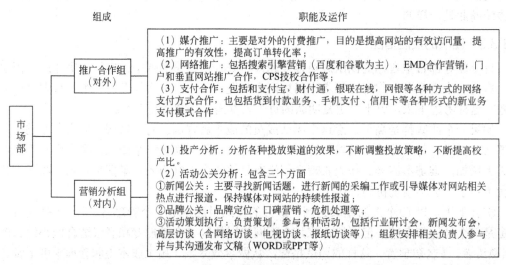

图 1-4　市场部职能及运作

（3）采购与物流部职能及运作

采购及物流部负责产品的采购，各类产品在全国的仓储布局、调整和管理，网站配送合作和订单配送工作；具体为与网站运营部确定采购名单，根据名单筛选供应商，争取最低采购价格，负责根据重点销售区域确定网站的仓储中心规划，各个仓储中心的管理，各个种类产品在不同仓储中心的调配，负责确定快递配送合作伙伴，制定配送标准，设计包装规格，制定订单配送管理规则。其具体职能及运作如图1-5所示。

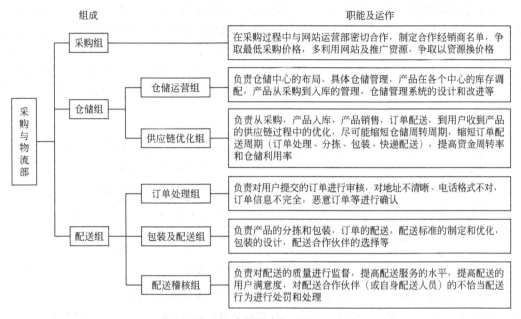

图1-5 采购与物流部职能及运作

（4）技术部职能及运作

技术部负责网站建设和系统开发，包括B2C网站的网站架构和技术开发，CRM系统、Call_Center系统、采购和仓储系统、订单管理系统等系统的策划、实施和调整，服务器和网络运营商的选择和管理等。其具体职能及运作如图1-6所示。

图1-6 技术部职能及运作

其中：网站开发组中，网站架构人员负责与网站运营部和市场部沟通网站功能策划，确定网站架构方案，并与开发和测试人员共同完成网站的建设和改版工作；网站开发和测试人员负责根据网站架构和功能需求编写代码，完成网站技术开发和改版工作，并通过不断测试提高用户体验，根除网站漏洞；页面设计人员负责网站页面的设计和改版工作；SEO优化工作是针对搜索引擎开展的页面优化，使得网站关键词得以搜索排名提前，这跟网站框架、页面设计和文案相关。

系统开发组中，系统开发功能分为需求分析、系统分析（系统框架）和软件开发测试三个职能，其中需求分析负责与各部门人员沟通，分析各系统的使用需求，完成各系统的整体需求分析工作；系统分析负责将按照需求分析设计数据库模型和系统模型；最终由软件开发测试人员完成开发，并且三种职能的人员一起进行测试。

（5）网站运营部职能及运作

网站运营部负责产品的采购目录、陈列展示、促销和销售工作。假如市场部负责外部资源的整合，那么网站运营部就是负责网站内部的资源整合；具体为分析并确定产品目录、预测和计划产品销量、确定采购量、制定销售价格、控制产品毛利润，根据销售情况确定网站各网页的陈列展示，策划设计各种促销活动（根据产品、会员、节假日等），利用EDM系统、电话客服、网站展示位、网络推广资源等各种方式提高促销效果。其具体职能及运作如图1-7所示。

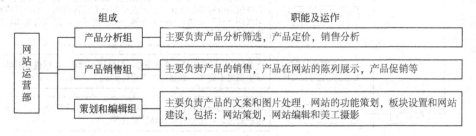

图1-7　网站运营部职能及运作

其中：产品分析组中，产品分析筛选是分析各个种类的产品，确定网站主推产品名单，预测产品销售额，跟采购部协商确定采购量，并根据销售情况不断调整；产品定价是根据传统渠道价格、竞争对手价格、采购成本等各种因素确定网站产品定价，保持产品竞争力和毛利润；销售分析是分析网站各种产品的销售情况，将产品分为若干等级：畅销品（现金牛）、滞销品（瘦狗）、潜力产品（明星）和不确定产品（问号），寻找并确定畅销品的品种，尽快用促销等方式消化滞销品的库存，通过内外部资源提升潜力产品的销量，分析研究不确定产品的原因。

产品销售组负责与市场部联络，确定在推广过程中的策略，确定搜索引擎关键词和描述，以及EMD营销策略，负责与促销组确定产品促销方案，促销产品和促销资源的调配。

策划和编辑组中，网站策划负责全站的网站建设、改版、功能设计、购物流程优化等等；网站编辑负责产品文案撰写、促销文案撰写、网站各频道的内容编写、专题策划和编辑等等；美工及摄影负责产品的图片拍摄和处理、网站页面设计、促销和产品展示页面、flash的设计等等。

任何B2C电子商务网站的促销策略都很重要，国内的当当和京东商城拉动销量的重要手段，促销组负责策划执行促销策略，与市场部协调推广资源（搜索引擎、EDM、门户和垂直网站等）推进促销宣传，与销售组协调促销方案和促销产品，与策划编辑组配合完成促销文案、促销图片、EDM投放和flash展示等。

1.3.3.5　加强团队的分工与合作

团队运作之初就应该大家集思广益，一起坐下来讨论和制定明确性的运作机制，在计划书中明确团队每个人所负责的工作分工，同时制定一定的考核机制，让每个人的工作成效体现出来，及时对拖累项目进展的部分工作进行检查和排除。对于团队运行可能出现问题时如何处理，要大家共同商量制定出一个决策机制，比如"少数服从多数"的原则，另外还要考虑如果在"多数"人决定出错的情况下,如何及时修正的问题,毕竟我们的目标是项目的成功,不能由于多数人的"面子"问题对于已经被证明的错误还采取视而不见的态度。

1.3.3.6 保持创业团队的稳定

在团队已经组建以后,要保持其稳定性必须注意以下几点:首先,创业团队一定要形成一致的创业思路,成员要有共同的目标远景,认同团队将要努力的目标和方向,同时还要有自己的行动纲领和行为准则。其次,要以法律文本的形式确定一个清晰的利润分配方案。把最基本的责权利界定清楚,尤其是股权、期权和分红权,此外还包括增资、扩股、融资、撤资、人事安排、解散等等与团队成员利益紧密相关的事宜。最后,要保证团队成员间通畅的沟通渠道,进行持续不断地沟通。团队开始工作时要沟通,遇到问题时要沟通,解决问题时也要沟通,有矛盾时更要沟通,沟通的时候要多考虑团队的远景目标和未来的远大理想,多想有利团队发展的事情。

任何一个创业者都不可能在一开始就能建立起有效的团队。团队的形成就如同个人的成长一般,也要经历不同的发展阶段。很多时候,团队是在企业创立一定时间以后随着企业的发展逐步形成的,而且在这一过程中还进行不断的调整。团队在新创企业的发展过程中也需要制定有效的激励机制,充分调动成员的积极性,把团队成员的作用最大限度地发挥出来。同时,团队也可能陷入不成熟的阶段,因而使绩效受到影响。新创企业的领导者应尽可能了解团队的需求,并且及时采取有助于团队迈向成熟与高绩效的行动。在组建和管理团队的过程中,企业应紧紧围绕目标明确的原则,只有目标明确,工作才会有效。同时要使团队成员所担任的职务要同他具有的权利和所担负的责任相匹配,既要考虑团队所需要的高素质,又要考虑成员的能力互补。而且团队成员之间的相互关系,团队的奖惩制度、考核标准、激励措施以及各种团队章程一定要以规范化的形式书面确定下来,以免带来不必要的混乱。

建立激励机制对于新创企业的长期发展是很有好处的。新创企业的激励机制要能够充分调动员工的工作积极性,使企业成员能够很好地把握商业机会。一个新创企业能否吸引到所需的高素质的员工并留住他们,在很大程度上取决于企业给他们提供的物质报酬和精神报酬,也就是物质激励和精神激励。

此外,还要注重对人才的培训和建立科学的考评体系。

综上所述,有好的产品有好的团队,还要有好的管理才能形成合力,以共谋创业成功:一要讲愿景,任何一个产品,任何一个团队都得有自己的梦想,不能只是为了卖而卖,要告知消费者为什么卖。二要明机制,有自己的奖励和惩罚机制,责任落实到团队,落实到人,奖罚分明。有明确指标,可监控。三要养人才,尤其是每个部门的负责人,一定是能驱动整个部门高效工作的,结果为导向考核。给予不一样的东西,牢牢掌控。四要共担当,责任共担,荣誉共享,大家一起分享胜利的果实,一起承担失败的后果。

1.3.4 互联网思维

人类文明已经从农业时代、工业时代,进入了互联网时代。而互联网思维,就是面向互联网时代的思维方式。因此,要想理解什么是互联网思维,首先要了解互联网时代。

1.3.4.1 互联网时代的本质特征

(1)"互"即"互动"

相比报刊杂志,信息可以通过网络更快速、更海量、更便宜地传播。于是,以雅虎为代表的门户网站横空出世,新浪、网易、搜狐也因此而崛起。人们在被动接收信息的同时,还

期望能够精准地获得自己想要的信息。于是，以谷歌为代表的搜索引擎横空出世，百度也因此而崛起。人们在主动搜寻信息的同时，还期望能彼此交流信息。于是，以facebook为代表的社交网络横空出世，新浪微博也因此而崛起。人们在彼此交流信息的同时，还期望交流能更加顺畅自如。于是，以ICQ为代表的即时通信横空出世，腾讯QQ也因此而崛起。到今天，能让人们随时随地交流的微信、whats app等，更是如日中天。从被动接收信息到主动搜寻信息，从彼此交流信息到随时随地交流，贯穿始终的是人们希望能够更好地"互动"。某种意义上，互联网的出现，是因为人们期望能更好地"互动"；而互联网的发展，是因为更好地满足了人们的"互动"需求。因此，"互动"是互联网时代的第一个本质特征。

（2）"联"即"联接"

过去，上网要通过电话拨号来联接桌上的台式电脑；后来我们可以通过宽带来联接笔记本电脑。人们通过桌上的个人电脑（PC）来联接的时期，叫有线互联网时代。今天，因为Wi-Fi、2G、3G、4G、CDMA等无线通信网络的发展，再加上智能手机的普及，通过手机等移动终端就可以让我们随时随地联接起来。时至今日，我们已经全面进入了移动互联网时代。未来，电脑和手机将不再是唯一的上网终端。就像今天，到处都是"电器"一样，今后，将到处都是"网器"。任何人、任何物、在任何时间、任何地点，都可以自由联接。不久的将来，我们将进入无限互联网时代。从有线互联网时代发展到移动互联网时代、乃至进入无限互联网时代，是因为人们希望能够更好的"联接"。某种意义上，互联网的出现，是因为人们期望能彼此更好地"联接"；而互联网的发展，是因为更好地满足了人们的"联接"需求。因此，"联接"是互联网时代的第二个本质特征。

（3）"网"即"网络"

在第二次工业革命的早期，工厂如果想要用电，得自备发电机甚至自建发电站。发展到后来才有集中的电厂，通过电网将电力传输到千家万户。互联网时代的"信息"，就相当于工业时代的"电"。我们现在通过电脑硬盘或自备服务器，来存储"信息"；要不了多久，"信息"将集中存储到"云端"，通过无线网络，可让人们通过"网器"自由使用。这就叫"云计算"。就像现在用电一样，只要按下开关就可以了。不一样的是，电网是电厂向电器单向输电；而"云端"和"网器"，是双向传输"信息"。通过"网器"和"云端"的联接，人们可以很轻松地掌握更全面、更及时的信息，并更好地做出分析，这就是"大数据"。人和"网器"（物），基于"云计算"和"大数据"，将不断形成无数张无边无际的网络，并组成一个相互交织的网络体。通过这样的网络体，人们可以"任意互动、无限联接"。

互联网时代的本质特征就是：互动、联接、网络。互联网时代的前进方向，就是将整个世界变成一个"任意互动、无限联接的网络体"。

1.3.4.2 互联网思维的含义

中国在2008年之后，市场就开始进入电子商务快速发展的时期，互联网也开始从传统的PC端互联网转变成移动互联网，发展的模式都差不多，还是沿袭了PC端发展模式，并且速度很快。时至今日，移动互联网已经把控中国的每一寸土地，而商机则变为了与移动互联网接触的各个移动终端，2013年中国移动网民规模已达5亿。

互联网思维，就是符合互联网时代本质特征的思维方式，即在（移动）互联网+、大数据、云计算等科技不断发展的背景下，对市场、用户、产品、企业价值链乃至对整个商业生态进行重新审视的思考方式。互联网时代的思考方式，不局限在互联网产品、互联网企业。这里指的互联网，不单指桌面互联网或者移动互联网，是泛指互联网，因为未来的网络形态一定是跨越各种终端设备的，台式机、笔记本、平板、手机、手表、眼镜等。

用互联网思维做电商，是现在一致的共识。互联网思维分为三个层级：

层级一：数字化——互联网是工具，提高效率，降低成本；

层级二：互联网化——利用互联网改变运营流程，电子商务，网络营销；

层级三：互联网思维——用互联网改造传统行业，商业模式和价值观创新。

1.3.4.3　互联网思维及法则

（1）用户思维

互联网思维，第一个，也是最重要的，就是用户思维。

互联网领域，是用户驱动企业；在传统领域，是企业驱动商户。互联网公司的产品都是为了满足用户需求，少有创造用户需求的。而传统企业往往是自行生产产品，然后配之大量的广告促销等活动，把产品推销给顾客。随着互联网的越来越发达，用户获得信息的渠道越来越碎片，自主意识逐步增强，传统企业的方式开始慢慢失效。用户思维，是指在价值链各个环节中都要"以用户为中心"去考虑问题。作为厂商，必须从整个价值链的各个环节，建立起"以用户为中心"的企业文化，只有深度理解用户才能生存。没有认同，就没有合同。用户思维主要包含以下法则。

① 用户为主

成功的互联网产品多抓住了"草根一族"的需求。当产品不能让用户成为产品的一部分，不能和他们连接在一起，产品必然是失败的。QQ、百度、淘宝、微信、YY、小米，无一不是携"草根需求"以成霸业。

② 兜售参与感

一种情况是按需定制，厂商提供满足用户个性化需求的产品即可，如海尔的定制化冰箱；另一种情况是在用户的参与中去优化产品，如淘品牌"七格格"，每次的新品上市，都会把设计的款式放到其管理的粉丝群组里，让粉丝投票，这些粉丝决定了最终的潮流趋势，自然也会为这些产品买单。

让用户参与品牌传播，便是粉丝经济。我们的品牌需要的是粉丝，而不只是用户，因为用户远没有粉丝那么忠诚。粉丝是最优质的目标消费者，一旦注入感情因素，有时有缺陷的产品也会被接受。未来，没有粉丝的品牌都会消亡。电影《小时代》豆瓣评分不到5分，但这个电影观影人群的平均年龄只有22岁，这些粉丝正是郭敬明的富矿。正因为有大量的粉丝"护法"，《小时代1》《小时代2》才创造出累计超过7亿的票房神话。

③ 体验至上

好的用户体验应该从细节开始，并贯穿于每一个细节，能够让用户有所感知，并且这种感知要超出用户预期，给用户带来惊喜，贯穿品牌与消费者沟通的整个链条，说白了，就是让消费者一直爽。微信新版本对公众账号的折叠处理，就是很典型的"用户体验至上"的选择。

用户思维体系涵盖了最经典的品牌营销的Who-What-How模型，Who，目标消费者——"屌丝"；What，消费者需求——兜售参与感；How，怎样实现——全程用户体验至上。

（2）简约思维

互联网产品通常不追求大而全，而是抓住用户某个痛点或价值点，针对性地做出定位明确的产品。在功能上尽量简单明确，即便要做大做复杂也是慢慢地加上去。体验上尽量做到简单易上手，甚至使"界面消失"，仅凭本能和直觉操作（如"摇一摇"）。互联网时代，信息爆炸，用户的耐心越来越不足，所以，必须在短时间内抓住用户。

① 专注，少即是多

苹果就是典型的例子，1997年苹果接近破产，乔布斯回归，砍掉了70%产品线，重点开发4款产品，使得苹果扭亏为盈，起死回生。即使到了5S，iPhone也只有5款。

品牌定位也要专注，给消费者一个选择你的理由，一个就足够。最近很火的一个网络鲜花品牌Rose Only，它的品牌定位是高端人群，买花者需要与收花者身份证号绑定，且每人只能绑定一次，意味着"一生只爱一人"。2013年2月上线，8月份做到了月销售额近1000万元。

大道至简，越简单的东西越容易传播，越难做。专注才有力量，才能做到极致。尤其在创业时期，做不到专注，就没有可能生存下去。

② 简约即是美

在产品设计方面，要做减法。外观要简洁，内在的操作流程要简化。Google首页永远都是清爽的界面，苹果的外观、特斯拉汽车的外观，都是这样的设计。

（3）极致思维

极致思维，就是把产品、服务和用户体验做到极致，超越用户预期。

① 打造让用户尖叫的产品

用极限思维打造极致的产品：第一，"需求要抓得准"（痛点、痒点或兴奋点）；第二，"自己要逼得狠"（做到自己能力的极限）；第三，"管理要盯得紧"（得产品经理得天下）。一切产业皆媒体，在这个社会化媒体时代，好产品自然会形成口碑传播。尖叫，意味着必须把产品做到极致；极致，就是超越用户想象！

② 服务即营销

阿芙精油是知名的淘宝品牌，有两个小细节可以看出其对服务体验的极致追求：一是客服24小时轮流上班，使用Think pad小红帽笔记本工作，因为使用这种电脑切换窗口更加便捷，可以让消费者少等几秒钟；二是设有"CSO"，即首席惊喜官，每天在用户留言中寻找潜在的推销员或专家，找到之后会给对方寄出包裹，为这个可能的"意见领袖"制造惊喜。

海底捞的服务理念受到很多人推崇，但是在互联网思维席卷整个传统行业的浪潮之下，如果海底捞不能用互联网思维重构企业，学不会的，可能是海底捞了。

（4）迭代思维

互联网产品更新很快，采用的方法往往是迅速上线，小批测试，根据反馈然后进行调整，如果好，就继续推，如果不好就改了再推。"敏捷开发"是互联网产品开发的典型方法论，是一种以人为核心、迭代、循序渐进的开发方法，允许有所不足，不断试错，在持续迭代中完善产品。这里面有两个点，一个"微"，一个"快"。

① 小处着眼，微创新

"微"，要从细微的用户需求入手，贴近用户心理，在用户参与和反馈中逐步改进。"可能你觉得是一个不起眼的点，但是用户可能觉得很重要"。360安全卫士当年只是一个安全防护产品，后来也成了新兴的互联网巨头。

② 精益创业，快速迭代

只有快速地对消费者需求做出反应，产品才更容易贴近消费者。Zynga游戏公司每周对游戏进行数次更新，小米MIUI系统坚持每周迭代，就连雕爷牛腩的菜单也是每月更新。

这里的迭代思维，对传统企业而言，更侧重在迭代的意识，意味着我们必须要及时乃至实时关注消费者需求，把握消费者需求的变化。

（5）流量思维

流量意味着体量，体量意味着分量。"目光聚集之处，资本必将追随"，流量即金钱，流量即入口，流量的价值不必多言。

① 免费是为了更好地收费

互联网产品大多用免费策略极力争取用户、锁定用户。当年的360安全卫士，用免费杀毒入侵杀毒市场，一时间搅得天翻地覆，回头再看看，卡巴斯基、瑞星等杀毒软件，估计没有几台电脑还会装着了。"免费是最昂贵的"，不是所有的企业都能选择免费策略，因产品、资源、时机而定。

② 坚持到质变的"临界点"

任何一个互联网产品，只要用户活跃数量达到一定程度，就会开始产生质变，从而带来商机或价值。QQ若没有当年的坚持，也不可能有今天的企业帝国。注意力经济时代，先把流量做上去，才有机会思考后面的问题，否则连生存的机会都没有。

（6）社会化思维

社会化商业的核心是网，公司面对的客户以网的形式存在，这将改变企业生产、销售、营销等整个形态。

① 利用好社会化媒体

有一个做智能手表的品牌，通过10条微信，近100个微信群讨论，3千多人转发，11小时预订售出18698只T-Watch智能手表，订单金额900多万元。这就是微信朋友圈社会化营销的魅力。有一点要记住，口碑营销不是自说自话，一定是站在用户的角度、以用户的方式和用户沟通。

② 众包协作

众包是以"蜂群思维"和层级架构为核心的互联网协作模式，维基百科就是典型的众包产品。传统企业要思考如何利用外脑，不用招募，便可"天下贤才入吾彀中"。InnoCentive网站创立于2001年，已经成为化学和生物领域的重要研发供求网络平台。该公司引入"创新中心"的模式，把公司外部的创新比例从原来的15%提高到50%，研发能力提高了60%。小米手机在研发中让用户深度参与，实际上也是一种众包模式。

（7）大数据思维

大数据思维，是指对大数据的认识，对企业资产、关键竞争要素的理解。

① 小企业也要有大数据

用户在网络上一般会产生信息、行为、关系三个层面的数据，这些数据的沉淀，有助于企业进行预测和决策。一切皆可被数据化，企业必须构建自己的大数据平台，小企业，也要有大数据。

② 你的用户是每个人

在互联网和大数据时代，企业的营销策略应该针对个性化用户做精准营销。

银泰网上线后，打通了线下实体店和线上的会员账号，在百货和购物中心铺设免费Wi-Fi。当一位已注册账号的客人进入实体店，他的手机连接上Wi-Fi，他与银泰的所有互动记录会一一在后台呈现，银泰就能据此判别消费者的购物喜好。这样做的最终目的是实现商品和库存的可视化，并达到与用户之间的沟通。

（8）平台思维

互联网的平台思维就是开放、共享、共赢的思维。平台模式最有可能成就产业巨头。全球最大的100家企业里，有60家企业的主要收入来自平台商业模式，包括苹果、谷歌等。

① 打造多方共赢的生态圈

平台模式的精髓，在于打造一个多主体共赢互利的生态圈。将来的平台之争，一定是生态圈之间的竞争。百度、阿里、腾讯三大互联网巨头围绕搜索、电商、社交各自构筑了强大的产业生态，所以后来者如360其实是很难撼动的。

② 善用现有平台

当你不具备构建生态型平台实力的时候，那就要思考怎样利用现有的平台。马云说：

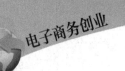

"假设我是90后重新创业,前面有个阿里巴巴,有个腾讯,我不会跟它挑战,心不能太大。"

③让企业成为员工的平台

互联网巨头的组织变革,都是围绕着如何打造内部"平台型组织"。包括阿里巴巴25个事业部的分拆、腾讯6大事业群的调整,都旨在发挥内部组织的平台化作用。海尔将8万多人分为2000个自主经营体,让员工成为真正的"创业者",让每个人成为自己的CEO。内部平台化就是要变成自组织而不是他组织。他组织永远听命于别人,自组织是自己来创新。

(9)跨界思维

随着互联网和新科技的发展,很多产业的边界变得模糊,互联网企业的触角已无孔不入,如零售、图书、金融、电信、娱乐、交通、媒体等等。

①携"用户"以令诸侯

这些互联网企业,为什么能够参与乃至赢得跨界竞争?答案就是:用户!他们一方面掌握用户数据,另一方面又具备用户思维,自然能够携"用户"以令诸侯。阿里巴巴、腾讯相继申办银行,小米做手机、做电视,都是这样的道理。未来十年,是中国商业领域大规模打劫的时代,一旦用户的生活方式发生根本性的变化,来不及变革的企业,必定遭遇劫数!

②用互联网思维,大胆颠覆式创新

一个真正厉害的人一定是一个跨界的人,能够同时在科技和人文的交汇点上找到自己的坐标。一个真正厉害的企业,一定是手握用户和数据资源,敢于跨界创新的组织。李彦宏指出:互联网产业最大的机会在于发挥自身的网络优势、技术优势、管理优势等,去提升、改造线下的传统产业,改变原有的产业发展节奏、建立起新的游戏规则。

未来一定是属于既能深刻理解传统商业的本质,也具有互联网思维的人。不管你是来自传统行业还是互联网领域。

本章小结

本章主要介绍了电子商务的概念、发展及其创新应用,讲解了电子商务创业的概念、环境、创业形式及一般流程,分析了电子商务创业者需要具备的基本素质、知识结构和技能及创业思维方式,以及如何组建创业团队。

思考题

1. 何谓电子商务?其创新应用主要体现在哪些方面?
2. 简要分析创业环境对电子商务活动的影响。
3. 电子商务创业的一般流程是怎样的?
4. 如何发现和识别创业机会?
5. 简述电子商务创业者需要具备的素质。
6. 结合实际论述电子商务创业者需要具备的知识结构和技能。
7. 如何组建高效的电子商务创业团队?

第2章 电子商务创业项目策划与设计

"互联网+"时代,"大众创业,万众创新"时代,面对电子商务领域众多细分市场,创业机会何在?借用马化腾的观点:创业把目标放到最低,解决一个痛点就能成功。目前针对电子商务创业的国家政策频出,互联网技术的积累以及互联网的高度渗透等,都已然为电子商务创业奠定了良好的基础环境。如何发现痛点、解决痛点并变痛点为兴奋点实现创业梦,本章将解惑答疑。

2.1 创业项目需求及可行性分析

2.1.1 创业项目选择

2.1.1.1 项目选择方法

好的创业项目的来源或创业项目选项的技巧很多,需要用心去学习、总结、创新。以下从不同角度,简单介绍几种常见的创业项目来源路径或创业选项的方法。

(1)问题

改变观念,正视问题,善于发现问题、思考问题,把问题看作创新的机会点,一个项目或产品的缺陷就是一个创业的好项目。只要专心、专注,就能从已经存在的项目中发现问题,从而挖掘出新的项目。

【案例2-1】Wavebetter 洗脸神器

2012年7月,林泽代理的洗脸机品牌Wavebetter正式登录天猫,一上线便销售火热,至今仍保持在淘宝同类产品销量第一的位置。Wavebetter引人注目的一点是,店铺内只主打出售一款洗脸机,再零星销售周边配件。新颖的打法,让Wavebetter被市场称为"洗脸神器"。相比众多大牌动辄几千人民币的洗脸机,Wavebetter显得更为亲民,活动价格在三四百左右,再加上优惠券折扣,对于初试洗脸机产品的消费者来说,这样的定价方式很奏效。Wavebetter仅靠一款拳头产品就占据了同类产品销量第一的位置,在天猫的体系里创造了一个单店单品的成功案例。

发现已有洗脸机价格昂贵的痛点问题,专注解决痛点获得创业成功。

(2)整合

把两个已有项目合理放到一起,就是一个新项目。要善于发现各种资源的优势点、关联性,并加以整合,如果根据市场需求变化,直接把两个或者两个以上的项目或产品整合在一起,就会产生一个全新的项目;挖掘多个项目或产品的优势点,并把它们的各自优势点有机地结合在一起,也会产生一个好项目。

【案例2-2】下厨房

互联网广告的模式，对于下厨房这类APP来说，似乎有点遥远，但国内电商的大环境，却为下厨房的商业化提供了另一种可能性。2013年8月14日，下厨房上线"有点田"频道，引入北京5家农场入驻，为下厨房的用户提供一个买菜平台，这是关于菜谱、内容分享、社交的平台试水电商的第一步。对于电商品类的选择，创始人王旭升的标准是品质好、议价空间高。"有点田"事实上是在帮生产和销售终端搭建一个平台，农场可以上线来宣传自己的种植理念，传递给消费者的始终是一种生活理念，使这款由吃衍生出的APP在消费者的感知里拥有了社会价值。下厨房为电商提供了一个成功的O2O营销模式。

互联网+农业整合的不仅仅是产品，更是生活理念，所以创业成功。

（3）借势

认真学习和研究时势，把握最新的政策，从各种政策当中发现机会点，从而产生出新的创业项目。或者，借助某种强势，获得可为己所用的力量，从而衍生出新的创业项目。

有势不发挥，待大势已去就不可挽回，顺势而上才能成功。目前大众创业、万众创新、互联网+，一带一路，跨境电商、O2O等都是大势。

（4）挖掘

从自身资源优势出发，抓住当前市场需求的热点，用心去挖掘满足该市场需求的现有项目之外的其他路径，并对这种路径加以改进、提升，从而衍生成为一个新项目。或者，寻找现存的隐蔽资源，进而改进、提升、转化为新项目。

【案例2-3】挖财

作为一款工具类软件，挖财在用户体验上做足了功夫，简单至上。除基本的账目明细、报表和预算功能，还充分考虑了用户记账时的各种场景，研发了批量的轻量应用，如商旅记账、拍照记账和语音记账等。2013年10月份，在投资人李治国的推动下，信策CEO顾晨炜带领团队加入挖财，补充了团队的金融能力，开始了产品商业化的全面探索。货币基金交易服务是挖财选择的第一站，从2月份开始，挖财开发了基金交易服务，7月份正式上线，为有投资需求的客户推荐风险系数非常小的基金，并且收取基金公司一定的费用。挖财由单一记账功能向理财、基金、投资等功能转向，目标是将用户所有的资产以及消费都纳入到挖财体系当中，这些数据才是真正的价值所在。

从记账到理财，从而挖掘出财富，实现创业成功。

此外，对创业项目的来源和选择过程中，我们可以结合兴趣、自身项目的优势、创新能力或者加入有潜力发展的产业链等多种方式进行开展，选择的角度可以有：

- 选择个人有兴趣或擅长或从事的人员少的项目；
- 选择市场消耗比较频繁或购买频率比较高的项目；
- 选择投资成本较低的项目；
- 选择风险较小的项目；
- 选择客户认知度较高的项目；
- 可先选择网络创业（免费开店）后进入实体创业项目，也可结合线上电子商务和传统实体店面同步经营；
- 选择民生、社区等相关领域进行创业；

- 选择农业、教育等行业进行创业；
- 选择加盟项目；
- 选择新兴的蓝海项目，比如像移动互联网、游戏、文化创意、环保领域的项目；
- 选择可以在家里创业的项目；
- 选择商业机遇，没有在市场上出现的商机，或者是在现有生活范围内没有大幅度覆盖的商业。

2.1.1.2 项目选择注意事项

选择创业项目的过程中，要注意不能仅凭技术来选项目。新技术往往对创业项目的作用相当明显。每当有技术上的突破时，就会创造出新的市场需求，技术创新改变了市场格局。电视机改变了人们消磨时间的方式，也是个微型广告牌；汽车引发从城市到郊区的转移。随着高新技术的应用，知识成为了资本，也改变着营销。掌握了高新技术的创业企业往往能够迅速发展壮大，是值得投资的对象，但请注意技术不能作为投资选择的唯一标准。

【案例2-4】苹果与微软

1982年苹果公司推出Macintosh图形界面操作系统时，领先微软9年，但它是一个"封闭的、专有的系统"，与当时使用量最大的操作系统DOS不兼容，原来使用DOS系统的个人计算机改装的成本相当高，并且它不鼓励第三方进行软件开发，封闭了应用软件市场。由于缺乏应用软件，丧失了用户的热情，最终导致失败。苹果公司甚至将Macintosh计算机"艺术化"，当成工艺品来做，市场价格比IBM-AT要高出一倍，限制了个人用户的购买能力。苹果公司虽然率先将图形界面操作系统商品化，但是并没有赚到大钱。

微软在1992年4月才推出真正实用的Windows3.1。但它可以和DOS兼容，微软还极力劝说独立软件商采用Windows开发其他应用软件，以满足用户的各种需要，将Windows变成了一个开放的技术平台。Windows赢得了人心，赢得了市场，最后成为了行业的标准，尽管它的技术不领先，是模仿别人的，有些甚至是从别人那儿抄来的，但是它赢得了市场，产生了更好的经济效益。

在融资活动中，技术价值的评估与作价，一定要杜绝随意性。如同其他无形资产，技术价值应被视为企业未来收益的贴现。技术估值严重影响着企业的价值。假设某一项相同的技术，分别作价1000万、2000万和4000万，与投资人合作，成立A、B、C三家公司（表2-1）。

表2-1 技术作价不同的三家公司

公司	技术作价	现金投入	股权比例	公司纯利	股本回报率
A	1000万	4000万	20∶80	1000万	20%
B	2000万	4000万	33∶67	800万	13%
C	4000万	4000万	50∶50	400万	5%

如以10倍市盈率计算，则A公司当年的企业价值可高达1亿元；B公司价值为8000万；C公司仅值4000万，是其账面价值的一半（实际上，C公司是很难找到后续的投资方）。

对于一个企业而言，如果把技术要素凌驾于其他要素之上，是极其有害的。在企业经营上，商业模式比技术要素重要得多。企业应该更多地考虑如何把技术要素和人才、管理、营销等结合起来，形成一个有效的商业模式。

人才（团队）、管理水平、市场能力、所有制及企业文化等对成功企业的贡献率，一般而言可占到80%；而技术即使打满分，其贡献率也只有20%左右。硅谷的风险投资家，其投资对象不会是一项技术。他们相中的，一定是一个有效的商业模式，和一个优秀的管理团队。风险投资领域还有一句常说的话："一流团队可把二流技术做成一流的；但二流团队却会使一流技术变成二流的"。因此在选择投资项目和对项目进行考察以及拟定投资协议时，既要重视高新技术的作用，在同等条件下选择拥有高新技术的创业项目进行投资，又要防止"唯技术论"的观点，注重技术与其他企业经营要素的有机结合。

2.1.2 创业项目融资

大多数创业项目面临的最大困境是资金问题，融资成为创业者解决资金问题的首要任务。以下介绍如何打动投资者实现融资，融资过程有哪些注意事项。

2.1.2.1 实现融资

首先学会换位思考，从投资人角度考虑。通常投资人投资项目的筛选的基本原则是：第一，要确实拥有明确的客户，且客户真正认可计划推出的创新产品，认为新产品对他们有用、有价值，愿意以某种方式付钱的；第二，除了现有的客户外，类似的客户很多，客户群是可以扩展的，将来可以取得规模效益；第三，企业的发展和逐步扩大的盈利过程是可以预期的，企业的商业计划具有可行性，创业企业发展前景可以逻辑清晰地预见，具体包括：战略定位、创新明确、商业逻辑清晰、商业模式、竞争策略、产品组合、盈利方法和人力资源组合等。在企业发展和今后的盈利逻辑被认可后，适当的利率水平和收益分配比例就可以确定投资人进行股权投资的合理价格，引起投资人的投资欲望；第四，确定投资协议时投资人要求创业者能够承担责任，因为他是创业企业的实际控制者，对经营计划的实现负有第一责任。如果不能按计划完成销售和盈利目标，他就需要根据投资效益给投资人以补偿，具体的补救措施可能包括：调整优先股转换比例、提高投资人的股份、减少创业者的股份、投票权以及将更多的董事会席位转移到投资人手中、解雇管理层等。总之一句话，这些投资协议条款和"对赌"措施就是迫使创业者将各种准备和计划尽可能落到实处。了解了投资者角度，接下来需要认真准备商业计划书。

另外，从创业者的角度来看，其创业项目是否能够融资成功，取决于两个因素：首先是项目传播的广度和深度，是否能够有效地通过某种特定的途径，将项目的介绍材料送到那个真正能够认识到项目价值的投资人手里；其次，是否能够拥有一个有效的途径和方法，能够与这个特定的投资者见面，当面阐述创业项目的价值和特点，从而让这个特定的投资人，能够真正认识创业项目，并认可创业者。除认真准备商业计划书外，创业者可以尽量多的参与各种投资洽谈会、项目路演会等，以期能够遇到独具慧眼的投资者。有些固定场所专为创业者和投资者设定，如北京的中关村创业大街，这是一条只有220米长的大街，却是草根创业者实现梦想的天堂。此外中关村的创新工场、车库咖啡、36氪、创客空间等也为创业者提供了机会和空间，据统计2014年中关村平均每天创业诞生科技型企业49家。

2.1.2.2 控制风险

创业是一个充满风险的活动，创业投资活动是为创业者提供支持和帮助的。创业投资的风险在很大程度上来自创业的风险，但创业投资风险和创业风险不是一回事。创业风险隐藏在创业过程的各个环节和阶段，是创业过程所固有的，如技术风险、市场风险和管理风险等。而创业投资的目的是促成创业成功，参与收益分配，因此可以说创业风险是投资风险的一个来源。投资风险是投资主体面临的风险，主要源于投资主体和创业者的信息不对称。创业投资的特征是"高风险、高收益"，这些风险分布在融资、投资和退出的各个阶段，稍有不慎将导致创业投资失败。

融资阶段是绝大多数创业投资企业面临的难题，资金来源渠道的不通畅会使得企业在起步阶段始终处于"营养不良"的状态，自身发展受到严重束缚，突出表现在融资渠道的单一和信用问题上。融资渠道的风险规避主要可以借助政府的资本支持和各项优惠政策以及法律法规的约束。而信用风险的控制则可以借助提高普通合伙人的出资比例，降低普通合伙人享有的公司投资利润率等手段来实现。

① 在投资阶段，创业企业在技术领先性、经营状况和管理层的稳定性等方面都有着不确定性。创业企业本身存在的风险有：

a.技术风险：新产品和新技术尚未经过市场和大规模生产的检验，技术是否可行，预期和实践间的差距是否存在不得而知；

b.财务风险：财务报表是否能准确反映创业企业的经营状况，可否给投资者提供准确的参考数据不能保证；

c.投入风险：后续资金的投入不足可能导致项目中途流产；

d.管理层变动的风险：核心管理人员创业过程中的不稳定性会影响企业的发展与经营；

e.外部环境风险：行业经济的景气程度、政府的政策导向等加大了投资的商业风险。

② 对以上存在的风险，可以通过以下渠道进行分析和控制：

a.做好项目的筛选：项目筛选是价值发现和风险过滤的必备过程，也是成功运作投资项目的基础和前提，需要创业者对创业项目进行详细透彻的分析；

b.选择投资的方式：阶段性投资是规避投资风险的常用方法，依照项目的进度与所处的不同阶段，进行组合投资，灵活地分散创业投资风险；

c.提供增值服务：规范完善公司治理，保持企业具备较强的竞争力，发掘投资过程中的价值源泉，在投资过程中不断提供增值服务；

d.通过合同约束来控制风险：通过契约明确持股比例和债权，随时控制创业企业的运营状况，将投资者和创业者间存在的利益冲突最小化。

③ 退出阶段的风险控制：投资的目的是为了使投资的资金安全性和效用最大化，选择合适的退出时机，将投入的资本以股权形态转化为资金形态，对双方而言有时是双赢的。

因此，从长期看，创业投资是新创业企业快速发展的"发动机"，投资企业以资金、管理与服务的方式支持创业企业的发展，对区域和行业的经济发展有着巨大的推动作用。对创业者而言，切实了解并熟悉投资主体的思维后，如何将创业项目的核心理念与现实投资有效地结合并转化为社会价值和效益是非常关键的。有效规避创业自身的风险和创业投资风险对双方而言都有着重要的意义。

2.1.3 创业项目的可行性分析

创业的可行性分析指的是确定商业创意是否可行的过程。它从创业机会的识别到创意的产生，对创业项目从产品/服务、行业/市场、组织及财务等角度对项目进行评判，以确定项目是否适合投资的决策过程。一般而言，若以上环节的调查分析是可行的，下一步将进行商业计划书的撰写和吸引投资；而若其中一个或者多个环节不可行，则要放弃或重新审视原有的商业创意是否在某些方面存在不足，然后对其进行完善、修改甚至放弃。

创业的可行性一般包含以下几个方面。

2.1.3.1 产品/服务的可行性分析

产品/服务的可行性分析是指对拟推出的产品或服务的总体吸引力进行评估。包含两种测试方法：一种是概念测试，指向预期用户展示创意产品或服务思路；另一种是可用性测试，要求产品使用者执行某些任务，以便测量产品的易用性与用户的体验。

概念测试的目的是为达到以下目标。

① 了解客户的态度，证实创业者有价值的产品或服务创意的潜在假设是否成立。

② 有助于发展创意，如向消费者展示自己的产品创意，获取反馈意见并进行修改。

③ 估计产品或服务可能占有的市场份额，一般通过调查问卷的形式来完成。

可用性测试也称为用户测试、实地测试，有多种表现形式。对一些预算有限的创业者而言，可以考虑开发很基础的原型让用户试用并搜集相关资料在后续基础上进行开发；而对于一些具备条件的创业者而言，可以进行非常精细的可用性测试。如在实验室中进行测试后再推广。

2.1.3.2 行业/市场可行性分析

行业/市场可行性分析是对将要提供产品或服务的整体市场吸引力进行评估的过程。

一般需要考虑三个主要问题：行业吸引力、市场的进入时机和利基市场的识别。市场是用户需求反映最直接的源头，因此要尽可能地借助搜索引擎或网络购物平台等工具提供突破性的产品或服务，或者是对已有产品服务的改进。最富吸引力的行业大体具备以下特征：发展空间广阔并呈现持续增长的态势（成长比规模更重要）；对消费者具有重要意义；有较高而非较低的经营利润；没有太多的竞争对手。

市场进入时机的选择可遵循以下原则：对当前市场时机的分析与把握，掌握哪些创业项目是适合的，哪些是风险太大或者目前不具备创业条件和环境的；其次对一些已被竞争者充斥的相对饱和的市场应关闭机会窗口，尽量回避；了解并掌握创业产品或服务的优势，是具备首先进入新市场获得难以赶超的先发优势还是具备追随者汲取先行者的教训，推出更好的产品或服务，并灵活利用。

利基是指在较大的细分市场中具有相似兴趣的一小群顾客所占有的市场空间，它的重要性在于利基市场战略有利于企业自己建立一个行业，从而避免与主要竞争对手进行正面竞争。利基市场战略有利于企业集中精力把某个特定市场做成功，而不是在一个大市场上为迎合每个人而无所不做。

2.1.3.3 组织可行性分析

组织可行性分析指用来判断拟建企业是否具有足够的管理专业知识、组织能力和资源以成功创办新企业。对组织的分析可从管理才能和资源丰度两个方面进行深化。管理才能指创业者或管理团队对商业创意所抱有的激情，创业者或团队对将要进入的市场的了解程度；资源丰度是指办公场所利用率、企业所处地区的劳动力质量、获得知识产权保护的可能性等，多数地区反映资源丰度的指标是企业孵化器，类似企业的地理接近度，如美国加利福尼亚的硅谷，我国北京的中关村、武汉的光谷等。

2.1.3.4 财务可行性分析

财务可行性分析涉及资本需求、财务收益率和投资总吸引力三个方面。资本需求是指企业筹集足够资金的过程，资本需求对企业的创业起步阶段影响巨大，财务数据虽然没有必要十分精确，但要相对准确；从财务收益率的角度判断企业预期收益是否足以保证企业的创建（合理性），如果收益率低，则没有意义；投资总吸引力主要反映在如下几个方面。

① 清晰界定的利基市场中，企业销售额要在成立后 5～7 年内稳定快速地增长。

② 比例很高的持续性收益，意味着企业一旦赢得某个客户，客户就会提供持续的收益来源。

③ 能够以合理的确定程度预测收入和费用。

④ 具有自主和支持企业成长的内生资金。

⑤ 投资者将权益变现的退出机会可得性（如收购或首次公开上市）。

通过以上角度对创业项目进行周密分析之后，将形成项目的可行性分析报告。创业项目可行性报告框架一般包含以下类目。

（1）概况

① 申请企业的基本情况。

② 企业负责人、项目合伙人以及项目负责人简况。

③ 企业人员及开发能力论述。

a.企业负责人的基本情况、技术专长、创新意识、开拓能力及主要工作业绩。

b.项目主要合伙人的基本情况、技术专长、创新意识、开拓能力及主要工作业绩。

c.企业管理层知识结构；企业人员平均年龄；管理、技术开发、生产、销售人员比例；新产品开发情况、技术开发投入额、占企业销售收入比例。

④ 简述项目的社会经济意义、目前的进展情况、申请资金的必要性。

（2）技术可行性分析

① 项目的技术创新性论述。

a.项目产品的主要技术内容及基础原理。

b.需描述技术路线框图或产品结构图。

c.尽可能说明本项目的技术创新点、创新程度、创新难度，以及需进一步解决的问题，并附上权威机构出示的查新报告和其他相关证明材料，已有产品或样品须附照片或样本。

d.产品的主要技术性能水平与国内外先进水平的比较。

② 本产品知识产权情况介绍。

合作开发项目，须说明技术依托单位或合作单位的基本情况，并附上相关的合作开发协议书。

③ 技术成熟性和项目产品可靠性论述。

a.技术成熟阶段的论述、有关部门对项目技术成果的技术鉴定情况。

b.本项目产品的技术检测、分析化验情况。

c.本项目产品在实际使用条件下的可靠性、耐久性、安全性的考核情况等。

（3）产品市场调查和需求预测

① 国内外市场调查和预测。

a.本产品的主要用途，目前主要使用行业的需求量，未来市场预测。

b.产品经济寿命期，目前处于寿命期的阶段，开发新用途的可能性。

c.本产品国内及本地区的主要生产厂家、生产能力、开工率。

d.在建项目和拟开工建设项目的生产能力，预计投产时间。

e.从产品质量、技术、性能、价格、配件、维修等方面，预测产品替代进口量或出口量的可能性，分析本产品的国内外市场竞争能力。

f.国家对本产品出口及进口国对进口的政策、规定（限制或鼓励）。

② 分析本产品市场风险的主要因素及防范的主要措施。

③ 产品方案、建设规模。

a.产品选择规格、标准及其选择依据。

b. 生产产品的主要设备装置、设备来源、年生产能力等。

（4）项目实施方案

① 项目准备

a. 已具备的条件，需要增加的试制生产条件；目前已进行的技术、生产准备情况。

b. 特殊行业许可证报批情况，如国家专卖专控产品、通讯网络产品、医药产品等许可证报批情况说明。

② 项目总体发展论述。包括项目达到规模生产时所需的时间、投资总额、实现的生产能力、市场占有份额、产品生产成本和总成本估算、预计产品年销售收入、年净利润额、年交税总额、年创汇或替代进口等情况。

（5）新增投资估算、资金筹措

① 项目新增固定资产投资估算。应逐项计算，包括新增设备、引进设备等。根据计算结果，编制固定资产投资估算表。

② 资金筹措。按资金来源渠道，分别说明各项资金来源、使用条件。对孵化风险资金部分，需详细说明其用途和数量。利用银行贷款的，要说明贷款落实情况。单位自有资金部分应说明筹集计划和可能。

③ 投资使用计划。根据项目实施进度和筹资方式，编制投资使用计划。对孵化风险资金部分，需单独开列明细表说明。

（6）经济、社会效益分析

① 项目的风险性及不确定性分析。对项目的风险性及不确定因素进行识别，包括技术风险、人员风险、市场风险、政策风险等。

② 社会效益分析。包括对提高地区经济发展水平的影响，对合理利用自然资源的影响，对保护环境和生态平衡以及对节能的影响等。

（7）项目可行性研究报告编制说明

① 可行性研究报告编制单位名称、基本情况、负责人、联系电话。

② 可行性研究报告编制者姓名、年龄、学历、所学专业、职称、工作单位、职务。

打*号的项，未注册企业的自然人可以不填。

（8）附件内容

① 企业法人代表身份证（复印件）*。

② 企业营业执照（复印件）*。

③ 上月末财务损益表和资产负债表（复印件）*。

④ 大专以上人员学历证书（复印件）。

⑤ 项目负责人身份证复印件，原工作单位或居住地提供的身份证明。主要科技人员业绩简介。

⑥ 能说明项目知识产权归属及授权使用的证明文件（复印件）。

⑦ 有关权威机构出具的"项目查新报告"和科技成果证明（复印件）。

⑧ 主要产品（或服务）的优势和市场需求状况。

⑨ 与项目和企业有关的其他证明材料（复印件）。

2.2 创业项目总体规划

创意和创新是创业的原动力，但在此原动力下，创业要成功，还是要按部就班，按照一定的步骤稳扎稳打，才能提高创业成功的概率。创业之前需要建立自己的投资企划书，创业投资企划书主要包括以下纲要。

（1）创业的内容

包括创办事业的名称、事业规模大小、营业项目或主要产品名称等，即所创事业为何。先订出所营事业的规模及营业内容，这是创业评估的基础。

（2）信息分析

对于所创事业相关环境分析，除了了解相关法令规定之外，对于潜在客户在哪里、竞争对手是谁、切入的角度或竞争手法为何，而这一个行业服务或产品的市场价格是多少，一般的毛利率为何，这些都需要进行了解。

（3）创业资金规划

创业的资金可能包括个人与他人出资金额比例、银行贷款等，这会影响整个事业的股份与红利分配多寡。对先前所设定事业规模下需要多少开办费用（硬件与软件）、未来一年要准备多少营运资金等做出估算。

（4）经营目标

社会环境变迁快速，设立营业目标大多不超过1年。新创事业应参考相同规模同业之月营业额，订出自己的营业目标。

（5）财务预估

预估第一年的营业收入与支出费用，这些预估数字的主要目的，是让创业者估算出所营事业的每月支出与未来可能利润，并明了何时能达到收支平衡。最后算出未来经营企业的利润。

（6）营销策略

营销策略包括：了解服务市场或产品市场在哪里？同业一般使用的销售方式为何？自己的竞争优势在哪里？营销手法相当多，包括直接邮寄广告（DM）、电话拜访、现场拜访、商展、造势活动、网络营销等，创业者应搜集这些营销手法的相关资料。

（7）企业风险评估

企业在创业的过程中可能遭受挫折，如景气变动、竞争对手的消长、股东意见不合、产品或服务退出流行、执行业务的危险性等，这些风险甚至会导致创业失败，因此应列出事业可能碰到的风险及相应的解决办法。

（8）其他

包括事业愿景、股东名册、事业组织等或创业者所特别要向投资者说明之事项。在完成创业计划书的同时，一般创业项目的规划还要考虑如下因素。

（1）创业资金筹措

万事开头难，如果资金不够，那么创业就更难。当创业者的创业资金不足时，筹钱的方式，除了向亲友借贷，还可以设法寻求政府的相关贷款资源或获得风投基金，以解决创业资金不足的问题。

（2）如何选定行业决定产品

在选定自己想要创业的行业之前，一定要先衡量自己的创业资金有多少。因为各行业的总投资有高有低，每一种行业都不一样，所以，先衡量自己所拥有的资金能够做哪些行业，再来做进一步的规划。然后再依据行业发展的前景、自己本身的兴趣、专长、倾向、过去相关的工作资历、行业竞争性等因素，加以评估，看自己适合从事哪种行业，以及从事哪种行业最具有竞争优势。

（3）学习经营技术

选定行业之后，接下来的问题就是经营技术怎么来？当然，如果是选择连锁加盟店，总部会传授所有的技术。但是，如果是自行创业，就必须自己想办法学习。就学习途径而言，当地一般都有很多的技艺补习班，如各类餐饮、小吃、咖啡、泡沫红茶、插花、调酒等。另外，一些职业训练中心也开办了各类职业训练课程。在开店之前，最好自己要有该行业的实战经验。

（4）店面的选择及装潢

地点的选择对日后店面的营运好坏影响很大，所以一定要找个商圈位置好的店面。只是在找店面的过程中，往往无法一时找到理想的店面，此时一定要有耐心继续寻找，千万不要半途而废。店面装潢关系到一家店的经营风格，以及外观的第一印象，因此，装潢厂商的选择十分重要，所找的装潢厂商必要要有相关店面的装潢经验。店面的选择及装潢都会成为吸引客户的有利因素。

（5）营业证照的申请

在开店营业之前，必须先办理相关证照申请，否则就是无照营业。证照的申请分为两种：一种是申请公司执照，由工商局核发；另一种是资本较小的，只须办理营利事业登记，由当地县市工商核发。多数店家由于资本不大，都只办理营利事业登记。除此之外，还要向税务机关请领统一发票，除非是获准免用统一发票，否则都要办理。除了营业证照的申请办理外，如果想要自己店家所挂的招牌，不被别人所滥用，而为自己所专用，就还必须向工商局申请服务标章注册。店门口所挂的招牌名称，除了名称文字或图样，可能有自己特殊的设计，这种属于非商品类的文字及图像，称之为服务标章。与自己所申请的公司或商号是两码事，两者名称也可能不同。

（6）必要办公设备及条件的准备

接下来就要准备购买创业所需的各种设备及器材，人力资源的配备，前期市场调研或产品试用和推广环节的投资等。

2.3　网站建设

网站建设是指使用标识语言（Markup Language），通过一系列设计、建模和执行的过程将电子格式的信息通过互联网传输，最终以图形用户界面（GUI）的形式被用户所浏览。简单来说，网页设计的目的就是产生网站。简单的信息如文字、图片（GIF、JPEG、PNG）和表格，都可以通过超文件标记语言、可扩展超文本标记语言等标示语言放置到网站页面上。而更复杂的信息如矢量图形、动画、视频、声频等多媒体档案则需要插件程序来运行，同样的它们亦需要标示语言移植在网站内。

网站建设是一个广义的术语，涵盖了许多不同的技能及学科中所使用的生产和维护的网站。不同领域的网页设计、网页图形设计、界面设计、创作，其中包括标准化的代码和专有软件、用户体验设计和搜索引擎优化。许多人常常会分为若干个工作小组，负责网站不同方面的设计。网页设计是设计过程的前端（客户端），通常用来描述的网站，并不是简单的一个页面，一个网站是包括很多工作的，其中包括域名注册设计效果图、布局页面、写代码等工作。

通俗地说，网站制作就是网站通过页面结构定位、合理布局、图片文字处理、程序设计、数据库设计等一系列工作的总和，也是将网站设计师的图片用HTML（标准通用标记语言下的一个应用）方式展示出来，属于前台工程师的一项任务。前台工程师任务包括网站设计、网站用户体验、网站JAVA效果、网站制作等工作。网站制作是策划师、网络程序员、网页设计等岗位，应用各种网络程序开发技术和网页设计技术，为企事业单位、公司或个人在全球互联网上建设站点，并包含域名注册和主机托管等服务。

网站建设一般包含以下步骤。

2.3.1 定位网站并设定目标

网站建站流程开始先为网站设立一个目标，这个目标不是简单的，比如：我想做个漂亮的网站，或者我想做个强大的网站。你要先问问自己，为什么我要做这个网站？然后想吸引哪些人去访问这个网站？你不要指望网站所有人都会喜欢，你的这个网站描述得越详细，你的网站就越有可能会成功！

比如大部分网站的目标可能就是吸引潜在客户，然后购买公司的产品或者是服务。我们应该对这个目标描述地再详细一些。比如一家IT培训机构，他的主营培训项目就是IT职业培训，那么他的网站目标可以是这样的：吸引18～26岁之间，没有工作或者是对工作不满的，喜欢计算机的年轻人，通过网站了解IT职业，然后选择培训科目。

2.3.2 申请域名和空间

域名是网站在互联网上的名字，是在互联网上相互联络的网络地址，是老百姓口中说的网站地址。一个非产品推销的纯信息服务网站，其所有建设的价值，都凝结在其网站域名之上。失去这个域名，就将前功尽弃。现在建站最好使用一级域名，一级域名对品牌和公司的辨识度也很重要。

很多做个人网站的都依赖免费个人空间，其域名也是依赖免费域名指向，如网易的虚拟域名服务，其实这对个人网站的推广与发展很不利，不只是它"适时"开启的窗口妨碍了浏览者的视线和好感，让人一看就知道是个人网站，而且也妨碍了网页的传输速度。所以，就个人观点来讲，首先花点钱去注册一个域名，独立的域名就是个人网站的第一笔财富，要把域名起得形象、简单、易记。

首先确定要做的是一个什么网站，就是说做这个网站是用来干什么的，比如说，想做的网站是一个企业网站，企业是生产电子电器的，那么就要围绕这些内容来进行构想，也可以参考一些同类的网站，根据构想好的网站主题来取一个域名，域名一定要取好，这对网站以后的发展很重要，所以一定要根据网站的主题来取域名（如果是企业网站，一般都会以公司品牌名的全拼或者简拼命名）。

然后确定网站空间，选择网络空间需要考虑以下因素。

① 空间服务商的专业水平和服务质量。这是选择网站空间的第一要素，如果选择了质量比较低下的空间服务商，很可能会在网站运营中遇到各种问题，甚至经常出现网站无法正常访问的情况，或者遇到问题时很难得到及时的解决，这样都会严重影响网络营销工作的开展。

② 虚拟主机的网络空间大小、操作系统、对一些特殊功能如数据库等是否支持。可根据网站程序所占用的空间，以及预计以后运营中所增加的空间来选择虚拟主机的空间大小，应该留有足够的余量，以免影响网站正常运行。一般说来虚拟主机空间越大价格也相应越高，因此需在一定范围内权衡，也没有必要购买过大的空间。虚拟主机可能有多种不同的配置，如操作系统和数据库配置等，需要根据自己网站的功能来进行选择，如果可能，最好在网站开发之前就先了解一下虚拟主机产品的情况，以免在网站开发之后找不到合适的虚拟主机提供商。

2.3.3 网站功能和需求策划

网站的主题规划不可过于分散，网站主题越集中，一般情况下网站所有者在这方面投入的精力会更多，因此所提供信息的质量也会越高。这个网站一旦被设立目标以后，随之而来的就是它要执行的任务，为了完成这些任务，下一步就是要整理网站的内容，包括文章、图片、视频，然后把网站的结构设立出来，比如把网站的内容分成哪几个单元，每个单元的下面有什么样的分类，最后还要考虑网站的功能，比如需不需要留言功能、论坛等，然后可以根据这些需求，开始制订网站建设方案。

2.3.4 网站风格设计

构建一个网站就好比写一篇论文，首先要列出提纲，才能主题明确、层次清晰。网站建设初学者，最容易犯的错误就是：确定题材后立刻开始制作，没有进行合理规划，从而导致网站结构不清晰、目录庞杂混乱、板块编排混乱等。结果不但浏览者看得糊里糊涂，制作者自己在扩充和维护网站时也相当困难。所以，在动手制作网页前，一定要考虑好栏目和板块的编排问题。

网站的题材确定后，就要将收集到的资料内容作一个合理的编排。比如，将一些最吸引人的内容放在最突出的位置或者在版面分布上占优势地位。栏目的实质为一个网站的大纲索引，索引应该将网站的主体明确显示出来。在制定栏目的时候，要仔细考虑，合理安排。

同时，网站的设计应遵循以下原则。

（1）使用方便、功能实现能力强

网站要实现的访问目的无非在于：提高网站知名度，增强网页吸引力；实现从潜在顾客到实际顾客的转化；实现从普通顾客到忠诚顾客的转化等。为用户提供人性化的多功能界面，并且能为顾客提供方便显得十分重要。

（2）要有丰富的网站内容

网站就像报纸一样，其内容相当重要，没人愿意会两次看同一份毫无新意的报纸。因此，网站的吸引力直接来源于网站的内容，直接影响网站的质量。

（3）对客户的个人信息要予以保护

随着互联网的发展，个性化服务也越来越贴心，在如此发达的今天，怎样赢得客户的尊重与信任相当重要。例如，许多网站要求用户首先注册为会员，网站收集用户资料，要求用户填写个人信息，而其真正的目的是什么呢？

（4）页面打开的速度要快

如果不能保证每个页面的下载速度，至少应该保证主页能尽快打开，因此，让网页简单化相当重要，尽量将最重要的内容放在首页以及避免使用大量的图片。页面下载速度是网站留住访问者的关键因素，一般人的耐心是有限的，如果10～25秒还不能打开一个网页，就很难让人等待了。

（5）网站品质优秀

平时上网时，经常可以看到"该网页已被删除或不能显示""File not found"等错误链接，让上网的人心情很不爽，甚至让人难以忍受，这样也就严重影响了用户对网站的信心。如果网站服务周到，多替顾客考虑，多站在顾客的立场上来分析问题的话，并尽力去实现，会让客户增强对网站及公司的信任度。

2.3.5　网站代码制作

Web 设计人员使用各种不同的工具进行设计。这些工具的生产过程中，他们都参与更新，随着时间的推移，出现新的标准和软件，但背后的原理仍然是相同的。Web 图形设计人员使用向量和光栅图形包，用于创建 Web 格式的图像或设计原型。手工编码所产生的所见即所得的编辑软件，用于创建网站的标准化标记。也有专有的软件插件，可绕过客户端浏览器。这些软件往往是所见即所得的。搜索引擎优化工具可以用来检查搜索引擎中的排名，并提出改进建议。

网站的页面设计包含静态页面和动态页面两种。静态网页多数为单一的超文件标示语言档案。动态网页的内容随着用户的输入和互动而有所不同，或者随着用户、时间、数据修正等而改变。动态代码的一个网站，是指它的建筑或它是如何建成的，更具体的是指用于创建一个单一的网页的代码。动态的 Web 页面是动态生成的代码、程序或例程拼凑块。动态生成的网页会记得各种比特的信息，从数据库中把它们放在一起，在一个预先定义的格式为读者呈现一个一致的页面。再读取 cookie 识别用户以前的历史、会话变量、服务器端变量等多种方式，包括与用户交互，或通过直接互动（表单元素等）。一个站点可以显示用户当前状态之间的对话，监控不断变化的情况，或提供一些个性化的个人用户信息。现今不少网站皆倾向把动态网页静态化，从而令搜索引擎最佳化。任何地址中带 "?" "&"（及其他类似符号）的网页都会把"蜘蛛"程序挡在门外。这些网页通常由 CGI、PHP、ASP 等程序产生，技术上较先进，但不适合搜索引擎的"蜘蛛"程序。虽然有的大型搜索引擎（如 Google）已具备检索动态网页的能力，但相当一部分搜索引擎还是不支持它的。而且即使是能够索引动态网页的 Google，也在多个场合中明确表示不保证检索全部的动态网页。动态网页一般使用 HTML+ASP、HTML+ASP.NET、HTML+PHP 或 HTML+JSP 等编程语言来实现。从网站功能和实用划分而言，网站的架构有 C/S 和 B/S 模式之分，C/S 模式是基于客户端和服务器的，适用于企业 Intranet 办公自动化软件；B/S 模式基于浏览器和服务器，面向灵活处理的网上 OA 办公平台，模式应依照现实企业的应用特征选取。因此，从网络推广的角度而言，静态页面更容易进行网络的营销与推广，在现实应用中，绝大多数网站都采用静态与动态页面相结合的方式，在便于推广的同时追求页面的链接和功能的强大。

2.3.6　网站测试与上传

网站测试是指当一个网站制作完上传到服务器之后针对网站各项性能情况的一项检测工作。它与软件测试有一定的区别，其除了要求外观的一致性以外，还要求其在各个浏览器下的兼容性，以及在不同环境下的显示差异。

2.3.7　网站的推广与维护

网站推广就是以国际互联网为基础，利用信息和网络媒体的交互性来辅助营销目标实现的一种新型的市场营销方式。当前常见的推广方式主要是在各大网站推广服务商中通过买广告等方式来实现，免费网站推广包括：SEO 优化网站内容或构架提升网站在搜索引擎的排名，在论坛、微博、博客、微信等平台发布信息，在其他热门平台发布网站外部链接等。网站推广需要按照企业的实践情况进行选择，而不是一味地选择一种或几种推广形式。具体相关的内容将在本书网络营销中进行分析。

网站维护指的是让网站长期稳定地运行在网络环境下，一般涉及以下维护内容。

① 服务器及相关软硬件的维护。服务器软件和硬件的维护尤为重要，需要进行很多方面的测试，来制定相应的速度。

② 数据库的维护。有效利用数据是网站维护的一项重要内容，对数据库的维护要受到重视。一个程序的数据库维护，就相当于一个库存的货品种类，货品种类被打乱后，将会是一个很麻烦的事情，所以程序数据库要定期维护和清理一些不必要的冗余。

③ 内容更新和调整等。网页在一段时间内必须进行更新与调整，以便浏览者看到新的内容。

④ 制定相关网站维护的规定，将网站维护制度化、规范化。制作一张网站维护的制度和规范表，由专人负责，这样才能保证网站的运营质量和效率。

2.4 物流设计

2.4.1 电子商务物流概述

物流是国民经济发展中的关键环节，电子商务物流的概念是伴随电子商务技术和社会需求的发展而出现的，它是电子商务真正经济价值实现不可或缺的重要组成部分。

物流，也有人理解为是物流企业的电子商务化。其实，可以从更广义的角度去理解这一个概念，既可以理解为"电子商务时代的物流"，即电子商务对物流管理提出的新要求，也可以理解为"物流管理电子化"，即利用电子商务技术（主要是计算机技术和信息技术）对传统物流管理的改造。因此，有人称其为虚拟物流（Virtual Logistics），即以计算机网络技术进行物流运作与管理，实现企业间物流资源共享和优化配置的物流方式。

现代物流是物流、信息流、资金流和人才流的统一；电子商务与现代物流之间是相互促进、相互发展的。电子商务物流是信息化、自动化、网络化、智能化、柔性化的结合；物流设施、商品包装的标准化，物流的社会化、共同化都是电子商务下物流模式的新特点。电子商务的不断发展使物流行业重新崛起，目前美国的物流业所提供的服务内容已远远超过了仓储、分拨和运送等服务。物流公司提供的仓储、分拨设施、维修服务、电子跟踪和其他具有附加值的服务日益增加。物流服务商正在变为客户服务中心、加工和维修中心、信息处理中心和金融中心，根据顾客需要而增加新的服务是一个不断发展的观念。

2014年"双十一"，天猫交易额达571.12亿元，其中物流订单2.78亿件，物流与电商发展休戚相关，物流甚至一度成为电商发展的瓶颈。电子商务创业离不开物流，以下简要介绍物流设计。

电子商务物流配送是指物流配送企业采用网络化的计算机技术和现代化的硬件设备、软件系统及先进的管理手段，针对客户的需求，根据用户的订货要求，进行一系列分类、编码、整理、配货等理货工作，按照约定的时间和地点将确定数量和规格要求的商品传递到用户的活动及过程。这种新型的物流配送模式带来了流通领域的巨大变革，越来越多的企业开始积极搭乘电子商务快车，采用电子商务物流配送模式。

2.4.2 电子商务物流模式

电子商务物流模式主要指以市场为导向、以满足顾客要求为宗旨、获取系统总效益最优化的适应现代社会经济发展的模式。2012年我国电子商务发展面临尴尬的境地，一方面持续火爆，另一方面却是大批从事电子商务的企业被"洗牌"，电子商务企业面临"生死考验"。全国B2C行业网站截至2011年年底，总数量达到了1.22万家，电商行业投资高达40亿美元，但行业亏损也超过20亿美元。竞争白热化已是大势所趋。目前B2C企业面临的问题比较突出：缺乏供应链和产业链的硬性支撑，导致对品质和成本的无法把控；缺乏对品牌的深刻理解，把知名度等同于品牌等，使得B2C业面临激烈的竞争，从而不得不重视培育具有竞争力的核心产品、提供客户良好的购物体验、提升企业更好的品牌形象、建构完善的物流供应链、加强产业链管理等。尤其是物流模式的选择被电商企业日益重视。电商企业的物流模式主要有以下几种。

（1）自营物流模式

自营物流模式也被称为纵向一体化或垂直一体化的物流模式，是指电商企业自行对物流系统中的配送中心、运输组织等进行统一的整体建设。这种模式投资额较大，投资范围较广，主要包括物流队伍、运输车队、仓储体系、物流信息化等建设。典型企业有京东商城、苏宁电器等。

自营物流系统具有明显的优势，使传统电子商务企业从过于注重平台运营向重视物流配送转变，通过集中优势资金和精力来建设物流体系，提升了电商企业的竞争力，尤其是在降低配送成本、提高供应链的响应速度方面效果显著。例如，从北京发到西安的大家电通过自营物流配送，成本可以由400元降低到48元，省下近90%的成本，这对利润率极低（配送成本有时甚至高过产品本身的利润）的家电产业的持续发展尤为重要。同时，自建物流系统能够大大提高物流中心订单处理能力，解决电子商务现实需求发展被物流环节所拖累的窘境，使物流能力与订单处理能力匹配，提高消费者电子商务购物体验和满意度。

然而，自营物流系统也具有一定的劣势：一是规模经济要求较高。自建物流系统要求所在城市的日订单达到10万个以上；租赁库房建设物流配送中心要求日订单量在5000个以上，否则更经济的模式将是物流外包。二是物流仓储的投资周期越来越长，投资的金额越来越大，而且提升物流管理效率的难度加大，庞大的物流队伍、管理团队以及仓储设施，需要投入数目巨大的资金，失控的危险就会加大。

【案例2-5】京东商城物流——自营物流案例

京东商城原本是IT产品连锁零售商，2004年1月1日，"京东多媒体网"电子商务网站上线，京东商城正式涉足电子商务领域。截至2013年年底，京东商城活跃用户数3400多万，遍及全国各地，京东商城低价高速扩张之路之所以取得成功，都是依靠庞大的后台物流配送体系、自动化的仓储系统和全国布局的配送网点。

1. 后台配送系统

2013年1月8日京东商城宣布，已经完成代号为"青龙"的全新物流配送系统（图2-1和图2-2）。据京东介绍，"青龙"系统不仅支持京东自营配送站和自提点的配送业务，还支持对外承接物流配送业务，有效扩大了京东现有物流平台的服务类型和范围。在实现配送站点收货、验货、配送员收货、配送等正向操作功能的同时，也实现了上门取件、上门换新等逆向功能。此外，"青龙"还可为第三方商家提供5小时逆向上门取件、货到付款等服务。目前，在物流配送上，京东已经逐渐形成物流系统、仓储面积的优势，而根据京东有关负责人透露，青龙系统还具备支持未来京东快递开展二三线城市的自营站点与合作站点的建设能力，届时更多的非一线城市网购消费者也将享受到"211限时达"服务。

京东从2012年4月在湖北武汉预发布"青龙"后，华中、华南、东北、西南和华东地区陆续进行"青龙"物流配送系统的升级切换。而现在，随着京东华北区物流中心"青龙"系统的成功上线，以及物流配送服务的正式开放，标志着"青龙"工程的顺利完工。

青龙2.0核心子系统　　　　　　　　　　　　　　　　　　　　JD.COM 京东

图2-1　青龙核心子系统

青龙系统模式　　　　　　　　　　　　　　　　　　　　JD.COM 京东

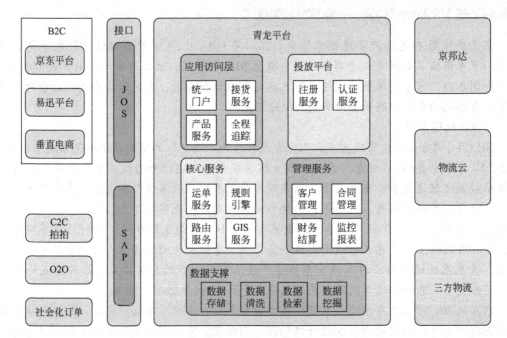

图2-2　青龙系统模式

2.京东自动化仓储

京东"亚洲一号"是国内最大的单体物流中心。这个位于上海嘉定区的物流仓库90%的操作均实现了自动化，达到世界先进水平（图2-3）。

走进"亚洲一号"，第一感觉是"高、大、上"。

"高"——由于仓储实现了自动化，亚洲一号的仓储高度达到24米，而用叉车装卸的普通仓库一般只有9米高；

"大"——亚洲一号建筑面积接近10万平方米，光储物区就有七八层，每一层都是百米长的长廊，两边货架上根据标号不同，摆放着笔记本电脑、显示屏、厨房电器等各类产品，"一天逛不够"；

"上"——更炫目的在于亚洲一号的自动化程度。工人只需将货物放到机器托盘上，机器就会自动将货物摆放到指定位置。储物区每层楼只需要一名工作人员，当需要发货时，工人会收到作业指示，将指定货物从货架取下，扫码后放到自动传送带。自动传输带将货物高速送入打包区，经电脑精密计算，包裹会自动配送到空闲的打包工位。工人扫描包裹，机器自动打印出物流配送信息及发票，完成打包。为了缓解工人长期站立的疲劳，京东还在每个打包点的地面贴了一层特制软垫。

接下来你将会看到类似"摩登时代"的场景：完成打包的商品重回流水线，经高低错落的传送轨道最终交叉汇聚至自动分拣系统。系统扫描识别配送地点，然后自动将包裹传送至对应的货道，如无锡地区的包裹就会传送至标志着"无锡"的轨道，然后由工人用自动托运车运走。无论商品在哪个环节，都会经过一次扫码，让消费者随时随地能了解商品的物流配送信息。"'亚洲一号'的分拣处理能力每小时能达到1.6万件，而且是全自动化作业，已达到目前全球最高水平，'剁手党'完全不用担心暴力分拣。"京东首席物流规划师侯毅说。

据介绍，京东上海"亚洲一号"的仓库管理系统、仓库控制系统、分拣和配送系统等整个信息系统均由京东自主开发，拥有自主知识产权，所有从国外进口的世界先进的自动化设备均由京东进行总集成。目前京东上海"亚洲一号"仅是一期，随着未来二期物流中心的建成，物流产能还将扩大。目前，除了广州、沈阳、武汉在建的"亚洲一号"，京东在北京、成都、西安等多地的"亚洲一号"项目也在规划和建设筹备当中。京东集团创始人兼首席执行官刘强东透露，随着物流产能的释放，京东计划在不久的将来可以将"亚洲一号"开放给第三方卖家使用。

图2-3　京东亚洲一号仓库外观

3. 京东农村网点布局

京东在县级地方建立京东帮服务店（图2-4）。并且计划到2015年店面数量增加至500家，以后可能每个县级地区都有京东帮服务店。京东此举有两个目的：一是建立农村电商的基础物流点；二是作为京东线下的服务网点。整体来说就是为了进军农村电商铺平道路。

朝着一县一店的目标，京东开始着手建设基础农村电商物流点。不仅是京东，阿里也早有进军农村电商的计划，淘宝曾与邮政合作，目的也是为了建设农村的基础物流设施。由于淘宝、天猫没有自己的物流公司，所以只能谋求与他人合作。但邮政体系的服务费用太高，且周期非常慢，因此不能满足电商网站的需求。京东拥有自己的专业快递机构，所以将物流点布局到农村区域也并非难事。可以肯定的是，电商少不了物流环节，尤其是服务质量很高的快递公司。

农村区域分散物流成本较大，电商下乡必须建设物流设施。与中小城市不同，农村区域比较分散，再加上中国城镇化的加快，整个农村区域人群都比较分散。村与村、乡与乡之间的距离可能会很远，在无形之中增加了物流的成本和难度。如果物流点布局得不够合理，那么物流服务肯定就很难满足电商的需求，而物流的成本也会增加不少，这对于低价低利润的电商来说，确实是一次不小的挑战。

但中小城市的市场需求量已接近饱和，而广大的农村、城镇区域还未被开发。所以电商下乡是未来的一种趋势，尤其是众多的县级地区将会是电商下乡的重点。京东选择在县级地区开设京东帮服务店，实际上也就是县级的物流集散中心，以后也可以作为县下各个城镇的物流点。

京东帮服务店不仅可作为物流点，还可以作为线下服务平台。除了农村物流设施不完善之外，电商下乡的另外一个阻碍就是购物习惯，在农村区域很多人不会使用电脑购物，更缺乏网购的习惯。因此必须去引导，甚至是教用户在京东上购买商品。京东帮服务店可以作为线下的服务平台，在县级地区做好线下的推广。但如何解决电脑普及率低的问题呢，好在以后手机购物将会更加方便，所以普及电脑网购不如普及手机网购。

京东已向农村电商迈出了重要的一步，下一步就是普及广大用户的网购常识，并且大力推广京东商城。而阿里等电商巨头也需要走这一步，只是没有京东这么容易。

图2-4 京东帮服务店

（2）物流联盟

物流联盟是制造业、销售企业、物流企业基于正式的相互协议而建立的一种物流合作关系（图2-5），参加联盟的企业汇集、交换或统一物流资源以谋取共同利益；同时，合作企业仍保持各自的独立性。物流联盟为了达到比单独从事物流活动取得更好的效果，在企业间形成了相互信任、共担风险、共享收益的物流伙伴关系。企业间不完全采取导致自身利益最大化的行为，也不完全采取导致共同利益最大化的行为，只是在物流方面通过契约形成优势互补、要素双向或多向流动的中间组织。联盟是动态的，只要合同结束，双方又变成追求自身利益最大化的单独个体。

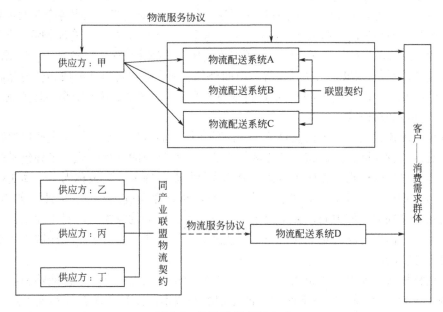

图2-5　物流联盟组织方式

选择物流联盟伙伴时，要注意物流服务提供商的种类及其经营策略。一般可以根据物流企业服务的范围大小和物流功能的整合程度这两个标准，确定物流企业的类型。物流服务的范围主要是指业务服务区域的广度、运送方式的多样性、保管和流通加工等附加服务的广度。物流功能的整合程度是指企业自身所拥有的提供物流服务所必要的物流功能的多少，必要的物流功能是指包括基本的运输功能在内的经营管理、集配、配送、流通加工、信息、企划、战术、战略等各种功能。一般来说，组成物流联盟的企业之间具有很强的依赖性，物流联盟的各个组成企业明确自身在整个物流联盟中的优势及担当的角色，使内部的对抗和冲突减少，分工明晰，使供应商把注意力集中在提供客户指定的服务上，最终提高了企业的竞争能力和竞争效率，满足企业跨地区、全方位物流服务的要求。

（3）物流外包模式

物流外包是一种轻公司、轻资产的物流模式，是指电子商务企业集中优势资源经营核心业务，做平台、数据等自己最擅长的业务，而把生产、物流等其他业务外包给第三方物流专业。最终目的是把公司做小，把客户群体做大。例如当当网、国美在线均采用该模式，他们的经营重点在于管理好业务数据以及物流信息，通过租赁物流中心的地盘，并把配送环节全部外包给第三方物流企业，其主要目的是实现"归核化"和"服务外包"。

这种模式与我国电子商务发展迅猛的现实是相匹配的。传统品牌企业为了切入市场空间巨大的电子商务领域，迫切希望通过网络开展电子商务，但同时受到电商及物流经验少、专业人才匮乏和运营成本高等方面的限制,传统品牌如果自建电子商务,会涉及电子商务渠道规划、建站或平台开店、店铺运维、营销推广、仓储物流、CRM管理、数据挖掘、售后服务等纷繁庞杂的运营环节,传统企业想要直接开展B2C业务,需要少则几千万元,多则几亿元的投资,为了化解经营风险,外包就成了一种有效的捷径。目前,美的、苏泊尔、安踏、诺基亚、HTC等企业的B2C业务均由电商外包服务企业负责代为运营管理。另外,由于B2C的物流操作比B2B复杂很多,需要重新构建场地、设备和人员,并重新设计拣货、配货、包装等一系列流程,B2C公司发展下去实际就是个物流公司,正如电商专家所言,当今世界上最大的物流公司是沃尔玛而不是DHL。事实上,许多知名品牌一开始都尝试组建自己的电子商务团队,但大都收效甚微。而电商外包服务企业解决了这一障碍。目前电商外包服务企业的主要业务包括帮助传统行业的品牌商在网上开店,并负责店面装修、运营、推广、仓库物流、售后服务;将品牌商的商品放在与服务商有合作的分销渠道销售;为品牌商提供技术支持,包括品牌B2C商城搭建及ERP系统、CRM系统开发等。电商外包服务企业也可以转型成为传统品牌企业的一个网络经销渠道,其服务的客户对象,将逐渐由传统大品牌企业转向中小品牌企业。

（4）半外包物流模式

半外包物流模式是相对于自营物流与物流外包模式而言的,是指电商企业自建物流中心和掌控核心区域物流队伍,而将非核心区物流业务进行外包的一种模式。半外包模式具有经济性好、运作可控的优点,克服了自营物流模式的复杂和庞大,也被称为半一体化模式,如卓越亚马逊在中国最早建立了物流仓储中心。目前卓越亚马逊在北京、天津、苏州、广州、成都等地建立了物流仓储中心,并采用了半自营、半外包的物流模式,对于北京、上海、广州等核心地区,由自营配送企业（世纪卓越快递）负责送货。而对于二三线城市的货物,则外包给第三方物流。

通过这种模式,使得电商企业的理货能力和物流速度大大提高,不仅能够利用以仓储管理系统为主的IT系统来优化内部流程、消化增加的成本,而且还能有效实现"基于长远去创造更好的客户体验"的战略目标。这种半自营、半外包模式,不论是被动扩张还是主动扩张,其物流体系建设仍将投入大量资金,且需要电商企业具备较大的物流管理经验,仍然具有较大的经营风险。

【案例2-6】聚美优品——半外包模式案例

聚美优品是国内知名化妆品限时特卖商城。由陈欧、戴雨森和刘辉创立于2010年3月,致力于创造简单、有趣、值得信赖的化妆品购物体验。能走到今天的地步,成功之处诸多,值得一提的是其仓储物流体系。据了解,白天订单付款成功后6小时发出,最短2小时发货,所有订单不超过12小时。

陈欧认为聚美优品具有差异性的竞争力,这种竞争优势是物流供应链管理。聚美优品从第一天就是买断模式,自建仓储物流（图2-6）,先买货、验货,然后再进行售卖。化妆品行业供应链很复杂,这样保证了用户体验。虽然这样大大加重了资金压力,但建立了行业门槛。现公司团队从原来的技术团队扩展到偏重采购、物流、仓库等提升用户体验的元素。

而今,聚美优品有自己的仓库与物流系统,已经和包括韵达、申通、圆通等在内的第三方物流公司合作。目前聚美优品拥有自己的采购专家、仓储物流专业人士以及化妆品品质的专业鉴定人员。同时,聚美优品也升级了ERP系统,启用新的仓储和呼叫中心,以更多的后端资源来配合销售量增长,其核心是自建物流模式。货品、货位、托盘、周转箱等环节,使用全库条形码周转,其一次配货准确率达到99.993%,处于领先的行业水平。

图2-6　聚美优品仓储

仓储物流系统总体目标：

① 重金打造上海、北京、成都三地6万平方米顶级分仓，6小时发货直达全国。

② 到货商品自进聚美仓库起实现绝不落地，快速周转，小心呵护。

③ 重金铺设环氧地坪：高强耐磨（普通水泥地面会因仓库运输磨损产生大量灰尘），仓库常年整洁如新。

④ 恒温恒湿，保障化妆品存贮要求：一年四季恒温保存，小心呵护。奢侈品单独库区存放、安全放心。

⑤ 仓储提速，提高用户体验：

a. 验货承诺：所有进仓产品经过100%验货，保证产品质量。

b. 发货承诺：平均6小时发货；最短1.5小时，隔夜12小时发货。

c. 退款承诺：到仓的退货包裹全部当天操作退款。

⑥ 严整码放，杜绝误差：入库、上架、盘点层层把关，在库货品摆放严格统一标准。仓内所有区域严格遵守5S标准，保证仓内整洁高效，绝不允许错位出现。

⑦ 无缝流水作业：使用笼车装载包裹，轻拿轻放，高效准确。按发货地域直接对接，为节省每一秒而努力。

⑧ 快递驻守，不间断提货：为保包裹尽快送达，聚美要求快递公司每天24小时不间断提货。针对偏远的地区，聚美不惜自己补贴用户，启动航空快件。

(5) 云物流模式

云物流模式（包括云快递、云仓储）借鉴了云计算、云制造等概念，是指基于云计算应用模式的物流平台服务。在云平台上，所有的物流公司、代理服务商、设备制造商、行业协会、管理机构、行业媒体、法律结构等都集中整合成资源池，各个资源进行互动，按需交流，达成意向，从而降低成本，提高效率。云物流充分利用分散、不均的物流资源，通过体系、标准和平台进行整合，达到共享资源、节约资源、提高效率的目的。"云物流"运用数据分享等方法实现更多物流企业与电子商务的无缝对接，完成从订单流转到实物包裹递送的服务标准的统一，使物流行业的配送更加精益化。例如，阿里巴巴系统（包括淘宝商城、淘宝网）的电商企业，起初比较重视电商平台的运营、交易，投入的物流资源不够，无法满足日益暴涨的交易量，物流短板凸显。为改变这一问题，阿里巴巴系统不断进行物流整合。2007年，马云个人投资百事物流，2010年，阿里巴巴集团入股北京星辰急便，其中星辰急便的运营口岸、分拨、班车等中转资源全面向社会开放。阿里巴巴选择德邦物流和佳吉快运作为其第三方物流商，并和淘宝网在北京、上海、广州和深圳、成都建立了四大配送中心，区域性配送中心遍布其他20个省市，在全国52个城市建立分仓中心。通过以上运作，形成了阿里巴巴的"云物流"平台，实现了"三化"：一是社会化，快递公司、派送点、代送点等成千上万的终端具有社会共享的功能和属性；二是节约化，云物流平台具有明显的规模效应；三是标准化，建立了统一的管理平台，规范了服务。

【案例2-7】大数据与云物流

2013年5月28日由阿里巴巴领衔成立的网络科技公司，通过电商大数据的整合和挖掘以及线下仓储的建设来改变目前电商快递生产模式，乃至整个电商生态。

1. 2014年的双十一大数据大发神威聚石塔

2013年双十一，有75%的订单在聚石塔上处理，而且无一丢单，2014年这一比例进一步提升至96%。

数据中心异地双活：可以帮助阿里应对极端自然灾害，即使杭州的数据中心"全军覆没"，双十一仍然能够顺利运转。

阿里云ODPS可以在6小时内处理100PB数据，为双十一的个性化推荐提供了技术支持。2015年的阿里平台做到了每秒7万笔的瞬时订单创建，5万人同时抢1000件商品不超售。

2. 大数据驱动菜鸟网络预发货，没有下单货就在路上了

从2014年9月份开始，淘宝的10多家合作快递公司相继收到菜鸟网络的提示，对各家快递公司双十一期间有望分摊到的包裹总量给出了预测。预测甚至细化到了不同路线、乃至主要营业网点，数据准确度能达到90%左右。预测参考因素：2013年双十一的整体包裹量、今年双十一的商家报名情况、商家和快递公司近期销售订单以及消费者的浏览和收藏等。预测也参考了各快递公司以往的业务数据、过去一段时期内其业务的增长情况、消费者的增长趋势等，快递运营商据此有计划地调配运力。与2013年的预测相比，2014年的预测细化快递网点，相当于"原来只有主动脉，现在有毛细血管"，关于路线的包裹量预测也更加精准。

为了更准确地"摸底"到底双十一会产生多少订单，菜鸟还联合天猫方面引导报名双十一的商家参与"收藏送红包"的活动，即对于双十一之前收藏促销宝贝的买家要赠予5元以上金额的红包，红包将在双十一当天生效。一般双十一收藏成交率最高可达60%，而2014年红包引入后这一比率还将更高，这就提供了一个有效的数据分析维度。在征得商家同意的基础上，快递公司还有望获得报名参加双十一商家的名单以及相关信息，以便提前联系，针对商家的销售区域以及备货规模进行一对一的运能设计。

例如，宅急送旗下有两款仓储促销产品，即平行仓和总分仓，主要针对那些发货量较大的商家，双十一之前这些商家会将其货品预先存放在宅急送在全国几个重要城市的不同仓储点，一旦双十一用户下单，几个仓储网点就可以同时集中发货。

主流快递公司都有自己的监测中心和可视化实时显示屏，类似于"交通流量图"的屏幕，可以监测到具体站点和路线的情况。而菜鸟的物流预警雷达就像一个综合性的大屏幕，14家快递公司全部向菜鸟开放端口，接入各自后台数据，汇总后综合显示各家的数据。

"比如杭州一个分拨中心显示红色故障状态，点击进入可以发现中通和申通的包裹站点出现饱和迹象，甚至可能爆仓，我们就会提醒相关的商家优先选择其他快递公司发货；如果一条屏幕上路线出现拥堵提示，我们也能发现到底谁堵在哪里了，然后给其他快递公司进行预先提示，提供新的路径建议"。

从2014年10月15日开始，天猫大家电启动预售，56个品牌、数百款商品提前启动大家电分会场；根据预售的规则，消费者通过支付99元定金下单，在双十一当天再支付尾款就可以轻松抢到心仪家电。

菜鸟会根据促销会场的位置、商品类目、交易分析、路径效率前期给予商家一个基本的备货建议量；而商家可能会提出自己的预估量，然后大家就各自的看法和依据互相说服对方，最终产生一个结果。

根据既往数据的分析结论，"基本上付了定金的用户，99%都会最终选择下单"，这意味着这些预售订单基本已经是"板上钉钉""谁要购买、要送到哪儿都一清二楚""时机一到就迅速发出"。

例如，华南是TCL的优势地区，但公司一直希望能够将市场进一步往外拓展。通过菜鸟提供的数据他们发现上海周边有部分地区目前还没有强势的家电品牌，所以此次双十一期间加大了该区域的营销力度和货品投放量。TCL电子提前一个多月把10多万台大家电下沉到了菜鸟网络下辖的27家仓储网点。

一服装品牌根据菜鸟备货指导，将货物直接接入顺丰、申通等快递公司入仓，一产生订单，即打单出库发货，快递公司现场揽收，"在备货、发货环节比平时快1～2天的时间"。

2.4.3 电商物流模式选择

电商企业究竟采取何种物流模式为宜，还需要考虑多方面因素。

从交易成本角度看，顾客与电商交易成本理论上包括搜寻成本、信息成本、议价成本、决策成本、监督成本和违约成本六项。在目前电商的商品价格、搜索引擎和评价体系大同小异的情况下，交易成本的差异主要体现在监督成本和违约成本两个方面。电商物流模式能否降低这两项成本，并提高顾客满意度，是选择的关键因素。

从电商企业规模与发展阶段来看，中小型电商企业在发展初期阶段，可选择第三方物流公司进行合作，利用其优势资源进行配送业务，或者采取共同配送模式，完成区域或广域配送业务；大型电商企业则可以根据业务量和业务类型，合理选择多种类型的一体化模式和半一体化模式；大型平台型电商在其优秀的信息与数据管理能力基础上可以选择物流联盟模式。

从电商企业自身业务模式看，平台型电商的商品品类丰富，客户购买频率较高，能够满足消费者一站式购物需求，在用户黏性方面有先天优势，自营一体化或半一体化模式比较适合；但是垂直型电商企业则恰好相反，其主业模式自身要求外包物流业务，但国情限制需要自营物流改善顾客体验，存在矛盾，所以运营困难。

【案例2-8】最后一公里物流

现在很多物流配送矛盾多是在最后一公里出现困难，如校园配送，快递员无法入园；小区送货，快递员常常扑空，有的不得不往返多次……随着全国物流行业收入和规模实现高速增长，物流业多年来存在的"最后一公里"难题日趋凸显。

对此，国家邮政局有关领导人曾表示，物流行业存在的较大障碍是在最终靠近用户的车辆进城和投递环节。目前，整个行业"最后一公里"配送大部分都处于灰色状态。在举行的第12届米其林必比登挑战赛上，成都交通运输委员会的段成柱说："快递员和顾客之间沟通困难，使大量精力被耗费在等待和二次投递上。因此，利用移动终端建立有效沟通渠道，对于减少企业在这部分的浪费是有效的。"

面对这样的困境，在2014年，无论是老牌物流巨头、传统房企还是新兴电商，均在物流仓储领域投资。2014年年初，腾讯以15亿港元收购华南城9.9%的股份，此举被认为是腾讯自建物流的一大举措。与此同时，京东商城、亚马逊、苏宁等电商巨头纷纷宣布要在全国设立直投的自建物流中心。

而"最后一公里"不仅是货物流动的障碍区，更是信息流动的障碍区，物流业之所以在"最后一公里"耗费如此高的成本与缺乏畅通的信息沟通体系有很大的关联。

"'最后一公里'配送难题在国外也没有彻底解决的方法，联邦物流曾经做过统计，终端配送的费用占物流总成本的30%以上。国内现在能做的就是在有限的条件下尽量优化物流的各个环节，节约成本，减少企业压力。要更好地解决这个问题，需要的不仅是企业的努力，还要有整个市政建设的配合。"米其林集团总裁盛纳德说。而目前，我国城市缺乏精细化管理思路，导致配送车辆难以实行更合适的管理方法。

图2-7　邮政快递智能柜

国内很多快递公司都在进行探索，通过与便利店或小区物流代收点合作等方式解决最后一公里物流。邮政在这个方面的探索比较超前，开始在校园安装快递智能柜（图2-7）。广州邮政为了给市民领取邮件创造更大便利，正在全市同步布放"BeeBox（蜜蜂箱）"，一种全新的邮件自助领取服务终端。市民若因开会、外出等不方便签收邮件，或者出于保护安全隐私不希望投递员上门投派邮件时，投递员在征得收件人同意后可将邮件投放至"BeeBox"中，"BeeBox"会自动向收件人发送一条取件短信，收件人凭短信中的密码可自助取件。同时，每个"BeeBox"都会有监控摄像头，保障取件安全。"BeeBox"的使用让市民的收件不用等待，不用担心家庭地址被泄露，不用担心被不法分子伪装快递员上门诈骗、抢劫。

有咨询公司预测，至2020年，全世界的"最后一公里"送货服务年营业额将会跃升到6万亿美元。盛纳德说，毋庸置疑，"最后一公里"将成为物流行业最具发展潜力的一环，解决"最后一公里路"上的人和事，将大大降低社会发展成本。

2.5　支付方式选择

在经济生活中，每个人都会发生交易行为，交易的结束必然伴随物品的所有权转移，而支付就是商品或劳务的转移以及债务的清偿过程。

根据学者对支付的解释，支付的含义如下：它是一种支付行为，支付了某种物品，是一种补偿和回报。支付可以被认为是在履行货币债务中，任何付款和接受的货币赠与、货币贷款或某种行为。

2.5.1　电子支付和网上支付

基于计算机和网络技术的支付系统以及电子货币的产生是支付技术发生的第三次变革，尤其是Internet的出现，促使支付系统发生重大变革。

支付系统正在进行着一场变革，电子支付系统正逐渐取代传统支付系统，支付工具和支付手段也在发生变革。一种以电子数据形式存储在计算机中并能通过计算机网络而使用的资金被人们形象地称为"电子货币"。电子货币从根本上改变了传统的纸币、支票和手工点钞、大出大进、存贷分流的结算方式。电子钱包、网络货币的出现不仅从支付方式上进行了变革，而且从货币本质上对现代金融理论以及中央银行的货币政策提出了挑战。

（1）电子支付

电子支付在20世纪70年代就已经在银行间进行使用，当时的电子资金转账系统（EFT）已经应用于银行间，而现阶段的POS、ATM等设备使电子支付已经在生活中的各个方面得以应用。网络支付是20世纪90年代以后，随着电子商务、互联网的飞速发展而发展起来的新的支付方式，主要依靠互联网来完成支付的过程，可以说网络支付是电子支付发展的最新阶段。

（2）网上支付

网上支付是电子商务的重要组成部分，是金融服务的发展和创新，指的是电子商务交易的当事人，包括消费者、厂商和金融机构，使用安全电子支付手段通过网络进行的货币支付或资金流转。

据美国莱曼兄弟公司的一项研究显示，银行间通过自动柜台机转账的成本是27美分，通过柜台人工操作的成本是1.27美元，而通过互联网转账的成本则只有1美分。常见的网上支付方式网上银行、第三方支付平台、移动支付等均已被广泛使用。

电子商务创业要实现赢利就离不开支付，以下简要介绍支付方式的选择和安全措施。

2.5.2 支付方式选择

目前可供选择的网上支付方式不少，作为创业者可以选择一种或几种方式，支付方式选择必须从消费者的支付习惯、支付安全等角度着眼。企业运营电子商务在线收款，可以快速获得高额的商业回报。银行网上支付结算服务则是电子商务发展的关键环节。但是，为数众多的网上支付平台，其运营资质、企业诚信、技术水平各不相同，良莠不齐。电子商务企业如何选择支付平台提供商，显得尤为重要。应选择既可以保证企业资金安全，又可以服务不同类型客户的运营商，为客户提供多种付款方式。

2.5.2.1 资金回笼方式

（1）传统支付方式

目前，我国商品流通企业通常采用以下方式，实现货款的回笼，并且为大多人群所接受。主要有银行托收、邮政汇款、银行电汇、支票等。

（2）在线支付方式

目前我国网上支付方式主要有银行网关、第三方支付平台两种方式。开展网上支付业务的银行有四大国有商业银行及各大股份制银行等，基本可以满足在线支付功能。在线支付平台非常多，影响较大的有PAYPAL、支付宝、财付通、IPAY、PSI网上电子支付、网银在线、收汇宝等50多家。

2.5.2.2 选择第三方支付平台注意事项

① 首先应该考察支付平台服务商的合法性，是否有ICP的经营许可。

② 要着重考察资金风险，支付平台服务商是否直接在各银行开户，是否被国际金融组织授权认可。

③ 应该考察支付平台提供商对用户资料的保管能力。

④ 调查支付平台服务商的结算货款效率、口碑如何。
⑤ 交易手续费有无下限。
⑥ 是否另收转账手续费。
⑦ 是否真的支持那么多银行卡种和地区。
⑧ 支付接口是否足够强大、好用,并且支持自动管理系统。
⑨ 是否提供多种手续费级别的支付服务。

在选择具体的支付方式时,还要兼顾行业和企业特点。如医药行业的特殊性,目前,中国只是允许具有互联网药品销售许可证的网站销售OTC产品,不具备资质的网站成为被打压的对象。第三方支付平台运营商要遵守有关法律,在提供在线支付技术模块前,会考察网站的资格,结果是拒绝与不具资质的网站合作。

此外,还要考虑企业运营的特点。如需要细致讲解、价格较高、需要议价的特殊商品,人们购买时比较慎重,付款方式就显得不那么急迫。因此,在线支付并非必须,基本不会影响网站的销售利润。在电子商务创业企业中,第三方平台因为用户受众广,使用方便,成为支付的必然选择,下面介绍企业如何接入支付宝和微信支付平台。

2.5.2.3 支付宝平台接入

(1) 签约前的准备
① 有自己的独立网站,并且确保网站能够正常访问并且建设完成。
② 必须拥有一个支付宝账户,并且通过认证审核。支付宝收款服务计费情况见表2-2。

表2-2 支付宝收款服务及计费标准

功能名称	功能解释	对您的好处	增值服务	预付费	优惠交易量	折合费率	签约申请
担保交易接口	通过支付宝中间账户为买家交易资金作担保,以买家验货结果判断交易资金流向的收单产品	网购中买家最信任的支付方式,让您的买家下单更迅速,付款更轻松	发货信息同步功能:买家下单后,通过接口的方式,对指定订单同步录入发货信息,即可进行发货确认的服务	0元		实时收费,从1.2%起,随交易量升高费率逐渐降低,最低至0.7%(具体参考单笔阶梯费率资费表)。	在线申请
				600元	6万元	1.0%	在线申请
				1800元	20万元	0.9%	在线申请
				3600元	45万元	0.8%	在线申请
即时到账接口	买家下单支付时,可即刻将交易资金打到商家支付宝账户上的收单接口	资金3秒即刻到账,帮您迅速收款和回笼资金,提高资金利用率	即时到账实时分润功能:可由商家自选开通,可在买家付款时,直接实现分润资金按预设比例一步到位进入不同分润账户	0元		实时收费,从1.2%起,随交易量升高费率逐渐降低,最低至0.7%(具体参考单笔阶梯费率资费表)	在线申请
				600元	6万元	1.0%	在线申请
				1800元	20万元	0.9%	在线申请
				3600元	45万元	0.8%	在线申请

续表

功能名称	功能解释	对您的好处	增值服务	预付费	优惠交易量	折合费率	签约申请
双功能接口	包含担保交易和即时到账两种收款功能的收单接口，其功能让买家可自主选择喜欢的支付方式	提供给买家，可自主选择付款方式的付款工具，帮助商家更好地留客下单	发货信息同步功能：买家下单后，通过接口的方式，对指定订单同步录入发货信息，即可进行发货确认的服务	0元	实时收费，从1.2%起，随交易量升高费率逐渐降低，最低至0.7%（具体参考单笔阶梯费率资费表）		在线申请
				600元	6万元	1.0%	在线申请
				1800元	20万元	0.9%	在线申请
				3600元	45万元	0.8%	在线申请

注：包量计费是指在包量流量内不收费，超过套餐流量后按每笔交易额的1.2%收取服务费，合同有效期为1年。

单笔阶梯费率资费表如表2-3所示。

表2-3 支付宝单笔阶梯费率资费表

交易额区间	阶梯费率
0～6万元部分	1.2%
6万～50万元部分	1.0%
50万～100万元部分	0.9%
100万～200万元部分	0.8%
200万元以上	0.7%

注：单笔阶梯计费是指您在1年内交易额累积达到标准，系统会自动降低费率，合同有效期为1年。

（2）签约

可以通过以下两种方式签约。

① 通过支付宝网站自助提交签约申请。

② 也可拨打服务热线：0571-88158090转2，将为您发起在线协议，订单确认并且认证通过后，订单会在三个工作日内完成审核，看到您的订单是"等待生效"状态时，这说明订单已审核通过。

（3）网站接口集成

订单审核通过后，需要将支付宝接口集成到网站代码中，就能实现支付宝在线交易，完成接口集成工作即可。

商家合作接口类型一共有三种：担保交易接口、即时到账接口、双功能接口。

① 担保交易接口。买家拍下交易，先将资金支付交易，存入支付宝的中间账户并通知卖家发货，买家确认收货后资金自动进入卖家支付宝账户，完成交易。付款-发货-收货的交易过程根据交易超时时间进行推进，深受买家喜爱与信赖。

商家集成此接口，交易买家只能使用担保交易模式，如图2-8所示。

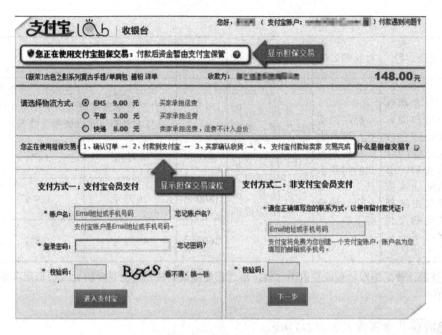

图2-8 担保支付接口

② 即时到账接口。网上交易时,买家拍下交易,先将资金支付交易,资金直接打入卖家支付宝账户,完成交易。卖家可快速回笼交易资金。

商家集成此接口,交易买家只能使用即时到账交易模式,如图2-9所示。

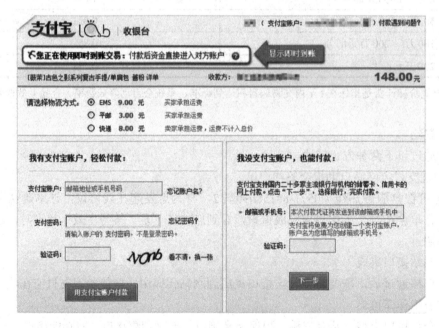

图2-9 即时到账接口

③ 双功能接口。买家付款时,可选择担保交易或即时到账中的任一支付方式进行付款,完成交易。

商家集成此接口,交易买家可进行两者选其一的交易模式。

2.5.2.4 微信平台接入

（1）完成服务号认证

微信支付功能目前仅对完成微信认证的服务号开放申请（企业、媒体、政府及其他组织）。若公众账号符合开放申请要求，可直接进入第二步（微信公众平台提交资料）；订阅号可先升级为服务号，升级方法：登录微信公众平台→设置→账号信息→升级为服务号；未认证的服务号需先完成微信认证。

（2）完成申请资料审核

① 登录微信公众平台，进入微信支付。

② 提交商户基本资料，准确选择经营范围，并如实填写出售的商品/服务信息，此处填写的信息将作为日后运营监管的依据。

③ 提交业务审核资料。商户提交的资料，主体需与微信认证主体保持一致，以保证运营主体即认证主体。

④ 提交财务审核资料。商户提交的财务资料，主体需与业务审核资料主体一致，以保证结算主体即运营主体；商户提交的所有资料，需加盖公章，如图 2-10 所示。

（3）完成承诺函的签署

① 登录微信公众平台，进入微信支付，点击"下载承诺函"按钮，进入承诺函下载页面。

② 在承诺函上加盖公章后寄回页面指定地址。

图 2-10　资料审核

③ 腾讯收到承诺函后会有专人审核，审核通过后，承诺函状态变为"已签署"。承诺函一般会很快生成。如果系统提示承诺函正在生成中，请耐心等候，等待时间不会超过24小时。

（4）功能开发、合同签订

① 资料审核通过的商户可以进行功能开发工作：腾讯提供清晰的开发接口文档，帮助商户顺利完成功能开发工作。

② 签订合同。资料审核通过后，进入"合同签署"，点击"签署协议"，在线签署合同。在线签署合同之后，合同状态变为"已签署"。

经过以上步骤以后，就已经开通微信支付功能。

2.5.3　支付安全措施

（1）设置单独的、高安全级别的密码

如果邮箱、SNS网站（如微博、人人网、开心网）等登录名和支付宝账户名一致，务必要保证密码不同。支付宝的密码最好使用数字+字母+符号的组合。另外，支付宝有登录和支付两个密码，这两个密码务必不能相同。账户与密码不要保存于联网的电脑中，防止木马窃取。

（2）使用数字证书、宝令、支付盾等安全产品

数字证书、支付盾、宝令等安全产品能够提升账户的安全等级。支付宝的数字证书可以免费安装，在不同电脑上使用时，通过手机校验码的方式重新安装或删除也很方便，建议用户务必安装。

（3）绑定手机，使用手机动态口令

通过手机也能帮助保障账户安全。支付宝等网络支付账户都支持绑定手机，并支持设定手机动态口令（手机校验码服务）。用户可以设定每笔付款都需要手机校验码进行验证，从而增强资金的安全性。

（4）进行实名认证、享受快捷支付

快捷支付的付款操作统一在支付宝平台完成，有效封杀钓鱼者利用页面跳转进行钓鱼欺诈的空间。

同时，支付宝还向所有快捷支付用户免费赠送一份资金保障险。除快捷支付赔付保障外，支付宝还为用户提供余额被盗补偿保障。只要账户在被盗前通过了实名认证，并安装使用了安全产品或绑定了本人的手机号码，支付宝将在收到会员提供的有效凭证并审核通过后，3个工作日内完成补偿。

（5）警惕虚假邮件

识别支付宝官方邮件可以参考以下几个细节。

① 正确的支付宝系统邮箱地址为service@mail.alipay.com或alipay@mail.alipay.com。

② 正常的支付宝邮件发件人栏会有支付宝盾牌标识。

③ 在不能辨别邮件真假时，请不要点击邮件中的任何链接和附件，并致电支付宝24小时客服热线95188。

2.6 网络营销

网络营销（On-line Marketing）起源于20世纪90年代，指基于PC互联网、移动互联网平台，利用信息技术与软件工程，满足商家与客户之间交换概念、交易产品、提供服务的过程；通过在线活动创造、宣传和传递客户价值，并对客户关系进行管理，以达到一定营销目的的新型营销活动。网络营销是信息化社会的必然产物。网络营销根据其实现方式有广义和狭义之分，广义的网络营销指企业利用一切计算机网络进行营销活动，而狭义的网络营销专指国际互联网营销。

随着互联网影响的进一步扩大，人们对网络营销理解的进一步加深，以及出现的越来越多网络营销推广的成功案例，人们已经开始意识到网络营销的诸多优点并越来越多地通过网络进行营销推广。网络营销不单单是一种营销手段，更是一种文化，信息化社会的新文化，引导媒体进入一个新的模式。

2.6.1 网络营销方式及案例

现代市场营销理论包括"市场细分——市场定位——4Ps组合"。该理论强调企业经营应从市场细分开始，先将顾客按需求、购买力等因素进行分类，测算出不同细分市场的规模、成长性及竞争水平；然后选择目标市场，围绕目标市场的需求进行产品设计，此即产品策略（Product）。最后通过价格策略（Price）、分销渠道策略（Place）和促销策略（Promotion）的综合运用推动销售。其中，在产品策略（Product）中，强调产品的价值由使

用价值、服务价值和心理价值组成，将服务也作为产品的组成成分，比以往只重产品不重服务的观念前进了一大步。

网络营销的4Cs策略更注重于网络环境下的市场细分和顾客沟通，但不是一个完整的营销策略，它只是4Ps的有益补充。

网络营销的目的是为了吸引新客户以及如何增加客户对网站的黏性。一般涉及网络营销的方式和手段有以下几种。

（1）搜索引擎营销

搜索引擎营销即SEM（通常以PPC为代表），是让用户搜索相关关键词，并点击搜索引擎上的相关广告链接进入网站/网页进一步了解他所需要的信息，然后通过拨打网站上的客服电话、与在线客服沟通或直接提交页面上的表单等来实现自己的目的。

（2）搜索引擎优化

搜索引擎优化即SEO，是通过对网站结构、三要素描述、高质量的网站主题内容、丰富而有价值的相关性外部链接进行优化而使网站搜索引擎更加友好，以获得在搜索引擎上的优势排名而为网站引入流量。

（3）电子邮件营销

电子邮件营销是以订阅的方式将行业及产品信息通过电子邮件的方式提供给所需要的用户，以此建立与用户之间的信任与信赖关系。

（4）即时通讯营销

顾名思义，即时通讯营销是利用互联网即时聊天工具进行推广宣传的营销方式。

（5）病毒式营销

病毒式营销来自网络营销，是利用用户口碑相传的原理，通过用户之间自发进行的、费用低的营销手段。

（6）BBS营销

这个应用得已经很普遍了，尤其是对于个人站长，大部分到门户站论坛灌水的同时留下自己网站的链接，每天都能带来几百IP。

（7）博客营销

博客营销是建立企业博客或个人博客，用于企业与用户之间的互动交流以及企业文化的体现，一般以行业评论、工作感想、心情随笔和专业技术等作为企业博客内容，使用户更加信赖企业，深化品牌影响力。

（8）微博营销

微博营销是指通过微博平台为商家、个人等创造价值而执行的一种营销方式，也是指商家或个人通过微博平台发现并满足用户各类需求的商业行为方式。

（9）微信营销

微信营销是网络经济时代企业营销模式的一种创新，是伴随着微信的火热而兴起的一种网络营销方式。微信不存在距离的限制，用户注册微信后，可与周围同样注册的"朋友"形成一种联系，用户订阅自己所需的信息，商家通过提供用户需要的信息，推广自己的产品，从而实现点对点的营销。

（10）视频营销

视频营销以创意视频的方式，将产品信息移入视频短片中，被大众所吸收，也不会造成太大的用户群体排斥性，也容易被用户群体所接受。

（11）软文营销

软文广告顾名思义，它是相对于硬性广告而言，是由企业的市场策划人员或广告公司的文案人员来负责撰写的"文字广告"。与硬性广告相比，之所以叫做软文，精妙之处就在于一个"软"字，好似绵里藏针，收而不露，克敌于无形。等到你发现这是一篇软文的时候，你已经掉入被精心设计的"软文广告"陷阱。它追求的是一种春风化雨、润物无声的传播效果。如果说硬性广告是外家的少林功夫，那么，软文则是绵里藏针、以柔克刚的武当拳法，软硬兼施、内外兼修，才是最有力的营销手段。

（12）O2O立体营销

O2O立体营销，是基于线上（Online）、线下（Offline）的全媒体深度整合营销，以提升品牌价值转化为导向，运用信息系统移动化，帮助品牌企业打造全方位渠道的立体营销网络，并根据市场大数据（Big Data）分析制定出一整套完善的多维度立体互动营销模式，从而实现大型品牌企业全面以营销效果为导向的全方位视角，针对受众需求进行多层次分类，选择性地运用报纸、杂志、广播、电视、音像、电影、出版、网络、移动在内的各类传播渠道，以文字、图片、声音、视频、触碰等多元化的形式进行深度互动融合，涵盖视、听、光、形象、触觉等人们接受资讯的全部感官，对受众进行全视角、立体式的营销覆盖，帮助企业打造多渠道、多层次、多元化、多维度、全方位的立体营销网络。

（13）体验式营销

从宏观上看，体验式经济的到来是因为社会高度富裕、文明、发达而产生的。对于那些刚刚满足温饱或者勉强达到小康的人们来说，"体验"只是一种奢侈。其次，从微观上看，体验营销的兴起是由于企业对产品及服务在质量、功能上已做得相当出色，以至于顾客对特色和利益已经淡化，而追求更高层次的"特色和利益"，即"体验"。体验营销是要站在消费者的感官、情感、思考、行动、关联等五个方面，重新定义、设计营销的思考方式。此种思考方式突破传统上"理性消费者"的假设，认为消费者消费时是理性与感性兼具的，消费者在整个消费过程中的体验，才是研究消费者行为与企业品牌经营的关键。体验式营销模式已经被很多国际大公司采用，随着移动互联网的深入发展，小而美的体验式营销也异军突起，在不同的领域彰显出自己的特色。

体验式微营销以用户体验为主，以移动互联网为主要沟通平台，配合传统网络媒体和大众媒体，通过有策略、可管理、持续性的O2O线上线下互动沟通，建立和转化、强化顾客关系，实现客户价值的一系列过程。体验式微营销站在消费者的感官（Sense）、情感（Feel）、思考（Think）、行动（Act）、关联（Relate）五个方面，重新定义、设计营销的思考方式。此种思考方式突破传统上"理性消费者"的假设，认为消费者消费时是理性与感性兼具的，消费者在消费前、消费时、消费后的体验，才是研究消费者行为与企业品牌经营的关键。体验式微营销以SNS、微博、微电影、微信、微视、微生活、微电子商务等为代表新媒体形式，为企业或个人达成传统广告推广形式之外的低成本传播提供可能。

【案例2-9】Sweet & D-mousse——美国乡村派甜点的崛起

Sweet & D-mousse是美国一家主打乡村派甜点的糕点店，由于选址远离市区，S&D在开店之初便采用了电子商务模式，用户不仅可以在S&D官网购买糕点，同时也可以通过S&D在Facebook上的主页购买。S&D成立之初为了提高影响力，特意寻找了一批互联网上活跃的美食客，然后给这些达人们邮寄S&D的甜点，并且会写一封真挚的邀请信："你好，这些是我们手工烘焙的甜点，希望你能喜欢，我们也非常愿意得到你专业的点评，帮助我们更好地提高产品口味。"这些美食达人本身就是热衷于分享的社交狂人,于是收到甜点的美食客们纷纷在社交网站上传播S&D的产品使用体验,S&D也在一夜之间通过互联网被更多的人所熟知。

（14）一对一营销

一对一营销主要属于整合营销模式。目前大多数商家都是一窝蜂地追求表面上的"一对一",教会一个销售人员做到热心周到是一回事,至于真正掌握如何识别、跟踪并与一个个的客户打交道,进而做到产品或服务的"量体裁衣",那实在是另外一码事儿。"一对一营销"的核心思想是：以"顾客份额"为中心,与顾客互动对话以及"定制化"。

企业应该从关注市场占有率到关注个体顾客的"顾客份额"上来,关注本企业产品在顾客所拥有的所有该产品中的份额,并努力提升对这个份额的占有。目前有许多公司可能急于从"一对一"的学习关系中获取丰厚的利润而忘了关系必须有双方参加这一基本常识,从观念上将"一对一营销"视同为直接邮购或电视直销的等价物,从而使"一对一"成了"单行道"。

【案例2-10】网易、新东方的一对——SAT之道

众所周知,新东方可谓电商模式下教育培训机构的标杆,网易教育则整合了专业教育类网站的资源,为需要学习的各类人士提供了内容充实而又灵活的专业学习模式。2015年1月9日,美国大学理事会（College Board）于美国官网公布了新SAT最新样题,网易教育在第一时间针对新SAT改革邀请到新东方名师帮助学生解读新SAT中的变化,让考生更加明确自己的复习方向以及考试中需要注意的问题。由于国外课程标准体系的不断变革,加上考生个人的实际情况的多样化,同时学习的模式也不尽相同,如在线时间的灵活性,视频教学训练的特殊性,新东方和网易教育强强联合,为客户量身定做了独具特色的一对一教育培训模式,加重在线教育的力度,为顾客提供了一站式的全方位解决方案。专业完善的教学体制和独到的培训方式使得双方在此合作基础上的声誉和服务都有了很大的提升。

注：SAT是由美国大学委员会主办,其成绩是世界各国高中生申请美国大学入学资格及奖学金的重要参考,它与ACT都被称为美国高考。

（15）关系营销

关系营销是把营销活动看成是一个企业与消费者、供应商、分销商、竞争者、政府机构及其他公众发生互动作用的过程,企业营销活动的核心是建立并发展这些公众的良好关系。对企业而言,要通过完善的制度和流程,要有培训良好的员工,要充分调动和满足顾客的期待,要正确回应顾客的情绪和反应,从而能最大限度地满足顾客的需要,制度化地培养顾客的忠诚。具体的做法是：利用非正式的场合、利用秘密顾客、安置代表为顾客工作。关系营销与传统营销的区别在于：传统营销的核心是交易,关心如何实现交易和吸引新顾客；关系营销的核心是关系,强调如何保持与客户友好关系,获取忠诚客户；传统营销的营销对象只是顾客；关系营销的营销对象则包括顾客、供应商、员工、分销商等与企业利益相关的多重市场。传统的营销部门职责就是完成企业的营销任务,其他的部门很少直接参与企业营销活动；奉行关系营销思想的企业,其营销任务不仅仅由营销部门完成,许多部门都积极参与和各方建立良好关系,营销部门成了关系营销的协调中心。今年来流行的微博营销、微信营销等借助社交软件的网络推广即是较为典型的关系营销模式。

【案例2-11】疯狂猜图——分享的胜利

2013年五六月份，如果你正在刷微信朋友圈，那么你的朋友圈很可能会被一款游戏攻陷，这款游戏就是众所周知的手机App游戏疯狂猜图。疯狂猜图在前期成本不到10万元的情况下，做到了上线之初日增用户30万人、上线1个月下载量超千万次的成绩。对于这样一款游戏来说，它创造的增长速度简直是一个奇迹。疯狂猜图其实是个很简单的游戏，进入游戏后，系统会提供一张图片，再给出24个待选汉字或字母，用户需要在答案框里输入正确答案。如果猜不出答案，用户可以选择用金币获得提示，也可以分享到微信朋友圈向好友求助。事实表明，最后一个分享到朋友圈的动作对疯狂猜图的爆发起到了不可替代的作用。将游戏分享到朋友圈求助，朋友圈的朋友打开后下载成为新用户，新用户遇到困难再次分享到朋友圈吸引新用户，这一传播链条源源不断。由于微信关系大部分为相互之间较为信任的熟人关系，因此疯狂猜图借助微信实现了爆发式的增长。疯狂猜图营销的成功其实与2012年另一款游戏——找你妹营销的成功有异曲同工之妙，只不过在2012年找你妹借助的是QQ空间和腾讯微博，而疯狂猜图借助的是微信朋友圈。疯狂猜图的成功证明了朋友间的口碑传播依然是品牌传播的最重要力量。

（16）品牌营销

世界著名广告大师大卫·奥格威就品牌曾作过这样的解释："品牌是一种错综复杂的象征，它是品牌属性、名称、包装、价格、历史声誉、广告方式的无形总和。品牌同时也因消费者对其使用的印象，以及自身的经验而有所界定。"当一个产业正经历从卖方市场转变为买方市场，产业增长方式从数量规模型向质量效益型转变。在这种变革过程中，品牌作为一种重要力量，在市场运作中输赢作用巨大。一个有影响的品牌可以征服消费者，取得越来越大的市场份额，这种现象已在家电、服装等领域中充分表现出来，未来的房地产市场也离不开这一品牌制胜的市场竞争规律。品牌竞争就是以品牌形象和价值为核心的竞争，是一种新的竞争态势。

【案例2-12】阿里巴巴——双十一的狂欢

2014年天猫双十一单日成交总额为571亿元，再铸传奇，比上一年同日的数据增长59%。在国内市场给力的同时，今年天猫首次公布的全球数据更加让人震撼，在全球220多个国家和地区中，有217个在阿里的地图大屏被点亮。狂欢的背后，阿里巴巴的营销也不得不引人注目：在双十一到来之际，阿里巴巴宣布已经注册了双十一商标；之后，还有贝克汉姆现身和马云私聊；就在双十一当天，阿里巴巴总部更邀请上百家媒体记者，观看每分每秒成交额的变化，亲身体会奇迹在分秒之中被刷新的盛况。这一电商界的传奇，巧妙地结合了消费者心理、电商平台销售渠道和品牌的巨大影响力，在普及和大力推广电子商务的同时，使得消费者和厂商都获得了实实在在的收益。

（17）深度营销

深度营销，就是以企业和顾客之间的深度沟通、认同为目标，从关心人的显性需求转向关心人的隐性需求的一种新型的、互动的、更加人性化的营销新模式、新观念。它要求让顾客参与企业的营销管理，给顾客提供无限的关怀，与顾客建立长期的合作性伙伴关系，通过大量的人性化的沟通工作，使自己的产品品牌产生润物细无声的效果，保持顾客长久的品牌忠诚。它强调将人文关怀的色彩体现到从产品设计到产品销售的整个过程之中，乃至产品生命周期的各个阶段。

深度营销的核心,就是要抓住深字做文章。企业导入深度营销模式的一般流程是:

- 选择容量大或发展潜力大,我方有相对优势的、适合精耕细作的目标市场;
- 深入调查,建立区域市场数据库,通过市场分析找到开发的重点和突破口,制定有效策略及完善的实施计划。
- 强化区域营销管理平台,实现营销前、后台的整体协同,一体化响应市场的运作机制,提高响应市场的速度和能力。
- 选择和确定核心客户,开发和建立覆盖区域零售终端网络,构建区域市场营销价值链。
- 集中营销资源,提供综合服务和指导,不断深化关系和加大影响力,获得营销价值链的主导地位。
- 作为营销链的管理者,引领渠道成员加强协同,提升整体争夺市场的能力,冲击区域市场的NO.1。

在取得经验和能力的基础上,及时组织滚动复制式的推广。

【案例2-13】稀品网——专业海外代购

在网络购物铺天盖地的今天,如何有针对性地选择目标客户并提供深度和长远的服务,做好做大自身的品牌成为商家绞尽脑汁去解决的重要问题。在不大的创意设计类电商圈中,稀品网从一开始就坚持海外代理,扩大买手团队,一共代理了23个独家品牌。代理模式可以保证商品的差异性,但也对采购和库存管理提出了更高的要求。稀品网有一支上百人的买手团队,其中大部分是兼职买手,在选择商品时遵循三条原则:一是商品是否围绕文化这个主轴;二是是否是国内没有的;三是根据买手团队的经验判断。稀品网要求这些商品能够在一个月内完全周转。在移动端,稀品网正在测试一款叫做"小稀派"的APP,小稀派会重点推出一些国内市场上比较难买到的商品,通过单个产品图片的冲击力来达成消费者浏览、喜欢、购买。小稀派总的SKU会达到一万以上,是B2C网站的五倍。稀品网以海外代理保证商品的稀缺性,组建上百人的兼职买手团队分散选品风险。移动端扩大商品数,并尝试预购功能,另辟蹊径。这种新型的、互动的、更加人性化的营销新模式、新观念,给顾客提供无限的关怀,通过大量的人性化的沟通工作,使自己的产品品牌产生润物细无声的效果,保持顾客长久的品牌忠诚。

2.6.2 营销模式创新

产业社会的竞争其实只有两个原则:要么为顾客提供更多、更新的价值,要么比竞争对手更有效率。营销模式的创新与重构也必须回到这两个落脚点,这也是企业营销的基点——顾客+竞争。在菲利普·科特勒的经典营销理论中,顾客让渡价值最大化理论阐述的就是这个原理,顾客不是简单的价格敏感型,而是价值敏感型,会按照自身让渡价值最大化的原则来选择。

如何计算顾客让渡价值?用公式表示就是:

$$顾客让渡价值 = 顾客总价值 - 顾客总成本$$

其中,顾客总价值 = 产品价值 + 服务价值 + 形象价值 + 人员价值;

$$顾客总成本 = 货币价格 + 时间成本 + 精力成本 + 机会成本$$

哪家企业能够使得顾客的让渡价值越大,其竞争优势就越强,其溢价能力也就越强。所以,企业不能给顾客更多让渡价值时,就只能打价格战了,赢利就更加困难。前段时间轰轰烈烈的团购网大战就是明证。对于一般顾客来说,从不同团购网站获得的让渡价值是相同的,因为产品和服务的价值是同质的,付出的时间、精力和机会成本是一致的。在这种同质化的超竞争状态,团购网站只能靠打价格战和促销战了,没有赢利就是必然的事了。

所以,所谓企业营销模式创新,与其他经营模式或商业模式创新一样,就是要找到提高顾客让渡价值的源泉和方法。在提高客户总价值方面,就是发现并聚焦于目标顾客现实或潜在的最需要的需求,以此进行产品和服务的设计与组合,同时要注重有效传播与互动沟通,提升品牌形象,以提高顾客的价值感知;而在降低顾客总成本方面,主要是围绕目标顾客的消费行为来优化产品交付、信息查询、服务提供等环节的便利、快捷与可靠性。可以说,一个成功的营销模式就是在这两方面或至少一个方面能做到卓越。

本章小结

本章从创业和创业管理的角度出发,从创业者和投资者两个角度分析了创业项目策划过程中应注意的事项和遵守的原则。在了解创业项目的基本特征和创业项目来源的基础上,对创业项目进行识别和选择,并进行了可行性分析和项目的总体规划。从网站建设、物流、支付手段和网络营销等侧面对创业项目的策划进行展开分析,结合案例描述了创业项目的特征和创业历程与方法。

思考题

1. 创业网站的制作设计过程中,页面的设计应注意什么?
2. 简要列举创业项目的可能来源。
3. 网络营销与传统营销的区别在哪?

案例分析

【综合应用案例2-14】大学生创业

现今大学生创业问题越来越受到社会各界的密切关注,因为大学生属于高级知识人群,并且经过多年的教育往往背负着社会和家庭的种种期望。在现今社会经济不断发展就业形势却不容乐观的情况下,大学生创业也自然成为了大学生就业之外的新兴现象。根据硅谷著名天使投资人康韦(Ron Conway)对超过500家初创企业的调查发现,在市场价值超过5亿美元的初创企业中,有67%的创始人创办企业时年纪都低于30岁,而大学生和大学刚毕业的初期创业者占据了很大比重。

根据人力资源和社会保障部的统计,2012～2014年的就业状况不是很理想。所以许多大学生都选择参加全国青年创新商业人才培养工程来实现就业。同时,国家也推出了一系列的创业扶持政策，比如青年创业引领计划公益扶持基金、中小微企业扶持基金等。

一、大学生创业的优势与弊端

1.优势

（1）大学生往往对未来充满希望，他们有着年轻的血液、充满激情，以及"初生牛犊不怕虎"的精神，而这些都是一个创业者应该具备的素质。

（2）大学生在学校里学了很多理论性的东西，有着较高层次的技术优势，而目前最有前途的事业就是开办高科技企业。技术的重要性是不言而喻的，大学生创业从一开始就必定会走向高科技、高技术含量的领域，"用智力换资本"是大学生创业的特色和必然之路。一些风险投资家往往就因为看中了大学生所掌握的先进技术，而愿意对其创业计划进行资助。

（3）现代大学生有创新精神，有对传统观念和传统行业挑战的信心和欲望，而这种创新精神也往往造就了大学生创业的动力源泉，成为成功创业的精神基础。大学生心里怀揣创业梦想，努力打拼，创造财富。

（4）大学生创业的最大好处在于能提高自己的能力，增长社会实战经验，以及学以致用；最大的诱人之处是通过成功创业，可以实现自己的理想，证明自己的价值。

2.弊端

（1）由于大学生社会经验不足，常常盲目乐观，没有充足的心理准备。对于创业中的挫折和失败，许多创业者感到十分痛苦茫然，甚至沮丧消沉。在创业以前，看到的都是成功的例子，心态自然都是理想主义的。其实，成功的背后还有更多的失败。看到成功，也看到失败，这才是真正的市场，也只有这样，才能使年轻的创业者们变得更加理智。

（2）急于求成、缺乏市场意识及商业管理经验，是影响大学生成功创业的重要因素。学生们虽然掌握了一定的书本知识，但终究缺乏必要的实践能力和经营管理经验。此外，由于大学生对市场营销等缺乏足够的认识，很难一下子胜任企业经理人的角色。

（3）大学生对创业的理解还停留在仅有一个美妙想法与概念上。在大学生提交的相当一部分创业计划书中，许多人还试图用一个自认为很新奇的创意来吸引投资。这样的事以前在国外确实有过，但在今天这已经几乎不可能的了。投资人看重的是你的创业计划真正的技术含量有多高，在多大程度上是不可复制的，以及市场赢利的潜力有多大。而对于这些，你必须有一整套细致周密的可行性论证与实施计划，决不是仅凭三言两语的一个主意就能让人家投资的。

（4）大学生的市场观念较为淡薄，不少大学生很乐于向投资人大谈自己的技术如何领先与独特，却很少涉及这些技术或产品究竟会有多大的市场空间。就算谈到市场话题，他们也多半只会计划花钱做做广告而已，而对于诸如目标市场定位与营销手段组合这些重要方面，则全然没有概念。其实，真正能引起投资人兴趣的并不一定是那些先进得不得了的东西，相反，那些技术含量一般但却能切中市场需求的产品或服务，常常会得到投资人的青睐。同时，创业者应该有非常明确的市场营销计划，能强有力地证明赢利的可能性。

二、创业途径

途径一：学习途径

创业者通过课堂学习能拥有过硬的专业知识，在创业过程中将受益无穷；大学图书馆通常能找到创业指导方面的报刊和图书，广泛阅读能增加其对创业市场的认识，大学社团活动能锻炼各种综合能力，这是创业者积累经验必不可少的实践过程。

途径二：媒体资讯

一是纸质媒体，人才类、经济类媒体是首要选择。例如，比较专业的《21世纪人才报》《21世纪经济报道》《IT经理世界》。

二是网络媒体、管理类、人才类、专业创业类网站是必要选择。例如，中国营销传播网、中华英才网、中华创业网、人才中国网、校导网等。此外，从各地创业中心、创新服务中心、大学生科技园、留学生创业园、科技信息中心、知名的民营企业的网站等都可以学到创业知识。

途径三：与人交流

商业活动无处不在。可以在你生活的周围，找有创业经验的亲朋好友交流。在他们那里，你将得到最直接的创业技巧与经验，更多的时候这比看书本的收获更多。你甚至还可以通过电子邮件和电话拜访你崇拜的商界人士，或咨询与你的创业项目有密切联系的商业团体，你的谦逊总能得到他们的支持。

途径四：曲线创业

先就业、再创业是时下很多学生的选择。毕业后，由于自己各方面阅历和经验都不够，能够到实体单位锻炼几年，积累了一定的知识和经验再创业也不迟。

先就业再创业的学生跳槽后，所从事的创业项目通常也是在过去的工作中密切接触的。而在准备创业的过程中，你可以利用与专业人士交流的机会获得更多的来自市场的创业知识。

途径五：创业实践

真正的创业实践开始于创业意识萌发之时。大学生的创业实践是学习创业知识的最好途径。

间接的创业实践学习主要可借助学校举办的某些课程的角色性、情景性模拟参与来完成。例如，积极参加校内外举办的各类大学生创业大赛、工业设计大赛等，对知名企业家成长经历、知名企业经营案例开展系统研究等也属间接学习范畴。

直接的创业实践学习主要可通过课余来完成，如在大学校园各楼宇做饮水机清洗消毒有偿服务等、假期在外的兼职打工、试办公司、试申请专利、试办著作权登记、试办商标申请等；也可通过举办创意项目活动、创建电子商务网站、谋划书刊出版事宜等多种方式来完成。

途径六：校园代理

大学生由于经验、能力、资本等方面都存在不足，直接创业存在很大困难，既不现实，成功率也很低，而校园代理对经验、资金等方面一般没有太高要求，可以利用课余时间代理校园畅销产品，积累市场经验、锻炼创业能力，做校园代理没有成败之分，对于大学生来说多多益善，如果做得较好，还可以积累一定的资金，总之，通过校园代理可以为毕业后的创业之路准备必要的物质和精神条件。

总之，创业知识广泛存在于大学生学习、生活的视野之中，只要善于学习，总能找到施展才华的途径，但在信息泛滥的社会，"去粗取精，去伪存真"也是很重要的。善于学习和总结永远是赢者的座右铭。

途径七：个人网店

大学生是最具活力的群体，也是新技术和新潮流的引导者和受益方。随着网络购物的方便性、直观性，越来越多的人在网络上购物。一些人即使不买，也会去网上了解一下自己将要买的商品的市场价。此时，一种点对点、消费者对消费者之间的网络购物模式开始兴起，以国外的eBay为开始，国内的淘宝为象征，吸引了越来越多的个人在网上开店，在线销售商品，引发了一股个人开网店的风潮。而大学生正是这一群里的主要力量，不少大学生看到这一潮流纷纷投身个人网店，成功者比比皆是，更有不少大学生选择辍学而投身网店。

途径八：城市嘉年华

在中小学生的寒暑假，组织艺术、动漫专业的学生，开展城市cosplay展，可租用或借用学校的操场，借助人气招揽学生用品摊位、小吃摊，组织城市游乐嘉年华，考虑风险因素，可以租用可移动的充气城堡、电动玩具、动漫水世界等城市移动狂欢嘉年华项目。

三、创业风险

大学生创业者要认真分析自己创业过程中可能会遇到哪些风险，这些风险中哪些是可以控制的，哪些是不可控制的，哪些是需要极力避免的，哪些是致命的或不可管理的。一旦这些风险出现，应该如何应对和化解。特别需要注意的是，一定要明白最大的风险是什么，最大的损失可能有多少，自己是否有能力承担并渡过难关。大学生创业风险主要有以下几个方面。

风险一：项目选择

大学生创业时如果缺乏前期市场调研和论证，只是凭自己的兴趣和想象来决定投资方向，甚至仅凭一时心血来潮做决定，一定会碰得头破血流。大学生创业者在创业初期一定要做好市场调研，在了解市场的基础上创业。一般来说，大学生创业者资金实力较弱，选择启动资金不多、人手配备要求不高的项目，从小本经营做起比较适宜。

风险二：缺乏创业技能

很多大学生创业者眼高手低，当创业计划转变为实际操作时，才发现自己根本不具备解决问题的能力，这样的创业无异于纸上谈兵。一方面，大学生应去企业打工或实习，积累相关的管理和营销经验；另一方面，积极参加创业培训，积累创业知识，接受专业指导，提高创业成功率。

风险三：资金风险

资金风险在创业初期会一直伴随在创业者的左右。是否有足够的资金创办企业是创业者遇到的第一个问题。企业创办起来后，就必须考虑是否有足够的资金支持企业的日常运作。对于初创企业来说，如果连续几个月入不敷出或者因为其他原因导致企业的现金流中断，都会给企业带来极大的威胁。相当多的企业会在创办初期因资金紧缺而严重影响业务的拓展，甚至错失商机而不得不关门。另外，如果没有广阔的融资渠道，创业计划只能是一纸空谈。除了银行贷款、自筹资金、民间借贷等传统方式外，还可以充分利用风险投资、创业基金等融资渠道。

风险四：社会资源贫乏

企业创建、市场开拓、产品推介等工作都需要调动社会资源，大学生在这方面会感到非常吃力。平时应多参加各种社会实践活动，扩大自己人际交往的范围。创业前，可以先到相关行业领域工作一段时间，通过这个平台，为自己日后的创业积累人脉。

风险五：管理风险

一些大学生创业者虽然技术出类拔萃，但理财、营销、沟通、管理方面的能力普遍不足。要想创业成功，大学生创业者必须技术、经营两手抓，可从合伙创业、家庭创业或从虚拟店铺开始，锻炼创业能力，也可以聘用职业经理人负责企业的日常运作。创业失败者，基本上都是管理方面出了问题，其中包括：决策随意、信息不通、理念不清、患得患失、用人不当、忽视创新、急功近利、盲目跟风、意志薄弱等。特别是大学生知识单一、经验不足、资金实力和心理素质明显不足，更会增加管理风险。

风险六：竞争风险

寻找蓝海是创业的良好开端，但并非所有的新创企业都能找到蓝海。更何况，蓝海也只是暂时的，所以，竞争是必然的。如何面对竞争是每个企业都要随时考虑的事情，而对新创企业更是如此。如果创业者选择的行业是一个竞争非常激烈的领域，那么在创业之初极有可能受到同行的强烈排挤。一些大企业为了把小企业吞并或挤垮，常会采用低价销售的手段。对于大企业来说，由于规模效益或实力雄厚，短时间的降价并不会对它造成致命的伤害，而

对初创企业则可能意味着彻底毁灭的危险。因此，考虑好如何应对来自同行的残酷竞争是创业企业生存的必要准备。

风险七：团队分歧

现代企业越来越重视团队的力量。创业企业在诞生或成长过程中最主要的力量来源一般都是创业团队，一个优秀的创业团队能使创业企业迅速地发展起来。但与此同时，风险也就蕴含在其中，团队的力量越大，产生的风险也就越大。一旦创业团队的核心成员在某些问题上产生分歧不能达到统一时，极有可能会对企业造成强烈的冲击。事实上，做好团队的协作并非易事。特别是与股权、利益相关联时，很多初创时很好的伙伴都会闹得不欢而散。

风险八：核心竞争力缺乏的风险

对于具有长远发展目标的创业者来说，他们的目标是不断地发展壮大企业，因此，企业是否具有自己的核心竞争力是最主要的风险。一个依赖别人的产品或市场来打天下的企业是永远不会成长为优秀企业的。核心竞争力在创业之初可能不是最重要的问题，但要谋求长远的发展，就是最不可忽视的问题。没有核心竞争力的企业终究会被淘汰出局。

风险九：人力资源流失风险

一些研发、生产或经营性企业需要面向市场，大量的高素质专业人才或业务队伍是这类企业成长的重要基础。防止专业人才及业务骨干流失应当是创业者时刻注意的问题，在那些依靠某种技术或专利创业的企业中，拥有或掌握这一关键技术的业务骨干的流失是创业失败最主要的风险源。

风险十：意识上的风险

意识上的风险是创业团队最内在的风险。这种风险来自于无形，却有强大的毁灭力。风险性较大的意识有：投机的心态、侥幸心理、试试看的心态、过分依赖他人、回本的心理等。

提醒：大学生创业过程中所遇到阻碍并不仅此十点，在企业发展过程中，随时都将可能有灭顶之灾的风险。保持积极的心态，多学习，多汲取优秀经验，结合大学生既有的特长优势，我们相信，大学生创业的步伐会越走越远，越走越稳。

四、创业方向

方向一：高科技领域

身处高新科技前沿阵地的大学生，在这一领域创业有着近水楼台先得月的优势，"易得方舟""视美乐"等大学生创业企业的成功，就是得益于创业者的技术优势。但并非所有的大学生都适合在高科技领域创业，一般来说，技术功底深厚、学科成绩优秀的大学生才有成功的把握。有意在这一领域创业的大学生，可积极参加各类创业大赛，获得脱颖而出的机会，同时吸引风险投资。

推荐商机：电子商务、软件开发、网页制作、网络服务、手机游戏开发等。

方向二：智力服务领域

智力是大学生创业的资本，在智力服务领域创业，大学生游刃有余。例如，家教领域就非常适合大学生创业：一方面，这是大学生勤工俭学的传统渠道，积累了丰富的经验；另一方面，大学生能够充分利用高校教育资源，更容易赚到"第一桶金"。此类智力服务创业项目成本较低，一张桌子、一部电话就可开业。

推荐商机：家教、家教中介、设计工作室、翻译事务所等。

方向三：连锁加盟领域

统计数据显示，在相同的经营领域，个人创业的成功率低于20%，有的则高达80%。对创业资源十分有限的大学生来说，借助连锁加盟的品牌、技术、营销、设备优势，可以以较少的投资、较低的门槛实现自主创业。但连锁加盟并非"零风险"，在市场鱼龙混杂的现状下，大学生涉世不深，在选择加盟项目时更应注意规避风险。一般来说，大学生创业者资金实力较弱，适合选择启动资金不多、人手配备要求不高的加盟项目，从小本经营开始为宜；此外，最好选择运营时间在5年以上、拥有10家以上加盟店的成熟品牌。

推荐商机：快餐业、家政服务、校园小型超市、数码速印站等。

方向四：开店

大学生开店，一方面可充分利用高校的学生顾客资源；另一方面，由于熟悉同龄人的消费习惯，因此入门较为容易。正由于走"学生路线"，因此要靠价廉物美来吸引顾客。此外，由于大学生资金有限，不可能选择热闹地段的店面，因此推广工作尤为重要，需要经常在校园里张贴广告或与社团联办活动，才能广为人知。

推荐商机：高校内部或周边地区的餐厅、华飞四季旺酸辣粉店、咖啡屋、美发屋、文具店、书店等。

方向五：技术创业

大学生毕业后，在学校学习的课程很难应用到实际工作中。毕业后学习一门技术，可以让大学生很快融入社会。有一技之长进可开店创业，退可打工积累资本。好酒不怕巷子深，所以有一技之长的大学生在开店创业的时候，可以避开热闹地段节省大量的门面租金，把更多的创业资金用到经营活动中去。

推荐商机：弹棉花店、裁缝店、修车行等。

结合上述案例资料，回答以下问题：

1. 你认为大学生创业应具备哪些基本能力和必要的素质？
2. 刚出校门的大学生满腔热情进行创业，有的成功，有的失败，但以失败居多。请分析可能的原因是什么？
3. 结合自身的实际，你认为大学生对创业项目应该如何进行选择？

第二篇

电子商务创业商业计划

- 第3章 商业计划书
- 第4章 电子商务创业商业模式设计
- 第5章 创业企业的经营管理

第3章 商业计划书

商业理念一般都源于某种创意或规划。对创业者本身而言，创业的起步是一个非常艰辛的过程，往往由于资金的匮乏而不能使得良好的产品创意与设计体现商业价值；而对于风险投资者而言，拥有资金的同时有时却难以找寻有价值的投资方向。商业计划书就像一座连接创业者和投资者的桥梁，把创业者的产品创新理念与投资者的投资行为相统一，实现创新价值与产品收益的完美结合。商业计划书是成功融资创业的起步，也是向金融机构和投资者进行融资贷款的重要文件，是双方合作的必备资料。本章结合网上创业的实际，从商业计划书的概念和作用入手，探讨创业者编写商业计划书的过程中应遵循的结构以及商业计划书各部分的编写内容与方法。

3.1 商业计划书作用和分类

3.1.1 商业计划书概念和作用

商业计划书（Business Plan）也称作商业策划书，是为一个商业发展计划而做的书面文件。一般是指公司、企业或项目单位为了达到招商融资和其他发展目标，根据一定的格式和内容要求而编辑整理的一个向受众全面展示公司和项目目前状况、未来发展潜力的书面材料。一般商业计划书都是以投资人或利益相关者为目标阅读者，从而说服他们进行投资或合作。商业计划书是一份全方位描述企业发展的文件，是企业经营者素质的体现，是企业拥有良好融资能力、实现跨越式发展的重要条件之一，一份完备的商业计划书，不仅是企业能否成功融资的关键因素，同时也是企业发展的核心管理工具。

商业计划书的起草与创业本身一样是一个复杂的系统工程，不但要对行业、市场进行充分的研究，而且还要有很好的文字功底。对于一个发展中的企业，专业的商业计划书既是寻找投资的必备材料，也是企业对自身的现状及未来发展战略全面思索和重新定位的过程。商业计划书包括企业筹资、融资、企业战略规划与执行等一切经营活动的蓝图与指南，也是企业的行动纲领和执行方案，其目的在于为投资者提供一份创业的项目介绍，向他们展现项目的潜力和价值，并说服他们对项目进行投资。

电子商务创业商业计划四个基本目标：确定企业机遇的性质和内容；说明企业家计划利用这一机遇进行发展所要采取的方法；确定最有可能决定企业是否成功的因素；确定筹集资金的工具。

一篇优秀的创业计划会成为创业者吸引资金的"敲门砖"和"通行证"。创业商业计划书具有以下作用。

（1）沟通工具

商业计划书可以用来介绍企业的价值，从而吸引到投资、信贷、员工、战略合作伙伴，或包括政府在内的其他利益相关者。

一份成熟的商业计划书不但能够能描述出公司的成长历史，展现出未来的成长方向和愿景，还将量化出潜在盈利能力。这都需要你对自己公司有一个通盘的了解，对所有存在的问题都有所思考，对可能存在的隐患做好预案，并能够提出行之有效的工作计划。

（2）管理工具

一份有想法的计划书能帮助你认清挡路石，从而让你绕过它。很多创业者都与他们的雇员分享商业计划书，以便让团队更深刻地理解自己的业务到底走向何方。大公司也在利用商业计划，通过年度周期性的反复讨论和仔细推敲，最终确定组织未来的行动纲要和当年的行动计划，并让上级和下级的意志得到统一。商业计划书也能帮助你跟踪、监督、反馈和度量业务流程。优秀的商业计划将是一份有生命的文档，随着团队知识与经验的不断增加，它也会随之成长。

当你建立好公司的时间轴及里程碑，并在一个时间段后，你就能衡量公司实际的路径与开始的计划有什么不同。越来越多的公司都开始利用年度周期性的计划工作，总结上一周期的成功与不足，以便调整集体的方向与步骤，并进而奖优罚劣，激励团队的成长。

（3）承诺工具

最容易被人忽略的是，商业计划书也是一个承诺的工具。这点，在企业利用商业计划书执行融资工作的时候体现得最为明显。

和其他的法律文档一样，在企业和投资人签署融资合同的同时，商业计划书往往将作为一份合同附件存在。与这份附件相对应的是主合同中的对赌条款。对赌条款和商业计划书，将共同构成一个业绩承诺：当管理人完成或没有完成商业计划书中所约定的目标，投资人和企业家之间将在利益上重新分配。在辅助执行公司内部管理时，商业计划书也是一个有效的承诺工具。在上级和下级就某一特定目标达成一致以后，他们合作完成的商业计划书就记录下了对目标的约定。这样的约定，将成为各类激励工具得以实施的重要基础。商业计划书也体现了上级对下级的承诺。公司战略的得以展开，必然意味着必要的资源投入。只有经过慎重思考的战略，才能够让领导人具有投入的决心。人们可以原谅因为具体环境的变化、知识的增长而带来行动计划乃至战略的调整，但是，却没有任何人愿意和一个朝三暮四、朝令夕改、不具备战略思考能力的领导人共同工作。

3.1.2 商业计划书分类

商业计划书的好坏，不管对于正在寻求资金的初创型还是发展型的风险企业来说，都是决定其融资交易成败的重要因素。然而，直到最后的若干问题暴露出来之前，很多企业家和创业者都一致错误地认定，只有一种商业计划书是最完美和理想的。就像没有一种"科学而完美"的管理模式能够适用于世界上的任何一家公司一样，没有一种商业计划书能够适用于所有的融资企业。不同行业、不同环境、不同风险投资机构、不同目标、不同条件等各种因素都决定了一个风险企业应该根据自身的具体情况来制订有效的商业计划书。

简单地说，一份好的商业计划书，应该要有出色的计划摘要、对产品的关注、敢于竞争的意识、对市场的了解、表明行动的方针以及展示优秀的管理队伍等。然而，作为一个实际应用的问题，一个特定的计划不仅应该反映某个公司的特性和具体的情况，还要反映一些在计划覆盖期内能合情合理预料到的变化。商业计划书有不同的类型、各自的特征和商业目的，大致可以分为以下四类，即微型计划书、工作计划书、提交计划书及电子计划书。

（1）微型计划书

可以有把握地说，几乎每个商业理念都起始于某种微型计划书。微型计划书篇幅不限，应当包括的关键内容有商业理念、需求、市场营销计划以及财务报表等，特别是现金流表、收入预测以及资产负债表。微型计划书是迅速检验商业理念或权衡潜在合作伙伴价值的最佳途径，它也可以为后期拟订长期计划提供有价值的参考。微型计划书可以看做是商业计划书的浓缩和提炼，对于吸引投资人眼球、提高融资效率有很大影响。

（2）工作计划书

工作计划书是运作企业的工具，将利用较长篇幅处理细节，叙述应简洁。作为给内部人员使用的指导性文件，工作计划书不必纠结于排版、装订等方面，但事实和数据方面的内在统一对于工作计划书和其他外向计划书同样重要。

（3）提交计划书

尽管提交计划书与工作计划书有几乎相同的信息量，但在风格上有些不同，除用语要求有所不同之外，提交计划书还应包括一些投资人所需要的有关竞争压力与风险的附加内容。

（4）电子计划书

在计算机应用普及的今天，电子版商业计划书以其速度快、传送便捷、形式直观、成本低廉等优势得到广泛应用。但电子计划书更易复制和传播，不利于有关信息的保密，因此不能完全替代纸张式计划书。

开发和运用一份简洁清晰、有侧重点的书面商业计划来指导公司的日常操作是必要的和有益的。一个公司必须时刻做好准备去开发和提高具有连续性的商业计划书，因为围绕一个公司的各方面的具体情况总是处在不断变化中的。同时，公司本身的基础性质也在不时地变化着，计划编制过程应该反映这一意识。例如，初创期的风险企业可以重点制定财务和金融方面的商业计划书，以好的财务规划和客观的价值评估来提高该企业对风险投资商的吸引力。其财务规划的重点可放在商业计划书的条件假设、预计的资产负债表、预计的损益表、现金收支分析、资金的来源和使用上。而对于一个处于发展期并需要进行市场和销售扩张的风险企业来说，其定向于销售的商业计划书则应包括具体的营销策略，如市场机构和营销渠道的选择、营销队伍和管理、促销计划和广告策略以及价格决策等。

3.2　商业计划书的基本要求

随着改革开放的深入，我国的风险投资日渐增多，在借鉴了国外成熟的投融资经验的基础上，逐渐形成了符合国际标准的商业计划书的编撰格式。但是近年来，随着中国投资行业向国际资本市场的开放，带动了国内投资行业的高速发展，项目的各异性也越来越明显，这便使商业计划书的编写格式有了一定的变化，不再仅仅是按照一般传统的标准来编制，而是要根据不同的项目特点和不同的企业特点，设计全新商业计划书的撰写步骤、规划章节的重薄区分。此外，不同的投资方，尤其一些来自不同国家的投资者对商业计划书的阅读习惯也不尽相同，这便对商业计划书的专业性提出了更高的要求。

专业的投资人能在很短的时间内发现计划书是否套用模版，是否用心编撰。商业计划书的质量直接影响到投资人对求资企业融资诚意的看法，甚至投资人会考虑到利益风险，而终止继续阅读。这就是为什么优质的项目有时候却找不到资金的原因所在。所以，寻求风险投资的企业不要盲目，更不要走捷径去编制商业计划书，应该考虑寻找专业的公司量身定制高质量专业的计划书，这样才能事半功倍。

商业计划书是为一个既定目的（一般为融资），经深思熟虑，以数据、个案、事实为基础，预测在一定条件、资源的配合下，创造出可观回报的一份生意蓝图。它本身虽然存在不少的不确定因素，通过有说服力的语言及行动方案，让阅读者（当中大部分是投资者）能对其内容充分了解，并投入信心的一票。一份优秀的商业计划书能让人相信，只要按"计划"行事，便能成功。

商业计划书应能反映经营者对项目的认识及取得成功的把握，它应突出经营者的核心竞争力；最低限度也能反映经营者如何创造自己的竞争优势，如何在市场中脱颖而出，如何争取较大的市场份额，如何发展和扩张。种种"如何"构成商业计划书的说服力。若只有远景目标、期望而忽略"如何"，则商业计划书便成为"宣传口号"。商业计划书的价值在于对决策的影响，就这点来说，商业计划书的价值是无法衡量的。如果一个企业在决策之前不做一个非常周密的计划，那样的决策是缺乏根据的。

3.2.1 写作风格要求

（1）简洁

一份商业计划书一般最长不要超过50页，最好在30页左右。

（2）完整

要全面披露与投资有关的信息。因为按照证券法等相关法律，风险企业必须以书面形式披露与企业业务有关的全部重要信息。如果披露不完全，当投资失败时，风险投资人就有权收回其全部投资并起诉企业家。

（3）把握撰写原则

注意对问题的表达应简明扼要、条理清晰、内容完整、语言通畅易懂、意思表述精确。硅谷老板们的成功有目共睹，而他们经常挂在嘴边的问题，其实跟想做小买卖的生意人是一样的：产品是什么；消费对象是谁？成本是多少？而看似复杂的商业计划书，只要把握脉络，简明扼要地就这几个问题说出你的想法，使人读后对下列问题非常清楚：公司的商业机会；创立公司所需要的资源；把握这一机会的进程；风险和预期回报。商业计划书不是学术论文，它面对的可能是无技术背景，但对计划有兴趣的人，比如潜在的团队成员，可能的投资人和合作伙伴、供应商、顾客、政府机构等。因此，一份好的商业计划书应该写得让人明白，避免使用过多的专业词汇，聚焦于特定的策略、目标、计划和行动。商业计划书的篇幅要适当，太短不容易让人相信项目会成功；太长则会被认为太啰嗦，表达不清楚。

（4）直入主题，开门见山

撰写商业计划书的目的是为了获取风险投资者的投资而非为了与风险投资家闲聊，因此，在开始写商业计划书时，应该避免一些与主题无关的内容，要开门见山地直接切入主题，要知道风险投资者没有很多时间来阅读一些对他来说没有意义的东西。这一点对于很多初次创业者来说，在其写作商业计划书时是应当格外注意的。

（5）进行充分的市场调研

要知道，当一个创意或者新的投资项目从你的大脑中萌发时，它并不是存在于真空中的。要把你的创意或者投资项目付诸实施并不是说干就干的想当然的事情。因此，在撰写商业计划书之前，应该进行充分的市场调研，做到有备而作。市场调研主要围绕以下内容进行：

你的投资项目中的产品或服务处于什么样的范畴？
- 是研发（R&D）性质、生产性质、分销性质或是服务性质？
- 该领域目前的情况如何？
- 你的产品或服务处于一个什么样的阶段？
- 它的市场前景如何？（切勿遗漏任何可能的细节问题）

- 你的竞争对手的情况如何？
- 目前的市场状况怎样？是繁盛或萧条？

（6）评估自己的商业计划

在撰写商业计划书的全过程中，风险创业者应该站在风险投资者的角度（或立场）对自己的商业计划进行一番评估，并努力审视以下七个问题，每个风险投资者都会问到的关键问题是否在你的商业计划书中有明确的答案：

- 我能获得多少回报？
- 我会损失什么？（可能遇到的风险，如所有的投资、贷款担保、法律诉讼、时间）
- 谁认为这个计划可行？（对商业计划各项内容的第三方验证）
- 交易当中还有谁发挥作用？（管理团队班子和投资群体以及他们在各领域的地位）
- 这个市场有多大？
- 你的企业如何争取到潜在的顾客？（对市场开拓能力的验证）
- 我的投资何时和怎样撤出？（公开上市或购并的退出战略）

（7）展示管理团队

在商业计划书中，风险投资者将会非常关注"人"的因素，即你的风险企业中管理团队的情况，因此，商业计划书要能够详实地向风险投资者展示管理团队的风貌。

关注点有如下几个方面：

- 创业者是否是一个领袖式的人物，是否具备应有的素质？
- 这个管理团队的信念是否坚定，目标是否一致？
- 是否具有强大的凝聚力从而始终努力地追求事业成功？
- 这个管理团队的市场战斗力如何？
- 是否非常熟悉市场和善于开发潜在的市场？

（8）组织战斗力过人的写作智囊团

越来越多的事实已经表明，仅仅依靠创业者的个人力量是很难做到尽善尽美的。因此，在撰写商业计划书的过程中，你还需要一个有很强战斗力的智囊团的帮助来弥补个人的不足。寻求有丰富经验的律师、会计师、专业咨询家的帮助是非常有必要的，他们的建议有时能让你的商业计划书看上去更加完美。

3.2.2 创业者视角的内容要求

如何才能让投资者在众多商业计划书中"注意"到自己的商业计划书呢？为了确保商业计划书能让投资者眼前一亮，顺利获得风险投资商的资金，从创业者的角度而言，商业计划书的撰写内容必须注意以下六点。

（1）详细介绍产品

在商业计划书中，应提供所有与企业的产品或服务有关的细节，包括对企业实施的所有调查。这些问题包括：产品正处于什么样的发展阶段？它的独特性怎样？企业分销产品的方法是什么？谁会使用企业的产品，为什么？产品的生产成本是多少，售价是多少？企业发展新的现代化产品的计划是什么？把出资者拉到企业的产品或服务中来，这样出资者就会和你一样对产品有兴趣。在商业计划书中，撰写者应尽量用简单的词语来描述每件事。商品及其属性的定义对撰写者来说是非常明确的，但其他人却不一定清楚它们的含义。

（2）竞争企业的说明

在商业计划书中，要细致分析竞争对手的情况。竞争对手都是谁？他们的产品是如何工作的？竞争对手的产品与本企业的产品相比，有哪些相同点和不同点？竞争对手所采用的营销策略是什么？要明确每个竞争者的销售额、毛利润、收入以及市场份额，然后再讨论你相对于每个竞争者所具有的竞争优势，商业计划书要使投资者相信，你不仅是行业中的有力竞争者，而且将来还会是确定行业标准的领先者。

（3）营销计划方案

商业计划书要给投资者提供企业对目标市场的深入分析和理解。要细致分析经济、地理、职业以及心理等因素对消费者选择购买本企业产品这一行为的影响，以及各个因素所起的作用。商业计划书中还应包括一个主要的营销计划，计划中应列出你打算开展广告、促销以及公共关系活动的地区，明确每一项活动的预算和收益。商业计划书中还应简述一下销售战略：是使用外面的销售代表还是使用内部职员？是使用转卖商、分销商还是特许商？将提供何种类型的销售培训？此外，商业计划书还应特别关注一下销售中的细节问题。

（4）制订执行方案

你的行动计划应该是无懈可击的。商业计划书中应该明确下列问题：你如何把产品推向市场？如何设计生产线，如何组装产品？生产需要哪些原料？拥有哪些生产资源，还需要什么生产资源？生产和设备的成本是多少？企业是买设备还是租设备？解释清楚与产品组装、储存以及发送有关的固定成本和变动成本的情况。

（5）管理团队

把一个思想转化为一个成功的风险企业，其关键因素就是要有一支强有力的管理队伍。这支队伍的成员必须有较高的专业技术知识、管理才能和多年工作经验。管理者的职能就是计划、组织、控制和指导公司实现目标的行动。在商业计划书中，应首先描述一下整个管理队伍及其职责，然后再分别介绍每位管理人员的特殊才能、特点和造诣，细致描述每个管理者将对公司所做的贡献。商业计划书中还应明确管理目标以及组织机构图。

（6）精练的计划摘要

商业计划书的计划摘要也十分重要，它必须能让投资者有兴趣得到更多的信息，它将给投资者留下长久的印象。商业计划书中的计划摘要是最后撰写的内容，但却是出资者首先要看的内容，它将从计划中摘录出与筹集资金最相关的细节，是对公司内部基本情况、公司能力以及局限性、公司的竞争对手、营销和财务战略、公司的管理队伍等情况简明而生动的概括。

3.2.3 投资者视角的内容要求

创办企业的第一要素就是设计商业计划书，只有好的商业计划书才能得到产业投资和风险投资公司的青睐。结合以上角度，从投资者的角度来看，商业计划书的基本要求集中在四个方面：商业模式、管理团队、市场空间和竞争态势，这是创业者必须高度关注的关键要求。

（1）独到的商业模式

当今企业的竞争已经从产业层面的竞争上升到商业模式层面的竞争。商业模式决定企业市场价值的实现，好的商业模式能创造好的企业价值。独到的商业模式必须紧贴市场，以客户为本，满足需求，特别是个性化需求和提供整体解决方案，为客户创造独到的价值。只有为客户创造了好的价值，才能从中分享价值，从而实现丰厚的企业收益。

（2）互补的管理团队

企业管理团队是企业的核心，管理团队的竞争力决定企业的竞争力。决定管理团队的关键是团队结构，团队的组成不应是单一的，而是多元的、互补的。在团队成员中既要有不同专业的人员，如有懂经营的，有懂技术的，有懂财务的，有懂市场的，又要有不同性格的人员，如有善于战略谋划的，有精于管理执行的，有对外公关的。而最为重要的是团队的带头人必须具备比较全面的素质，能带领一班人发挥整体能力。

（3）可拓展的市场空间

市场是企业的根本，市场空间的大小决定企业的发展空间和可持续经营。创业项目的市场必须具有可拓展性，可以从低端市场向中端、高端市场拓展，也可以从国内市场向国际市场拓展，还可以从本行业市场向相关行业市场拓展。总之，市场的可拓展性对企业的发展至关重要。

（4）有壁垒的竞争态势

市场竞争是不可避免的，但竞争壁垒决定着竞争态势。企业在选择创业项目时，必须考虑提高竞争壁垒，以形成相对好的发展环境。竞争壁垒首先是技术壁垒，要有专有技术；其次是资源壁垒，相对垄断原料来源；还有许可壁垒，取得众多的经营许可证和资格等级证等。通过提高市场进入壁垒，获得持久的竞争能力。

3.2.4 写作目标与注意事项

在撰写商业计划书的时候，应该尽力达到下列目标。

① 力求表述清楚简洁。
② 关注市场，用事实说话，因此需展示市场调查和市场容量。
③ 解释潜在顾客为什么会掏钱买你的产品或服务。
④ 站在顾客的角度考虑问题，提出引导他们进入销售体系的策略。
⑤ 在头脑中要形成一个相对比较成熟的投资退出策略。
⑥ 充分说明为什么你和你的团队最适合做这件事。
⑥ 请读者做出反馈。

当你做商业计划书并向投资者提交时，必须避免下列问题。

① 对产品/服务的前景过分乐观，令人产生不信任感。
② 数据没有说服力，比如拿出一些与产业标准相去甚远的数据。
③ 导向是产品或服务，而不是市场。
④ 对竞争没有清醒的认识，忽视竞争威胁。
⑤ 选择进入的是一个拥塞的市场，企图后来居上。
⑥ 商业计划显得非常不专业，比如缺乏应有的数据、过分简单或冗长。
⑦ 不是仔细寻求最有可能的投资者，而是滥发材料。

商业计划书的成功与否还在于其评价的标准，成功的商业计划书应有好的启动计划，计划要简单，很容易明白和操作；计划是否具体及适度，计划是否包括特定的日期及特定的人负责特定的项目以及预算；计划应是客观的，如销售预估、费用预算是否客观及准确；计划是否完整，是否包括全部的要素，前后关系的连接是否流畅。一般而言，失败的计划书容易出现的败笔包括以下方面。

① 描述语言上混乱不清晰、废话多的冗长计划书（简明语言+图表说明）。
② 商业计划显得非常不专业，如缺乏应有的基础数据，分析过于简单；或数据没有说服力，拿出一些与产业标准相去甚远的数据。
③ 没有强有力执行团体的项目计划书。
④ 只有创意，没有实际经验与细节的项目计划书。

⑤ 计划目标界定不明或难以衡量目标执行的项目计划书。
⑥ 大篇幅描述市场和环境，到后面才讲清楚公司的业务类型和目标。
⑦ 过于强调技术的先进性或产品服务的创意，而忽略执行方面，未能清楚地解释商业机会与执行能力，以为"功到自然成"。
⑧ 计划书中有很多口号，而为达到目标所制定的策略与战术却描述不多。
⑨ 强调面临的市场容量或生产能力，却没说清楚怎样销售自己的产品；只有销售目标，没有实现销售目标的具体计划。
⑩ 强调过往成就，却不能令人信服地说明保持将来可持续竞争优势的策略方法。
⑪ 过于强调依赖某一大公司的供销关系，使投资者很担心过于依赖单一战略合作伙伴带来的巨大风险。
⑫ 管理团队的实力言过其实，或声称：若获得投资，某某名人将加入本公司。
⑬ 对市场导入和团队协助的描述没有说服力。
⑭ 生产与营销实施方案或不作涉及，或一笔带过。
⑮ 低估竞争对手的实力，或者干脆说没有竞争对手；对竞争没有清醒的认识，忽视竞争威胁。
⑯ 对市场和竞争对手的描述缺乏具体资料和数据。
⑰ 对经营困难及风险预计不足，过于乐观。
⑱ 市场规模太小、偶然的阶段性市场，或市场容量和市场份额的估算方法不科学。
⑲ 产品或客户过于单一（抗风险能力弱），或产品或客户太多太杂（专注度集中度不够）。
⑳ 产品服务卖点亮点过多，泛而不精。
㉑ 没有依据的盲目乐观地预计公司将在两三年之后上市。
㉒ 过分地做表面文章或文字游戏（如强调留洋博士、领导关怀、大会获奖、众多专家顾问）。
㉓ 过分夸张的公司名称与项目名称。
㉔ 故意隐瞒事实真相，对项目本应该描述的内容避而不谈。
㉕ 对资金预算描述不清楚或不合理，资金使用方向模糊。
㉖ 预算中有昂贵的装修和高级轿车等不切实际的开支项。
㉗ 收入模式不明确；盈利模式的数字计算模型不清晰。
㉘ 财务数据测算不准确，勾稽关系不合理，数据出入过大。

3.3 商业计划书的结构与内容

虽然企业的商业计划不一定需要一个固定的模式，但其编写格式还是相对标准化的，这些格式涵盖了一个商业计划最需要回答问题的层面，得到了众多专家和实践者的一致公认。一个企业自身的商业计划和一个给潜在投资者递交的商业计划可能在形式或诉求重点上都略有差异，但其实质和根本应该是完全一致的。大致而言，任何一个商业计划都必须仔细审视并分析描述企业的目标、所处的产业和市场、所能够提供的产品和服务、会遇到的竞争、对手的管理和其他资源、如何满足顾客的要求、长期优势以及企业的基本财务状况和财务预测。至于如此重要的商业计划究竟该让谁来编制完成，主要是视企业规模大小而定，但一般都是由企业核心成员研讨形成，必要时，还可外聘专业顾问来进行协助。

商业计划书的基本内容包括以下几方面。

3.3.1 计划摘要

商业计划书的摘要是风险投资者阅读商业计划书时首先要看到的内容。如果说商业计划书是敲开风险投资公司大门的敲门砖，是通向融资之路的铺路石，那计划书的摘要可以被看作是点燃风险投资者的火种，是吸引风险投资者进一步阅读你的商业计划书全文的灯塔，它浓缩商业计划书之精华，反映商业计划书之全貌，是全部计划书的核心所在。摘要应该清晰地表达如下内容：首先，摘要应该使投资者能够马上理解你的基本观点，快速掌握商业计划书的重点，然后做出是否愿意花时间继续读下去的决定。在发达国家，繁忙的投资者一天要看数十份商业计划书。如果摘要不能一下子抓住投资者的心，商业计划书后边部分写得再精彩，也没有用。所以摘要最主要的目的是刺激投资者的阅读欲望，使之看到你的商业计划书后有一种相见恨晚、爱不释手的感觉。在写摘要时作者必须充满激情，满怀信心，全部正面阐述，向投资者灌输一种朝气蓬勃、蒸蒸日上的感情，让投资者充分相信你的能力和你的判断。在摘要部分，应该重点向投资者传达以下信息。

① 你的基本经营思想是正确的，是合乎逻辑的。
② 你的经营计划是有科学根据的和充分准备的。
③ 你有能力管理好这个企业，你有一个坚强有力的领导班子和执行队伍。
④ 你清楚地知道进入市场的最佳时机，并且预料到什么时间适当地退出市场。
⑤ 你的财务分析是实际的。
⑥ 投资者不会把钱扔到水里。

计划摘要一般要包括以下内容：公司介绍、主要产品和业务范围、市场概貌、营销策略、销售计划、生产管理计划、管理者及其组织、财务计划、资金需求状况等。在介绍企业时，首先要说明创办新企业的思路、新思想的形成过程以及企业的目标和发展战略。其次，要交待企业现状、过去的背景和企业的经营范围。企业家的素质对企业的成绩往往起关键性作用。在这里，企业家应尽量突出自己的优点并表达自己强烈的进取精神，以给投资者留下一个好印象。

在计划摘要中，企业还必须要回答下列问题：
① 企业所处的行业，企业经营的性质和范围；
② 企业主要产品的内容；
③ 企业的市场在哪里，谁是企业的顾客，他们有哪些需求；
④ 企业的合伙人、投资人是谁；
⑤ 企业的竞争对手是谁，竞争对手对企业的发展有何影响。

3.3.2 产品（服务）介绍

按惯例，你的产品或服务必须具有创新性，你将不得不在某些细节上作出解释，向你的顾客介绍它的优点、价值，把它与竞争对象进行比较，讨论它的发展步骤，并列出初步开发它所需要的条件。只有当一个新的产品（服务）优于市场上已有的产品（服务）时，它才可能受到顾客的青睐。清楚地解释你的产品（服务）能完成的功能，顾客应该认清它的哪些价值。如果市场上存在替代性产品（服务），你应该解释你提供了哪些额外的价值。把你摆在顾客的位置去评价产品（服务）存在的优点和缺陷，对竞争者的产品（服务）也作出同样的分析。如果你提供几种产品，把你的讨论集中在最重要的一个上，对其他产品则作出总体上的简单介绍。

假设你是风险投资家并想使你的风险最小化，应试着避免技术实现细节并且使你的解释尽可能简单。作出一个样品对证明你能够对付技术挑战是很有好处的，更好的办法是找一个已经用过产品的顾客来作证。

你应该解释你的技术创新和产品在竞争中具有的优势。也应该强调你所拥有的技术壁垒或提供有效的专利证明以示你可以防止别人的盗用和模仿。如果仍有什么发展中未解决的问题，确信在你的计划中讨论过对付它的办法。取得特殊产品（服务）的合法批准是另一种风险。说明你现在已经取得了什么执照，或者你正在申请之中和将要申请的执照等。解释生产过程如何进行，设备怎样取得。你应该限定生产能力及扩张方案，以及取得目标市场份额和需求的必要投资。在进行投资项目评估时，投资人最关心的问题之一就是，风险企业的产品、技术或服务能在多大程度上解决现实生活中的问题，或者风险企业的产品（服务）能否帮助顾客节约开支，增加收入。

① 顾客希望企业的产品能解决什么问题，顾客能从企业的产品中获得什么好处？
② 企业的产品与竞争对手的产品相比有哪些优缺点，顾客为什么会选择本企业的产品？
③ 企业为自己的产品采取了何种保护措施，企业拥有哪些专利、许可证，或与已申请专利的厂家达成了哪些协议？
④ 为什么企业的产品定价可以使企业产生足够的利润，为什么用户会大批量地购买企业的产品？
⑤ 企业采用何种方式去改进产品的质量、性能，企业对发展新产品有哪些计划等。

3.3.3 人员及组织架构

所谓组织架构，就是通过界定组织的资源和信息流动的程序，明确组织内部各成员相互之间关系的性质，使每个成员在这个组织中，具有什么地位、拥有什么权力、承担什么责任、发挥什么作用，提供的一个共同约定的框架。其作用和目的，是通过这种共同约定的框架，保证资源和信息流通的有序性，并通过这种有序性，稳定和提升这个组织所共同使用的资源在实现其共同价值目标上的效率和效果。这里的资源不仅仅是物质资源，也包括加入这个组织的每个成员的体力和脑力人力资源。任何一个组织都是由一个一个独立的个人组成的，如果没有一个共同约定的框架，对众多的独立个人在这个特定的社会群体中的相互关系和地位作用，明确地做出界定，这个组织也就不能称其为组织，而只能是一种随聚随散的社会群体，也就是一个没有共同目标、人员行为无法协调的乌合之众。

所谓组织架构设计，也就是通过对达成组织目标而必须完成的事务工作进行分析、分解，并设置分别承担事务工作相对独立而又相互依存的单位、部门和岗位，进而以此为基础界定这个组织中成员相互之间关系的性质，以及每个成员的地位和作用。

在一个特定的组织中，成员相互之间关系的性质，以及由这种性质决定的每个成员的地位和作用，直接取决于每个成员个人在组织目标的达成上承担的事务工作的大小和多少。其所承担的事务工作越多，与组织目标达成的关系越紧密，他在这个组织中的地位就越高，作用就越大。反之则相反。但是，在特定的组织中，一定成员的地位和作用，绝不是取决于他所能为组织目标的达成而承担的事务工作的大小和多少。因为他的能力不一定都能在为组织目标的达成上发挥出来。这一方面是因为，这个组织是否会给他提供承担充分多和充分大的事务工作的机会；另一方面是因为，他是否有这种意志或意愿承担充分多和充分大的事务工作。

组织架构设计的目的和作用，也就是对为组织目标的达成而承担事务工作的大小、多少，与在组织中的地位和作用之间，事先确定一个对应关系。一方面通过这种关系的界定，把组织成员个人的意志行为诱导到为组织目标实现的努力上来，并规范其行为模式，以保障组织目标的达成；另一方面，则是让每个成员根据自己希望在这个组织实现的地位和作用，自主地选择所承担事务工作的大小和多少，进而起到激励组织成员为组织目标的达成多承担事务工作的作用。

企业作为一个特定的社会经济组织，有一个完善的，并且根据实际情况变化而不断调整更新的目标体系，是其存在和发展的前提。只有根据实际情况变化而不断调整更新的目标体系，才能把更多的人吸引和稳定在这个特定的社会组织之中。但是，企业作为一个特定的社会经济组织，首先必须有特定的架构，为其资源、信息的流动提供流动的方向和程序约束。这不仅是因为形成企业目标体系的决策决定，也因为在企业组织的一定层次上必须由特定的岗位角色来完成。根据其内容所涉及问题的多少、影响面的大小，把形成企业目标体系的决策的制定活动，分散到企业组织的不同层次、不同方面，让不同的岗位角色去完成。这本身就是一种资源、信息流动的程序约定。企业组织不能把大大小小的决策制定工作，都压在企业老板一个人身上，由企业老板——企业最高领导人一个人闭着眼、捋着须完成。而且，企业决策的贯彻实施，更需要有一个事先达成的、组织成员之间相互关系清楚、工作责任明确、活动步调协调的约定。不可能什么事都让企业老板一个人来承担，让他通过自己一个人的努力，把决策所确立的目标变成现实。相对于企业这样的社会经济组织，做什么事、谁去做，也不能事先连一个约定和安排都没有，否则企业就像一盘散沙，企业组织的目标也就根本无法实现，至少不可能有效地实现。正是从这个意义上讲，企业组织架构是企业组织的骨骼，是让企业立起来，有效运行的基础和保障。

投资者考察企业时，管理是最为重要的因素。没有一支优秀的管理团队和有效的组织模式，科技成果不可能和资本很好结合创造现实的生产力。一般需要介绍的管理人员有：总裁、常务副总裁、人事部总监、营销副总裁、财务副总裁、生产部总监。对每一位关键人员用一个段落的篇幅进行描述即可。有了产品之后，创业者第二步要做的就是结成一支有战斗力的管理队伍。企业的管理人员应该是互补型的，而且要具有团队精神。因此，介绍组织结构时要注意以下问题。

① 主要管理人员和专业人员的发展路径是怎样的？他们具有哪些技能？
② 公司未来的组织机构是怎样的？
③ 谁将成为部门领导者？
④ 哪些领域的管理应该加强？
⑤ 报酬机制如何？

3.3.4　市场预测

当企业要开发一种新产品或向新的市场扩展时，首先就要进行市场预测。市场预测首先要对需求进行预测：市场是否存在对这种产品的需求？需求程度是否可以给企业带来所期望的利益？新的市场规模有多大？需求发展的未来趋向及其状态如何？影响需求的都有哪些因素。其次，市场预测还包括对市场竞争情况，企业所面对的竞争格局进行分析：市场中主要的竞争者有哪些？是否存在有利于本企业产品的市场空档？本企业预计的市场占有率是多少？本企业进入市场会引起竞争者怎样的反应，这些反应对企业会有什么影响？

在商业计划书中，市场预测应包括以下内容：市场现状综述；竞争厂商概览；目标顾客和目标市场；本企业产品的市场地位；市场区域和特征等。

3.3.5 营销策略

营销是企业经营中最富挑战性的环节,影响营销策略的主要因素有以下几种。
① 消费者的特点。
② 产品的特性。
③ 企业自身的状况。
④ 市场环境方面的因素。
最终影响营销策略的则是营销成本和营销效益因素。
在商业计划书中,营销策略应包括以下内容。
① 市场机构和营销渠道的选择。
② 营销队伍的管理。
③ 促销计划和广告策略。
④ 价格决策。

3.3.6 制造计划

商业计划书中的生产制造计划应包括以下内容:产品制造和技术设备现状;新产品投产计划;技术提升和设备更新的要求;质量控制和质量改进计划。

在寻求资金的过程中,为了增大企业在投资前的评估价值,风险企业家应尽量使生产制造计划更加详细、可靠。一般地,生产制造计划应回答以下问题:企业生产制造所需的厂房、设备情况如何;怎样保证新产品在进入规模生产时的稳定性和可靠性;设备的引进和安装情况,谁是供应商;生产线的设计与产品组装是怎样的;供货者的前置期和资源的需求量;生产周期标准的制定以及生产作业计划的编制;物料需求计划及其保证措施;质量控制的方法是怎样的;与此相关的其他问题。

3.3.7 财务规划

财务规划需要花费较多的精力来做具体分析,其中就包括现金流量表、资产负债表以及损益表的制备。流动资金是企业的生命线,因此企业在初创或扩张时,对流动资金需要有预先周详的计划和进行过程中的严格控制;损益表反映的是企业的赢利状况,它是企业运营一段时间后的经营结果;资产负债表则反映某一时刻的企业状况,投资者可以用资产负债表中的数据来衡量企业的经营状况以及可能的投资回报率。

财务规划一般要包括以下内容。
① 商业计划书的假设条件。
② 预计的资产负债表、预计的损益表、现金收支分析、资金的来源和使用。
企业的财务规划应保证与商业计划书的假设相一致。事实上,财务规划和企业的生产计划、人力资源计划、营销计划等都是密不可分的。

要完成财务规划,必须要明确下列问题:
① 产品在每一个期间的发出量有多大?
② 什么时候开始产品线扩张?
③ 每件产品的生产费用是多少?
④ 每件产品的定价是多少?
⑤ 使用什么分销渠道,所预期的成本和利润是多少?

⑥ 需要雇哪几种类型的人？
⑦ 雇佣何时开始，工资预算是多少？

3.4 商业计划书的编写

美国一位著名风险投资家曾说过："风险企业邀人投资或加盟，就像向离过婚的女人求婚，而不像和女孩子初恋。双方各有打算，仅靠空口许诺是无济于事的。"商业计划书对那些正在寻求资金的风险企业来说，就是"金钥匙"，决定着投资的成败。对刚开始创业的风险企业来说，商业计划书的作用尤为重要，通过制订商业计划书，把正反理由都书写下来，然后再逐条推敲，会发现原本还在"雏形"的项目已经变得清晰可辨，也更利于风险企业家认识和把握该项目。

西方国家有关统计表明：在经过常规程序的评估后，100个商业创意中只有3%左右被认为有商业投资价值，条件合适时可能付诸商业投资行为；而这3%的商业投资项目，企业在创办后头三年内有80%会失败、倒闭、破产或因经营不善而转手。历史的统计数据告诉我们任何商业创意在付诸实践之前都应经过严格的评审程序，制作商业计划书就是完成这一评审过程。对于正在寻求资金的企业来说，商业计划书是创业融资的"敲门砖"。作为企业进行融资的必备文件，其作用就如同预上市公司的招股说明书，是一份对项目进行陈述和剖析，便于投资商对投资对象进行全面了解和初步考察的文本文件。近年来，融资的程序日益规范，作为投资公司进行项目审批的正式文件之一，制作商业计划书已经成为越来越多企业的"必修课程"。

作为一份标准性的文件，商业计划书有着大同小异的架构。但是，有的商业计划书却能迅速抓住投资人目光，而有的计划书却只能以进入"回收站"作为使命的终结。客观地说，项目自身素质是最关键最核心的原因，但是，一个完美的、专业的表现形式也同样重要，"酒香不怕巷子深"的逻辑在竞争激烈的现代商业运转中并不适用。一份成功的商业计划书涵盖了投资人对融资项目所需了解的绝大部分信息，并且对投资人通常关注的要点进行重点陈述分析。这样的商业计划书可以大大减少投资者在进入职责调查之前的工作量，便于双方迅速进入后期实质运作。不同的融资项目，由于项目性质不同、项目所处阶段不同等各种因素，投资人关注点会有所侧重。一般而言，项目的市场、产品、管理团队、风险、项目价值等方面是投资人评审项目的要点。商业计划书的基础性内容是项目的市场调查（因为几乎所有商业项目都涉及消费行为分析和消费行为预期），成本低的或有同类企业作为参照的项目，可以自己按程序去做市场调查；涉及市场范围大，或投资额大，或项目没有已经在运行的同类企业可比较参照的，需委托专业市场调查机构完成。

企业编制商业计划书的理念是：首先是为客户创造价值，没有客户也就没有利润；其次是为投资商提供回报；最后是作为指导企业运行的发展策略。站在投资商的立场上，一份好的商业计划书应该包括详细的市场规模和市场份额分析；清晰明了的商业模式介绍，集技术、管理、市场等方面人才的团队构建；良好的现金流预测和实事求是的财务计划。随着接触深入，如果投资商对该项目产生了兴趣，会与企业签署一份投资意向书，并对企业进行价值评估与尽职调查。通常企业与投资商对项目进行价值评估时着眼点是不一样的。一方面，企业总是希望能尽可能提高项目的评估价值；而另一方面，只有当期望收益能够补偿预期的风险时，投资商才会接受这一定价。所以，企业要实事求是地看待自己。可以这样说，商业计划书首先是把计划中要创立的企业推销给风险企业家自己；其次，商业计划书还能帮助把计划中的风险企业推销给风险投资家。公司商业计划书的主要目的之一就是为了筹集资金，因此，商业计划书必须要说明以下内容。
- 目的——为什么要冒风险，花精力、时间、资源、资金去建设与经营项目？
- 资金——为什么要这么多的钱？为什么投资商值得为此注入资金？需要体现出对项目产品（或服务）的关注、敢于竞争的精神、对市场的了解、行动的方针及管理队伍的实力。

对已建企业来说，商业计划书可以为企业的发展定下比较具体的方向和重点，从而使员工了解企业的经营目标，并激励他们为共同的目标而努力。更重要的是，它可以使企业的出资者以及供应商、销售商等了解企业的经营状况和经营目标，说服出资者（原有的或新来的）为企业的进一步发展提供资金。正是基于上述理由，商业计划书是企业所写的商业文件中最重要的一个。

3.4.1 商业计划书的各项目编写

商业计划书的封面看起来要既专业又可提供联系信息，如果对投资人递交，最好能够美观漂亮，并附上保密说明，而准确的目录索引能够让读者迅速找到他们想看的内容。那么，如何制订商业计划书呢？

3.4.1.1 第一部分：摘要

摘要是风险投资者首先看到的部分。通过摘要，风险投资者对你和你的计划书形成第一印象，所以摘要必须形式完美，叙述清楚流畅。计划摘要一般包括以下内容：
- 公司介绍；
- 管理者及其组织；
- 主要产品和业务范围；
- 市场概貌；
- 营销策略；
- 销售计划；
- 生产管理计划；
- 财务计划；
- 资金需求状况等。

摘要要尽量简明、生动，特别要说明自身企业的不同之处。

3.4.1.2 第二部分：公司及未来

这部分要使风险投资者对你公司的几个主要项目及未来的发展战略有一定程度的了解，各专题既要独具特色，又要构成一个相关的整体。

（1）概述

只要你提供的公司名称、地址、电话号码、联系人等资料皆清楚无误，则风险投资者将不会提出任何问题。如果可能，可提出行业分类标准，请注意，千万不要给人无法收到的电话号码，如果你不在，应建立接转电话的服务机构或请朋友代转。

（2）公司的自然情况

在这里，你要力求用最简练的一段话描述公司的业务情况。更重要的是，要用最简短的一句话使风险投资者可以概略认识你的公司。如果你的公司已是计算机网络成员，则你对公司的描述应与在计算机中的描述一致，这样，风险投资者可以依据你的行业分类目录概略认识你的公司，如果你的文字欠简明扼要，则对方可能要求你解释，以确认你公司所属行业。将企业的历史、起源及组织形式作出介绍，并重点说明企业未来的主要目标（包括长期目标

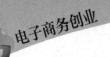

和短期目标)、企业所供产品和服务的知识产权及可行性、这些产品和服务所针对的市场以及当前的销售额、企业当前的资金投入和准备进军的市场领域及管理团队与资源。

(3) 历史情况

在这里，风险投资者主要寻求一个概略性的认识。即使对方已读过公司历史这节，他们还可能要求你描述公司的历史，他们欲详细了解过去发生的事件。这节似乎很难确定问题的基本类型，但对方很可能提出与公司特殊历史事件相关的问题。其中一类典型问题可能是："为什么有人帮助了这件事或做了那件事？"另一类典型问题可能是："你公司发展历史上有哪些重要的里程碑？怎样实现了这些历史转折？"

(4) 公司管理

该部分主要介绍公司的管理情况、领导者及其他对公司业务有关键影响的人。通常，小公司不超过三个关键人物。风险投资对关键人物十分关心。你应该从最高层起，依次介绍，而且注意关键人物不等于有成就者。主要包括董事和高级职员、关键雇员、管理者之职业道德、薪金等方面。

(5) 公司未来的发展规划

在这里，风险投资者还是寻求有关公司未来可完成的里程碑的信息。他们可能提出涉及未来关键阶段的问题，其基本问题可能是："你如何完成计划书规定的关键指标？"

(6) 唯一性(管理唯一、产品服务唯一或投资基础唯一等)

在这里，你必须回答的问题是："本公司独特的原因何在？"这个问题变换一种说法是："与世界上所有小公司比较，有哪些因素使你公司兴旺发达？"在公司总体范畴之内，大公司通常优越于小公司，如果认为这条规律有一定道理，那么，在你不得不与大公司竞争时，如何保证你公司必胜？为使风险投资者满意放心，你必须明确提出本公司之不寻常优势，可以确保成功。

(7) 产品或服务介绍

在这里，风险投资者要了解你出售什么，以及市场上需要什么样的产品和满意的服务；他要努力评估你产品的可销售程度和创新程度；他还关心你公司产品处于产品生命周期的哪一阶段。他的问题可能是："为什么这种产品或服务有实用价值？它为用户提供哪些功能？用户的购买动机是什么？"本产品寿命周期如何？何时可能被新产品取代？有无计划出新产品或以现存的产品冲出你的产品市场？这种冲出有利还是有害？你的产品责任是什么？若用户使用你的产品而受到伤害，你要承担哪些责任？你的产品价格受到哪些限制？价格弹性多少？产品耐用性如何？如何进行产品技术改进？在产品生命周期曲线中，你产品处于哪个阶段？

(8) 行业情况

在这里，风险投资者会千方百计地分析认识你的行业。他的问题可能是："你在该行业中成功之关键何在？如何保证你公司和产品与行业协调一致？"此外，还有一些基本问题，比如"你如何了解确认该行业之总销售额与增长速率？该行业基本发展趋势如何？哪些行业变化对你公司盈利水准影响最大？该行业有哪些贸易壁垒？第三者初次进入你所属的行业圈难度如何？与同行其他产品比较，你的产品新颖处何在？本行业销售受哪些季节性因素影响？你的销售范围圈有多广，是地方、地区、全国还是全世界？"

(9) 竞争者

在这里，风险投资者希望了解谁是竞争者，其实力如何，有何优势，以及你自身有哪些优势。其典型的问题可能是："你有哪些超过竞争对手的优势？关于价格、性能、服务和保证措施，你公司与竞争对手优劣如何？竞争对手有哪些超过你的优势？谁是你最主要的竞争对手？谁是你的行业伙伴？你与谁在高层次基础上竞争？你的产品有无替代品？如果有，谁制造这种产品？其替代频繁程度怎样？你与竞争对手的价格差异如何？有无竞争对手加入该行业？如果你打算选择某一市场与竞争对手共享，你的具体措施如何？希望竞争对手如何做出反应？你的竞争对手有公开上市的公司吗？"

（10）销售策略

在这里，风险投资者将集中精力分析研究你的市场行销战略，他希望了解你的产品从生产现场最终转到用户手中的全部过程。某些基本问题可能为：描述你的产品的分销管道，即说明你的产品从生产现场转到最终用户的全过程。你的产品有哪些行销环节？是本公司直接零售，还是通过行业销售网销售？广告在市场行销战略中的地位如何？你的基本广告策略是什么？其成本怎样？你的销售对广告的敏感程度怎样？你曾采用过哪些市场渗透策略？现计划采用哪些市场渗透策略？若你的产品和行业进入成熟期计划采用何种市场战略？目前销售难度如何？需要直接推销吗？即销售人员是否需要直接对用户叫卖？销售复杂且周期长，还是相当简单且直接推销？购买单件产品费用是高还是低？用户购买产品时是否一定要事前做预算？从与购买者签约到最终销售的时间长短如何？政府对市场交易是否有严格管制？

3.4.1.3　第三部分：投资说明

关于投资，你应该提出自己的融资方案，即对贷款、认股权、优先股、普通股等多种投资形式阐明自己的意见，意见要尽可能具体，使对方全面准确地了解己方到底准备采用何种融资方式，并愿意付出多大代价。

3.4.1.4　第四部分：风险因素

投资者向你公司投资可能会遇到何种风险？你应从政策、经营、资源、财务等各方面加以叙述。在说明过程中，只正面叙述，不做评论性说明，主要包括：经营历史的限制、资源限制、管理经验限制、市场不确定性限制、生产不确定性限制、破产对关键管理者的依赖程度等。

3.4.1.5　第五部分：投资回报与退身之路

这是投资者非常关心的问题。因为大多数风险投资者并无真正意愿想长期持有公司的股权，而是希望能在条件成熟时"金蝉脱壳"，从而通过股票的增值获取收益。一般来说风险投资者可提出三种投资变现方式，主要包括股票上市、出售公司和买回等，你应指出自己希望采用何种方式。

3.4.1.6　第六部分：经营分析与预测

该部分主要基于公司历史的经营业绩分析，据此预测未来的经营情况，这里主要以公司过去的财务数据为基础，预测未来经营可能的收入、成本与费用，同时，通过比率分析预测出未来经营效率的高低及经营成果的好坏。

3.4.1.7　第七部分：财务报告

计划书中应包含公司当前的财务报告，并附有适当的说明。无论如何，无当前财务报表的计划书是无法让人接受的。一份没有当年财务报告的项目是难以引起风险投资者兴趣的。财务规划一般要包括以下内容：现金流量表、资产负债表以及损益表的制备。

3.4.1.8　第八部分：财务预测

对公司未来5年的财务状况进行预测，还需预测并编写每年的资金流量表，以便每个读者能确切了解公司资金流动状态。

3.4.1.9 第九部分：关于产品的报道、介绍、样品与图片

为增加计划书的说服力，你可以收集一些自己公司的综合介绍文档，搜集行业产品目录，收集某些产品图片等，这些对争取投资均有一定作用，但不宜过多，否则会起到喧宾夺主的反作用。需要声明的是，这些只能作为计划书的附件。

总述：以上介绍的是计划书的全部内容，根据公司及项目的具体情况，可以结合实际情况在此基础上增添或删改，这都是为了满足项目的需要。

产品介绍应包括以下内容：产品的概念、性能及特性；主要产品介绍；产品的市场竞争力；产品的研究和开发过程；发展新产品的计划和成本分析；产品的市场前景预测；产品的品牌和专利等。

在产品（服务）介绍部分，企业家要对产品（服务）做出详细的说明，说明要准确，也要通俗易懂，即使非专业人员也能明白。一般的，产品介绍都要附上产品原型、照片或其他介绍。

3.4.1.10 第十部分：风险与风险管理

- 你的公司在市场、竞争和技术方面都有哪些基本的风险？
- 你准备怎样应对这些风险？
- 就你看来，你的公司还有一些什么样的附加机会？
- 在你的资本基础上如何进行扩展？
- 在最好和最坏情形下，你的五年计划表现如何？

如果你的估计不那么准确，应该估计出你的误差范围到底有多大。如果可能的话，对你的关键性参数做最好和最坏的设定。

3.4.2 商业计划书的参考案例

【案例3-1】××公司的商业计划书目录与结构

① 公司基本情况（公司名称、成立时间、注册地区、注册资本，主要股东、股份比例，主营业务，过去三年的销售收入、毛利润、纯利润，公司地点、电话、传真、联系人）。

② 主要管理者情况（姓名、性别、年龄、籍贯，学历/学位、毕业院校，政治面貌，行业从业年限，主要经历和经营业绩）。

③ 产品/服务描述（产品/服务介绍，产品技术水平，产品的新颖性、先进性和独特性，产品的竞争优势）。

④ 研究与开发（已有的技术成果及技术水平，研发队伍技术水平、竞争力及对外合作情况，已经投入的研发经费及今后投入计划，对研发人员的激励机制）。

⑤ 行业及市场（行业历史与前景，市场规模及增长趋势，行业竞争对手及本公司竞争优势，未来3年市场销售预测）。

⑥ 营销策略（在价格、促销、建立销售网络等各方面拟采取的策略及其可操作性和有效性，对销售人员的激励机制）。

⑦ 产品制造（生产方式、生产设备、质量保证、成本控制）。

⑧ 管理（机构设置、员工持股、劳动合同、知识产权管理、人事计划）。

⑨ 融资说明（资金需求量、用途、使用计划，拟出让股份，投资者权利，退出方式）。

⑩ 财务预测（未来3年或5年的销售收入、利润、资产回报率等）。

⑪ 风险控制（项目实施可能出现的风险及拟采取的控制措施）。

第一部分　公司基本情况的说明，包括公司名称、成立时间、注册资本、到位现金与资本、注册地点等信息。

公司性质为：如有限公司、股份有限公司、合伙企业、个人独资等，并说明其中国有成分比例和外资比例。

公司沿革：说明自公司成立以来主营业务、股权，注册资本等公司基本情形的变动，并说明这些变动的原因。

目前公司主要股东情况：列表说明目前股东的名称及其出资情况，如下表所示。

股东名称	出资额	出资形式	股份比例	联系人	联系电话
甲方					
乙方					
丙方					
丁方					
戊方					

目前公司内部部门设置情况：以组织机构图来表示本公司的独资、控股、参股有限公司以及非法人机构的情况。

公司目前经营的业务为：×××；×××；×××。

公司目前职工情况：如拥有员工的类型统计、学历统计等，最好列表说明，如下表所示。

员工人数	专科文化程度		大学本科		硕士（中级职称）		博士（高级职称）	
	人数	比例	人数	比例	人数	比例	人数	比例
管理人员								
生产工人								

公司经营财务历史：列表说明。

单位：万元

项目	本年度	前1年	前2年	前3年
销售收入				
毛利润				
纯利润				
总资产				
总负债				
净资产				
负债率				
净资产收益率				

公司近期及未来3～5年要实现的目标（行业地位、销售收入、市场占有、产品品牌以及公司股票上市等）：_____

第二部分　公司管理层

董事会成员名单：

序号	职　务	姓　名	工作单位	学历或职称	联系电话
1	董事长				
4	董事				
5	董事				
6	董事				
7	董事				
8	董事				
9	董事				

董事长/总经理/技术开发负责人/市场营销负责人等的模块信息，同时着重描述本行业内的技术及管理经验。

第三部分　产品/服务

产品/服务描述（这里主要介绍拟投资的产品/服务的背景、目前所处发展阶段、与同行业其他公司同类产品/服务的比较，本公司产品/服务的新颖性、先进性和独特性，如拥有的专门技术、版权、配方、品牌、销售网络、许可证、专营权、特许权经营等）：_____

公司现有的和正在申请的知识产权（专利、商标、版权等）：_____

专利申请情况：_____

产品商标注册情况：_____

公司是否已签署了有关专利权及其他知识产权转让或授权许可的协议？如果有，请说明（并附主要条款）：_____

目标市场：这里对产品面向的用户种类要进行详细说明。

产品更新换代周期：更新换代周期的确定要有资料来源。

产品标准：详细列明产品执行的标准。

详细描述本公司产品/服务的竞争优势（包括性能、价格、服务等方面）：_____

产品的售后服务网络和用户技术支持：_____

第四部分　研究与开发

公司已往的研究与开发成果及其技术先进性（包括技术鉴定情况，获国际、国家、省、市及有关部门和机构奖励情况）：_____

公司参与制定产品或技术的行业标准和质量检测标准情况：_____

国内外研究与开发情况，以及公司在技术与产品开发方面的国内外主要的竞争对手情况，公司为提高竞争力拟采取的措施：_____

到目前为止，公司在技术开发方面的资金总投入是多少，计划再投入的开发资金是多少（列表说明每年购置开发设备、开发人员工资、试验检测费用，以及与开发有关的其他费用）：_____

请说明，今后为保证产品质量、产品升级换代和保持技术先进水平，公司的开发方向、开发重点和正在开发的技术和产品等情况：_____

公司现有技术开发资源以及技术储备情况：_____
公司寻求技术开发依托（如大学、研究所等）情况，合作方式：_____
公司将采取怎样的激励机制和措施，来保持关键技术人员和技术队伍的稳定：_____
公司未来3～5年开发资金投入和人员投入计划（单位：万元）

年 份	第1年	第2年	第3年	第4年	第5年
资金投入/万元					
人员（个）					

第五部分　行业及市场情况

行业情况（行业发展历史及趋势，哪些行业的变化对产品利润、利润率影响较大，进入该行业的技术壁垒、贸易壁垒、政策限制等，行业市场前景分析与预测）：

过去3年或5年和年全行业销售总额：必须注明资料来源。

单位：万元

年 份	第1年	第2年	第3年	第4年	第5年
销售收入					
销售增长率/%					

未来3年或5年各年全行业销售收入预测：必须注明资料来源。

单位：万元

年 份	第1年	第2年	第3年	第4年	第5年
销售收入					

本公司与行业内五个主要竞争对手的比较：主要描述在主要销售市场中的竞争对手。

竞争对手	市场份额	竞争优势	竞争劣势
本公司			

市场销售有无行业管制，公司产品进入市场的难度分析：_____
公司未来3年或5年的销售收入预测（融资不成功的情况下）：

单位：万元

年 份	第1年	第2年	第3年	第4年	第5年
销售收入					
市场份额					

公司未来3年或5年的销售收入预测（融资成功情况下）：

单位：万元

年　份	第1年	第2年	第3年	第4年	第5年
销售收入					
市场份额					

第六部分　营销策略

产品销售成本的构成及销售价格制订的依据：＿＿＿＿＿＿＿＿

如果产品已经在市场上形成竞争优势，请说明与哪些因素有关（如成本相同但销售价格低、成本低形成销售优势，以及产品性能、品牌、销售渠道优于竞争对手产品等）：＿＿＿＿

在建立销售网络、销售渠道、设立代理商、分销商方面的策略与实施：＿＿＿＿＿＿

在广告促销方面的策略与实施：＿＿＿＿＿＿＿＿

在产品销售价格方面的策略与实施：＿＿＿＿＿＿＿＿

在建立良好销售队伍方面的策略与实施：＿＿＿＿＿＿＿＿

产品售后服务方面的策略与实施：＿＿＿＿＿＿＿＿

其他方面的策略与实施：＿＿＿＿＿＿＿＿

对销售队伍采取什么样的激励机制：＿＿＿＿＿＿＿＿

第七部分　产品制造

产品生产制造方式（公司自建厂生产产品，还是委托生产，或其他方式，请说明原因）：

公司自建厂情况（购买厂房还是租用厂房，厂房面积是多少，生产面积是多少，厂房地点在哪里，交通、运输、通讯是否方便）：＿＿＿＿＿＿＿＿

现有生产设备情况（专用设备还是通用设备，先进程度如何，价值是多少，是否投保，最大生产能力是多少，能否满足产品销售增长的要求，如果需要增加设备，采购计划、采购周期及安装调试周期；如果需要大规模建设，是否选择"交钥匙"方式进行，"交钥匙"工程的承包机构是否提供工期、质量方面的保证，如何对这些保证加以实施？）：＿＿＿＿＿＿

请说明，如果设备操作需要特殊技能的员工，如何解决这一问题：＿＿＿＿＿＿

简述产品的生产制造过程、工艺流程：＿＿＿＿＿＿＿＿

如何保证主要原材料、元器件、配件以及关键零部件等生产必需品进货渠道的稳定性、可靠性、质量及进货周期，列出3家主要供应商名单及联系电话：＿＿＿＿＿＿

主要供应商1

主要供应商2

主要供应商3

正常生产状态下，成品率、返修率、废品率控制在怎样的范围内，描述生产过程中产品的质量保证体系，以及关键质量检测设备：＿＿＿＿＿＿

产品成本和生产成本如何控制，有怎样的具体措施：＿＿＿＿＿＿＿＿

产品批量销售价格的制订，产品毛利润率是多少？纯利润率是多少？

第八部分　管理

请说明：为保证融资项目按计划实施，公司准备今后各年陆续设立哪些机构，各机构配备多少人员，人员年收入情况。请用图表统计表示出来，附在本计划中。

公司是否通过国内外管理体系认证？

公司已通过国内外管理体系认证。

公司对管理层及关键人员将采取怎样的激励机制：_____
公司是否考虑员工持股问题，请说明：_____
公司是否与掌握公司关键技术及其他重要信息的人员签订竞业禁止协议，若有，请说明协议主要内容：_____

公司对掌握公司关键技术及其他重要信息的人员签订竞业禁止协议，其中内容为（甲方为公司，乙方为签订协议的员工）：除了履行职务的需要之外，乙方承诺，未经甲方同意，不得以泄露、告知、公布、发表、出版、传授、转让或者其他任何方式使任何第三方（包括按照保密制度的规定不得知悉该项秘密的甲方其他职员）知悉属于甲方或者虽属于他人但甲方承诺有保密义务的技术秘密或其他商业秘密信息，也不得在履行职务之外使用这些秘密信息。

甲乙双方同意，乙方离职之后仍对其在甲方任职期间接触、知悉的属于甲方或者虽属于第三方但甲方承诺有保密义务的技术秘密和其他商业秘密信息，承担如同任职期间一样的保密义务和不擅自使用有关秘密信息的义务，而无论乙方因何种原因离职。

乙方离职后承担保密义务的期限直至甲方以书面方式宣布解密之日止。

甲方同意就乙方离职后承担的保密义务及二年内不到与甲方有竞争关系的单位任职义务，向其支付保密费。甲、乙方一致同意保密费的支付方式为：随工资支付。甲方在支付乙方的工资报酬时，已考虑了乙方离职后需要承担的保密义务及二年内不到与甲方有竞争关系的单位任职义务，已在支付的工资中包含了保密补贴（或称保密费），故而无须在乙方离职时另外支付保密费。

公司是否与每个雇员签订劳动用工合同：
公司已按国家规定与正式雇员签订劳动用工合同。
公司否与相关员工签订公司技术秘密和商业秘密的保密合同：
公司与相关员工签订公司技术秘密和商业秘密的保密合同。
公司是否为每位员工购买保险，请说明保险险种：
公司已为每位员工购买保险，其中包括养老保险、医疗保险、失业保险、工伤保险、生育保险。
公司是否存在关联经营和家族管理问题，若有，请说明：_____
公司与董事会、董事、主要管理者、关键雇员之间是否有实际存在或潜在的利益冲突，如果有，请说明解决办法：_____
请说明，公司对知识产权、技术秘密和商业秘密的保护措施：_____
公司与新入职员工均签订《员工保密协议》，请说明，项目实施过程中，公司需要哪些外部支持，如何获得这些支持：_____

第九部分　融资说明
为保证项目实施，需要新增投资多少万元？
新增投资中，需投资方投入_____万元，对外借贷_____万元。
请说明投入资金的用途和使用计划：_____
希望让投资方参股本公司还是投资合作成立新公司？请说明原因：_____
拟向投资方出让多少权益？计算依据是什么？_____
预计未来3年或5年平均每年净资产收益率是少？_____
投资方可享有哪些监督和管理权力？_____
如果公司没有实现项目发展计划，公司与管理层向投资方承担哪些责任？_____
投资方以何种方式收回投资，具体方式和执行时间：_____

在与公司业务有关的税种和税率方面，公司享受哪些政府提供的优惠政策及未来可能的情况（如市场准入、减免税等方面的优惠政策）：＿＿＿＿＿＿＿＿

第十部分　财务计划

产品形成规模销售时，需要提供：未来3～5年的项目盈亏平衡表、项目资产负债表、项目损益表、项目现金流量表、项目销售计划表、项目产品成本表。

（第一年每个月计算现金流量，共12个月，第二年每季度计算现金流量，共四个季度，第3～5年每年计算现金流量，共3年）

注：每一项财务数据要有依据，要进行财务数据说明。

第十一部分　风险控制

请详细说明该项目实施过程中可能遇到的风险及控制、防范手段（包括政策风险、加入WTO的风险、技术开发风险、经营管理风险、市场开拓风险、生产风险、财务风险、汇率风险、投资风险、股票风险、对公司关键人员依赖的风险等。以上风险如适用，每项要单独叙述控制和防范手段）：＿＿＿＿＿＿＿＿

第十二部分　项目实施进度

详细列明项目实施计划和进度（注明起止时间）：＿＿＿＿＿＿＿＿

第十三部分　其他

为补充本项目计划书内容，需要进一步说明的有关问题（如公司或公司主要管理人员和关键人员过去、现在是否卷入法律诉讼及仲裁事件中，对公司有何影响）。

思考题

1. 结合实际谈谈商业计划书的意义和作用。
2. 举例说明商业计划书的主要结构和内容。
3. 编写商业计划书基本要求和注意事项有哪些？
4. 试分组讨论编写一个网上创业的商业计划书。

第4章 电子商务创业商业模式设计

电子商务是互联网爆炸式发展的产物，是互联网技术应用的全新发展方向。互联网本身具有的开放性、全球性、低成本、高效率的特点，也称为电子商务的内在特征。商务模式特别是盈利模式，是电子商务创业者必须考虑的问题，它决定了企业的战略发展、盈利能力和核心竞争力，电子商务经过WEB1.0到WEB2.0的发展，使得电子商务企业和传统企业相比，具有虚拟性、网络化、灵活性等特点，把握好电子商务的盈利模式，是走向创业成功的重要因素。

4.1 商业模式简介

4.1.1 商业模式概述

什么是商业模式？实际可以理解为利益者的交易结构。这里面存在几个问题：一是要思考谁是你的利益相关者；二是要分析这些利益相关者有什么价值可以交换；三是设计一个共赢的交易结构。互联网浪潮的来临，使得电子商务企业的模式呈现出新的特点，模式设计、模式定位与模式创新是电子商务企业在竞争当中必须思考的问题。

4.1.1.1 商业模式的概念

对商业模式的关注源于互联网的崛起，由于大量互联网企业严重亏损，甚至看不到赚钱的"钱景"，才引起人们对新经济企业商业模式的思索和研究。实际上，不只是新经济需要研究和反思商业模式，即使是在拥有几百年历史的传统经济和传统产业中，每天也仍有大量企业因商业模式不完善而倒闭。因而，商业模式是每个企业都要思考和研究的问题，没有商业模式或者商业模式不清晰、商业模式缺乏环境适应性，企业都将面临灭顶之灾。

商业模式如此重要，到底什么是商业模式，它包括哪些要素，如何分析和完善企业的商业模式，成为每一个企业经营管理的理论工作者和企业经营者急需破译的问题。

商业模式是一个比较新的名词。尽管它第一次出现在20世纪50年代，但直到90年代才开始被广泛使用和传播。商业模式是一种包含了一系列要素及其关系的概念性工具，用于阐明企业为顾客创造价值并获取利润的内在逻辑。不同的机构与学者对商业模式有不同的解读。

哈佛商学院将商业模式定义为"企业盈利所需采用的核心业务决策与平衡"。例如，Google让普通用户免费使用其搜索引擎，而通过定向广告从企业客户那里获取利益。

根据Wikipedia（维基百科）权威性的解释，商业模式是指一种企业创造营业收入与利润的手段与方法。Wikipedia将商业模式的组成要素归结为员工与顾客的选择、产品与服务的提供、将产品与服务推到市场、为员工与顾客提供效用、吸收与留住员工与顾客、定义工作内容、响应环境与社会的持续发展、资源配置以及获取利润等。

总之，商业模式是为了实现客户价值最大化，把能使企业运行的内外各要素整合起来，形成高效率的具有独特核心竞争力的运行系统，并通过提供产品和服务，达成持续盈利目标的组织设计的整体解决方案。

4.1.1.2 商业模式的组成要素

一般而言，商业模式的组成要素如表4-1所示。

表4-1 商业模式的组成要素

商业模式的成分	关键问题
价值主张	为什么消费者要跟你购买？
盈利模式	你将如何赚钱？
市场机会	你要服务于哪一个虚拟市场，规模多大？
竞争环境	有谁已经在你欲加入的虚拟市场中？
竞争优势	你的公司为此虚拟市场带来什么特殊利益？
市场策略	你计划如何促销你的产品或服务，来吸引你的目标客户？
组织发展	公司需要什么样的组织架构，才能实现商业计划？
管理团队	公司的领导人必须需要什么样的经验与背景？

（1）价值主张

价值主张（Value Proposition）定义一家公司的产品与服务如何达成消费者的需求。客户价值主张是商业模式的核心要素，也是其他几个要素的预设前提。这也符合最基本的商业逻辑：你想赚钱？好！请问你能给别人带来什么价值？商业的本质是价值交换，要交换价值就得首先创造价值，因此有两个问题创业者一定要搞清楚：你的目标客户是谁？你能为他提供什么价值？

在价值主张中需要思考的关键问题：为什么消费者会选择跟你的公司做交易，而不选择其他的公司？你的公司提供了什么其他公司所没有或无法提供的服务或产品。

成功的电子商务价值主张包括：产品的个人化与个性化；产品搜寻成本的降低；价格发现成本的降低；控制产品运送而简化交易。这个问题并不复杂，但还是有很多创业公司没搞清楚。技术类创业的公司更容易走入一个认知误区：只要技术足够强，客户自然会乖乖地买单。其实，市场需求和技术领不领先是两回事，很多看上去很炫的技术，几乎是没有市场的。大多数科研成果看上去都很炫，但能够转化为市场需求的产品不到10%！这也是大多数技术创新类公司失败的主要原因。

在这个方面的成功案例是脑白金。你可能很不喜欢脑白金的广告，其产品技术含量也不高，但是它的客户价值主张定位非常成功。它的目标客户并不是产品消费者，而是那些想要用不多的钱买一份体面礼物的年轻人。它的价值主张也不是睡眠和健康，而是一种情感表达的载体。因此，很多人到超市给父母买礼物，第一反应就是"送礼要送脑白金"。

（2）盈利模式

一个公司的盈利模式（Revenue Model）叙述公司如何获取收益、产生利润，并创造高额的投资报酬。

盈利模式指企业获得收入、分配成本、赚取利润的方式。盈利模式是在给定业务系统中各价值链所有权和价值链结构的前提下，企业利益相关者之间利益分配格局中企业利益的表现。良好的盈利模式不仅能够为企业带来利益，更能为企业编制一张稳定共赢的价值网。各种客户怎样支付、支付多少，所创造的价值应当在企业、客户、供应商、合作伙伴之间如何分配，是企业收入结构所要回答的问题。一个企业可以使用多种收益和成本分配机制，而好的盈利模式往往可以产生多种收入来源。传统的盈利模式往往是企业提供什么样的产品和服务就针对这种产品和服务向客户收费，现代企业的盈利模式则变化极大，经常出现的盈利模式是企业提供的产品和服务不收费（甚至是永远不收费），吸引来的顾客产生的价值则由其他利益相关者支付。例如，客户使用互联网上的搜索引擎不需要支付费用，但被搜索到的产品和服务的提供商却需要支付费用。同样的业务系统的盈利模式也可能不一样，如网络游戏就有收费、免费和向玩家付费三种方式。

盈利模式是商业模式的重心，一个好的商业模式必须有非常清晰的盈利模式，而且这种模式是可持续的。传统企业的盈利模式主要有商品交易的差价、广告费用、中介费用、服务费用、技术转让等，互联网中的企业盈利模式有的与传统企业一样，有的出现了新的变化，这点在后面会进行具体的介绍。

（3）市场机会

市场机会（Market Opportunity）代表公司企图进入的交易市集（Marketspace），以及这个交易市集中这家公司可取得的潜在财务机会。交易市集也就是一个具有真实或潜在商业价值的领域。

在发现市场机会过程当中，首先要了解总的市场规模，然后确定整个市场的细分情况，最好根据企业提供的产品和服务预计在某个细分市场上的份额。如目前某企业需要进入手机行业，原来该市场是一个蓝海，但现在随着手机厂商之间的竞争激烈，再进入该市场需要进行详细的市场调研和市场细分，判断哪个细分领域还有市场机会。如传统手机市场包括智能手机市场已经硝烟四起，竞争惨烈，如果从市场细分的角度，会发现老人手机市场、女性手机市场、儿童手机市场还存在着一定的市场空间，不如从这几个市场切入点着手，来考虑市场机会。

【案例4-1】 换个角度看商机

在当年美国西部的淘金热中，那些没日没夜找金矿的人没有几个暴富的，如图4-1所示，可是几个卖锹的商人却因为当时铁锹供不应求而获得了丰厚的利润。

美国西部淘金时代有许多故事广为人知，其中有一个关于卖铁锹的，说的是一个叫布瑞南的人如何赚到了最多的钱。但他并不是靠挖金子发的财，他是靠卖铁锹发的财。他先为少为人知的金矿大做宣传，吸引了成千上万的淘金人蜂拥而至。而这些淘金人淘金前都要先从他这里买上一把铁锹。整个淘金潮中，布瑞南始终没挖过一锹的沙子，然而，他却比任何一个淘金者挣的钱都多。

这和以前曾听过的淘金时代卖水、卖牛仔裤的故事有所不同。布瑞南是因为要卖锹，他才去吆喝金子，最后，他的锹卖出去了，金矿也被开采出来了。卖水的、卖牛仔裤的，是在淘金过程中发现了另一个赚钱的市场，而布瑞南是自己去开发市场。打个比喻，如果我们的礼品市场是个金矿，而这个金矿并不为人所知，那么只要有几个卖锹人……

图4-1 美国西部淘金热

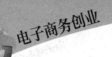

人们都说，挖金矿的人不一定赚钱，可是向挖金矿的人卖水的人却一定赚钱。到拉斯维加斯赌博的人不一定赚钱，但是拉斯维加斯一定是赚钱的。

为可能赚钱的人们提供服务，那一定是一件不会赔本的生意。

（4）竞争环境

一家公司的竞争环境（Competitive Environment）代表在同一个交易市集运作、贩卖类似产品的其他公司。它同时也是代表替代商品的存在、市场可能的新竞争者，以及与其事业相关的客户及供货商的影响力。

企业的竞争环境受以下几个因素影响：有多少积极的竞争者？它们的生意有多大？每个竞争者占有多少市场？这些公司获利程度如何？他们如何为它们的产品定价？

在竞争环境中包括直接竞争者，直接竞争者是那些销售非常类似的产品给同一块市场的公司。例如：Priceline.com 和 Travelo-city.com 都在在线销售折扣机票，它们就是直接竞争者，因为两者贩卖的产品可以说是彼此的替代品。同时也包含间接竞争者，间接竞争者的公司也许是在不同产业，但仍不直接竞争。如 CNN.com 是 ESPN.com 的间接竞争者，不是因为它们贩卖相同的产品，而是两个网站都要争取消费者上网的时间。

（5）竞争优势

公司如果可以生产出高级的产品，并以低于大部分或全部竞争者的价钱在市场贩卖，那就达成了竞争优势（Competitive Advantage）。公司也在规模方面竞争，有的公司可以开发全球性市场，有的只能发展全国或区域性市场。如果公司能够取得其他竞争者无法取得的生产因素，那就达成了竞争优势。当市场中任一个参与者有比其他参与者多的资源（例如：财务支持、知识、信息或力量、速度、成本等），该公司就具有竞争优势。

竞争优势的种类有以下几种。

① 抢先者优势（First Mover Advantage）：是首先为某交易市集提供产品或服务的公司所得到的竞争市场优势。

② 不公平竞争优势（Unfair Competitive Advantage）：是当一家公司利用其他公司无法购买的因素来发展出优势，就产生不公平竞争优势。

其他还有政策优势、技术优势等。企业在现有市场竞争中，需要充分利用优势资源，凸显自己的竞争优势，特别是企业独有、不易模仿的核心竞争优势，这样才能使企业在激烈的竞争中处于不败之地。

（6）市场策略

把打算如何进入新市场，以及吸引新顾客的方法，所有细节整理起来写成的计划，就是市场策略（Market Strategy）。

市场策略的表现方式多种多样，如多样化的广告策略、大规模的人员推广、加强和其他企业合作等，不同企业应该根据行业特征和企业自身特点针对性地制定出相应的市场策略，有的放矢，使得该策略取得应有的效果。

（7）组织发展

想要成长茁壮的公司就需要有组织发展计划，它是描述公司如何整合需要完成的工作。

一般工作会分成几个运作部门，包括生产、运送、营销、客户支持和财务。随着公司成长，招募就更专业化。随着网络化、信息化的发展，组织发展也需要应时而变、因势而变，不断地对组织结构、组织管理方式进行适当调整，以适应内外部环境的变化。

（8）管理团队

商业模式中最重要的一个元素，是负责推动这个模式的管理团队。一个有力的管理团队让投资者得以马上信赖这个模式,并有特定的市场知识及施行商业计划的经验。

有力的管理团队也许无法拯救一个不好的商业模式,但他们必须能够改变这个模式,在必要时重新定义这个事业。

4.1.2 商业模式的类型

根据以上对商业模式的描述,可以把商业模式分为两大类。

(1) 运营性商业模式

重点解决企业与环境的互动关系,包括与产业价值链环节的互动关系。运营性商业模式创造企业的核心优势、能力、关系和知识,主要包含以下几个方面的主要内容。

① 产业价值链定位:企业处于什么样的产业链条中,在这个链条中处于何种地位,企业结合自身的资源条件和发展战略应如何定位。

② 赢利模式设计(收入来源、收入分配):企业从哪里获得收入,获得收入的形式有哪几种,这些收入以何种形式和比例在产业链中分配,企业是否对这种分配有话语权。

(2) 策略性商业模式

策略性商业模式是对运营性商业模式加以扩展和利用。应该说策略性商业模式涉及企业生产经营的方方面面。

① 业务模式:企业向客户提供什么样的价值和利益,包括品牌、产品等。

② 渠道模式:企业如何向客户传递业务和价值,包括渠道倍增、渠道集中/压缩等。

③ 组织模式:企业如何建立先进的管理控制模型,比如建立面向客户的组织结构,通过企业信息系统构建数字化组织等。

每一种新的商业模式的出现,都意味着一种创新、一个新的商业机会的出现,谁能率先把握住这种商业机遇,谁就能在商业竞争中先拔头筹。商业模式具有生命性,一个世纪前,吉列刀片通过赠送产品来赢得财富,创造了一种新的商业模式,而今天当各商家都用打折或买一送一的方式来促销时,这就不再是一种商业模式;商业模式具有可移植性,如果今天我们生产剃须刀片的企业仍然通过免费赠送剃须刀来卖刀片,它就不能称之为商业模式,而当新型的网络企业通过各种免费方式赢得眼球时,我们就能称这种免费形式为网络企业的新商业模式。在企业的创办过程中,每一个环节上有多种创新形式,偶尔的一个创新也许就能改变企业的整个经营模式,也就是说企业的商业模式具有偶然性和延伸性。

另外,在商业领域中,商业模式还有一类重要应用,即制造业的商业模式,其主要内容如下。

(1) 直供商业模式

主要应用在一些市场半径比较小,产品价格比较低或者是流程比较清晰,资本实力雄厚的国际性大公司。直供商业模式需要制造商具有强大的执行力,现金流状况良好,市场基础平台稳固,具备市场产品流动速度很快的特点。由于中国市场战略纵深很大,市场特点迥异,渠道系统复杂,市场规范化程度比较低,在全国市场范围内选择直供商业模式是难以想象的,因此,即使是可口可乐、康师傅等跨国企业也开始放弃直供商业模式。但是,利润比较丰厚一些行业与产业还是会选择直供商业模式,如白酒行业,很多公司就选择了直供商业模式。云峰酒业为了精耕市场,在全国各地成立了销售性公司,直接控制市场终端,广州云峰酒业、西安云峰酒业、合肥云峰酒业、湖北云峰酒业等公司在当地市场上均具备一定的实力与良好的基础,如很多OTC产品也会选择直供市场。

（2）总代理制商业模式

这种商业模式为中国广大的中小企业所广泛使用。由于中国广大的中小企业在发展过程中面临着两个最为核心的困难：其一是团队执行力比较差，他们很难在短时间内构建一个庞大的执行团队，而选择经销商做总代理可以省去很多当地市场执行面的困难；其二是资金困难，中国中小企业资金实力普遍比较薄弱，选择总代理制商业模式，他们可以在一定程度上占有总代理的一部分资金，更有甚者，他们可以通过这种方式完成最初原始资金的积累，实现企业快速发展。

（3）联销体商业模式

随着大量中小企业选择采取总代理商业模式，市场上好的经销商成为一种稀缺的战略性资源，很多经销商对于鱼目混珠的招商产生了严重的戒备心理，在这样的市场状况下，很多比较有实力的经销商为了降低商业风险选择了与企业进行捆绑式合作，即制造商与经销商分别出资，成立联销体机构，这种联销体既可以控制经销商市场风险，也可以保证制造商始终有一个很好的销售平台。联销体这种方式受到了很多有理想、有长期发展企图的制造商的欢迎。如食品行业的龙头企业娃哈哈就采取了这种联销体的商业模式；空调行业巨头格力空调也选择了与区域性代理商合资成立公司共同运营市场，取得了不错的市场业绩。

（4）仓储式商业模式

仓储式商业模式也是很多消费品企业选择的商业模式。很多强势品牌基于渠道分级成本很高，制造商竞争能力大幅度下降的现实，选择了仓储式商业模式，通过价格策略打造企业核心竞争力。比如20世纪90年代，四川长虹电视在中国大陆市场如日中天，为降低渠道系统成本，提高企业在市场上的价格竞争能力，长虹集团就选择了仓储式商业模式，企业直接将产品配送到消费者手里。

仓储式商业模式与直供商业模式最大的不同是，直供商业模式企业不直接拥有店铺，通过第三方平台完成产品销售，企业将货源直接供应给第三方销售平台。而仓储式商业模式是企业拥有自己的销售平台，通过自己的销售平台完成市场配货功能。

（5）专卖式商业模式

随着中国市场渠道终端资源越来越稀缺，越来越多的中国消费品企业选择专卖形式的商业模式。如TCL幸福树专卖系统，五粮液提出的全国两千家专卖店计划，蒙牛乳业提出的蒙牛专卖店加盟计划，云南乳业出现的牛奶专卖店与牛奶总汇等。选择专卖式商业模式需要具备以下三种资源中的任何一种或者三种特征均具备：其一是品牌。选择专卖式商业模式的企业基本上具备很好的品牌基础，消费者自愿消费比较多，而且市场认知也比较成熟。其二是产品线比较全。要维系一个专卖店具有稳定的利润，专卖店产品结构就应该比较合理，因此，选择专卖渠道的企业必须具备比较丰富的产品线。其三是消费者行为习惯。必须看到，在广大的农村市场，可能这种专卖模式很难起到推动市场销售的功能，因此，专卖式商业模式需要成熟的市场环境。专卖式商业模式与仓储式商业模式完全不同，仓储式商业模式是以价格策略为商业模式核心，而专卖式商业模式则是以形象与高端为核心。

（6）复合式商业模式

由于中国市场环境异常复杂，很多快速消费品企业在营销策略上也选择了多重形式。复合式商业模式是基于企业发展阶段而作出的策略性选择。但是，需要特别注意的是，一般情况下，无论多么复杂的企业与多么复杂的市场，都应该有主流的商业模式，而不能将商业模式复杂化作为朝令夕改的借口，使得营销系统在商业模式上出现重大的摇摆。而且，我们应该了解，一旦选择了一种商业模式，往往需要在组织建构、人力资源配备、物流系统、营销策略方面做出相应的调整，否则，我们就不能认为这个企业已经建立了成熟的商业模式。

4.1.3 商业模式核心原则

商业模式的核心原则是指商业模式的内涵、特性，是对商业模式定义的延展和丰富，是成功商业模式必须具备的属性。企业能否持续赢利是判断其商业模式是否成功的唯一外在标准。持续赢利是对一个企业是否具有可持续发展能力的最有效的考量标准，赢利模式越隐蔽，越有出人意料的良好效果。

一个成功的商业模式不一定是在技术上的突破，而是对某一个环节的改造，或是对原有模式的重组创新，甚至是对整个游戏规则的颠覆。商业模式原则包括：客户价值最大化原则、持续赢利原则、资源整合原则、创新原则、融资有效性原则、组织管理高效率原则、风险控制原则共七大原则。

（1）客户价值最大化原则

一个商业模式能否持续赢利，与该模式能否使客户价值最大化有必然关系。一个不能满足客户价值的商业模式，即使赢利也一定是暂时的、偶然的，是不具有持续性的。反之，一个能使客户价值最大的商业模式，即使暂时不赢利，但终究也会走向赢利。所以我们把对客户价值的实现再实现、满足再满足当作企业应该始终追求的主观目标。

（2）持续赢利原则

企业能否持续赢利是判断其商业模式是否成功的唯一外在标准。因此，在设计商业模式时，赢利和如何赢利也自然成为重要的原则。当然，这里指的是在阳光下的持续赢利。持续赢利是指既要"赢利"，又要有发展后劲，具有可持续性，而不是一时的偶然赢利。

（3）资源整合原则

整合就是要优化资源配置，就是要有进有退、有取有舍，就是要获得整体的最优。在战略思维层面上，资源整合是系统论的思维方式，是通过组织协调，把企业内部彼此相关但却彼此分离的职能，把企业外部既参与共同的使命又拥有独立经济利益的合作伙伴整合成一个为客户服务的系统，取得1+1>2的效果。在战术选择层面上，资源整合是优化配置的决策，是根据企业的发展战略和市场需求对有关的资源进行重新配置，以凸显企业的核心竞争力，并寻求资源配置与客户需求的最佳结合点，目的是要通过制度安排和管理运作协调来增强企业的竞争优势，提高客户服务水平。

（4）创新原则

三星董事长李建熙说："除了老婆和孩子外，其余什么都要改变！"时代华纳前首席执行官迈克·恩说："在经营企业的过程中，商业模式比高技术更重要，因为前者是企业能够立足的先决条件。"一个成功的商业模式不一定是在技术上的突破，而是对某一个环节的改造，或是对原有模式的重组、创新，甚至是对整个游戏规则的颠覆。商业模式的创新形式贯穿于企业经营的整个过程之中，贯穿于企业资源开发研发模式、制造方式、营销体系、市场流通等各个环节，也就是说，在企业经营的每一个环节上的创新可能变成一种成功的商业模式。

（5）融资有效性原则

融资模式的打造对企业有着特殊的意义，尤其是对中国广大的中小企业来说更是如此。我们知道，企业生存需要资金，企业发展需要资金，企业快速成长更需要资金。资金已经成为所有企业发展中绕不开的障碍和很难突破的瓶颈。谁能解决资金问题，谁就赢得了企业发展的先机，也就掌握了市场的主动权。

从一些已成功的企业发展过程来看，无论其表面上对外阐述的成功理由是什么，但都不能回避和掩盖资金对其成功的重要作用，许多失败的企业就是没有建立有效的融资模式而失

败。如巨人集团,仅仅为近千万的资金缺口而轰然倒下;曾经与国美不相上下的国通电器,拥有过30多亿元的销售额,也仅因为几百万元的资金缺口而销声匿迹。所以说,商业模式设计很重要的一环就是要考虑融资模式。甚至可以说,能够融到资并能用对地方的商业模式就已经是成功一半的商业模式了。

(6) 组织管理高效率原则

高效率,是每个企业管理者都梦寐以求的境界,也是企业管理模式追求的最高目标。用经济学衡量,决定一个国家富裕或贫穷的砝码是效率,决定企业是否有赢利能力的也是效率。按现代管理学理论来看,一个企业要想高效率地运行,首先要解决的是企业的愿景、使命和核心价值观,这是企业生存、成长的动力,也是员工干好的理由。其次是要有一套科学的实用的运营和管理系统。

(7) 风险控制原则

再好的商业模式,如果抵御风险能力差,也会面临失败。风险指的是系统风险,如政策、法律和行业风险,也指系统内的风险,如产品的变化、人员变更、资金的不继等。

4.2 电子商务盈利模式

4.2.1 盈利模式概述

在管理学界,"商业模式(Business Model)"是一个广为使用却一直存在争议的范畴,尽管20世纪50年代就已提出,但直至90年代电子商务浪潮兴起后才备受关注。20世纪90年代中期计算机互联网开始在商业界普及应用,互联网的出现改变了基本的商业竞争环境和经济规则,标志着"数字经济"时代的来临。互联网使大量新的商业实践成为可能,一批基于它的新型企业应运而生。新涌现的一些企业,如Yahoo、Amazon及eBay等,在短短几年时间,就获得巨大发展,产生了强力的示范效应。它们的赚钱方式,明显有别于传统企业,于是,商业模式一词开始流行,它被用于刻画描述这些企业是如何获取收益的。这些基于互联网的新型企业的出现,对许多传统企业也产生了深远的冲击与影响。新型商业模式显示出强大的生命力与竞争力。到2000年前后,商业模式的应用已不仅仅局限于互联网产业领域,而是被扩展到了其他产业领域。随着2001年互联网泡沫的破裂,人们认识到,在全球化浪潮冲击、技术变革加快及商业环境变得更加不确定的时代,决定企业成败最重要的因素,不是技术,而是它的商业模式。2003年前后,创新并设计出好的商业模式,成为商业界关注的新焦点,商业模式创新开始引起人们的普遍重视。商业模式创新被认为能带来战略性的竞争优势,是新时期企业应该具备的关键能力。2006年,在对IBM全球765位经理人就创新主题的调查中,已有近1/3把它放在比产品或工艺等其他创新类型还重要的地位,并且重视商业模式创新者的业绩表现更好。

在互联网络环境下,企业应采取哪种运作模式,该如何明确,是需要认真研究和对待的问题。网络环境下的企业生产经营与在传统市场环境下的市场运作,在模式上肯定有所不同,究竟该如何描述这种运作模式,由于各自企业对自身业务的价值增值过程的理解不同,描述的方法也不尽相同。把企业在互联网络环境下的运作模式称为"电子商务模式",可以这样来描述电子商务模式:电子商务模式是指企业运用信息技术特别是网络技术从事企业生产经营和服务活动,创造利润以维持自身生存与发展,所采取的方法与策略的组合。它是在网络环境下,通过对企业经营方式和价值增值过程的认真分析,确定企业应该如何将信息技术，特别是网络技术与生产和经营活动过程紧密结合，实现企业目标利润最大化，赢得企业核心竞争力的战略组合。

4.2.2 盈利模式类型

电子商务从发展到现在，经过了不同的发展阶段，不同模式层出不穷，不同的学者从不同的角度对其进行了划分。以下从电子商务的参与主体和对电子商务的盈利模式进行介绍。

（1）企业对企业的电子商务（B2B）

企业对企业的电子商务，也称为商家对商家或商业机构对商业机构的电子商务，即Business to Business。B2B电子商务模式如图4-2所示。

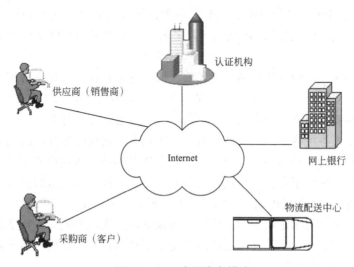

图4-2　B2B电子商务模式

企业可以在网络上发布信息，寻找贸易机会，通过信息交流比较商品的价格和其他条件，详细了解对方的经营情况，选择交易对象。在交易过程中，可以迅速完成签约、支付、交货、纳税等一系列操作，加快货物和资金的流转。

当前著名的B2B网站有：中国商品交易中心（CCEC）：http：//www.ccec.com/；阿里巴巴·中国：http：//china.alibaba.com/；慧聪网：http：//www.hc360.com/。

在电子商务企业实际运作当中，根据电子商务实施平台的不同划分，B2B商业模式可以分为以下几种类型。

① 企业自身的商务平台。此种模式是企业利用自身的信息资源建立网站或更大规模的电子商务平台，在上面发布一些与企业及产品相关的信息，并进行产品或服务的交易活动。就其具体实施方式的不同，可以分为企业门户、企业网站、在线分销和在线采购等。

② 专用的商务平台。在一个由第三方建立的行业电子商务平台上，行业内的所有公司都利用这个平台完成公司的销售和采购工作，进行网上交易。这种网上交易市场是电子商务发展到一定阶段后出现的一种商业模式，以其立体化、智能化、开放性、通用展现在公众面前，这是真正意义上的在线交易模式。它协调了整个供应链机制，实现了从客户到供应商的完全联通，也使企业的内部流程与外部交易完全一致化。网上交易市场聚集了大量的信息及商业机会，使其价格具备可比性、合理性，从而使整个市场充满了竞争性，无形中推动了整个交易市场的发展。网上交易市场在为商家创造机会的同时理顺了商家的思路，使其制定出较切合市场实际的商业目标，从而提高了效率，及时得到回报。

目前已经出现四种比较成型的盈利模式。

第一类是以阿里巴巴为代表的外贸店铺式交易B2B平台模式。其所倡导网商观念与国际贸易线上服务优势获得了业界的肯定。在这种主流运营模式下，二级域名和多功能特色商铺是B2B电子商务平台盈利模式中最为核心的内容之一，也是支持企业客户开展网上贸易的两大利器。通过多功能特色商铺的应用，企业用户可以根据企业或产品的风格，自行管理、设置商铺的外观及栏目，立体、动态地展示自身的实力和优势，更好地树立企业品牌形象，拓展产品销渠道，最终促进交易机会的增加。

第二类是以慧聪为代表的内贸商情交易平台模式。该平台以原先慧聪分类商情杂志积累的企业资讯服务资源为基础，具有较强的线下沟通能力。

第三类是买麦网开创的全功能型B2B交易平台模式。其特点在于强调"撮合交易"与"主动营销"的服务能力，注重运用互联网、手机、即时通信等多种信息通信工具帮助企业撮合交易成功。

第四类是以中化网、中香化学网为代表的、依托行业发展的垂直交易B2B模式。其特点是通过对传统的业务流程再造，整合产业链，把电子商务与企业的核心业务流程结合起来，开创了信息流、物流、商流、资金流这"四流合一"的电子商务模式。

B2B的盈利模式不可能靠移动增值、游戏等年轻人喜爱的娱乐性产品交换来盈利，从阿里巴巴、中国产品平台的四房通宝、慧聪网这三大B2B网站的盈利模式可以看出，其盈利主要是基于企业互联网应用服务，如阿里巴巴的诚信通、中国产品平台的四方通宝和慧聪的买卖通等。也就是说，B2B要想盈利，卖的是服务。但到今天为止，真正能够为企业提供周到、具体的应用和服务的网站还是很少的。总结目前B2B服务领域的现状，特别是针对供应链中的中小企业而言的服务模式，仍然将要以网上交易平台为核心，以供应商之间的竞价和网上目录展示为采购方创造利益价值。

（2）企业对消费者的电子商务（B2C）

企业对消费者的电子商务，也称为商家对个人客户或商业机构对消费者的电子商务，即Business to Customer。商业机构对消费者的电子商务基本等同于电子零售商业，B2C模式是我国最早应用的电子商务模式，以8848网上商城的正式运营为标志，目前采用B2C模式的主要以当当、卓越等为代表。B2C模式是企业通过互联网为消费者提供一个新型的购物环境——网上商店，消费者通过网络在网上购物，这里的"物"指实物、信息和各种售前与售后服务。由于这种模式节省了客户和企业的时间和空间，大大提高了交易效率。目前B2C电子商务的付款方式是货到付款与网上支付相结合，而企业货物的配送，大多数选择物流外包方式以节约运营成本。随着用户消费习惯的改变以及优秀企业示范效应的促进，网上购物用户正在迅速增长，这种商业的运营模式在我国已经基本成熟。B2C电子商务的运营模式如图4-3所示。

著名的B2C网站有：京东商城（www.jd.com）；当当（www.dangdang.com）。

对于无形商品和服务的B2C电子商务模式主要集中在提供无形商品和服务，如电子信息、计算机软件、数字化视听娱乐产品等，一般可以通过网络直接提供给消费者。无形商品和服务的电子商务模式主要有网上订阅模式、广告支持模式和网上赠予模式等。

① 网上订阅模式。消费者通过网络订阅企业提供的无形商品和服务，并在网上直接浏览或消费。这种模式主要被一些商业在线企业用来销售报刊杂志、有线电视节目等。网上订阅模式主要有以下几种。

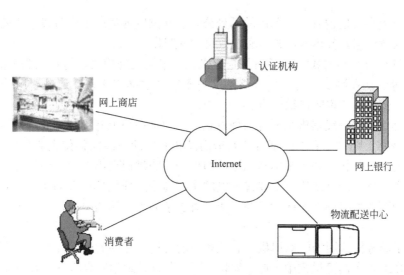

图 4-3　B2C 电子商务模式

a. 在线出版（Online Publications）。出版商通过互联网向消费者提供除传统印刷出版物之外的电子刊物。在线出版一般不提供互联网的接入服务，只在网上发布电子刊物，消费者通过订阅可下载有关的刊物。这种模式并不是一种理想的信息销售模式。在当今信息大爆炸的时代，普通用户获取信息的渠道很多，因而对本来已很廉价的收费信息服务敬而远之。因此，有些在线出版商采用免费赠送和收费订阅相结合的双轨制，从而吸引了一定数量的消费者，并保持了一定的营业收入。

b. 在线服务（Online Services）。在线服务商通过每月收取固定的费用而向消费者提供各种形式的在线信息服务。在线服务商一般都有自己特定的客户群体。如美国在线（AOL）的主要客户群体是家庭用户，而微软网络的主要客户群体是视窗操作系统的使用者，订阅者每月支付固定的费用，从而享受多种信息服务。在线服务一般是针对一定的社会群体提供的，以培养消费者的忠诚度。在美国，几乎每台出售的电脑都预装了免费试用软件。在线服务商的强大营销攻势，使他们的用户数量稳步上升。

c. 在线娱乐（Online Entertainment）。在线娱乐商通过网站向消费者提供在线游戏，并收取一定的订阅费，这是无形商品和服务在线销售中令人关注的一个领域，也取得了一定的成功。当前，网络游戏已成为网络会战的焦点，网易、腾讯等国内大小网站等纷纷在网络游戏方面强势出击。事实上，网络经营者们已将眼光放得更远，通过一些免费或价格低廉的网上娱乐换取消费者的访问率和忠诚度。

② 广告支持模式。在线服务商免费向消费者提供在线信息服务，其营业收入完全靠网站上的广告来获得。这种模式虽然不直接向消费者收费，但却是目前最成功的电子商务模式之一。YAHOO、搜狗、百度等在线搜索服务网站就是依靠广告收入来维持经营活动的。对于上网来说，信息搜索是其在互联网的信息海洋中寻找所需信息最基础的服务。因此，企业也最愿意在信息搜索网站上设置广告，通过点击广告可直接到达该企业的网站。采用广告支持模式的在线服务商能否成功的关键是其网页能否吸引大量的广告，能否吸引广大消费者的注意。

③ 网上赠予模式。这种模式经常被软件公司用来赠送软件产品，以扩大其知名度和市场份额。一些软件公司将测试版软件通过互联网向用户免费发送，用户自行下载试用，也可以将意见或建议反馈给软件公司。用户对测试软件试用一段时间后，如果满意，则有可能购买正式版本的软件。采用这种模式，软件公司不仅可以降低成本，还可以扩大测试群体，改

善测试效果，提高市场占有率。美国的网景公司在其浏览器最初推广阶段采用的就是这种方法，从而使其浏览器软件迅速占领市场，效果十分明显。

对于提供有形产品的B2C电子商务企业来说，采用这种模式，有形商品和服务的查询、订购、付款等活动在网上进行，但最终的交付不能通过网络实现，还是要用传统的方法完成，这种电子商务模式也叫在线销售。

目前，企业实现在线销售主要有两种方式：一种是在网上开设独立的虚拟商店；另一种是参与并成为网上购物中心的一部分。有形商品和服务的在线销售使企业扩大了销售渠道，增加了市场机会。与传统的店铺销售相比，即使企业的规模很小，网上销售也可将业务伸展到世界的各个角落。网上商店不需要像一般的实物商店那样保持很多的库存，如果是纯粹的虚拟商店，则可以直接向厂家或批发商订货，省去了商品存储的阶段，从而大大节省了库存成本。

B2C电子商务模式因为能够提供具有竞争力的价格、方便省时而深受消费者的青睐。在各种类型的B2C电子商务模式中，电子零售、网上预订、远程教育将有良好的发展前景。

（3）政府机构对企业的电子商务（G2B）

政府机构对企业的电子商务，即Government to Business，简称为G2B。G2B模式可以覆盖政府组织与企业间的许多事务，如政府采购。政府采购是一种公共经济行为，其宗旨是降低成本，反腐倡廉，调控市场。通过政府采购可以将政府的管理向透明化、高效率转型，同时在管理的取向上向科学化、服务性靠拢；政府通过提供企业报税、进出口报关、企业办事、招商投资、招标公告、中标公告等服务内容，向企业和个人投资者提供办事、政策、信用、财经、招标、投资、产业等相关服务。

（4）政府机构对公众的电子商务（G2C）

政府机构对公众的电子商务，即Government to Customer，简称为G2C。政府通过各级政府网站，向民众提供市民办事、便民公告、政策答疑、民意调查、福利费发放、个人缴税等服务内容，引导公民方便地获得政务、办事、旅游、生活等方面的信息咨询及服务。如图4-4为武汉政府网站，是公民和政府沟通、事务处理的桥梁。

图4-4　武汉政府网站

（5）消费者对消费者的电子商务（C2C）

消费者对消费者的电子商务，即 Customer to Customer，简称为C2C。C2C模式的产生以1998年易趣的成立为标志，目前采用C2C模式的主要以eBay易趣、淘宝等为代表。C2C电子商务模式是一种个人对个人的网上交易行为。

当前著名的C2C网站有：易贝（www.ebay.com.cn）；淘宝（www.taobao.com）；拍拍（www.paipai.com）。

目前C2C电子商务企业采用的典型运作模式是通过为买卖双方搭建拍卖平台，按比例收取交易费用，或者提供平台方便个人开店铺，以会员制的方式收费。C2C网站的收费来源，主要包括交易服务费（包括商品登录费、成交手续费、底价设置费、预售设置费、额外交易费、安全支付费、在线店铺费）、特色服务费（包括字体功能费、图片功能费、推荐功能费）、增值服务费（包括信息发布费、辅助信息费）以及网络广告等。如易趣的赢利模式是向用户收取店铺费、商品登录费、交易服务费等费用。

（6）C-B型交易

C-B型交易也需要通过一些电子中间商实现交易，达成这种交易的方式有三种。第一种方式是竞价拍卖（也称为反向拍卖），是竞价拍卖的反向过程，消费者提出一个价格范围，求购某一商品，由商家出价，出价可以是公开的或隐蔽的，消费者将与出价最低或最接近的商家成交。这种形式对于商家来说吸引力不是很大，因为单个消费者购买量比较小，因此单笔交易的费用也比较高。第二种是集合竞价模式，就是将需求类似的消费者通过网络集结在一起，增加与商家的讨价还价能力，这种模式又称为C-B型交易。在因特网出现以前，这种方式在国外主要是多个零售商结合起来向批发商（或生产商）以数量换价格的方式。当因特网出现后，使得普通的消费者能使用这种方式购买商品。第三种方式是购买方企业通过建立电子虚拟采购市场，吸引供应商在电子虚拟市场按购买方要求提供产品和服务。如美国汽车的三大巨头通用、福特和戴姆勒-克莱斯勒公司建立网上原材料电子虚拟市场，提高在原材料市场的竞争力，加强与供应商的联系。图4-5是当时的C2B网站酷必得，提供集体议价服务。

图4-5　酷必得网站

网站盈利模式是多样的,新的盈利模式也在不断出现。常见的电子商务盈利模式如表4-2所示。企业对网站盈利模式的选择是专业化好,还是多元化好,都要根据企业自身的特点来决定。专业性网站要做专做深,毋庸置疑。门户网站求大求全,但盈利的也只是其中的几个模式,故网站盈利模式的选择都可以归结到一点,即要培养自己的核心竞争能力,要做专做深,才能实现网站的可持续发展。

表4-2 电子商务盈利模式的种类及特点

项目	价值取向	市场供给	资源体系	财务模式
平台提供商模式	联系供求双方的媒介	现实商品	高信誉度、强大的信息数据库和众多合作伙伴	收取佣金或从交易中抽取提成
批发零售商模式	满足顾客多样化需求和节省顾客购买商品的时间	信息或服务	高信誉度、强大的信息数据库和众多合作伙伴	销售收入
社区模式	顾客网上的交换使其有归属感	信息或服务	专业性资讯信息提供者	销售附属产品及服务或捐赠社区
网络直营制模式	满足顾客特殊需求,联系供求双方的媒介	定制生产丰富、实时全面的信息	先进的网上一体化购物系统,高信誉度、强大的信息数据库和众多合作伙伴	销售收入佣金收入
网络广告模式	廉价有效地满足顾客需求	广告的高反馈率	强大消费群	广告收入
信息提供商	满足顾客对信息的需求	高质量、广范围的信息	信息数据库、优秀的信息收集	会员的信息服务费

4.3 电子商务盈利模式选择

电子商务作为一种新兴行业,近几年来得到了迅猛发展,为全球经济带来新的增长契机。电子商务作为新兴网络经济的一项具体应用,其本质是利用现代信息技术进行商务活动,技术只是手段,核心还是商务模式。从这个观点出发,只有产生实际利润才符合商业原则,才有存在的价值和发展的基础。这就不可避免地涉及如何赚钱的一个根本问题——盈利模式。电子商务盈利模式理论是在电子商务理论和实践的环境下孕育和产生的,是在传统企业经营和运作模式理论基础上的进一步深化和创新。

电子商务伴随着技术和商业环境的发展变化也在无时无刻地进行着改变,适合市场发展的潮流,与时俱进,是电子商务企业应该注意的问题。

4.3.1 盈利模式构成要素

在日益激烈的网络盈利模式竞争中,几乎所有的网络企业都想获得持续的盈利增长,一个好的盈利模式必须能够解决以下一系列问题:电子商务企业为客户提供的是什么样的价值;成本发生的方式是什么样的;收入如何取得;如何在提供价值的过程中保持竞争优势而且持久盈利,这样,即使有新的竞争者进入,也不会受到很大的威胁。几乎所有企业的盈利模式都是包含这四种要素的不同形式的组合。

4.3.1.1 企业提供的价值

企业提供的价值是指企业可以获取利润的产品或服务，其一要明确客户清晰的需求偏好，二要为构成利润源的客户创造价值，三要为企业创造价值。它解决的是向用户提供什么样的价值的问题。

首先最重要的是确定企业核心盈利的利润点究竟在哪里，要清晰地了解支撑网络核心盈利的驱动因素，研究是来自政策及外部环境，还是来自客户忠诚度，也就是要解决客户价值的问题。一个成功的企业必须为消费者创造价值，由此带来企业价值的增长。一般通过两种途径来达到这一目的：一是差异化战略，这一战略是指为客户提供具有独特个性的商品或劳务，从而降低消费者对商品或劳务价格的敏感度；二是低成本、低价格战略，这一战略是指面对众多的竞争对手，以较低的价格为客户创造同样的价值。企业是否为客户创造价值应该由最终的消费者来评判，而了解客户的需求往往要通过中间商，并且客户对价值的评判还会受到竞争对手的影响。企业经营收入减去全部的成本支出就是利润，称之为企业价值。这一价值的实现是通过企业的经营活动来完成的。

4.3.1.2 成本发生的方式

成本发生的方式是企业生产产品或服务以及吸引客户购买和使用企业产品或服务的一系列相关活动而付出的资源，它回答了企业能够提供的关键活动。

4.3.1.3 收入取得的方式

收入取得的方式，即从哪些渠道获取利润，解决的是收入来源的问题。电子商务市场是一个庞大而复杂的市场，在这个市场上，存在着不同的爱好与需求。受到地理因素、人口因素、心理因素以及行为因素的影响，消费者对产品或者服务的要求也各不相同。不管企业的实力有多强，要想满足用户的所有需求，几乎是不可能的。企业需要根据消费者在需求上的差异，把消费者划分为若干个范围，并决定向哪个范围提供价值服务。在各细分标准中，传统商务活动往往将地理因素作为首要考虑的问题。企业首先需要决定向世界上哪个或者哪些区域销售产品，而在电子商务活动中，由于因特网具有通用性，任何人在世界的任何地方都能够使他们的产品到达需要该产品的任何人或者任何地方，这就使得地域大大地延伸了。

4.3.1.4 保持竞争优势

保持竞争优势是指企业为防止竞争者掠夺本企业的利润而采取的防范措施，它与成本的发生方式同样表现为企业投入。它解决的是如何保持持久盈利的方法的问题。

因特网的广泛应用给新经济时代下的电子商务企业盈利模式的四个构成要素赋予了新的内容，如果对上述问题都能做出完整正确的回答，我们就能够了解每一种模式是怎样创造和体现价值的，认识每一种模式的收入和收益来源是怎样的。这样一来，对于已经实施了电子商务的企业来说，可以更加清晰地了解自身的模式和价值运作规律，找到不足和有待改进的地方，保持原有的优势，以便更好地创造和体现价值、获取利润。对于正处于酝酿阶段的电子商务企业来说，规律的揭示可以使其更好地了解电子商务的价值，帮助其作出是否实施电子商务的决定。这正是本文研究电子商务盈利模式的初衷和意义所在。

4.3.2 盈利模式影响因素

通过前面的分析得出这样一个结论：通过电子商务方式可以创造新的顾客价值来源，并在此基础上构建盈利模式。

4.3.2.1 成本效益分析的正确性

因特网的流行使许多人都乐观地认为它将给小公司带来与大公司竞争的机会，因为他们与大公司一样可以面对全世界的客户。但实际上大公司仍然有着小公司无可比拟的优势，那就是大公司在电子商务运作方式上有足够的资金和技术能力，而电子商务运作方式常常带来新的成本，有时甚至是巨大的成本。如在线杂货店模式的失败，就是因为对成本效益分析的不正确，因为杂货店的利润本来就很薄，而在线零售又产生了新的技术、营销、服务等成本。因此是否能进行正确的成本效益分析也是影响电子商务盈利模式能否成功的重要因素。

实施电子商务的效益可能是多方面的，包括质量效益、时间效益、成本效益以及竞争优势等，相对于成本而言有些效益是无形的并难以估算的，这也给电子商务盈利模式的设计带来难度。

4.3.2.2 盈利模式的可复制性

严格地说，任何盈利模式都是可复制的，只是复制的难度不同，而复制难度大则可以使竞争者难以进入，为自己的发展赢得时间。优秀的盈利模式是难以模仿的。企业通过确立自己的与众不同，如对客户的悉心照顾、无与伦比的实施能力等，来建立利润屏障，提高行业的进入门槛，从而保证利润来源不受侵犯。比如，直销模式人人都知道其如何运作，也都知道戴尔公司是此中翘楚，而且每个商家只要它愿意，都可以模仿戴尔的做法，但能不能取得与戴尔相同的业绩，完全是另外一回事。这就说明了好的商业模式是很难被人模仿的。如果一种电子商务盈利模式在盈利逻辑和成本效益分析上都是可行的，又能让竞争对手难以复制，那么取得成功的可能性会更大。以戴尔公司的成功为例，它的盈利模式来自过程的创新。对一种电子商务盈利模式而言，抓住时机，利用先发优势、网络效应、切换成本等手段使得其模式难以被竞争对手复制，也是其获得成功的重要因素。

4.3.2.3 提供价值的独特性

有时候独特的价值可能是新的思想，而更多的时候，它往往是产品和服务独特性的组合。这种组合要么可以向客户提供额外的价值，要么使客户能用更低的价格获得同样的利益，或者是用同样的价格获得更多的利益。例如，美国的大型连锁家用器具商场 Home Depot 就是将低价格、齐全的品种以及只有在高价专营商店才能得到的专业咨询服务结合起来，作为企业的盈利模式。

4.3.2.4 盈利模式的持久性

盈利模式设计的最终目的是为了能够长远获利，因此电子商务盈利模式应该瞄准长期目标，而不是短期目标或一锤子买卖，也就是说电子商务盈利模式应该具有一定的持久性。目前利用因特网赚钱的方式虽然不少，但是作为一种电子商务盈利模式必须是针对一种长期存在的市场所开发出来的。如果针对的只是一种临时的需求和市场，那不能算是一种成功的盈利模式，因为市场一旦失去了，就没有其存在的必要，这种模式必然失败。

4.3.2.5 盈利模式的可发展性

电子商务盈利模式在目前技术发展日新月异、竞争日趋激烈的时代要保持一定的持久性，与盈利模式的可扩展性是分不开的。这里所谓盈利模式的可扩展性，是指可利用现有盈利模式所拥有的顾客基础、相关活动、能力和技术开发新的收入来源，也指盈利模式的一些组成部分和连接环节是可以重新设计和改造的，以便向客户提供更好的价值。

总之，一种电子商务盈利模式的成功取决于多个方面，除了以上所列举的因素外，还受时机、宏观和微观环境等诸多因素的影响。在构建和实施某种电子商务盈利模式时，不仅需要找到顾客价值来源和构成形式以设计盈利模式，还要综合考虑各方面的影响，才能保证其更大的成功可能性。

【案例4-2】优视科技公司盈利模式分析

1. UC优视科技公司概况的分析

UC优视科技（下简称"UC"）是全球领先的移动互联网软件技术及应用服务提供商。自2004年创立以来，公司专注于产品设计和技术革新，致力于帮助手机用户快捷上网，构建了以UCweb手机浏览器为核心的开放性一站式移动互联网用户服务平台，短短8年时间，公司就积累了超过3亿的稳定用户量，得到包括中国著名IT企业家雷军、晨兴创投、诺基亚、阿里巴巴、纪源资本等著名资本的青睐，多轮融资加速扩张之后，最近更达到了10亿美元的市场估值。

（1）定位 UC将自己的战略定位为"全球领先的移动互联网软件技术及应用服务提供商"，而在现实中她用8年持续创新奠定了在移动互联网这块新疆土的核心地位。早在2004年，UC在全球做了一个重要的技术创新，那就是云计算，在当时叫做"服务器客户端混合计算技术"，公司认为未来手机上的浏览器一定会走云计算的路线。事实证明，当年UC的眼光是准确而独到，就连当今的国际著名浏览器开发商Opera等在技术上也要甘拜下风。现在的UC已经在移动互联网这场抢滩登陆战中打响了第一枪，也很好地掌握了领先的主导地位。

（2）业务系统 UC使用手机终端和网络服务器混合运算的方式致力于帮助手机用户更加快捷、更加稳定、更有兼容性地上网。他们专注于手机上网应用，注重用户体验的产品设计理念始终贯穿于整个研发团队的工作中。自成立至今，其核心产品UC浏览器的版本从1.0升级到8.5。一方面将音乐、视频、游戏和电子商务集成到UC浏览器上，不断丰富浏览器的功能来对抗对手的"平台+APP"模式；另一方面，通过移动社区UC乐园，UC浏览器还可以提供手机社交、LBS娱乐和手机游戏三大类服务。旗下的UC桌面、UC影音、UC迅雷和智能手机应用软件来电通等客户端产品都是让用户"更快捷、更经济、更顺畅地到达目的地"而推出的。这使得UC将竞争对手一一打败，牢牢掌握了控制权。

（3）关键资源能力 现在的UC，公司员工超过1000人，其中产品研发人员比例超过80%，已经成为国内最大的手机应用技术研发团队。而UC的关键资源能力或者核心竞争力正是这支研发团队的核心创造能力。首先是实现技术创新，帮助每个人的手机具备像PC一样快捷上网的能力，创造了众多的全球第一；其次是在模式上的创新，UC整个产业链包括用户、运营商、手机厂商和互联网公司四个重要环节，而UC的发展建设了整个生态系统，为整个产业创造了巨大价值。移动互联网的新时代正在到来，UC相信这个新时代必须通过创新才能真正驱动。

（4）盈利模式 UC不断地扩大用户的规模和范围，如今已拥有超过3亿的用户量，如何将"人流"变成"现金流"是移动互联网领域所关注的典型"二流理论"。根据UC的董事长兼CEO俞永福的说法，移动互联网的盈利模式有三种——移动广告、增值服务和电子商务。移动广告就是向企业收费，比如UC与百度等搜索引擎已开展合作，此举可通过浏览器产生的流量参与搜索引擎公司的广告分成；增值服务就是向用户收费，如学习qq将用户进行区别化，让甘愿付费的高级用户使用速度更快、功能更完备的浏览器服务；电子商务就是从电商交易中收取费用，借着与阿里巴巴合作的良机，UC正在加紧研发引入支付宝的新版浏览器，希望与阿里巴巴共同打造移动电子商务的大平台，然后收取部分中间费用。

（5）自由现金流结构和企业价值　自由现金流结构是企业经营过程中产生的现金流入扣除现金投资后的状况，其贴现值反映了采用该商业模式的企业的投资价值。由于UC还不是上市公司，在市场上难以找到他们的财报。但可以肯定的是，UC从移动广告、增值服务和电商中得到大量的经营现金流入实现盈利，而需要的投资主要是自身产品的升级研发和维护，而且随着技术的成熟使研发的边际成本不断降低，从而减少自身的现金投资规模，提高经营效率和资本收益，也提高了UC预期未来可以产生的自由现金流的贴现值，企业的投资价值也自然不断递增。

2. 案例特点分析

结合本章对电子商务盈利模式的介绍，我们发现UC的商业模式满足优秀商业模式的一些特点。

（1）顺应形势　好的商业模式都是适应形势，顺势而为的产物。在国内互联网行业，每一个崛起的互联网品牌背后都有着自己独特的商业模式支撑。传统门户背后是在线新闻，腾讯QQ背后是即时通信，盛大背后是游戏，百度背后是搜索，优酷背后是视频，阿里巴巴、淘宝、携程、当当背后是电子商务，前程无忧背后是招聘等，而如今的UC则是乘着移动互联网的东风，顺势而为，成为互联网商业模式的优秀新代表。

（2）能提供独特价值　UC凭借着产品和服务独特性的组合，始终以卓越的市场前瞻力和技术创新力推动着移动互联网领域的发展进程，致力于实现帮助全世界一半以上的人通过手机享受开放、便捷、低价的互联网服务，这是其他竞争者所不能创造的独特价值。

（3）难以被模仿　UC通过近十年的努力，确立自己的与众不同，如通过对用户体验的放大关注所积累的庞大用户群、通过团队强大研发能力获得行业领先的先进技术等，这些重要的元素让UC的商业模式变得独特而不可或缺，后能防御新创企业的模仿抄袭，前能抵挡行业巨头，如腾讯、Google的侵蚀吞并。

（4）基于本土化市场的模式创新　回顾中国PC互联网的发展史，中国都是在学习美国互联网的商业模式，然后在本地改良和实践。而UC的创业道路显得更为争气，他们并没有学习美国和日本，因为中国就拥有全球最大的移动通信网络、全球最大的手机用户、全球最大的移动互联网人口，牢牢地把握住本土化市场的优势，在移动通讯产业的各个环节上，一直站在行业制高点，UC创造了自己具有中国特色的商业模式。

3. 产品价值模式分析

产品的价值就是企业通过其产品和服务所能向消费者提供的价值。提供什么产品和服务给消费者，是商业模式的关键。产品或服务价值体现了企业对消费者的价值最大化。从本案例来看，UC所提供的服务就是让移动通信用户享受更开放、便捷、低价的移动互联网服务。

手机上网与PC上网之间存在巨大鸿沟，比如网络条件和终端特性的差异，这些差异恰恰导致了巨大的需求差异。UC正是为了弥补这些桌面互联网与移动互联网的差异鸿沟而设计自己产品的。UC使用手机终端和网络服务器混合运算的方式致力于帮助手机用户在考虑现有移动网络条件、手机屏幕大小和手机键盘输入方式的情况下更快、更好地到达他需要的位置。

目前，UC优视旗下产品包括UC浏览器和UC乐园（移动社交平台），以及来电通（手机通讯辅助软件）等多款移动互联网创新产品。其中核心产品UC浏览器覆盖了Symbian、Android、iOS、Windows Phone、Windows Mobile、Win CE、Java、MTK、Brew、Meego等主流移动操作系统的200多个著名品牌、超过3000款手机及平板电脑终端，帮助用户获取互联网资讯、娱乐、电子商务等各类服务。迄今，UC浏览器全球下载量突破15亿次，月度页面访问量（PV）超过1500亿的成绩，拥有超过3亿用户。

通过移动终端上网是这个时代人们最新的需求，而UC是中国首个拥有完整内核能力的浏览器公司，致力于提供宽带互联网和智能手机时代的极速手机浏览体验，这便是其为客户提供的最大价值所在。

4. 战略模式分析

随着移动互联网竞争的加剧，对于作为重要入口的手机浏览器的争夺也显得越来越激烈。UC作为中国第三方手机浏览器的领军者，在既有的优势以及未来市场竞争趋势面前，谨慎调整了战略方向，除了通过多应用的建立、塑造高黏性的应用矩阵之外，还大举国际化旗帜，这是其战略发展的重要一步。

早在前几年，UC就认准了国外蓝海市场，坚定不移地走国际化道路。UC现在已经服务于150个以上的国家和地区，发布了英文、俄文等多个国际语言版本产品。目前UC浏览器海外用户超过4000万，在东南亚、俄罗斯、非洲等地区取得了市场领先，其中印度地区市场份额超过20%，并设有专门的运营平台。而在最近，UC还联合Evernote、InMobi、新浪、搜狐、凤凰等一批国内外优秀企业，组建了业界首个移动互联网全球化组织——GGL联盟，共同开拓全球市场，大有抱团出海之势。UC跨出国门的这一小步必将带来中国互联网企业国际化的一大步，真正成为国际巨头。

5. 盈利模式分析

UC主要盈利手段有以下几种：① 流量付费。着力打造移动互联网的重要网络入口，类似于WEB的hao123，向网站收取流量费用。② 搜索引擎合作：比如根据具体的搜索向百度、google等搜索引擎收取费用。③ 预装收费：与终端制造商合作预装产品，按该应用最后实际激活的台数扣除。④ 内容收费：针对不同消费者提供特殊的增值服务来获取收入。⑤ 移动广告：通过产品吸引用户，通过用户吸引愿意为之埋单的广告主。⑥ 电子商务平台：与阿里合作，研发具有支付功能的浏览器产品，从而在电商交易中收取中间费用。总结而言，UC的盈利模式主要有三种——移动广告、增值服务和电子商务，分别是向企业收费、向用户收费和电子商务交易中间费用。用UC的董事长兼CEO俞永福的话说，在盈利模式上，UC像是一家"高速公路运营商"，首先它可以在高速公路的沿线立广告牌，然后建一些服务区提供增值服务，最后还可以与电子商务企业合作，并从中得到收入分成。

6. 资源整合模式分析

UC一直将自己定义为"管道工"。他们有一个总结叫"端、管、云"。互联网过去近十年积累的各种丰富多彩的应用和内容就是所谓的"云"。"端"即是手机终端用户。UC则以开放和合作的态度专注于做好中间的管道。所以，UC在整个产业链会涉及用户、运营商、手机厂商和互联网这四个重要环节。因此，UC就需要对价值链上和价值网内的资源和活动进行有效配置，具体如下：

（1）对于用户资源，通过产品不断创新和优化保持用户黏性，同时扩大用户规模与范围。巨大的用户群即是巨大的价值。

（2）对于手机厂商资源，通过出厂预装进行推广。中国手机小米用户很多，预装应用的激活率非常高，ROI（投入产出比）高，所以UC利用预装的途径很好地切入市场，并收到了很好的成效。

（3）对于互联网资源，UC把互联网上最重要的，或者被证明用户最需要或者最强的合作伙伴都与UC的平台进行嫁接，如果用户在手机上要进行支付，那UC就和支付宝的平台对接，而不用自己再去做一个支付系统。

（4）对于运营商资源，从目前发展来看，中国移动、中国电信以及中国联通三大运营商无疑是未来市场的话语权掌控者。因为他们掌握了太多的元素，对"端、管、云"每个环节

都能产生巨大的影响。但运营商也有很多局限,无论是体制、机制、效率等方面(和高成长型的科技企业相比)是有差距的,这就给了UC在管道搭建上的成长空间和技术创新。UC在执行其商业模式所需的核心能力是把用户、手机厂商、互联网企业和运营商等关键资源进行整合,也就是对价值链上和价值网内的资源进行有效配置,使得UC的发展如鱼得水。

7. 总结与思考

通过对UC优视案例的研究,我们看到,一个企业要做大做强,正确的商业模式可能比创业者的主观愿望更重要,UC的快速成长正是得益于自身模式的独特性和扩展性。电子商务的商业模式是一个不断试错和做减法的过程,一个从概念模糊到理念清晰的过程,如现在的UC,也在不断更新自己的产品模式。UCweb不仅仅是一种浏览器应用,更应该是浏览器平台,意味着UC要以更加开放和合作的态度来搭建一个移动互联网的服务平台,这也是UC目前战略的重点。而在未来,UC应成为这一行业的标杆和领头羊,从而由一个"游戏者"变成一个"规则制定者",到那时候,UC就有足够的话语权和绝对的领先优势,成为真正的不可撼动的国际IT巨头。

4.4 电子商务创业新商业模式

近年来,电子商务创业如火如荼,年轻人特别是学生群体投入到电子商务的创业热潮当中,而广阔的电子商务市场空间也提供了创业机会。截至2014年12月底,我国网民规模达6.2亿,互联网普及率为48.1%。我国手机网民规模达5.04亿,较2012年底增加4379万人,网民中使用手机上网的人群占比提升至80.5%。网民群体当中,学生群体成为上网用户的主力军,孕育着巨大的消费市场。2013年国内电子商务的交易总额突破了13万亿,占到国内GDP的8%,而随着移动商务、网络技术的不断发展,电子商务还有较大的发展空间。

随着互联网在我国的普及,网络会给我们带来越来越多的创富机会。由于网络创业对资金要求不高,大学生本身的知识储备和学习能力,又很容易突破技术方面的制约,再加上国家政策方面的支持,越来越多的大学生开始利用网络自主创业。同时,大学生学习能力较强,最熟悉互联网,往往非常了解网络市场和消费者需求。网络创业对大学生而言,是一种比较便捷的自主创业途径。同时,电子商务的应用范围和模式众多,而网络创业所需的成本、时间和技能要求往往相对来说,比起传统的服务销售和信息交付要低,因此也更容易成为大学生的普遍选择。

随着就业形势日趋严峻,毕业等于失业的现象困扰着年轻的大学毕业生们。近年来,政府和社会开始倡导高校毕业生自主创业,在我国互联网用户极速增加的环境下,其中网络创业由于准入门槛低、风险小、容易上手的特点成为大学生创业的首选,其主要方式为创办网站、网上开店和网上自由职业等。目前网络创业存在着激情有余理性不足、成功率偏低等问题。根据相关资料统计,大学生电子商务创业成功率还不足10%,从商业模式上看,模式陈旧单一、易于被复制、缺乏持续盈利能力、无核心竞争力等是电子商务创业遇到的普遍问题,下面就电子商务的发展特点与发展趋势,介绍电子商务创业可以借鉴的新商业模式。

电子商务行业在过往最大的问题就是流量成本高昂,毛利低下,同质化严重,造成客户忠诚度低、复购率低。对不少电商来讲,几乎无复购率可谈,只要一停止砸广告,订单马上直线下降。但是,市场上总有成功者。我们介绍几种新兴电子商务模式,看看聪明的企业家是如何成功进行电子商务创业,如何有效解决高流量成本、低毛利和低复购率这几个创业者遇到的难题,这将会给电子商务创业带来启示。

4.4.1 微博电商

微博是WEB2.0最典型的应用之一,无论是草根还是明星,微博都成为大家进行交互、发布信息的一个重要平台。微博除具有社交作用以外,庞大的用户群体使得微博成为电子商务的新模式。

【案例4-3】Rose Only

利用微博开花店,野兽派花店是第一个例子,开店的时候利用井柏然的大号推荐了一下,获得了第一批粉丝。以花艺展示结合感动的买花和卖花的故事,打动年轻人的心,获得极快速的微博传播和口碑效应。具有颠覆性的是,野兽派开店的时候都没有网站,连淘宝店都没有,只是一个微博。

微博和微信平台的兴起颠覆了人们很多传统的认知。很多初期受资金限制的企业,第一次发现原来获取用户并不一定非要去做个网站,做个APP,相反利用微博和微信平台可以有效获得品牌的传播。

微博在品牌推广方面的潜力有多大?可能超出很多人的想象。谁能想到在野兽派取得成功后,Rose Only却又能逆势而起,在2周内狂卷20万粉丝。Rose Only的成功几乎重塑了人们对微博的理解。一般来讲,当一个概念和品牌在一个社群取得第一名地位的时候,第二名进行超越是很难的。Rose Only的超越证明了一个道理,就是微博是一个如此碎片化的社群,任何品牌都未必能完全占据到用户的注意力。

Rose Only的成功有其原因。从人群选择上,Rose Only采取了娱乐和专业两条微博的大V传播线路。娱乐线,通过李小璐等娱乐明星的转发推荐,获得女性和年轻粉丝的青睐和多重转发。而在创投界IT界,Rose Only通过宣传其作为创业公司的卖点——一生只送一个人;迅速获得创业家杂志、36氪等主流IT媒体的力捧。两条传播路线交叉后,产生极大的化学反应,短短1周内,Rose Only就获得了10万粉丝。

模式优势:通过包装进口花,以花艺的方式提升了整体网络花卉业的档次,可以获得较高的毛利和客单价。像蘑菇街给淘宝导流的平均客单价是在80元左右;但同样是电商,高客单价和较高毛利是Rose Only的优势。另外,通过微博进行炒作和传播,获得海量粉丝和注意力,本质就是获取低价流量和忠诚粉丝的口碑传播。这解决了传统电商中流量获取成本高、客单价和毛利低的两大问题。

模式劣势:鲜花品类门槛较低、从业者甚多。从当初曾经名噪大江南北的莎啦啦花店到后来互联网花店千店争艳。虽然目前Rose Only在进口花、礼品、花艺、故事营销等新的概念下使网络花店获得重生,但从长远来讲,如何克服花店行业从业者分散、客户品牌黏性不够高这一问题,还是具有很大挑战。另外,微博毕竟是一个第三方平台,不可控性较高,用户的沉淀率不够。长远来讲,如果业务要做大,还是要有独立的网站以建立独立品牌知名度为好。

从该案例的成功可以对电子商务的创业者以更多启示,利用微博效应获得便宜流量和忠实粉丝;并通过情感营销获得品牌溢价,这是我们从Rose Only、野兽派这样的微博电商获得的启示。除此之外,利用微博进行本地化的小而美电商服务对更多的创业者有更广泛的启示。

4.4.2 工业品电商

在众多针对消费者的垂直电商苦苦挣扎时,不妨换个思路,寻找电子商务的新蓝海。

【案例4-4】科通芯城

科通芯城Cogobuy的模式说起来不复杂,利用深圳作为电子元器件产业中心的地位,通过互联网搭建一个全新的IC元器件采购平台。该平台上拥有众多国际知名品牌供应商,3000条优质产品线,50万种产品型号,移动手持、消费电子、通信网络等9大应用板块,完成了"一站式"IC元器件采购中心。简单而言,一边是电子元器件的买家(中小企业主),另外一方面是卖家(国际知名品牌供应商)。对接在一起,就成就了科通芯城的工业品电商模式。

科通芯城的价值在于开通了一条品牌IC元器件企业和下游中小制造企业的连接通路。过去大部分中小企业因为线下交易成本过高的问题而无法采购到品牌厂家的IC元器件,只能通过华强北等零散门店进行采购。作为中国首家IC元器件自营电商,科通芯城把过去20年线下分销集成的渠道资源,放到了线上前台,为中小企业提供丰富的正品品牌产品。科通芯城不但满足了下游客户的需求,同时也为上游品牌企业拓宽了客户渠道。中国的年IC元器件交易额超过2万亿元,其中30%的交易额由500万中小企业买家创造,科通芯城则可以通过线上渠道把这部分分散的中小企业客户需求集中起来,为品牌厂家拓展更多潜在客户,真正打造了一条一线品牌商和中小企业的桥梁通路。

IC元器件供应链的下游产业除了智能手机,还有PC、平板电脑、安防、医疗电子、工控、能源、汽车等,其中仅仅手机一项中国每年的出货量就有10亿部,如果以每部手机200元元器件采购额计算,仅手机市场IC元器件采购额就是2000亿元人民币,而整个IC元器件产业的年交易额则可达到2万亿元人民币,足以媲美整个3C市场和汽车市场,而涉及的领域却更广阔。科通芯城Cogobuy 2011年下半年正式上线,2011年第四季度平台交易额就过亿元。

科通芯城的模式并不是简单搭一个上下游平台,而是自采自销,从原厂采购,直接面向中小企业用户销售,从收入模式来讲,属于销售模式,以赚取利润差价为主。广泛的下游客户,可以从科通芯城的集采模式中获得小买家小批量采购负担不起的价格。更多时候,还不是价格,而是小买家根本买不到想买的货。所有的国际元器件大厂都重点供货给大客户。但在消费电子日新月异的今天,消费者需要厂家更快速地进行创新,甚至通过社会化媒体平台进行C2B的先有订单再有制造,这都需要供应链领域对小批量的高质量元器件需求有更快速的反应。科通芯城就应运而生了。

模式优势:姑且用B2C电商模式的一般性指标来考量科通芯城Cogobuy的自营电商模式,科通芯城Cogobuy的自营电商模式有如下优点。

① 单笔金额大:科通芯城Cogobuy的单笔金额一般在2万～5万元,是一般B2C商城的50～100倍(解决一般电商客单价低的问题)。

② 用户忠诚度更高:用户稳定率达到90%(由于中小企业主集中,不存在流量购买问题)。

③ 重复下单率高:科通芯城Cogobuy订单主要是来自生产性采购,一般企业的生产性采购会保持在4～10次/年(解决电商复购率低的问题)。

可以看到,针对垂直领域、专有客户的工业品电商,可以有效解决消费领域电商的高客户获取价格、复购率低、客单价毛利率低的三大问题。

模式劣势:科通芯城的工业品电商模式对资金和专业能力的要求都很高,门槛较高,不适合太小的初创团队。但是对于拥有一定行业资源的企业来讲,切入到供应链层面的电商,仍然有着极强的商业机会。科通芯城的案例其实可以给很多传统企业老板或者从业者以启示，只有敢于自我革命，并拥抱互联网，则会发现新的模式和蓝海。

有心的创业者千万不要简单地因为科通芯城的门槛很高而丧气。事实上科通芯城的成功能给大家带来很多有益的启示。科通芯城的模式本质上就是锁定客户（无流量购买之忧，并有高复购率），自己采购（可控制产品质量），高客单价。比如一家杭州的创业公司在日本开了一个日文的中国淘宝店的批发网站，他们选了一些适合日本市场的国内淘宝店产品的照片（衣服、包包）上传到该网站，并以国内价格加价25%左右为批发价。当日本卖家看中某件商品并下订单后，就迅速在国内的淘宝店下单递送到该企业在杭州的仓储中心，重新打包包装后，快递到日本的客户。这家公司创业一年多，年利润已经达到了300万；他们甚至在东京购买了一个12平方米的仓库，专门存放他们寄送到日本的包裹。这种模式虽然不是工业品电商，但和科通芯城的模式有着极惊人的相似之处：锁定客户，自己采购（他们会对淘宝店打分来进行质量控制），相对较高的客单价（零售变批发）。

4.4.3 微信电商

微信可以说是这几年的明星产品，用户数量多，产品迭代快，融合了移动电子商务方便、快捷、个性化的特征，通过微信打造电子商务也是目前的创新思路。

【案例4-5】微信卖板鸭

长沙有一位通过微信卖南京板鸭的创业者。他们公司做的事情简单，第一是拉用户，第二是通过电商来变现。

先说拉用户。该公司用了很多办法，比如建立了很多南京本地的吃喝玩乐用户微信群。为了吸引眼球，他们寻找粉丝数最多的南京女孩，然后把该姑娘挖过来工作。当群建到一定规模以后，就号召粉丝关注其公共账户。由于南京的特产是板鸭，而板鸭是南京人几乎每顿饭必吃的食品（据调查，全中国每年1/3的鸭子都被南京人吃掉），所以卖板鸭就成为了该公司的一个自然选择。随着粉丝数的增加，该公司也在增加其他适合南京市民的电商品类。

模式优势：微信电商有很多优势，首先最直接的就是省去了短信群发费。有营业额过千万的淘宝商家算过，一年光短信群发费，用微信就可以省掉十几二十万元。第二，微信的传播虽然不如微博，但信息依旧可能被分享到朋友圈或者群对话。第三是由于强制提醒推送，微信用户对推送商品链接的阅读率、打开率和购买率都比较高。

模式劣势：微信注定更适合作一个CRM平台。和微博的45°斜视不同的是，微信的用户潜意识里会有双向沟通的需要。杜蕾斯每天可以从其微信粉丝收到2万条各类的语音和文字留言，为此，杜蕾斯建立了专门的一个10人的团队来处理信息。财大气粗的杜蕾斯可以这么做，对于普通的创业公司是无法承担处理价值不高的微信信息的成本。微信电商要尽可能集中在高客单价和高毛利的领域才有更好的获利机会。

微信是一个精准信息平台。注定了信息越精准，电商的成单率就越高。比如案例中的板鸭，在南京人的社区中这个案例才成立。如果是换了外地人，板鸭的信息就可能被认为是垃圾信息。随着智能手机的普及，微信的低门槛帮助更多做小生意的人更好地创业。目前已经有了很多很朴实的成功案例，比如学校门口的大妈利用微信卖煎饼；水果摊老板不需要店面，只需要仓库，利用微信卖水果，月净利润4万元。当客户细分和精准到一个度以后，微

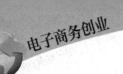

信广告就不是广告,而是信息。而发展客户也不需要像电商那样大海捞针式地买用户,而是重点发展忠诚客户。微信不仅在改变电商的格局,也在改变服务业的格局。上海的一位律师通过管理其几千个微信粉丝,获得了比其他律师多好几倍的业务。

4.4.4 社区电商

社区化电子商务模式主要是以社区发展为重心、以人为本,充分挖掘信息并分享,提供关系性服务,更好地促进社交活动。通过社区化的发展与完善,寻求电子商务盈利模式。这种模式的价值就在于强大的黏性和一定规模后的价值指数增长。巨大的黏性会聚合越来越多的受众。

社区电子商务的优势有:强大的用户群体与高度的信任和信用度,具有黏性的信用约束;通过社区化内容更好地进行信息挖掘、整合与创新,有利于电子商务模式的完善;消费能力强大,成功的运营模式将使企业具有相当可观的盈利,从而更好地为用户服务。

当然,社区电子商务也是有很大风险的。对于目前的网络环境和电子商务环境来说,做好社区电子商务就要做到以用户为本,使社区服务便利化和个性化来得到用户的黏性,给用户发挥创造性的空间。

【案例4-6】铁血网

铁血网这个案例很多人已经很熟悉。创始人蒋磊在清华读书的时候做了一个以军事为主题的论坛,获得了一批忠实的用户。一直没有合适的商业模式,就靠一点广告费苦苦支撑。后来有一个做房地产生意的用户,神话般地给蒋磊投资了100万元,蒋磊就靠这100万元支持了四五年,期间引进过Google的关键字广告,最多收入也不过每月几千美金。

由于军事人群很难对广告主产生精准广告的投放效益,最后蒋磊被逼走向了做自有军品商城这一条路。从2007年年底创始人蒋磊给国外供应商一封封发供货邮件到铁血做自有品牌"龙牙",铁血的电商之路甚至可以说惊人的顺利。2007年年底,铁血上线了第一款,也是当时唯一一款定价700多元的军事户外类外套,一个星期就卖出了十多件。出人意料的销售速度给了蒋磊底气,慢慢增加商品数量。2008年年初,铁血军品开始把商品种类扩充至墨镜、手电筒等。

铁血军品的销售数字很漂亮:2008年600万元,2009年猛增3倍多至2600万元,2010年突破5000万元,2011年7000多万元。

因为聚集了大批高度细分的用户,铁血的电商业务几乎不需要在其他网站上做推广,这为铁血网节省了大量的流量获取成本。

模式优势:如果要让蒋磊谈做社区电商的经验,他会简单地告诉你两个关键字:用户和品牌。在他看来,社区越垂直,做电商的成功可能性越大。社区掌握着大量的用户,这是商业价值的源头,而品牌是高附加值的代名词,也是各大电商试图提高利润率时首选的途径之一。换而言之,社区解决了低成本获取流量的问题,而自有品牌解决了电商行业中普遍存在的低毛利问题。

模式劣势:我们知道做独立平台的电子商务是一个牵涉多个环节的创业项目。从技术到美工到仓储管理,没有一样是轻松容易的。一个企业牵涉到的价值环节越多,管理越复杂,可扩展性就越弱。社区电子商务是媒体基因和零售基因的混合,打个比方就是一个企业既要知道怎么办报纸,又要懂得怎么开专卖店。很明显媒体和电商两种基因混合给铁血带来的挑战就是"天花板"明显,增长速度相对较慢,骨干员工不易培养。

社区电子商务注定是有价值的，除了军事领域之外的垂直细分仍然有很多的可能性。随着移动互联网的发展，更多基于兴趣爱好的小而美社区可以通过社区电子商务进行盈利。最近一群科比的粉丝，在移动互联网上利用简网（app.cutt.com）提供了一套万能APP生成器，创造了一个科比的手机社区，不仅有科比的最新新闻，还有粉丝之间的各种互动。该社区每天登陆的人数接近万人，可以想象，结合社区电子商务，该社区可以通过出售和科比相关的周边产品很快获得盈利。社区电商非常适合小而美的创业。如同之前所论述，如果规模做得很大，该模式就会遇到管理和人才的瓶颈。对于广大创业者来讲，兴趣和生意的结合，恐怕是社区电商的魅力所在。

社交网络服务到底应该如何盈利？怎么样来设计自己的盈利模式？普遍认为结合市场热度和资本呼声较高的电子商务将成为社区电子商务自我救赎的首选，即社区电子商务通过建立网络购物中心平台等模式衍生出交易费用提成、发行虚拟货币等盈利方式。实际上，"电商+SNS"的模式已有不少实践经验，向业内昭示了社区与电子商务融合与自我拓展之路。

社区电子商务要获得资本市场的认可，除了拥有大量忠实用户、成熟的商业模式及稳定增长的流量和收入外，还必须突破创新瓶颈，以获得长期关注。随着3G移动互联网时代的到来，移动SNS或可掀起下一个互联网热潮。无论社会化网络服务工具如何发展，归根结底还得归结到电子商务的角度，或者成为电子商务的某一个重要环节，从而打造和设计自己的电子商务盈利模式。

4.4.5 达人电商

在国内，乐峰网是达人经济的一个成功代表。作为著名电视主持人，李静主持多档节目，并推出了乐峰网，除了代理大牌外，还推出了自己的静佳品牌。乐峰获得红杉的巨额投资后，主打达人经济的王牌。在众多垂直电商沉迷于价格战的今天，乐蜂网要走一条区别于其他B2C电商的运营之路，即利用达人在粉丝群体中的影响力，开发周边产品，带动粉丝消费的运营模式，造星并且最大限度地挖掘明星达人背后的经济效应。乐峰试图通过签约和培养1000个草根达人，影响5000万粉丝，来完成这一中国的"玛莎·斯图尔特"壮举。

可能有人认为李静是明星，做达人经济才成功，其实不一定明星才能成功，小达人也不一定会失败，这里分享一个案例。

【案例4-7】Ayawawa的娃娃美颜课

Ayawawa杨冰阳是天涯和猫扑红人，在天涯时代，曾被评选为天涯十大美女，在猫扑时代，以一句"聪明的女人没我漂亮、漂亮的女人没我聪明"而走红。

杨冰阳网络身份为情感专家，她通过博客、电视和出版迅速成为了这个领域的"教主"。微博兴起以后，杨冰阳利用微博的力量更快速地扩大自己在这个领域的影响力，几年时间获得了67万粉丝。

杨冰阳认为只写书是无法支撑起达人经济的，她很快在淘宝上开了化妆品网店：娃娃美颜课。通过代理一线品牌，并通过微博上对美容和情感方面的答疑和辅导，把粉丝导入到自己的店铺。由于她的粉丝很多都具有购买力，她的店铺的平均客单价自然要高过普通的淘宝店铺。经过一段时间的经营之后，她的店铺也开始卖空气净化器等更高客单价的其他家庭关联产品。

模式优势：利用名人效应做生意的优势是显而易见的。因为是名人，大家会有信任感，会相信名人推荐的东西，当然也愿意多照顾名人的生意。这解决了电商行业中的流量成本高

的问题。实际来讲，只面对忠实客户做生意，是没有流量成本的。另外，因为对名人的信任，所以即使商品价格比其他网站要略高，也是可以接受的。当然既然是粉丝复购率也会比一般的电商网站高。

模式劣势：达人模式的劣势在于不易扩展。达人模式的成功建立在达人和潜在的粉丝进行深度持续的交流上。达人本身也需要持续经营和其产品相关的形象和内容，才能有效地建立起一批忠诚的粉丝群体。达人模式往往成也萧何，败也萧何，如果不能不断提高，人的光环反而会成为企业发展的瓶颈。

有很多朋友认为无论红人、达人，似乎离自己都遥不可及。实际上，任何人都可以成为达人，也都有可能缔造达人经济。比如一位朋友利用业余时间在淘宝开精油店的收入完全可以支付她高昂的学费和生活费。她曾经在新浪博客上写过好几年的关于精油方面的文章，俨然是新浪博客精油小专家。等她后来开店，自然生意就来了。

达人经济的要素是要深刻理解到自己的潜力，并要有成为某领域专家的决心和动力。当你成为某个特定群体的名人/意见领袖时，自然就可以开展达人经济。做达人一定要专注和细分。只要拥有专业影响力，做电商自然水到渠成。

以上五个电商模式分析了聪明的电商创业者是如何有效解决电商行业高流量成本、低毛利和低复购率这三个问题的。大家不要机械地纠结于哪几种模式；事实上时代在不断变化，终端在不断变化，用户也在不断变化，任何时候都有新的机会出现。聪明的电商创业者应该善于根据时代的变化，并结合自己的资源和长处，做出正确的选择。电商烧钱时代一去不复返，但电商和零售业结合的大时代却刚刚拉开帷幕。更多的新技术如大数据、虚拟换衣、图像识别将更深入地改变电商和零售业。新机会无处不在！

4.5 案例分析

【综合应用案例4-8】途牛旅游网商业模式分析

一、途牛网简介

途牛旅游网是南京途牛科技有限公司旗下的网站，该网站主要提供旅游度假产品的预订服务，产品全面，价格透明，支持全年365天400电话预订，并且提供丰富的后继服务和保障。

途牛旅游公司主要提供旅游线路、自助游、自驾游和公司旅游的服务，目前提供北京、上海、南京、杭州、苏州、天津、深圳、成都、武汉、重庆、宁波、西安、无锡、沈阳等全国64个城市出发旅游产品的预订，包括周边自助旅游（如景点门票、住宿、温泉等）、周边跟团旅游，国内长线跟团旅游，海南、云南、广西等自助旅游，以及包括中国港澳地区、马尔代夫海岛在内的自助游，出境跟团旅游等。

同时基于途牛全球的中文景点目录和中文旅游社区，可以帮助您了解目的地信息，制订出游计划，并方便地预订旅游过程中的服务。

二、公司发展历程

2006年，于敦德和严海峰两人创办了"途牛旅游网"。于敦德曾注册过域名tuniu.com"图牛"，原本打算做图片分享，改"图牛"为"途牛"，域名没有变化，分享的内容则变成了旅游攻略。

2007年，途牛开始为旅行社提供在线旅游产品预订平台，为合作旅行社带去了1000万元左右的预订额。

2008年，途牛网开始设立旅行社，尝试建立"网站+呼叫中心+落地"的模式，后获得戈壁200万美金风险投资。

2009年，获得DCM领头的B轮投资近千万美元。

2010年，网站结合销售团队和预订系统两方面优势，销售额快速增长，达4亿元人民币。

2011年，获得红杉资本、乐天集团、DCM、高原资本等C轮联合投资5000万美元。开始布局全国市场，设立多家分公司。同时增加了旅游产品品类，如景区门票、自驾游等，产品数量达到2万余种。出游人数是70万人次，销售额达12亿元人民币。

2012年，网站注册用户已达120万人，员工数已经达到了1500人左右。

三、途牛的主要产品

跟团游：包括周边短线游、国内长线游、出境游，行程透明、质量可靠。

自助游：海岛、港澳、三亚、丽江、九寨沟等既有国内自助游套餐，亦可单订某项产品或任意搭配组合，可以选择"机票+酒店""机票+酒店+接机"和"机票+酒店+门票"等自助游的产品。这些产品主要是以打包的形式售卖，价格会比用户自己单订便宜一些。虽然2013年途牛的自助游业务收入只有4890万元人民币，但交易额达到了11.3亿元人民币，只是在会计上只将佣金收入记为营收。

自驾游：途牛具有全球的中文景点目录，可以给客户提供详尽的目的地信息，并帮助你制订出游计划。

特色产品（公司旅游定制服务）：针对个性化需求为您量身定制个性化的旅游产品，用户可以与途牛的旅行专家一起商讨他们想要旅行的时间、在某个城市的停留时间、旅游期间的活动安排等旅行过程中的各种要素，实现专属旅游需求。这项业务在2013年也为途牛贡献了9%的交易额。

途牛组团游和自助游业务近两年都快速增长。2011年时组团游业务占据73%的交易额，但因为自助游增速快于团队游，所以自助游的占比从2011年的27%提高至2013年的37%。

此外，从途牛的网站我们可以看到，他们还提供了签证、景区门票、酒店预订（2013年11月上线）等服务，2013年这些服务共为途牛带来了2074万元人民币的营收。

途牛还会参与一些批发商的旅游产品设计，也会有一些专门针对途牛的包销产品。在马尔代夫等一些海外目的地，途牛已经开发出了针对华人的最全面的旅游产品（2013年途牛马尔代夫的组团游人数已经占到了中国去马尔代夫旅行总人数的10.9%）。2013年出境游业务为途牛贡献了70%的交易额。

四、途牛的运作模式

途牛网将国内众多的旅行社的旅游线路集中在一起分类管理，游客可以在途牛网访问、咨询和完成预订。而当游客与旅行社签订合同时，途牛网可以获得旅行社反馈的3%～7%的佣金。由于途牛开发出各大旅行社没有开发出的旅游线路市场，所以在这一块的获利比率相对较高。同时，海内外游轮票务销售、景点门票销售和酒店预订等也是其主要盈利来源之一。

从2013年开端，途牛网把更大心思花在产品和服务上，比如以往出现的是单个旅游路线产品，现在变成了多个产品可同时出现，力求让客户最简略、最便利地找到适合的路线；增强网络数据的实时更新，确保客户可以清晰地看到所有旅游路线的订单数量、最新订单、热点订单、老客户评价等,以此为自己提供出行参考。同时针对目前旅游产品鱼龙混淆的情形,途牛网还制订了回访制度,对所有订单进行逐个回访,确保服务质量,所有的回访记载公开透明地显示在网站上,分5项内容,依据客户的评价进行打分,并最终盘算出每个产品的满意度,便于跟踪晋升质量以及便利后续客户选择。据目前数据,客户的总体满意度到达了97%。图4-6为途牛网的运作模式。

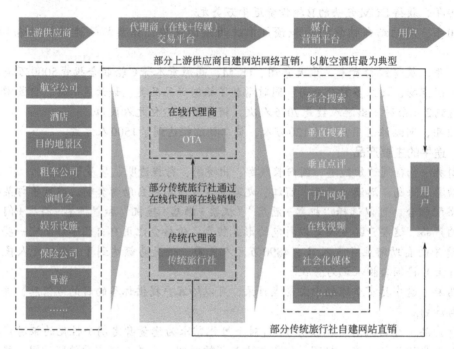

图4-6　途牛网的运作模式

五、途牛的商业模式

1.价值定位

公司通过其产品和服务向消费者提供价值。途牛网把"让旅游更简单"作为自己的使命,定位于大众旅游这个市场。公司的核心价值观是:"我们的价值取决于客户的满意程度,客户的满意程度取决于每一位员工的成长。"

2.目标市场

目标市场是创业公司打算通过营销来吸引的客户群,并向他们出售产品或服务。途牛网的主要客户群是白领阶层,他们有一定的消费能力,经常上网,对网络交易的信任感很高,其出行前通过网络搜索,比较不同在线旅游网站,找到潜在兴趣网站咨询,而大多数主动咨询的客户都能顺利完成交易。

3.销售和营销

由于途牛网的重要客户群是白领阶层,有固定的花费需求,于是网络营销中的竞价排名成了途牛网的主要营销手腕。据了解,目前途牛网投入的网络竞价排名营销费用占了总预算过半份额,而传统推广方法的营销费用仅占总投入的30%。虽然投入不菲,不过实际的效果却很好。2007年是途牛网竞价排名营销的第一年,在没有积聚、没有品牌的情形下,就取得了超过百万元的赢利,客源中有60%~70%是冲着竞价排名而来的;2008年,竞价排名营销的效果更为显著,为途牛网带来了近千万元的赢利。

(1)生产　途牛从众信等旅游批发商那里获得团队游产品,再通过其网站卖给消费者。

2012～2013年途牛是众信的第一大批发商客户。用户在途牛网站购买产品一般是预付费，所以销售款项先到途牛手中。通常情况下途牛不承担产品的库存风险，是先卖货后结款（1个月一结）；但在一些供应特别紧张的产品途牛也会先预付一些款项包销产品。途牛采购旅游产品的价格可以和批发商谈判商定，而终端销售的价格可以由途牛自己决定。

（2）分销　途牛分销平台自2014年6月初上线以来，洽谈、加盟的供应商和分销商数量已远远超过预期，截至2014年7月10日，已成功入驻2000多家供应商及5000多家分销商，涵盖全国出发的境内、境外线路产品，其平均价格保持同业最优。借助分销平台二期系统上线的契机，途牛特别推出三大优惠政策升级服务，回馈平台商户，具体如下：

① 红包政策2000元红包送不停。7月10日起至9月30日，凡在途牛分销平台成功注册的分销商用户，即可获赠分销平台独家送出的2000元红包大礼，红包适用于分销平台所有线路产品，每次可抵用一定的采购金。

② 返利政策满额返现惊喜不断。7月10日起，途牛分销商用户在分销平台每月采购产品金额达到一定额度，即可享受返利优惠。订单总额满10万元、20万元、50万元将分别享受1000～7000元不等的红包返利，订单总额越高，返利红包越多。

③ 特惠政策马尔代夫特价专享。作为国内马尔代夫销量领先的途牛，在马尔代夫产品价格上有着绝对的优势。以平台升级后途牛特别推出的"马尔代夫班度士岛-中国香港4晚6日自助游"爆款产品为例，该产品分销平台独家分销价仅9199元，在结算时，商户还可使用红包扣减金额，价格较市场价低近2000元。途牛分销平台负责人更表示，分销平台即将在全国范围对同行招收马尔代夫代理商。

过去旅游市场存在的信息不对称情况严重，许多三四线城市的中小旅行社根本无法获得有更多利润空间的同行价。途牛分销平台负责人表示，分销平台使渠道变得扁平化，能最大程度地帮助线下旅行社获得最优的价格。途牛分销平台在应对市场需求快速升级优化的同时，三大优惠活动的推出，更将有助于平台商户进一步享受到更多的利润。

业内人士表示，途牛分销平台的快速升级，标志着旅游行业B2B分销业务互联网平台化运作的最新进展，能够为整合旅游行业资源起到极大的促进作用，将迅速带动传统旅行社拥抱互联网、借助分销平台的互联网技术和资源优势升级转型。

4. 收入模式

途牛旅游网的收入主要通过跟团游、自助游以及其他相关服务获得。从招股书中可以看到，2013年跟团游占途牛签约毛收入的54%，周边游占到8%，自助游占到37%。人均签约毛收入部分，自助游达到了5000多元；周边游的人均消费最低，仅为300元。

根据招股书披露，途牛网的总营收在近3年的时间里，保持着大幅增长状态。2012年营业总收入的同比增长为45%，2013年的同比增长则达到了75%。与此同时，毛利率从2011年的3.1%提升到2013年的6.2%。

途牛目前仍处于亏损状态，如表4-3所示。净亏损率在过去的几年大幅收窄，从2011年的亏损12%缩窄到2013年的亏损4%。如果2014年毛利增长仍能保持目前的增速，公司将有望在近期开始盈利。

5. 成本结构

包括营销和销售成本、日常开支和售后成本，其中所占比例最高的是营销和销售成本。由于公司处于扩张阶段，营销费用必不可少，因此还处于亏损状态。未来两三年，跟随着在线旅游行业的快速发展，公司市场份额逐渐扩大，亏损有望逐渐收小，而盈利取决于市场份额扩大后的规模效益和现金流占用。

表4-3 途牛财报核心数据　　　　　　　　　　　　　　　单位：元

项目	2011年	2012年	2013年
总营收	7.72亿	11.20亿	19.62亿
—跟团游业务	7.51亿	10.75亿	18.93亿
—自助游	1176万	3240亿	4880万
—其他业务	270万	1290万	2070万
净营收	7.66万	11.12亿	19.50亿
营收成本	7.42亿	10.74亿	18.30亿
销售与营销支出	1.10亿	0.58亿	0.506亿
毛利润	0.238亿	0.391亿	1.02亿
运营亏损	1.00亿	1.13亿	9700万
净亏损	0.92亿	1.07亿	0.796亿
现金和现金等价物	—	2.99亿	4.19亿
短期投资	—	3000万	3.27亿

途牛的核心优势是采购成本。随着销量增大，采购成本、运营效率和品牌会形成进入壁垒。长期来说，盈利能力提升主要还是量的扩大，议价能力会增加，导致成本下降。

公司继续增加旅游顾问，将导致成本提高。在线下，公司有呼叫中心和旅游顾问。公司在2012年实现了转型，大量业务实现自动化，通过手机、互联网的预订量增加，呼叫中心缩小到招股说明书的84人。旅游顾问和呼叫中心的区别是，旅游顾问主要集中在出境游业务上，和产品紧密结合，按目的地划分。目前，有超过400人的旅游顾问，密切协助客户的预定流程，以高质量的客户服务提升客户数量和每单收入。培养一个旅游顾问大概需要1个月时间。由于产品比较标准，供应链比较好，旅游顾问处理单个订单的能力提高很多。总体来看，旅游顾问增长慢于销售增长。途牛的平台网络包括南京的呼叫中心和15个地区服务中心。2015年途牛线下服务中心从15个增加到30个，主要是做去欧洲的签证，降低风险，还有是与供应商沟通。

6. 竞争

途牛的模式在市场上除了悠哉网并没有直接的竞争对手，但其他旅游服务提供商已经加大在度假业务上的投入。携程、同程网、去哪儿、驴妈妈等公司将对途牛的市场份额带来威胁。

数据显示，携程2013年全年旅游度假业务营业收入为9.36亿元人民币，相比2012年增长36%，旅游度假业务营业收入占2013年和2012年总营业收入的16%。

携程2014年营业收入54亿元人民币，营业利润8.38亿元人民币，毛利率为74%，目前市值为67亿美元。简单对比，途牛网的市值或在10亿～20亿美元。

2013年10月《旅游法》发布以来，对于传统线下旅行社造成较大冲击，由于在线旅游拥有价格透明、产品多样化等优势，形成游客从线下到线上的转移趋势。而中国国旅、中青旅、春秋旅游、众信旅游等线下旅行社也在加大线上业务的投入，和途牛等旅游网站形成竞争和合作关系，如表4-4所示。

（1）独特的销售方案　将"网站＋呼叫中心＋旅游线路"发展成一条独特的流水线工程，打造"牛人专线"。从近千家旅行社，精心挑选出性价比高的旅行路线，再组成丰富的产品线，满足着消费者的个性化需求。消费者只需点击鼠标或打个电话，专业资深旅行顾问团将提供最贴心的服务。

表4-4 途牛与悠哉旅行网的比较

项目	途牛旅行网（www.tuniu.com）	悠哉旅行网（www.uzai.com）
投资背景	2008年，戈壁200万美金风险投资； 2009年，获得DCM领头的B轮投资近千万美元； 2011年，获得红杉资本、乐天集团、DCM、高原资本等C轮联合投资5000万美元	2010年7月获得国际著名风险投资基金今日资本的风险投资； 2011年9月，公司又获得今日资本的第二轮风险投资，并邀请著名影视明星孙红雷先生担任公司形象代言人
经营方向	提供旅游度假产品预订服务。目前提供17个城市出发旅游产品的预订，包括周边自助旅游、周边跟团旅游、国内长线跟团旅游，以及包括中国港澳、马尔代夫海岛在内的自助游、出境跟团旅游等	专注于旅游度假产品，主推随团旅游线路和自由行套餐，拥有出境游、国内游、周边游、自驾游等丰富的产品线。在拥有丰富产品资源的同时，悠哉旅游网着力于全面提升客户体验，以保证为客户提供细致化、多样化、个性化、人性化的服务
布局城市（陆续增加中）	17个城市（北京、上海、南京、杭州、苏州、天津、深圳、成都、武汉、重庆、宁波、西安、无锡、长沙、青岛、沈阳、温州）	10个城市（上海、北京、杭州、南京、天津、成都、宁波、深圳、无锡、武汉）
主打产品	"牛人专线"：是途牛旅游网倾心打造的独家品牌，致力于全面提升游客的游览体验。线路产品设计的出发点立足于游客体验，价格定位面向大众，对比同等价位其他线路，"牛人专线"拥有全面的优势。行程轻松不累，细节100%完全透明，且参团的都是途牛的客人，品质更有保证	"悠中选优"：是悠哉旅游网独具匠心、精心打造的独家品牌，在提升游客游览体验的同时，让游客享受到最实质的优惠。线路自身立足于游客体验，行程轻松休闲，100%省心与透明，且参团的都是悠哉的忠实客人，品质更有保证
网址综合排名	2926名	4722名
日均IP访问量[1周平均]	169220	112200

途牛网创立于2006年10月，彼时携程、艺龙已经是行业内的佼佼者，想要通过复制它们的模式获得胜利的可能性已经微乎其微。"在线旅游市场里，相比酒店机票的预订服务，专做旅游线路预订的很少，玩的人少就意味着机遇"。专家以为，尽管携程、艺龙等在渠道、产品资源等方面的优势为后来者建立了壮大的竞争壁垒，但途牛网只做旅游路线并对这一细分市场进行深耕细作，可以应用互联网优势整合旅游产业链，通过呼叫中心与业务运营体系服务客户。

上线"特卖"模式是途牛上市后"第一枪"，并宣称要打造在线旅游领域的"唯品会"。

这是途牛网通过互联网形式销售旅游产品后的又一次延伸。于敦德表示，现在整个行业的规模越来越大，出现了大量的库存尾货，以前可能通过亲朋好友去除库存，但现在显然难以支撑。

他表示，库存对于旅行社来说是实打实的成本，和唯品会主营的服装品类不同，旅游产品有时间限制，在发团之前如果销售不完，旅行社要承担所有成本。按照途牛网特卖的规则，旅行社一般在临近报名截止时间前上线库存产品，价格由旅行社自定，途牛作为平台收取一定比例的费用。

（2）市场大小、增长情况和份额 根据劲旅咨询，2013年在线旅游度假市场中，携程网的交易额占23.3%，途牛网占9.8%，其次是驴妈妈和同程网。2013年有56.6%的在线市场份额来自长尾，包括中小型OTA、旅行社官网及其他在线渠道。途牛网虽然与携程有一定差距，但也坐稳了第二的位置。

2013年，中国旅行社行业总交易额约为3174.3亿元，其中在线渠道旅游度假业务交易额约为293亿元，且市场渗透率不足10%，在线旅游企业仍有巨大发展空间。途牛在线旅游度假市场的占有率已经超过10%，如能顺利上市，伴随着品牌知名度的提升和资金方面的宽裕，预期未来几年仍能保持超过年60%以上的高增长。

六、未来挑战："途牛模式"可能遭挤压

需要指出的是，现有的"途牛模式"在未来有可能遭遇挑战。"途牛模式"的优势在于休闲度假产品的标准化和自动化程度都较低，途牛进入市场较早，集合了很多旅行社的线路报价和细节，降低了终端用户决定计划的时间和选择成本。

尽管"途牛模式"在市场上并没有直接的竞争对手，并且在旅游线路上拥有绝对优势，但其他旅游服务提供商已经加大了在度假业务上的投入，未来，途牛将面临市场的竞争，利润空间很可能会被压缩。在本次的招股书中，途牛也明确提出了自身面临的挑战，其中包括继续提供具有竞争力的旅游产品和服务、与现有和新竞争对手成功竞争等。

此外，跟团游是途牛目前最为倚重的收入来源。从2013年的增速来看自助游预订量已经超过团队游，而其所占比例也从27%增长至37%。但途牛在未来的产品侧重是否需要调整和丰富，从而取得市场优势，仍需公司来解答这个疑问。

最后，移动端的爆发、O2O概念火爆让旅游业无法忽视。据途牛招股书披露，2014年第一季度，来自移动的订单超过在线订单的20%。如何在移动互联网时代杀出重围，继续保持领先地位，也将是途牛不得不面临的另一难题。

思考题

1. 途牛网的盈利模式是什么？
2. 和其他在线旅游网站相比，途牛网的竞争优势有哪些？
3. 在目前的电子商务发展趋势下，途牛网还可以发展哪些业务？

思考题

一、名词解释

商业模式　盈利模式

二、简答题

1. 电子商务的盈利模式有哪些？
2. 作为创业者如何确定企业的盈利模式？
3. 社区电子商务的盈利模式是什么？
4. 移动电子商务环境下有哪些新盈利模式？

第5章 创业企业的经营管理

5.1 创业企业的组织结构设计

5.1.1 组织结构概述

组织结构是表明组织各部分排列顺序、空间位置、聚散状态、联系方式以及各要素之间相互关系的一种模式，是整个管理系统的"框架"。组织结构是组织的全体成员为实现组织目标，在管理工作中进行分工协作，在职务范围、责任、权利方面所形成的结构体系。组织结构是组织在职、责、权方面的动态结构体系，其本质是为实现组织战略目标而采取的一种分工协作体系，组织结构必须随着组织的重大战略调整而调整。组织结构是企业流程运转、部门设置及职能规划等最基本的结构依据，常见的组织结构形式包括直线制、职能制、直线职能制、矩阵制、事业部制等。

电子商务企业组织结构一般是柔性的扁平化的，在组织结构设计时应考虑：组织结构与信息技术系统之间保持一致、使跨职能工作团队成为企业组织结构的基础、能够使企业组织之间加强虚拟运作。

5.1.2 组织结构特征

电子商务要求组织结构具有以下特征。

（1）扁平化

扁平化是电子商务下企业组织变革最显著的特征。传统的工业时代的组织结构多为金字塔式的层级结构，分工明确、等级森严、便于控制，也存在人力资本过高、机构间互相推诿责任、内部信息传递不畅等问题，造成管理效率低下，不适合电子商务环境下的决策和管理，为了克服传统组织的这些缺点，出现扁平化趋势。组织结构的扁平化精简了结构层次，有利于信息的传递，大大提高了组织效率。

（2）网络化

企业组织结构的网络化主要体现在四个方面。

一是企业组织网络化。随着经济全球化的趋势众多企业之间的联系日益紧密起来，构成了企业组织形式的网络化。

二是营销组成网络化。现代企业通过很多方式，如连锁经营和各级代理等，形成了一个庞大的销售网络体系，使得企业的营销组成网络化。

三是企业内部组织网络化。由于企业组织架构日趋扁平，管理层次减少，跨度加大，组织内的横向联络不断增多，内部组织机构网络化正在形成。

四是信息传递网络化。随着计算机、移动设备的普及和移动互联网等技术的发展，企业信息传递和人际沟通已经逐渐数字化、网络化。不同部门、员工之间通过先进的通讯技术进行信息沟通和及时有效的交流，可增进员工之间的了解，提高其学习能力，并增强部门之间的协同能力。

（3）虚拟化

电子商务下企业组织要想具备竞争力，必须要有快速而强大的研发能力，有随市场变化而变化的生产和制造能力，有广泛而完善的销售网络，有庞大的资金力量，有能够生产出满足顾客需求的产品的质量保证能力和管理能力等，只有集上述各种功能优势于一体的组织才具有强大的市场竞争能力。事实上，大多数企业组织只有其中某一项或少数几项比较突出，具有竞争优势，而其他功能则并不具备竞争优势。为此，企业组织在有限资源条件下，为了取得最大的竞争优势，可仅保留企业组织中最关键、最具竞争优势的功能，而将其他功能虚拟化。虚拟化了的功能可通过借助各种外力进行弥补，并迅速实现资源重组，以便在竞争中最有效地对市场变化作出快速反应。

（4）组织决策的分散化

电子商务的发展要求企业组织由过去高度集中的决策中心模式改变为分散的多中心决策模式，组织的决策由基于流程的工作团队来制定。决策的分散化能够增强组织员工的参与感和责任感，从而大大提高决策的科学性和可操作性。

5.1.3 组织结构设计内容

组织结构作为组织内部各个职位、部门之间正式确定的、比较稳定的相互关系形式，其内容具体包括两个方面，即总体结构和职务工作结构。企业组织结构包含四个方面的内容。

（1）单位、部门和岗位的设置

企业组织单位、部门和岗位的设置，不是把一个企业组织分成几个部分，而是企业作为一个服务于特定目标的组织，必须由几个相应的部分构成，就像人要走路就需要脚一样。它不是由整体到部分进行分割，而是整体为了达到特定目标，必须有不同的部分。这种关系不能倒置。

（2）各个单位、部门和岗位的职责、权力的界定

这是对各个部分的目标、功能、作用的界定。如果一定的构成部分，没有不可或缺的目标功能、作用，就像人的尾巴一样会萎缩消失。这种界定就是一种分工，但却是一种有机体内部的分工。如嘴巴可以吃饭，也可以用于呼吸。

（3）单位、部门和岗位角色相互之间关系的界定

这就是界定各个部分在发挥作用时，彼此间如何协调、配合、补充、替代的关系。

这三个问题是紧密联系在一起的，在解决第一个问题的同时，实际上就已经解决了后面两个问题。但作为一项重大工作，三者存在一种彼此承接的关系。要对组织架构进行规范分析，其重点是第一个问题，后面两个问题是对第一个问题的进一步展开。

（4）企业组织架构设计规范的要求

对于这个问题，如果没有一个组织架构设计规范分析工具，就会陷入众说纷纭、莫衷一是的境地。企业组织架构设计规范化，也就是要达到企业内部系统功能完备、子系统功能担负分配合理、系统功能部门及岗位权责匹配、管理跨度合理四个标准。

组织结构大致分为三个部分：① 分工，即横向专业部门划分；② 纵向等级系统，包括权力的层级系统和职责的划分；③ 协调机制，包括制度规则、沟通网络与程序等。

【案例5-1】小米的组织结构

小米是最近电商创业的神话，2010年年底估值2.5亿美元，那个时候还没有出货，据说就是拿着已经有的订单去做的估值，2011年底估值10亿美元，2012年6月估值40亿美元，

2013年8月估值100亿美元,2014年估值450亿美元。小米的确是电商,但是,他不仅仅是电商。来看看小米玩的是什么:小米模式。这是一个从成本到产品到组织,三个方面颠覆的模式。

(1)成本上来讲,毛利趋零,利润递延;
(2)在产品层面,功能刚需,情感必需;
(3)组织:公司变小,社群变大。

小米现在估值达到450亿美元,一般我们很少碰到小米公司的销售员,遇到好多小米手机的销售员,只不过这些人都不是小米公司的。很多人有这样的经历,最近几年周围很多用小米手机的人,会不停地推销小米手机,所以,小米公司人不多,几乎全是做技术的(见图5-1),但他有几十万个小米粉,这些小米粉体现的作用比销售员还厉害,拼命地推销,又不拿工资。

小米现在除了手机,开始做小米盒子、小米电视、小米路由器、小米充电宝、MIUI、小米兔。大家知道什么是小米兔吗?一种毛茸茸的玩具,2014年卖了200多万个小米兔,200多万个小米兔比淘宝、天猫销售的所有毛绒玩具的总和还要多。

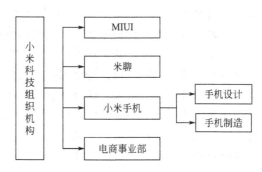

图5-1 小米公司的组织结构图

5.2 创业企业团队管理

5.2.1 创业团队文化

创业团队文化是组织文化的一个重要组成部分,是创业团队在建设发展过程中形成的,为创业团队成员所共有的工作态度、价值观念和行为规范,是一种具有创业团队个性的信念和行为方式。一个创业团队文化的状况,对创业团队工作的效能有着重大的影响。

创业团队文化作用的大小与创业团队文化是否浓郁、创业团队的共同愿望是否明确、创业团队成员是否具有进取心和合作性相关。一个具有鲜明的集团意识和明确的共同愿景而团结向上的创业团队,具有适应外部环境变化及处理内部冲突和竞争的能力。良好的创业团队文化可使得创业团队成员明确理解创业团队的目标,认可和接受创业团队的共同价值观,并在实践中维护和发展创业团队的价值观。

在企业管理理论中,对于创业团队文化的作用也给予了相当的重视。创业团队文化的作用主要表现在如下几个方面。

① 导向作用:它指明了创业团队的努力发展方向,把创业团队成员引导到创业团队所确定的创业团队目标上来。

② 凝聚作用:被创业团队成员认同的创业团队文化,会使创业团队成员在其氛围之中自觉沉浸,同时也会对创业团队合作伙伴和服务对象产生磁石效应。

③ 激励作用:有效的企业创业团队文化会产生一种巨大的推力,鼓舞创业团队成员进行努力,并让创业团队外部的合作者产生合作欲望,激发其信心。

④ 稳定作用：正确的文化存在着一种同化力量，削弱消极因素的影响，从而使正确理念得以在企业中贯彻，这就使创业团队处于有序状态，以利企业平稳而有力地运行。

⑤ 提升功能：先进的文化理念可提高创业团队形象的美感度，增加创业团队品牌的附加值。

【案例5-2】阿里巴巴企业文化构建

决定企业发展成长的永远是文化，文化永远是企业一切经营管理活动的核心。电子商务使企业内部资源得到重新整合，为企业带来了降低交易成本、提高效率、缩短生产周期等优势，同时也在企业产生了一种新的价值观，形成了自己独有的企业文化。阿里巴巴是1999年成立的，目前已成为全球企业间电子商务的第一品牌，也是全球国际贸易领域最大的网上交易市场和商人社区，是全球电子商务企业的代表。阿里巴巴的领导者在企业的发展过程中十分重视企业文化的建设，将阿里巴巴定位在一家有价值观、有使命感、把企业文化放在最高、强调结果、注重结果、强调流程的公司。阿里巴巴的领导者成功地在企业使命、价值观层面上发挥领导力，"让员工快乐工作成长，让用户得到满意服务，让社会感觉到我们存在的价值"的社会责任感与企业的价值观、用人机制、商业模式等紧密相连，充分认识到领导企业的使命、价值观才是最高境界。

作为企业文化构成的内容如企业的远景、企业的使命和价值观，阿里巴巴将其作为"制度化"建设提出，使其成为一个诉诸文字的"基本法"，体现阿里巴巴企业文化战略的重要性。在阿里巴巴工作的每一个员工都知道企业的远景目标是成为持续发展的百年企业，只要是商人就一定要用阿里巴巴；企业的使命就是让天下没有难做的生意！在阿里巴巴全国各地公司的墙上都贴着阿里巴巴的价值观：客户第一，关注客户的关注点，为客户提供建议和资讯，帮助客户成长；团队合作，共享共担，以小我完成大我；拥抱变化，突破自我，迎接变化；诚信，诚实正直，信守承诺；激情，永不言弃，乐观向上；敬业，以专业的态度和平常的心态做非凡的事情。同时管理理念的创新不断丰富企业文化的内涵。在阿里巴巴流传很广的管理理念就是"东方的智慧，西方的运作"。阿里巴巴的领导者认为东方人有深厚的智慧积淀，但在商业运作能力上有所欠缺，充满家族作风、小本本主义，而西方很多东西都是用制度来保证的，因此，在公司的管理、资本的运作、全球化的操作上，阿里巴巴毫不含糊地"全盘西化"。"东方的智慧、西方的运作，面向全世界的大市场"是阿里巴巴的精髓。正是这样的企业文化造就了伟大的企业，谱写着电商的神话。

5.2.2 创业团队不同阶段管理策略

创业团队是一种为共同目标而组建的团队，创业团队的创建与发展与一般团队一样有自己的过程和阶段。著名的塔克曼团队发展四阶段模型认为，任何团队的建设和发展都需要经历形成阶段、震荡阶段、规范阶段和表现阶段这四个阶段，创业团队也不例外，它的创建与发展同样要经历这四个阶段。虽然不同阶段之间并不一定界限分明，但每一阶段创业团队成员呈现出的心理特征还是有明显差异的，对应的创业团队建设的侧重点也就有所不同。

5.2.2.1 形成阶段

这一阶段创业团队成员心理处于极不稳定的状态，成员对自己在创业团队中的角色和职责、对创业团队的目标、其他成员及未来的同事关系等都表现出极不稳定的情绪，创业团队管理在这一阶段的管理工作如下。

① 应该积极讨论并明确各项工作制度。当创业团队成员明确项目目标要求及各自的分工和职责后，应在公平平等的环境下让创业团队成员共同讨论并明确各项需要共同遵守的制度。

② 明确创业团队成员以共同目标为导向。以项目的成功效益来鼓励和引导每位成员，产生美好的期望，还要不断向创业团队成员灌输公司企业文化。

5.2.2.2 震荡阶段

这一阶段创业团队成员的心理处于一种剧烈动荡的状态，创业团队成员的情绪特点是紧张、挫折、不满、对立和抵制。在这一阶段需要充分容忍不满的出现，解决冲突和协调关系，消除创业团队中的各种震荡因素，引导创业团队成员调整自己的心态和角色，使每个成员能够更好地了解自己的工作和职责以及自己与他人的关系，只有这样才能够使创业团队的成员顺利地度过这一阶段。这一阶段应该主要在以下几个方面多做工作：

① 对创业团队成员要理解、支持和包容；
② 鼓励创业团队成员参与管理、共同决策；
③ 培养和鼓励坦诚开放的创业团队精神。

5.2.2.3 规范阶段

规范阶段是经历了震荡阶段的考验后创业团队正常发展的阶段。这一阶段，创业团队成员对工作和环境已经接受并熟悉，成员之间的关系也已理顺。创业团队的文化氛围和凝聚力已经形成，相互间信任、合作和友谊的关系建立，各项规章制度正常运行。在这一阶段公司要督促创业团队成员按照规章制度的各种规范去改进和规范自己的行为，使项目全体成员拥有一定的凝聚力、归属感和集体感，从而提高整个创业团队的工作效率。

5.2.2.4 表现阶段

这一阶段创业团队在项目中积极工作并不断取得成绩，创业团队成员间相互信赖、关系融洽，工作绩效更高，创业团队成员集体感和荣誉感更强，更具有项目认同感，能够发挥个人潜力，提高工作效率。在这一阶段公司要对每个创业团队成员进一步授权授责，以使创业团队成员更好地自我管理和自我激励。

5.3 创业企业的经营管理

在中国，创业期的企业起步阶段一般偏重于经营，往往轻视管理。创业型企业好不过3年，活不过5年似乎已经成为惯例。要活下来，必须要过两道坎：第一是生存关，第二是管理关。

5.3.1 企业创业初期及管理

5.3.1.1 创业初期的企业特征

除非是企业家二次创业，一般企业创业初期都面临很多问题，如生存、资金流、人才等问题。创业初期的企业存在如下特征。

（1）创业初期是以生存为首要目标的行动阶段

创业初期的首要任务是在市场中生存下来，让消费者认识和接受自己的产品。随着移动电商的冲击，使得移动电商创业比传统电商更有前景。移动电商呈现去中心化的特点，使得产品成为核心，创业初期就是要通过各种手段和方法，提炼产品特点，让消费者记住并能够免费推广你的产品，想尽各种办法使企业生存下去。

创业初期，销售是此时最重要的任务。创业初期的销售有时甚至是不赚钱的，为了吸引顾客从消费其他人的产品和服务转移到自己的产品和服务上，即使不赚钱，甚至赔钱也卖。所以创业初期的销售收入增长很快，但由于成本增加更快，加上价格往往在成本附近，所以出现销量很大，但却没有利润的情况。

（2）资金不充足的阶段

创业初期大部分企业依靠自有资金创造自由现金流，资金流的控制非常重要。为了迅速铺开市场必须考虑吸引投资的问题，现在电子商务创业为了获得未来的客户均采用免费体验的营销策略，前期对资金的需求比传统创业要大，打造自己的产品，包装自己的想法，成为电商创业公司吸引风投很重要的手段。

（3）人员不足

创业初期很多公司存在员工不足的情况，呈现一个充分调动"所有的人做所有的事"的群体管理阶段；很多时候需要创业者亲力亲为，也是一个"创业者亲自深入运作细节"的阶段。

5.3.1.2 创业初期的营销管理

营销就是有利益的满足需求。在营销的过程中，企业要实现利润。不同行业、不同规模的企业，在营销手段上，所采取的方法都大相径庭。任何形式的营销手段，最终目的是把企业的产品卖出去。有了利润，企业才可以生存、发展。

（1）创业初期的营销方式

① 企业家营销　企业家营销就是在塑造企业家个人品牌的基础上，建立企业家与企业、品牌一对一的联想，从而深化并优化公众对企业、品牌的认知。企业家的个人品牌是企业形象和品牌形象的感性体现，个人品牌的塑造不仅仅满足个人职业生涯的需要，而是将你的个性形象恰当地传播出去，与企业形象、品牌形象形成合力，以争取公众的认同与理解。

现在很多非常成功的企业，最初的营销，竟然是创业者个人自己走出去，推销自己的产品。每个企业在创建之初，都经历了一个艰苦奋斗的过程。最初的营销过程，是对创业者心理素质的极大挑战。创业者自己对自己的产品最自信，创业者自己对自己的产品最了解，创业者自己可以在谈判中独立决策。在自己亲自推销的过程中，可以掌握客户的第一手资料。唯有了解细节，才会知道成本。

② 惯例式营销　惯例式营销是企业发展的结果。企业做大，必须要团队出击。细分市场是企业营销的基础。构建营销网络和队伍，是企业长大的必经过程。

③ 协调式营销　协调式营销要求部门经理或品牌代表与顾客面对面，以掌握市场最新信息。企业的产品应更好地满足客户的要求。

④ 做大企业的小伙伴　以巧取胜，取长补短，依附大企业成长。找到与大企业的共同利益，主动与他们结盟，变竞争对手为合作伙伴，借船出海，借梯登高，用大企业的竞争和市场优势来发展自己。

（2）发展正确的营销理念

① 创业者最初目标大多是独立生存　所谓经营理念，就是企业的经营目标。空洞的经营

理念不过是一句随处可见的口号,太雷同和抽象的经营理念不能让员工完全理解。创业初的经营理念相对简单而实在:为了生存。随着企业的发展,经营理念发生变化。

② 创业者从"为自己"变成"为职工" 有了员工们的辛勤劳动和付出,才有公司的繁荣和未来。为了员工的利益,也必须让企业做大、做强。随着企业的发展,创业者的经营理念,就从"为自己"而逐渐发展成"为员工"。

③ 创业者形成为社会做贡献的理念 企业得益于国家政策和社会上众人的帮助和提携,没有国家的稳定和繁荣富强作保障,企业就无法发展壮大。企业向国家缴税做贡献,是为了维护稳定的局面。企业理念的内涵有了进一步发展,"为社会"成为创业者的自觉行动力量。

5.3.1.3 创业初期的人力资源管理

人力资源管理的内容是制订人力资源管理战略和计划,并在其指导下,进行人员安排、业绩评定、员工激励、管理培训及决定报酬和劳资关系等。许多大型企业如今逐渐以"人力资源业务合作伙伴"取代之前的"人力资源经理"。对他们而言,人力资源部门不仅是企业所需人才的输送者,更是企业实现战略目标必不可少的商务伙伴,既要知道传统的招人流程,更要了解企业各事业部的发展战略、目标和业务开展情况,才能有的放矢地寻找合适的人才,使用富有竞争力的薪酬和培训吸引人才。创业初期的企业要学习成功的大型企业,将人力资源管理列为战略规划的重要组成部分,作为企业进行各项管理工作的基础和依据以及维持可持续发展的重要手段。

(1) 创业初期的人力资源规划

企业规模小,组织结构层次简单,决策权在主要创业者手中,决策简单,只要经营班子制订出可行性方案,更可迅速执行;决策与执行环节少,使得决策集中高效,执行快速有力,对于市场变化能够迅速做出反应;在用人机制上,创业企业有充分的用人自主权,能够吸引大批的人才加盟。

① 创业初期的人力资源规划,主要应该从业务开展的层面(包含技术、生产、营销等几个主要方面)以及企业整体运营来进行思考,同时结合企业的长远发展来进行规划。

② 根据企业开展的业务,思考清楚成立哪些机构或部门?需要配备什么样的人才?需要配备多少这样的人才?需要的人才来源在哪里?如何才能引进这样的人才?如何让这些人才在企业能够安心工作并发挥作用?企业在人才方面所做的预算是多少?一般员工的人数、来源、工作分配是怎样的?企业的薪酬福利制度是怎样的?

③ 企业要建立一个比较完善的薪酬分配制度,即利益分配机制,这是一个最基本的游戏规则,先有规则再请人。

④ 对企业的业务规模定位。提前预估,对企业生产能力和销售前景的合理预期是比较关键的,如果预估失准,可能会造成人力资源的浪费,或人员的紧缺。

(2) 创业初期的人力资源制度

一个新公司,制度并非大而全就好,只是一些关键性的制度不能少。作为初创企业,到底需要哪些人力资源制度呢?

① 基本的薪酬分配制度。

② 考勤制度。

③ 人员招聘制度(不能把一些根本不符合要求的人招到公司里来)。

④ 奖惩制度。

人力资源制度一定要结合企业的实际情况来制定,而不是到网上下载一堆东西来凑数。尤其是薪酬制度,一定要花时间和精力来制定,要确实能够起到激励员工的作用。

5.3.1.4 创业初期其他职能管理

系统相对集权,有可能使子系统之间严重失衡,缺乏计划和控制系统下高度的灵活性甚至是随机性,没有实施专业化管理的土壤,如果各个部门之间协调不好会降低工作效率。

① 计划　创业初期的企业更注重于对市场机会的开发、把握,以现有可以利用的市场机会确定经营方向,包括远景目标(3~20年)和实现远景目标战略(1~3年)。

② 领导方面　通过与所有能提供合作和帮助的人们进行大量的沟通交流,并提供有力的激励和鼓舞,率领大众朝着某个共同方向前进。

③ 控制方面　初创期企业尽量减少计划执行中的偏差,确保主要绩效指标的实现。

5.3.1.5 创业初期管理认识

(1) 要对公司运作和管理有正确的理解和思考方向

规范管理并不意味着公司必须有一大套繁文缛节的规章制度,创业期更是如此。任何管理的目标一定是使公司运作更加有效,而非纸面文章或者形式架构做得如何漂亮,它的衡量标准是成果而非过程。所以,重点的思考方向应该是,公司如何能够盈利,如何能够生存下去、如何能够取得自身独特的竞争优势等。另外,规范管理并非一朝一夕能够建立,它需要通过长期磨合才能形成。

(2) 要建立一套务实的、简单的公司运作管理的基本制度和原则

任何公司的运作和发展都需要一个系统的流程和体制,可以较简单,也可以很复杂,关键是视公司的具体情况而定。但任何公司在创业期,它的管理体制一定要讲究简单和务实。一般来说,公司运作都离不开资金、人才、技术和市场等要素,即使热衷于技术,但必须认识到,单靠技术是无法取胜的,还必须有一套基本的管理制度,主要是抓好人和财两个方面,如制定一本员工手册,规定道德准则、考勤制度、奖惩条例、薪资方案等方面的条文,这方面有许多样本可以参考,并根据公司自身特点选择重要的方面去制定。

其要点和原则在于形成简单务实的基本管理框架,并尽量遵照执行,且随着公司发展逐步修改完善,一定不要一开始就贪大求全且事无巨细,主要精力仍然要坚定不移地放在公司的生存方面,只有当某些管理条例随着公司发展显得滞后时,再去讨论完善或修改增补。

5.3.2　企业创业成长期特征、挑战与管理

5.3.2.1　企业成长期特征

一般认为企业成长是指企业由小变大、由弱变强的发展过程。而企业成长性是对企业成长状态的描述,指企业持续发展的能力,反映企业未来的经营效益与发展状况。高成长的公司通常表现为公司产业与所属行业具有发展性,产品前景广阔,公司规模逐年扩张,经营效益不断增长。企业的成长性水平不仅可以反映企业的发展状况,更能为企业制定未来战略规划提供参考信息,因此也成为企业管理者、投资者等相关利益方关注的重点。成长性企业的特征包括:立足朝阳行业或新兴行业,如电子商务就是朝阳行业和新兴行业;具有强大的市场开发能力;具有强大的技术开发和科研转化能力;具有明确的发展方向,主营业务突出。

5.3.2.2　成长期企业的主要挑战

(1) 不确定性对成长期企业的挑战

① 外部环境

高速变化带来的是高度不确定性,由于原材料价格波动,金融资本市场动荡,政府有关

管制放松，市场多样化，尤其是近年来电子商务的发展，加速了全球经济一体化进程，加剧了国际竞争，使得企业在最近10年中所面对的不确定性显著增加。低估不确定性，即认为环境是确定的，无须对未来做预测，这可能会导致企业无法及时识别对自身构成威胁的产业结构性变化，或是错失不确定性给企业带来的市场机会。而高估不确定性，即认为环境是完全不可预测的，从而放弃分析规划，而以直觉制定应急措施，企业可能会为此冒险行为付出巨大的代价。所以，正确应对企业运行中的不确定性，对于企业制定竞争战略至关重要。

② 内部环境

团队能否稳定。如果企业内部在创业初期没有明确的书面合作协议，对企业成长缺乏规划，进而在扩张过程中出现了利益冲突等方面的问题；由创业元老组成的创业团队成员在企业发展方向及重大经营决策等方面存在严重分歧而引发的创业团队裂变问题等。

持续创新和战略规划能力能否跟得上企业发展。富于创新是推动企业成长的主要动力。缺乏战略是制约企业成长的关键因素。生存的压力迫使新创建企业更加注重行动而非战略思考，甚至许多人认为新创企业和中小企业没有战略也不需要战略。

创业者角色转变。随着企业的成长发展，创业者在企业经营中的决定性作用能否转换，充满着不确定性。

（2）快速成长导致复杂性

环境的复杂性加大了企业的经营风险，同时对企业的经营管理工作提出一系列新的要求。企业家的一项经营决策失误往往会导致整个企业经营的失败，此时要求企业能够强化基础和规范化管理，但绝不能以丧失灵活性和对环境的适应能力为代价，能够迅速整合资源。

5.3.2.3 成长期企业的管理

（1）注重整合外部资源追求外部成长

创业初期企业的人力、财力、物力资源相对匮乏，注重借助别人（既包括竞争对手也包括合作者）的力量，发展壮大自身，便显得更加重要，这也是快速成长企业特别擅长的策略。而通过上市获得短缺资源并迅速扩大规模是实现成长的捷径之一。

（2）管理好保持企业持续成长的人力资本

快速成长企业的一个共同成功要素是其强有力的人力资源管理。快速成长企业的经营者并不一定要受过高等教育，但他们要雇佣一大批有能力的下属，他们通过构建规模较大的管理团队以便让更多的人参与决策。

（3）从创造资源到管好、用好资源

新企业的成长是靠资源的积累实现的，需要从注重创造资源转向管理好已经创造出来的资源，即从资源"开创"到资源"开发利用"。因此需要采取必要的措施，管理好客户资源，管理好有形和无形资产，通过现有资源创造最大价值。

（4）形成比较固定的企业价值观和文化氛围

大多数快速成长企业都有比较固定的企业价值观，用于支持企业的健康发展。快速成长企业的创建者非常热爱他们自己所从事的事业，他们审时度势，制定符合社会发展的价值观念，并倾注全部心血使企业的价值观延续下去。

（5）注重用成长的方式解决成长过程中出现的问题

注重在成长阶段主动变革；善于把握变革的切入点；重视人力资源的开发；注重系统建设。

（6）从过分追求速度转到突出企业的价值增加

当企业发展到一定程度时，就需要向价值增加快的方面转移和延展，以获得最大的价值增加。突出价值增加的另一方面就是企业品牌的打造。

5.4 创业企业财务管理

随着经济全球化和信息技术的飞速发展，传统的财务管理已经不适用于电子商务时代的需求，这种环境的变化使得新的财务管理思想、财务管理模式、实施途径和网络系统功能出现并完善。

本节论述了电子商务对传统财务管理的内容、职能的冲击，在此基础上给出了电子商务企业财务管理的定义和目标。然后从财务管理的战略角度出发来研究电子商务企业财务管理，并对电子商务下财务管理的战略环境、战略目标、战略内容以及战略实施程序进行了研究。

5.4.1 财务管理模式

财务管理（Financial Management）是在一定的整体目标下，关于资产的购置（投资）、资本的融通（筹资）和经营中现金流量（营运资金），以及利润分配的管理。财务管理是企业管理的一个组成部分，它是根据财经法规制度，按照财务管理的原则，组织企业财务活动，处理财务关系的一项经济管理工作。简单地说，财务管理是组织企业财务活动，处理财务关系的一项经济管理工作。

电子商务财务是指以财务管理为核心，业务管理与财务管理一体化，基于网络技术，支持电子商务，能够实现财务在线管理与业务协同，进行各种远程管理操作与处理的一种全新的财务管理模式。

传统的财务管理模式主要有：集权型财务管理模式；分权型财务管理模式；集权和分权相融合型财务管理模式。

电子商务下传统财务管理模式不适应发展需求，具体表现为：无法防范财务管理中出现的风险；财务信息安全得不到保障；无法满足电子商务的需求；不适应新的财务管理模式。

传统的财务管理模式没有实现在线办公，没有使用电子货币、电子支付等手段，造成财务管理及各个环节的工作滞后，消耗人力、物力，不适应电子商务发展的需要。另外，传统的财务管理模式没有充分借用内部和外部网络，使得管理分散，这不仅造成信息的反馈滞后，也使得对下属机构监管不力，最终降低了办事效率，不能适应网络经济发展的需求。显而易见，传统的企业财务管理模式跟不上电商发展的脚步。

在新环境下，企业全程的业务管理都可靠计算机来完成，不需要过多的人为干预，因此它要求在财务管理方式上实现在线管理、业务协同以及集中式的管理模式。在办公方式上，它支持在线办公，同时要求处理电子单据、电子支付等新介质。而传统的财务管理仅局限于内部的局域网，只是实现内部在线控制，没有打破时间和地域的限制，企业各部门信息传递慢，资源配置与业务安排不能协调同步，这些都给企业运作带来不便。

5.4.2 财务报表解读

在激烈的市场经济中,竞争战略的选择与竞争力的大小息息相关,而竞争战略的制定则离不开财务数据的支持,财务数据的分析可以让竞争战略更加理性化,从而可以提高企业竞争战略选择的正确性。虽然财务报表的重要性不言而喻,但要真正很好地掌握和利用这一堆枯燥的看似毫不相关的数据并不很容易。因为财务报表所反映的内容是浓缩的、高度概括和抽象的,很多报表项目是分开反映同一项经济内容的,这需要报表使用者综合各项知识积累和自身判断力来剖析和挖掘报表数据背后所隐藏和传递的经济内容,这就需要使用一些科学的分析方法,这一分析方法背后所涉及的知识结构和能力也具有很强的综合性,它是在公司战略分析、财务管理、财务会计、审计和经济学等学科的基础上形成的一门综合性学科。

5.4.2.1 财务报表分析基本理论

本部分主要分析和阐述了财务报表分析的定义,财务报表分析的原则、步骤和作用,财务报表分析的常用方法和综合分析方法,财务报表分析的局限性等内容。

根据2006年新发布的会计准则的规定:企业财务报表是企业对外提供的反映企业某一特定时期的财务状况以及一定期间的经营成果和现金流量等会计信息的文件,主要包括资产负债表活动所产生的经济后果,但由于其反映的内容比较专业和抽象、概括性高,需要采用科学系统的方法才能掌握和分析企业的真实状况。因此,企业财务报表分析作为一门融合了财务管理学、会计学、行为学及金融学的新兴科学应运而生。现行国际上通常将财务报表分析的概念区分为广义和狭义两种。狭义的财务报表分析就是单纯的财务分析,即采用专门方法有针对性、有重点地分析和考察企业财务报表相关数据的质量,评价企业一直以来的经营业绩、财务状况、资产质量及未来成长性,帮助报表使用者做出相应的经济决策。而广义的财务报表所包含的范畴更广,在狭义财务报表的分析基础上还包括对公司的SWOT分析、战略分析、未来发展前景预测以及证券投资分析等。财务分析就是要将枯燥的、表面上看毫无意义的报表数据翻译成对特定报表使用者有用的相关信息,为其经济决策提供重要的信息支持,减少决策的不确定性,改善其经济决策。

5.4.2.2 财务报表分析的作用

财务报表分析是为满足不同信息使用者的需求而进行的,克服了财务报表的一般局限性,充分发挥了财务报表的作用。科学合理的财务报表分析,可以帮助公司投资者、债权人以及其他利益相关者了解上市公司的整体财务状况,在深入分析的基础上进行相关预测和决策。

具体来说,财务报表分析的作用主要体现在以下三个方面。

① 通过财务分析,可以考核企业内部各职能部门和单位的工作业绩、相关计划指标的完成情况,揭示企业生产经营活动和管理中存在的问题,总结经验教训,帮助企业经营管理者改善企业的经营管理,提高管理水平。

② 通过财务分析,可以了解企业一定会计期间的财务状况、经营成果和现金流量情况,为投资者、债权人和其他外部利益相关者提供全面、系统的财务分析资料,便于他们更加深入地了解企业的真实经营状况,以做出相关的经济决策。

5.4.2.3 影响企业竞争战略的财务报表指标

企业竞争战略的选择一般分为两个问题,这两个问题是产业的吸引力和相对竞争地位。第一个问题是产业吸引力,由获利能力决定的,这种获利能力必须是长期的,因为不是每个

产业都会赢得长期且持续的获利机遇。这种获利能力对于一个产业来讲具有决定性意义，是企业发展必须具备的因素之一。第二个问题是相对竞争地位，由一个企业在行业内处于相对竞争地位的因素来决定的。在众多因素中，其中财务指标是衡量竞争地位强弱比较直观的一个因素。综合以上企业竞争战略的两个中心问题，财务分析对企业战略的影响尤为重要。

(1) 衡量合理负债策略的偿债能力指标

合理负债策略在企业的经营过程中通常有着举足轻重的作用。公司应该有效地利用杠杆作用使公司效益最大化，这是合理负债策略的核心魅力所在。负债资金太少，会造成流动资金浪费；负债资金太多，又会造成偿还困难，危及企业自身的信誉。所以，作为企业的经营者，分析企业偿还债务的能力是很有必要的，在企业的经营运作过程中要学会确定合理的负债率，合理地利用资金。

① 短期偿债能力分析　短期偿债能力是指企业对流动负债的偿还能力。短期偿债能力的高低取决于其流动资产的流动性，即资产变现的速度，也就是转换成现金的速度。企业流动性强代表变现能力强，意味着企业在短期内偿还债务的能力也强；流动性弱，意味着短期偿债能力也弱。其短期偿债能力分析主要进行流动比率的同业比较、历史比较和预算比较分析。主要指标如下。

a. 流动比率：是指企业流动资产与流动负债的比率。计算公式：

$$流动比率=流动资产/流动负债$$

流动比率是一个重要财务指标，它可以用来判断企业的短期偿债能力。比率越高说明企业偿还流动负债的能力越强，意味着流动负债得到偿还的保障能力越强。但是，如果流动比率比正常情况下要高，可能造成企业在流动资产上有过多的滞留资金，未能将其作用发挥到最大化，利用效果差，有可能会影响企业的获利能力。经验表明，流动比率维持在2∶1左右比较合适，我国目前较好水平为1.5∶1。最低一般不低于1.25∶1，如果低于1.25∶1，则企业的短期偿债风险较大。当然，对流动比率的分析还应该结合不同的行业特点和企业流动资产结构等其他因素。

b. 速动比率：速动比率又称"酸性测验比率"，是指企业速动资产与流动负债的比率。速动资产包括货币资金、短期投资、应收票据、应收账款、其他应收款项等，可以在较短时间内变现的资产。计算公式如下：

$$速动比率=速动资产/流动负债=（流动资产-存货-待摊费用）/流动负债$$

一般来说，流动资产扣除存货后称为速动资产。因为在流动资产中，存货经过销售才能转变为现金，若存货滞销，则其变现就成问题。速动比率是衡量企业流动资产中可以立即变现用于偿还流动负债的能力。通常认为速动比率一般应保持在1以上。行业不同，速动比率会有很大差别。

c. 现金比率：现金比率是指企业现金类资产与流动负债的比率。计算公式如下：

$$现金比率=现金/流动负债=（货币资金+有价证券或短期投资）/流动负债=（速动资产-应收账款）/流动负债$$

现金类资产包括企业所拥有的现金数额，包括资金和现金等价物。现金比率最能反映企业直接偿付流动负债的能力，比率越高，说明企业偿债能力越强。但是，如果企业拥有过多的现金类资产，导致现金比率过高，也就意味着企业的流动负债未能合理地运用，这会导致企业机会成本的增加。通常现金比率保持在30%左右为佳。

② 长期偿债能力分析　长期偿债能力是企业对债务的承担能力和对债务偿还的保障能力，其能力的强弱是反映企业财务安全和稳健程度的重要标志。

a. 资产负债率：资产负债率是指企业资产负债表中负债总额和资产总额的比值。计算公式如下：

$$资产负债率 = 负债总额 / 资产总额$$

资产负债率表明在企业的全部资产中，由债权人提供的资金是多少占多大比例，表示资产总额中有多少资金是债权人提供的，揭示企业所有者对投资人债务方的保障程度强弱。资产负债率应该小于1。资产负债率是衡量企业负债水平及风险程度的重要标志。一般认为资产负债率应该保持在40%～60%，但是不同的行业以及企业处于不同时期，企业对债务的态度是有区别的。

b. 产权比率：产权比率指企业负债总额与所有者权益总额的比例，此比率又称权益比率或资本负债率。该指标属于企业在长期内偿还债务能力的指标，衡量资金结构是否合理，此指标有重要的评估作用。计算公式如下：

$$产权比率 = 负债总额 / 所有者权益总额 \times 100\%$$

产权比率是一种相对关系，表明由债权人提供资金来源和投资者提供的资金来源的相对关系，反映企业长期资本结构，是衡量企业财务结构是否稳健的重要风向标。同时也表明债权人投入的资本受到股东权益保障的程度。该比率越高，说明企业偿还长期债务的能力越弱；该比率越低，表明企业所有者权益占总资产的比重越大，企业在资产方面的构架越合理，长期偿债能力越强。

c. 利息保障倍数：利息保障倍数又称已获利息倍数，是企业息税前利润与利息费用之比，反映企业获利能力对债务活动偿付的保障程度。其计算公式为：

$$利息保障倍数 = 息税前利润 / 利息费用$$

$$息税前利润 = 营业收入 - 经营成本 = 税前利润 + 利息费用$$

利息保障倍数反映企业经营收益为所需要支付的债务利息的倍数，即表示息税前利润是1元债务的利息的多少倍。倍数越大，利息支付越有保障，同时也意味着企业的长期偿债能力越强。通常认为，当利息保证系数在3或4以上时，企业付息能力是有保证的。

（2）衡量资产时效管理的营运能力指标

企业的营运能力主要指企业营运资产的效率与效益，通过用反映企业资产营运效率与效益的指标来判断和衡量企业对资产的管理营运水平，为企业提高经济效益指明前进的方向。首先营运能力分析可评价企业资产营运的时效，其次可发现企业在资产营运中存在的问题和不足，再次该指标分析是盈利能力分析和偿债能力分析的基础和有效补充。

① 总资产周转率　总资产周转率是指主营业务收入与全部资产平均额的比率，反映的是全部资产利用时效，该指标越高表明企业资产管理效率高，运营效益好。其计算公式为：

$$总资产周转率 = 主营业务收入 / 全部资产平均额$$

$$总资产周转天数 = 计算期天数（365）/ 总资产周转率$$

② 流动资产周转率　流动资产周转率是指企业在一定会计期间主营业务收入和流动资产平均额的比率，表明流动资产的使用经济效益。是既反映其周转的速度，又反映流动资产有效利用的基本指标。其计算公式如下：

$$流动资产周转率 = 主营业务收入 / 流动资产平均额$$

$$流动资产周转天数 = 计算期天数（365）/ 流动资产周转率$$

在一定时期该指标越大越好，指标大表明周转速度越快，资产营运能力越好；周转速度慢,其营运能力就越差。资金周转加快,可使一定的产出所需要的流动资金减少,同时又可以使一定的资产所取得的收入增加。

③ 存货周转率　存货周转率是指存货这项资产每循环周转一次所需要的时间天数,即在一定时期内存货占用资金可周转循环的次数,这个比例是个正指标,周转率越高越好。该指标和存货周转天数计算公式如下:

$$存货周转率=主营业务收入/平均存货$$

$$平均存货=(期初存货+期末存货)/2$$

$$存货周转天数=计算期天数(365)/存货周转率$$

影响存货周转率的主要因素有生产产品的原材料的周转率、在产品周转率、库存产品产成品周转率的影响。

④ 应收账款周转率　应收账款周转率是指企业在一定会计期内主营业务收入与应收账款平均余额的比率,表示企业在一定时期内应该回收的账款周转的次数,是一个流动性指标,用来衡量应收账款变现速度与管理的效率。其计算公式为:

$$应收账款周转率=主营业务收入/应收账款平均余额$$

$$应收账款平均余额=(期初应收账款+期末应收账款)/2$$

应收账款周转率高,意味着应收账款回收速度快,可以节约资金,同时还说明企业信用状况好或信誉等级高,不易发生坏账损失。反映款项回收速度还可以用应收账款周转天数表示,周转天数愈短愈好。计算公式为:

$$应收账款周转天数=计算期天数(365)/应收账款周转率$$

(3) 衡量经营方针策略的盈利能力指标

盈利是指企业在一定时期内赚取利润的能力,是企业经营的主要目标。盈利能力是企业内外各个关联方都关心的核心问题,围绕这一宗旨企业创造的利润率越高,代表企业盈利的能力越强;反之,企业创造的利润率越低,代表企业的盈利能力越差。盈利能力是经营管理者经营业绩和效能的集中表现,是投资者取得投资收益、债权人收取本金和利息的资金来源,也是职工集体福利设施不断完善的重要保障。因此,盈利能力分析是财务分析中的一项重要内容。反映企业盈利能力的指标,主要有营业利润率、总资产净利率、销售毛利率、销售净利率。

① 营业利润率　营业利润率是指企业一定时期营业利润与全部业务收入的比率,反映企业每100元销售净收入所实现的营业利润额。其计算公式为:

$$营业利润率=营业利润/全部业务收入\times 100\%$$

$$营业利润=销售净额-销售成本-营业费用-财务费用$$

营业利润率越高,表明企业的获利能力越强,营业销售额提供的营业利润越多;反之,营业利润率越低,说明企业盈利能力越弱。营业费用反映了企业全部业务收入扣除成本费后的获利能力,用来衡量经营活动获利能力的大小。

② 总资产净利率　总资产净利率是指净利润与平均资产总额的比率。该指标用来衡量公司运用全部资产所获得利润的水平高低,即公司每占用1元的资产平均能获得多少元的利润。其计算公式如下:

$$总资产净利润率=净利润/平均资产总额$$

$$平均资产总额=(期初资产总额+期末资产总额)/2$$

总资产净利率越高，表明公司投入产出水平越高，资产运营管理越有效，成本费用控制水平越高，体现出企业管理水平的高低和发展潜力的大小。

③ 销售毛利率　销售毛利率是企业销售毛利总额与企业销售净收入比率，该指标反映构成主营业务的商品生产和经营的获利能力。表示每1元销售收入扣除销售成本后，有多少钱可以用于各项期间费用并形成公司的盈利。分析者主要考察企业主营业务销售毛利率，其计算公式如下：

$$主营业务销售毛利率 = 主营业务收入 - 主营业务成本 / 主营业务成本 \times 100\%$$

该指标越高表明企业通过销售获取利润的能力越强，该指标越低表明企业通过销售获取利润的能力越差。销售毛利率是企业销售净利率的基础，只有足够大的毛利率公司才会有盈利。

④ 销售净利率　销售净利率又称净利润率，是指企业在一定时期的净利润与销售收入的比率。该指标反映企业每1元销售收入带来的净利润是多少，表示销售业务收入的收益质量。其计算公式如下：

$$销售净利率 = 净利润 / 销售收入 \times 100\%$$

该指标用来判断企业主营业务的获利能力大小，是评价企业经营效益盈利能力的主要指标之一。销售净利率是评价企业销售的最终获利能力的指标，该比率越高越好，比率越高说明企业获利能力越强。企业销售收入额增加的同时，净利润相应获得更多，才能使销售净利率保持不变或有所提高。还应该注意，盲目扩大生产和销售规模未必会为企业带来正的收益，因为企业在扩大销售的同时，销售费用、财务费用、管理费用三大费用支出也会增加，企业净利润并不一定会增长。

（4）衡量企业发展能力的相关指标

发展能力是企业在生存的基础上，扩大规模，壮大实力的潜在能力。企业的发展能力，换言之就是企业的成长性问题。具体的发展能力是指企业通过自身的生产经营活动或提供的服务，能够不断扩大资本积累而形成的未来发展的潜能和能力。企业能否健康发展取决于多种因素，包括外部经营环境、企业内在素质及资源条件等。在分析企业发展能力时，主要考察以下指标。

① 每股收益　每股收益即每股盈利（EPS），又称每股盈余，是指企业净利润和股本总数的比值。该比率反映了每股创造的净利润，比率越高表明所创造的利润越多。其计算公式如下：

$$每股收益 = 净利润 / 股本总数$$

该指标是普通股股东对所持股票价值的衡量，每一股能分享的利润是多少，如果企业亏损，承担的亏损额是多少。该指标通常被用来判断普通股的盈利能力及承担的风险系数，是预测企业成长潜能进而做出相关投资战略决策的财务指标。分析该指标时还应该注意：如果公司只有普通股，其股份数是指企业发行在外的普通股股数。如果企业存在优先股，还应需要将优先股股东的利息从税后净利润中予以扣除。

② 每股净资产　每股净资产是指股东权益与总股数的比率，反映每股股票所拥有的资产现值。该指标越高则股东拥有的资产现值越多，该指标越低则股东拥有的资产现值越少。其计算公式为：

$$每股净资产 = 股东权益 / 总股数$$

该项指标表示的是发行在外的每一普通股股份所能分配的公司账面净资产的价值。账面净资产指公司总资产减去负债股东权益总额。该指标反映在会计期末每一股份在公司账面上到底值多少钱,股票的投资价值越大公司发展潜力越强,投资者所承担的投资风险就越小。

③ 净资产收益率 净资产收益率是企业净利润与平均股东权益的比率,反映股东权益收益状况,衡量公司自用资本的效率。该指标是最具综合性与代表性的指标,反映了企业资本发展的综合效益。其计算公式如下:

$$净资产收益率 = 净利润/平均股东权益 \times 100\%$$

净资产收益率越大,说明公司的获利能力越强,竞争能力也越强。该指标不受行业的限制和规模的限制,反映资本的增值能力及投资者投资报酬的实现程度,因而是备受投资者关注的指标。净资产收益率指标对公司的筹资方式、筹资规模有一定的影响,从而影响公司的未来竞争策略。

④ 资本积累率 资本积累率是本年所有者权益增长额与年初所有者权益的比率,本年所有者权益增长额是所有者权益年末数与所有者所有者权益年初数的差额。该指标越高,表明企业的资本积累越多,企业资本保全性越强,增长性越好,企业持续发展的能力越大。其计算公式为:

$$资本积累率 = 本年所有者权益增长额/年初所有者权益 \times 100\%$$

资本积累率反映的是企业当年股东所有者权益总的增长率,该指标揭示了企业所有者权益在当年的变动水平,反映了投资者投入企业资本的安全性。该指标可以表示企业当年资本的积累能力,是衡量和判断企业是否有发展潜能的一个重要指标。资本积累率是企业扩大再生产的源泉,是企业发展强盛的标志,也展示了企业的发展活力。

⑤ 总资产增长率 总资产增长率是企业本年总资产增长额同上年资产总额的比率。该指标反映企业资产规模的扩充情况及扩张的速度,可以用来评价企业经营规模总量上的增长程度。该指标越高则表明在一个经营周期内或在一个会计期间企业资产经营规模扩张的速度就越快。其计算公式为:

$$总资产增长率 = 本年总资产增长额/上年资产总额 \times 100\%$$

在一个企业中,企业资产是取得收入的保障,在资产收益率保持在同一水平的情况下,通常情况下资产规模与收入之间呈现的是正比例关系。总资产增长率指标从企业资产总量扩张角度衡量企业的发展能力,来表明企业规模增长水平对企业发展能力的潜在影响。同时也应注意资产规模扩张的质与量的关系,进而避免盲目扩张浪费。

⑥ 利润增长率 利润增长率是企业在会计期实现的利润与上期实际利润的比率,即利润增减变动额与上期实际利润之比,利润增减变动额是报告期实际利润与上期实际利润的差额。其计算公式如下:

$$利润增长率 = 利润增减变动额/上期实际利润 \times 100\%$$

该指标计算两个年度利润额的变动额及变动率,以此对报告期利润的完成情况进行评价和分析。该指标涉及的实际利润可以使税后净利润、经营利润、利润总额等,具体分析应该结合实际需要而确定。

(5)衡量现金流控制策略的现金流量指标

现金流量是指企业一定会计期间的现金和现金等价物的流入和流出的数量。现金流量分为三大类:投资活动现金流量、筹资活动现金流量和经营活动现金流量。经营活动是指企业直接生产产品、销售商品或提供劳务的活动,是企业取得净利润的主要交易事项。投资活动,是指企业长期资产的构建和不包括现金等价物范围在内的投资及其处置活动。筹资活动,是指导致企业的资本及债务规模和构成比例发生变化的活动。

① 现金流入结构分析 该结构分析是用来衡量企业的三项业务活动关于现金的流入情况,如经营、投资、筹资三大活动,其各自活动的现金流入占全部现金流入中的比例,以及每项业务活动在现金流入方面项目结构状况,明确了企业现金的主要来源,同时为增加现金流入可以采取哪些方面措施等。

② 现金支出结构分析 现金支出结构分析是反映企业的三大业务活动现金的流出,如三大活动现金流出在全部现金流出中的比重以及各项业务活动现金流出中具体项目的构成情况。

③ 现金流量与总资产的比率 该指标是指企业经营所得现金占其资产总额的比重,反映企业以现金流量为基础的资产报酬率。其计算公式如下:

$$现金流量与总资产的比率=经营所得现金净/资产总额$$

该比率反映企业关于总资产的运营效果和效率。现金流量与总资产的比率越高,说明企业的资产运营效率越高越好。对于较高总资产收益率率的企业,如果该指标较低,则说明企业销售收入中的现金流量成分较低,企业的收益质量会比较低。

④ 现金流量与流动负债务比率 现金流量与流动负债是指年度经营活动产生的现金流量同流动负债之比,表明现金流量对流动负债情况的偿还程度,一般认为其标准值为1。其计算公式为:

$$现金流量与流动负债=经营活动现金净流量/流动负债\times100\%$$

该指标值越高,说明企业的流动性越好,现金流入对当期债务清偿的保障系数就越强,反之则表明企业的流动性比较差,其财务风险高。

⑤ 每股经营现金流量 是指用公司经营活动的现金流入减去经营活动的现金流出的数值除以总股本,又称每股经营活动产生的现金流量净额。该指标反映每股发行在外的普通股票平均占有的现金流量,或者说是反映公司为每一普通股获取的现金流入量的指标。其计算公式如下:

$$每股经营现金流量=经营活动产生的现金流量净额/年度末普通股总股本$$

每股经营现金流量的正负各自代表企业的收益与亏损。每股经营现金流量是最具实质的财务指标,主要反映平均每股所获得的现金流量,衡量是否有能力发给股东最高现金股利金额。现金流量理想的情况下公司的每股收益会变高或者每股未分配利润会很高,现金流量差的情况下,意味该上市公司没有足够的现金来保障股利的分红派息。

⑥ 净利润现金含量 净利润现金含量是指生产经营中产生的现金净流量与净利润之比。该指标也越大越好,表明企业销售回款能力较强,成本费用低,财务风险较小。其计算公式为:

$$净利润现金含量=经营活动产生的现金净流量/净利润$$

净利润现金含量反映在企业实现的收入中现金所占的收益比重是多大,也就是说当期实现的净利润中有多少是有现金保障的,对衡量企业的利润质量很有意义。

5.4.2.4 财务报表分析常用方法

随着财务会计理论和实务的不断发展,目前在我国会计实务界已经形成了一套固定、成熟的财务报表分析方法。纵观这些分析方法,共同的精髓就是比较,通过比较来发现问题、

分析问题并解决问题。具体而言主要有三种不同的分析方法：比率分析法、比较分析法和因素分析法。

（1）比率分析法

比率分析法是财务分析中最重要、最常用的一种分析方法。具体而言，是指对比企业同一时期财务报表中的相关项目，运用专门方法计算出一系列的能够反映企业不同方面能力的财务比率，通过这些比率的计算结果，敏锐地捕捉到其背后所隐藏的经济含义，继而揭示企业真实的财务状况。这一系列财务比率按其反映的内容不同可划分为以下三大类。

① 偿债能力比率　即反映企业偿还到期债务的能力，主要包括短期偿债能力分析和长期偿债能力分析，如流动比率、速动比率、现金比率、资产负债率和利息保障倍数等。

② 营运能力比率　即企业运用各项资产以赚取利润的能力，揭示了企业资金运营周转的情况，反映了企业对经济资源的管理和运用效率，如存货周转率、应收账款周转率、流动资产周转率和总资产周转率等。

③ 获利能力比率　即反映企业获取利润的能力。获利能力指标主要包括销售利润率、成本费用率、盈余现金保障倍数、总资产报酬率、股东权益报酬率等。需要注意的是，这些财务指标并非是孤立存在的，在运用这些比率进行具体评价时，一定要结合各指标综合分析。如评价企业短期偿债能力时需要考虑存货周转和应收账款周转情况，这样会使评价结果更值得信赖。另外，还应认识到会计信息质量如可靠性、相关性、可比性等都可能会影响比率分析的准确性。

（2）比较分析法

比较分析法是将同一企业不同时期的财务状况或不同企业之间的财务状况进行比较，从而揭示企业财务状况存在差异的分析方法，是最基本的财务报表分析方法，没有研究对象之间的比较，分析就无从谈起。比较分析的作用主要表现在：通过比较分析，可以发现差距，找出产生差异的原因，进一步判定企业的财务状况和经营成果；通过比较分析，可以确定企业生产经营活动的收益性和资金投向的安全性。使用比较分析法时，要注意对比指标之间的可比性，这是用好比较分析法的必要条件，否则就不能正确地说明问题，甚至得出错误的结论。所谓对比指标之间的可比性，是指相互比较的指标必须在指标内容、计价基础、计算口径、时间长度等方面保持高度一致性。如果是企业之间进行同类指标比较，还要注意企业之间的可比性。

（3）因素分析法

因素分析法，又称为连环替代法，是根据财务指标与其驱动因素之间的关系，将所分析指标分解为各个可以单独计量的因素，依次用各因素的比较值（通常为实际值）替换基准值（通常为标准值或计划值），从数量上确定各因素对分析指标的影响程度。因素分析法一般分为四个步骤。

① 确定分析对象，即确定需要分析的财务指标，比较其实际数额和标准数额（如上年实际数额），并计算两者的差额。

② 确定该财务指标的驱动因素，即根据该财务指标的形成过程，建立财务指标与各驱动因素之间的函数关系模型。

③ 确定驱动因素的替代顺序，即根据各驱动因素的重要性进行排序。

④ 按顺序计算各驱动因素脱离标准的差异对财务指标的影响。

（4）财务报表综合分析方法

上述三种常用方法所采用的分析方法和财务指标都比较孤立，在某种程度上具有一定的片面性或不足，它们都只是针对企业某一方面的财务状况进行分析，很难从总体上评价企业的财务状况、经营成果和现金流量，而随着经济的发展、企业竞争的不断加剧，财务报表分析也日趋复杂，因此财务报表综合分析方法应运而生。这一方法克服了前三种方法的缺陷，结合几个或多个侧面分析，立足于企业财务会计报告等会计资料，将各项单独的财务指标统一起来，全面、综合、系统地剖析企业整体的财务状况和经营成果。传统的综合分析方法有沃尔比重评分法与杜邦分析法。

① 沃尔比重评分法　沃尔比重评分法是一种横向比较企业间财务指标的综合评价方法，是由美国学者Alexander.Wole于1928年提出。该方法将所选定的、互不关联的财务指标用线性关系结合起来，并分别给定其在总评价中的比重，确定标准比率，计算各项指标的得分及总体指标的累计分数，并与实际比率相比较，从而直观和客观地判断和评价企业的总体水平。当然，任何分析方法都有不可避免的缺陷和不足之处，都不是尽善尽美的，沃尔比重分析法也不例外，在其实际应用中也存在一些问题。

a. 运用该方法的一个重要步骤是选择所评价指标并分配相应权重，而对于如何选择评价指标以及分配权重的合理性，理论上还没有一个合理的解释。

b. 由于该方法的特殊计算方法，当某一个指标严重异常时，会对总评分产生不合逻辑的重大影响。

② 杜邦分析法　杜邦分析法（DuPont Analysis）是由美国杜邦公司于20世纪20年代首创的财务报表综合分析方法，是对所选取的综合性较强的财务比率，即股东权益报酬率进行层层分解，利用几种主要财务比率指标之间的内在联系，解释指标变动的原因和变动趋势，将一个关系体系用不同的多个比率和数据联系在一起，综合分析和评价企业真实的财务状况和经营成果，为企业的有效运行出谋划策。杜邦分析系统主要涉及以下几种主要的财务比率关系：

$$股东权益报酬率＝总资产净利率×权益乘数$$
$$总资产净利率＝销售净利率×总资产周转率$$
$$销售净利率＝净利润/销售收入$$
$$总资产周转率＝销售收入/资产平均总额$$
$$股东权益报酬率＝销售净利率×总资产周转率×权益乘数$$

杜邦分析法主要利用现有财务指标进行分解，并不需要另外建立新的财务指标。该方法的原理是以股东权益报酬率为核心，将其分解为多个不同的财务比率，分别反映企业经营业绩的各个不同方面，同时各个比率之间可以互相转换，所采用的财务指标都是资产负债表和利润表中的指标，从而将企业的资产负债表和利润表联系在一起，考察分析企业的资本结构、资金运作、销售能力以及获利能力。根据各个财务比率所代表的经济含义，股东权益净利率实质上就是销售净利率、总资产周转率和权益乘数三者的乘积。在不同企业之间，这些指标也许存在着显著差异，通过对这些差异的分析比较，了解本企业不同于其他企业的经营战略和财务政策。具体而言，销售净利率和总资产周转率是反映企业经营战略的重要指标，企业经营管理者需要根据竞争环境和自身经营状况选择适合本企业的经营战略。两个指标相辅相成，通常呈反方向变化，应综合起来进行考虑，单独考虑销售净利率的高低无法真正判断出企业业绩的好坏，应把它与总资产周转率相联系。真正重要的是两者共同作用所得到的总资产净利率，总资产净利率可以反映管理者运用受托资产赚取盈利的业绩，是最重要的评价盈利能力的指标（图5-2）。

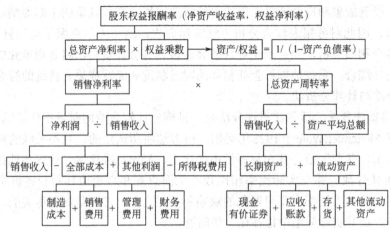

图 5-2 杜邦分析图

权益乘数指标反映了企业财务杠杆的高低,是企业财务政策的直观体现。在总资产净利率保持不变的情况下,提高财务杠杆可以提高股东权益报酬率,但同时也会增加财务风险,如何配置财务杠杆是企业最重要的财务政策,企业必须使其经营战略与财务政策相匹配。另外,在实际运用杜邦分析法进行分析时需要注意以下三个方面。

a.股东权益报酬率是一个综合性极强、最富有代表性的财务比率,是杜邦系统的核心。股东权益报酬率的高低取决于总资产净利率和权益乘数,总资产净利率主要反映企业在运用资产进行生产经营活动的效率如何,而权益乘数则主要反映了企业的筹资情况,即企业资金来源情况。

b.资产净利率则反映了企业获利能力,是影响股东权益报酬率的关键指标,它揭示了企业生产经营活动的效率,综合性也极强。总资产净利率的高低直接影响着股东权益报酬率的高低,而总资产净利率又受到销售净利率和总资产周转率两个指标的影响。销售净利率的高低,主要受销售收入和销售成本两方面因素的影响。因此,要提高销售净利率,必须双管齐下,开源节流。一方面要积极开拓市场,促进销售额持续稳定增长,另一方面要加强成本费用控制,优化生产管理流程,减少一切不合理不必要的开支,降低耗费。总资产周转率是反映企业营运能力的重要财务比率,能反映企业运用资产产生销售收入的能力,是销售收入与资产平均总额之比。在分析企业资产方面,主要应该分析以下两个方面:资产的各组成部分在总量上是否合理,即企业的资产结构是否合理;同时结合销售收入,分解总资产各个组成部分,结合存货周转率、应收账款周转率、流动资产周转率和固定资产周转率的计算分析结果,继而了解企业总资产的周转情况。

c.权益乘数是一个具有杠杆作用的财务指标,它主要受企业资产负债情况的影响。在总资产不变的情况下,适度增加负债比例,充分利用举债经营的优势,可以为企业带来较大的杠杆收益,大幅提高股东权益报酬率,但同时也会给企业带来了很大的财务风险。杜邦分析体系虽然在实务中被广泛使用,但仍然存在某些不足。

Ⅰ.杜邦分析法侧重于对企业财务方面的评价,分析资料主要来源于报表数据,对于未能在报表中反映而在实际中对企业的长期竞争力影响很大的一些因素,如人才、创新等,却未能加以考虑和分析,不能全面反映企业真实的经营状况。

Ⅱ.杜邦分析法主要是依据几种财务指标之间的关系进行分析,而这些指标结果具有短期性,有可能助长管理者的功利心理,滋生一些短期行为,忽略企业的长期发展,不利于企业的长期发展，并不能真正实现股东财富最大化的目标。

Ⅲ.杜邦分析法侧重于评价企业过去的经营成果，局限于事后的财务分析，而对分析企业未来的发展前景和增长潜力无能为力，这一缺陷在当今这个日新月异的社会更加凸显。

5.4.3 制订财务分析

财务分析需要花费较多的精力来具体分析，其中就包括现金流量表、资产负债表以及损益表的制备。流动资金是企业的生命线，因此企业在初创或扩张时，对流动资金需要有预先周详的计划和进行过程中的严格控制；损益表反映的是企业的赢利状况，它是企业在一段时间运作后的经营结果；资产负债表则反映某一时刻的企业状况，投资者可以用资产负债表中的数据得到的比率指标来衡量企业的经营状况以及可能的投资回报率。

一份好的财务规划对评估风险企业所需的资金数量，提高风险企业取得资金的可能性是十分关键的。如果财务规划准备得不好，会给投资者以企业管理人员缺乏经验的印象，降低风险企业的评估价值，同时也会增加企业的经营风险。

5.4.3.1 制订利润计划及编制方法

利润计划是利润管理的一种形式，是规定企业计划期内应实现的目标利润的书面文件，以计划利润额及其组成和计划利润率表现。

其内容包括：确定计划期内的产品销售利润、其他销售利润和营业外收支净额。制订利润计划的主要指标是计算计划期内的利润总额和利润率，用于反映企业实现利润的绝对数和相对数。编制利润计划的目的是促使企业合理组织生产经营活动，厉行增产节约，努力增加利润。

编制年度利润计划，首先应做好基础准备，了解各分公司本年经营情况，掌握存在的潜在盈利、潜在亏损因素。由集团公司有关职能部门统一确定下年度各分公司产品的产量、销量、价格等因素，分公司据此进行计划年度的产销平衡。年度利润计划具体的编制方法目前主要有增减因素法和顺算法。

增减因素法是以本年利润情况为基数，测出下年度产品产量、产品销量、产品价格、原料消耗、原料价格、制造费用等因素的增减变动，加上管理费用、财务费用等的增减变化，再考虑当年潜在盈利、潜在亏损因素后，得出下年度利润计划。该方法的优点是步骤简单，编制速度较快，能清楚反映下年度影响利润的有关增减因素。缺点是影响下年度利润的一些因素有被遗漏现象，特别是那些今年发生而明年不再发生的因素往往没有考虑到。

顺算法是按照基础准备工作完成的下年度产品产量、产品销量、产品价格等因素，预计下年度原料消耗、原料价格等变化，计算出有关损益情况，再考虑当年潜在盈利、潜在亏损因素，得出下年度利润计划。该方法的优点是测算过程比较全面，适合在下年度将实际经营情况与利润计划的各方面进行对比，发现管理中存在的问题。缺点是计算复杂，工作量大，有些因素如上年度库存产成品的影响等仍未考虑到。

有些集团公司为了使利润计划编制准确，要求分公司增减因素法和顺算法两种方法都做，认为当两者计算结果一致时，测算利润就比较准确了。这种做法虽然一定程度上能提高测算的准确率，但加大了工作量。而且从理论上来说，这两种测算方法的计算结果也只有在满足一系列复杂的特定条件才能相等。

综上所述，由于编制方法本身的问题，从理论上说顺算法与增减因素法的测算利润是难以相等的。实际工作中测算结果相等，并不是因为满足了有关特定条件，而是人为调整的缘故。两种方法相比较而言，顺算法更系统全面一些，便于今后的分析比较；增减因素法虽然

测算比较简便，但因素考虑不周全会产生误差。所以，编制工作应该以顺算法为主，以增减因素法为辅，为提高效率减少工作量也可只按顺算法测算。

5.4.3.2 确定企业的财务结构

财务结构是指企业全部资产是如何筹资取得的，也就是企业全部资产的对应项目，是指资产负债全部项目是如何构成的，以及它们之间的比例关系等。与企业财务结构密切相关的是资金结构。

商务印书馆《英汉证券投资词典》解释：财务结构 financial structure，亦作：金融结构，名词，不可数。公司资产如短期债务、长期债务、股东权益的比例构成。财务结构不但描述长期负债比例，同时兼顾短期负债；而资本构成仅考虑公司的长期债务、股东权益。参见：资本结构 capital structure。

财务结构主要有以下几个组成部分。

（1）资产

资产就是一个企业所拥有的东西。为了核算目的，又可分为流动资产和固定资产。

流动资产就是指可以在1年内转化（也就是从一种形式转化成另一种形式）的资产。现金包括出纳机内的钞票和硬币、经常账户内的存款和其他可以立即转化成现金的存款。一定数量的现金对于企业经营是必要的，但是现金本身不能带来收入，所以持有太多的现金会减少收入。

应收账款是由于向顾客提供不满1年的信用所产生的。信用销售可以维持较高的销售量，但选择顾客时要小心，要求他们必须能在一个合理的期限内偿还。

存货为采购、生产和销售提供了一个缓冲，所以必须保持一定量的存货，以为顾客服务。但是保留的存货太多，会占用资金，使其不能用于其他营利性资产。因此，持有的存货要取决于在收入和成本之间明智的平衡。

其他流动资产账户通常被称做短期投资和待摊费用，通常仅占小企业流动资产账户的一小部分，不需要太多地注意。

固定资产是企业希望长期拥有的物品，包括使用期超过1年的物品，比如建筑物、机器、固定设备、汽车和土地等。不同类型的固定资产有不同的使用寿命（即这类资产平均预期的使用时间）。其成本作为折旧每个时期都在减少，其结果也就是全部成本要分摊到资产的整个使用寿命之中。

新创企业可能发现租用固定资产要比自己购买更划算。例如，一个零售商可以租一个商店，从而可以避免在这巨面的巨额投资。

（2）负债

新创企业可以由业主通过投资或贷款获得资金，贷款就产生了需要偿还的义务，称为负债。第一，这些资产是必要的，可以增加所有者权益；第二，企业对债务除了偿还本金外，还要支付利息。来自于债权人的借款可以分成流动负债和长期负债。

流动负债是需要在1年内偿还的债务，包括应付账款、应付票据、预提费用（如薪水），这些都可以为企业提供服务，但却是企业尚未支付费用的物品。

应付账款是为购买的物品和劳务支付款项的义务，期限一般是30～60天，主要依据信用的期限而定。由于任何企业都应该保持充分的流动资产用于支付这些账款，所以维持较高的应付账款水平要求有较多的流动资产。因此应该决定企业原先的支付是否是可获利的，有些售货者为较早的付款打折扣。比如，为10天内的付款打折1%～2%。这是对企业所付款的一个很好的返还方法。

应付票据上面标有偿还的义务，还款期限要比应付账款长些，如90天票据。

债券和抵押是常见的长期负债，期限都在1年或1年以上。企业购买固定资产时，经常会产生这种债务。长期贷款可以用来购买固定资产并提供适当数量的营运资本，后者等于流动资产减去流动负债。这种类型的借款要求经常偿还利息。忽视这些负债，会增加不能应付其他偿还义务的风险。所以，企业要采用结合短期和长期负债的方式。

（3）所有者权益

所有者权益就是企业主占企业资产净值（资产减负债）的份额。业主可以以现金或分红的形式从利润中获得收入，或者随着未分配利润的增加，其在企业所占的份额也相应增加。业主也要承担亏损，那会减少他们的权益资本。

业主向股份制企业投资，他们会得到股份，并且业主所有者权益的数量（普通股）也会在企业的资产负债表上增加。

未分配利润是指留在企业而不是分给业主的利润。大多数企业都保留一些收入用作必需资金或提供发展资金。许多小企业的破产是由于业主给他们自己支付了太多的利润，从而减少了其资产。应该制定限制性数量，决定企业的收入哪些应该留在企业，哪些分配为收入。

（4）企业的获利活动

企业的获利活动影响了其财务结构，这些活动反映在收入和支出的数量上：

$$净收入(利润)=收入(收益)-支出(成本)$$

在一个给定的时期内，企业从事对外服务，从而可以获得收入。对于别人所提供的商品和服务，则要支付费用。这些收入和支出都显示在损益表上。

收入也称为销售收入，是企业通过提供服务和销售商品所获得的回报。企业获得收入的方式可以是现金或应收账款。

成本可以是为企业的员工或为向企业提供的商品或服务所支付的成本，包括原料、工资、公共设施、运输、折旧、税收和广告等，成本的发生导致收入的减少。有两种类型的成本：固定成本和可变成本。固定成本是那些无论企业是否经营，都会发生的成本，包括折旧、租金、保险费等。可变成本是随着经营水平而变化的，包括用于生产的劳动力和原材料以及销售产品的成本，加上促销费用和运输成本等，如果企业不经营，就没有可变成本。

利润也称为收益，是赚取的收入与付出的成本之间的差额。根据扣除的成本类型，利润可以被称作总收益、经营利润、税前利润和净利润。企业的利润表示了收入和成本之间的关系，因此，利润如果减少了，需要寻找原因，原因可能是成本上升、打了折扣或定价错误引起的单位销售收入下降，或者由于企业的基本经营面发生了变化。

5.4.3.3 制订企业的财务计划

（1）什么是财务计划

财务计划是指企业以货币形式预计计划期内资金的取得与运用和各项经营收支及财务成果的书面文件。它是企业经营计划的重要组成部分，是进行财务管理、财务监督的主要依据。财务计划是在生产、销售、物资供应、劳动工资、设备维修、技术组织等计划的基础上编制的，其目的是为了确立财务管理上的奋斗目标。在企业内部实行经济责任制，使生产经营活动按计划协调进行，挖掘增产节约潜力，提高经济效益。

① 长期计划　是指1年以上的计划，通常企业制订为期5年的长期计划。制订长期计划时应以公司的经营理念、业务领域、地域范围、定量的战略目标为基础，长期财务计划是实现公司战略的工具。

长期财务计划编制包括以下程序：编制预计财务报表；确认需要的资本；预测可用资本；建立控制资本分配和使用体系；制定修改计划的程序；建立激励报酬计划。

② 短期计划　是指一年一度的财务预算。财务预算是以货币表示的预期结果，它是计划工作的终点，也是控制工作的起点，它把计划和控制联系起来。各企业预算的精密程度、实施范围和编制方式有很大差异。预算工作的主要好处是促使各级主管人员对自己的工作进行详细的思考和确切的计划。

a. 由企业最高管理当局根据财务决策提出一定时期的经营目标，并向各级、各部门下达规划指标。

b. 各级、各部门在规划指标范围内，编制本部门预算草案。

c. 由财务部门或预算委员会对各部门预算草案进行审核、协调，汇总编制总预算并报企业负责人、董事会批准。

d. 将批准的预算下达各级、各部门执行。

（2）制订财务计划的基本步骤

① 确定计划并编制预计财务报表，运用这些预测结果分析经营计划对预计利润和财务比率的影响。

这些预测结果还能用于监督实施阶段的经营情况。实施情况一旦偏离计划，管理者能否很快得知，是控制系统好坏的重要标准，也是公司能否在一个变化迅速的世界取得成功的必要因素。

② 确认支持长期计划需要的资金，包括购买设备等固定资产以及存货、应收账款、研究开发、主要广告宣传需要的资金。

③ 预测未来长期可使用的资金　包括预测可从内部产生的资金和向外部融资的资金。任何财务限制导致的经营约束都必须在计划中体现。这些约束包括对资产负债率、流动比率、利息保障倍数等的限制。

④ 在企业内部建立并保持一个控制资金分配和使用的系统，目的是保证基础计划的适当展开。

⑤ 制定调整基本计划的程序　基本计划在一定的经济预测基础上制订，当基本计划所依赖的经济预测与实际的经济状况不符时，需要对计划及时作出调整。例如，如果实际经济走势强于预测，这些新条件必须在更新的计划里体现，如更高的生产计划额度、更大的市场份额等，并且计划调整得越快越好。因此，此步骤实际上是"反馈环节"，即基于实际情况的变化对财务计划进行修改。

⑥ 建立基于绩效的管理层报酬计划。

（3）编制方式

① 固定计划，即按计划期某一固定的经营水平编制的财务计划。

② 弹性计划，即按计划期内若干经营水平编制的具有伸缩性的财务计划。

③ 滚动计划，即用不断延续的方式，使计划期始终保持一定长度的财务计划。

④ 零基计划，即对计划期内指标不是从原有基础出发，而是以零为起点，考虑各项指标应达到的水平而编制的财务计划。

（4）财务计划编制内容

在中国，国有企业财务计划的主要内容包括：生产经营活动中的各项收入、支出和盈亏情况；产品成本（各种主要产品的单位成本以及可比产品成本较上年的降低率和降低额）和费用预算；纯收入的分配和亏损的弥补，以及企业与国家预算的缴款、拨款关系；流动资金来源和占用以及周转情况；专项基金的提存、使用以及企业依法留用利润的安排使用情况。

企业财务计划是编制国民经济计划和国家预算的重要依据。

编制财务计划的原则如下。

① 企业主要财务收支活动，应当体现国家计划对企业的指导，符合国家政策、法令的各项规定。

② 各项指标既要能够调动职工增产节约、改善经营管理的积极性，又要有切实措施保证其实现。

③ 财务计划中各项指标要与企业的全部生产经营活动相适应，要与其他各项计划协调一致。

④ 要按年度、季度和月度分别编制财务计划，以月保季、以季保年。

西方国家实行企业财务计划，还包括长期投资计划、短期投资计划，以及筹集资本和发放股利、支付公司债券利息计划。

（5）编制财务计划的作用

财务计划对保证企业财务目标的实现有以下三个作用。

① 财务计划可使企业目标具体化　在企业的总体目标或规划中，对企业在未来若干年内就达到的各项目标的规定，经过高度的概括和抽象，都比较原则和笼统。企业要完成其规定的经营目标，还要将其目标分解成各部门、各责任人应完成的具体指标。为保证这些具体指标的实施，各部门就要做好反复的预算平衡工作，明确各部门应完成的奋斗目标，以便合理地安排财务活动，做好财务工作。

② 财务计划可作为企业控制的标准和依据　财务计划的编制目的是为了约束和控制企业的财务行为。企业的财务部门需要把实际执行情况和计划进行对比以发现差异，找出原因，并采取必要的措施，保证计划的完成。因此，计划是控制日常财务活动的主要纲领。

③ 财务计划是考核各部门工作业绩的依据　财务计划不仅可以约束和控制企业的各项活动，而且还可用于作为评判企业各部门工作业绩的标准和依据。

（6）编制财务计划应该注意的问题

为了让财务计划更好地发挥作用，在财务计划的编制过程中应注意以下问题。

① 好的财务计划不是独立的，它与好的营销计划、生产运营计划等商业计划书的其他部分内容相辅相成。要完成财务计划，必须明确下列问题。

a. 产品在每一个期间的产量、销量有多大？

b. 企业何时需要进行生产扩张？

c. 单位产品的生产费用是多少？

d. 单位产品的定价是多少？

e. 使用什么分销渠道，所预期的成本和利润是多少？

f. 需要雇佣哪几种类型的人？

g. 人工成本预算是多少？

这些问题的回答离不开营销计划、生产运营计划等商业计划书的其他部分。假设企业在生产计划中不能说明其产品生产方式，在营销计划中不能预测其销售量，不能说明清楚其定价策略，那么在财务计划的编制过程中就不可能说明企业未来所能实现的收入是多少，为实现收入所必须支付的成本费用又是多少，同样也不能说明创业企业的资金需求量。但在财务计划的制订过程中，我们也可以通过专门的财务分析方法，比如利用盈亏分析法，根据目标利润来推算企业所需实现的最低销售量，推算企业在经营过程中为保证利润实现所允许的最大成本费用是多少。这些资料的提供又为营销计划、生产计划的修订提供了更切实际的帮助。

② 财务计划编制过程中应坚持谨慎原则，在对可能实现的收入、可能的现金流入量进行

估计的时候要适当保守,并且在条件允许的情况下,可以先设置多种情形的假设,然后再分别进行收入和现金流量的估计。这样做一方面可以为企业的成功前景奠定基础,另一方面又可以让投资者和创业者熟悉影响经营的各种因素,了解这些因素对企业的经营可能会产生怎样的影响。

③ 财务计划编制过程中要注意选择合适的方法和指标。风险投资者所进行的投资往往是长期的,因此在有关财务数据的计算过程中应考虑货币的时间价值,选择考虑货币时间价值的动态指标比不考虑货币时间价值的静态指标更能说明问题,比如有关资金成本的计算和投资预期回报的计算就应该使用净现值法,通过投资期内现金流入量现值和流出量现值之间的比较对投资方案所做的评价,就会比单纯将回报和与投资额直接相减得到的结论更具有说服力。

④ 财务计划的编制一定要与现代财务系统一致,尽量与国际财务体系接轨,这样可以让商业计划者能有机会接触到更多的投资者。

⑤ 财务计划编制过程中,为了让数据更有说服力,还可以提供竞争者的相关数据资料作为对比。通过与竞争者的数据对比,让投资者了解创业企业的优势所在,增强投资者的投资信心。

综上所述,商业计划书是创业者向投资者展现创业项目的潜力和价值,说服他们对项目进行投资和支持的重要文件,是帮助企业成功获得资金的重要因素,而一份有理有据、资料充分的财务计划书,则可以帮助商业计划书更好地发挥作用。

5.4.4 财务计划案例

5.4.4.1 股本结构

为保证网站建设的顺利实施,公司初建时共需注册资金500万元,其中公司创始者投资270万元,占54%。风险投资230万元,占46%,同时打算引入2～5家风险投资共同入股,既便于投资又有助于化解风险,并为以后可能的上市做准备。注册资金将主要用于建设和发展基础设施并积极改进网络服务平台,提高网上服务质量。

5.4.4.2 财务分析

(1) 资金投入

投资者可以以货币形式投资,也可以以一定的实物形式进行投资,重组债权,这些投资将用于网站的初期发展建设。具体概述如下:固定资产投入,根据市场销售预测结果分期扩大生产规模,生产和管理用房采用租赁形式,投资计划主要包括购买电脑设备、运营资金、获得竞争者的信息、资料获取费用等,合计投入近200万元。初期经营活动所需直接原材料、直接人工、制造费用、期间费用等资金80万。

(2) 主要财务假定

本公司的主要利润来源包括广告收入、向培训机构收取的佣金、销售点卡业务、培训资料销售等。主营业务税金及附加包括:营业税(主营业务收入×5%)、城市维护建设税(营业税税额×7%)、教育费附加税(营业税税额×3%),所得税税率为25%。(以上税率均以最新标准为主)。生产设备估计使用寿命10年,期末无残值,按直线折旧法计算计提。无形资产摊销年限为10年,采用平均年限法摊销。假设应收账款为当年主营业务收入的30%,坏账准备按应收账款1%计提。R&D费用比率(研究及开发费用):第1～3年60%,第4年50%,第5年40%以货币计量、持续经营为假设前提条件。

（3）投资收益与风险分析

投资决策分析是研究项目可行性的重要手段，因此引进了投资净现值法（NPV）、内含报酬率法（IRR）、投资回收期法来说明项目方案是否可行。

① 投资净现值　所谓的投资净现值（NPV），是指投资项目在有效期内或寿命期内的净现金流量按一定的折现率计算累计净现值之和

$$NPV = \sum NCF_t (1+i)^{-t} \qquad NPV = 21.5（万元） \qquad t=5$$

考虑到目前资金成本较低，以及资金的机会成本和投资的风险性等因素，i取10%（下同），此时，NPV=21.5（万元），大于零。计算期内盈利能力好，投资方案可行。

② 投资回收期　投资回收期是指以项目的净收益抵偿全部投资所需要的时间。一般以年为单位，开始年数从投资年算起。投资回收期是反映项目财务上偿还总投资的能力和资金周转速度的综合性指标，一般情况下，这一指标越短越好。

投资回收期 = 累计净现值出现正数的年数 $-1+$（未收回现金/当年现值）

通过净现金流量、折现率、投资额等数据用插值法计算，投资回收期为六年零三个月，投资方案可行。

③ 内含报酬率　内含报酬率（IRR）即项目在整个计算期内各年净现金流量现值累计等于零时的折现率，它反映了项目所占用资金的盈利率，是考察项目盈利能力的主要动态评价指标。它着重评价项目的商业可行性并估算项目所产生的收入能满足其偿还债务的程度，并且可用财务的现金流量采用试差法求得，该值越大越好。根据现金流量表计算内含报酬率公式如下。

$$NPV(IRR) = \sum_{t=0}^{n} NCF_t (1+IRR)^{-t} = 0 \qquad IRR = 34\%$$

内含报酬率达到34%，大于资金成本率10%，因此该项目可以采纳，而且前5年内市场增长性较好。

（4）财务指标分析

① 盈利能力分析　企业的盈利能力是指企业利用各种经济资源赚取利润的能力，是企业的重要经营目标，主要分为与投资有关的盈利能力分析和与销售有关的盈利能力分析两大类。

销售利润率 = 净利润/销售收入净额

资产净利润率 = 净利润/资产平均总额

企业的销售利润率及资产净利润率都比较高，能够给企业带来丰厚的利润，具有较强的权益资本获益能力。由于从第3年开始交纳所得税，所以净资产利润率略有下降，但随着规模效应的产生，仍呈现增长趋势。

② 营运能力分析　资产营运使企业在生产经营过程中实现资本增值的过程，也是宏观资源配置和微观经济管理的综合反映。

流动资产周转率 = 销售收入/流动资产平均余额

固定资产周转率 = 销售收入/固定资产平均余额

总资产周转率 = 销售收入/资产平均余额。

③ 偿债能力分析　短期的偿债能力，就是企业以流动资产偿还流动负债的能力。它反映企业偿付日常到期债务的实力。企业能否及时偿付到期的流动负债，是反映企业财务状况好坏的重要标志，而我们必须十分重视短期债务的偿还能力，维护企业的良好信誉。

流动比率＝流动资产/流动负债

资产负债率＝负债总额/资产总额

权益乘数＝资产总额/股东权益总额

利息保障倍数＝(息税前利润＋利息费用)/利息费用

5.4.5 阿里巴巴的财务分析

5.4.5.1 阿里巴巴战略的SWOT分析

(1) S（优势）

① 阿里巴巴内部优势

a. 阿里巴巴汇聚大量的市场供求信息。

b. 阿里巴巴的类别越来越细分化与全面，更具有针对性和有效性。

c. 阿里巴巴采用本土化的网站建设方式，针对不同国家采用当地的语言，简易可读。

d. 网站整体布局合理，自助购物，简洁易于操作。

e. 价格差异化大，门槛低。

f. 优秀的管理团队。

g. 会员数量大和会员忠诚度高。

中国的电子商务网站存在会员的争夺，阿里巴巴从时间和经验来说，比后来者更有优势，经过多年的发展，阿里已经积累了庞大的会员数量，同时在合理的运营过程当中培养了一大批忠实的会员，远远超越了前期起步中国制造网和万国商业网以及慧聪网等电子商务网站，会员续签率也基本保持在70%～80%的高水平。

② 阿里巴巴在外部环境　在中国很难找到另外一家能有阿里巴巴那样的品牌影响力和品牌知名度的电子商务网站，对于以信息集散地为基本功能的B2B商务网站来说，品牌就是价值。

a. 阿里巴巴从2003年起就开始针对全球买家进行系统营销和推广，多年经营和推广在全球买家中建立的知名度和信誉，成为其他竞争对手难以超越的核心竞争力。

b. 全球最大的华人论坛——以商会友，为全球的商人交流创造了极大的方便，也拉近了各处商人之间的距离，也提高了网站的知名度。

c. 阿里巴巴是全球最有实力的B2B平台：访问量很高、排名好。

d. 阿里巴巴是国内最大的网站B2B平台，电子商务界的领头羊。

e. 庞大的会员数目、知名度的提升、品牌的树立使阿里巴巴的信息覆盖面越来越大，吸引了商家的到来。

f. 适度但比较成功的市场运作，比如福布斯评选，提升了阿里巴巴的品牌价值和融资能力。

g. 强大的国际互联网企业联盟：通过股权关系，YAHOO、日本软银、阿里巴巴结成了坚定的国际互联网同盟，阿里巴巴能够获得YAHOO先进搜索技术的支持、日本YAHOO在C2C市场的成功经验，与行业最顶尖企业在技术、商业模式和行业趋势判断领域的共享，为公司的成长提供宝贵的支持和经验。

③ 阿里巴巴集团的全面布局　阿里巴巴的五大子公司：阿里巴巴、淘宝、支付宝、中国雅虎、阿里软件，已经完成了从B2B、B2C、搜索到支付、中小企业管理等电子商务领域的全方位布局，并在从商品生产到面对消费者销售整个商品流通环节的电子商务进程中占据了

绝对优势（至少是在目前的中国市场），这是其他电子商务网站无可比拟的优势。目前，阿里巴巴集团通过掌握商家资料（阿里巴巴和淘宝）、付款机制（支付宝）、实时通讯（淘宝旺旺）、内容（雅虎中国）和广告（阿里妈妈），横跨商业、媒体业和广告业，形成美国互联网公司 Ariba+eBay+PayPal+MSN+雅虎的综合体。如此宏伟的布局为全世界首见。

（2）W（劣势）

① 可模仿性高　阿里巴巴的这种中介模式具有可模仿性，这就为其他竞争者进入该行业提供了样本，也就为自己增加了竞争者。阿里巴巴所从事的行业属于服务性行业，行业的准入门槛较低，无论是资本还是技术的限制都不是很高，所以进入较为容易。同时由于现代科学技术尤其是网络技术和通信技术的迅速发展，技术的限制已经不是进入的主要限制因素。由于进入的难度不高，难免带来众多的对手。阿里巴巴的市场领先地位也极有可能使它成为众多对手的标杆。技术基础和经营模式很容易被模仿和复制。IT产业的迅猛发展，人才和技术的高速流动，市场需求的微细变化都有可能使一个IT企业在短时间内灰飞烟灭。

② 收费会员制度造成一部分顾客流失　阿里巴巴增加了收费会员制度，在转型过程中，会导致已有会员的流失，会给竞争对手创造条件，也会给网站的发展带来困难。中小企业由于受到规模和资金技术方面的制约，难免在选择电子商务的时候会高度重视成本问题。收费会员制度的实行对于一些规模小、享受习惯了免费服务的中小企业来说是增加了一笔开支和成本。于是有些企业会选择离开阿里巴巴。这个时候正好给其他的竞争者带来了机会，他们可以通过费用的降低来吸引中小企业。

③ 商务平台庞大而杂乱，信息质量不高　阿里巴巴原来的27个行业分类，800～900个行业门类成为其优化商务平台的最大阻碍。阿里巴巴的会员信息量大，这是它的优势，也是它的劣势，就是信息质量不高。大家可能看到阿里巴巴的海量交易信息，但是其信息质量不高将成为制约其发展的最大障碍。阿里巴巴里面的大量信息难免出现鱼龙混杂现象。信息质量不高直接带来商业声誉上的问题。而竞争对手正在这个部分做文章，像环球资源推出了信息认证，阿里巴巴应该重视和借鉴。

④ 对顾客的深层次需求缺乏考虑　阿里巴巴为国内许多企业搭建了一个网络上的B2B平台，然而从成本上的考虑和建设思想上的局限，B2B平台虽然免费赠送网站（实际上是若干网页），但是这样千篇一律，不能从各个企业所在的产业特点、竞争对手分析、营销突破点上给予一对一的指导和设计，更没有单独的营销策略可谈。阿里巴巴的服务从大的方面来说没能真正地切合到企业的深层次需求。这也是阿里巴巴需要努力的地方。

⑤ 只介入交易信息，不管交易过程，给后入者留下很大的空间　阿里巴巴的服务层面虽然很广大，但是这同时决定了阿里巴巴会遗留很多的市场空白。阿里巴巴只注重中介，没有向两边的延伸和扩展，这给后来的市场进入者带来了机会。他们成为阿里巴巴在这些细分领域的强劲对手。

（3）O（机会）

① B2B市场潜力巨大

a. B2B市场的增长：2013年中国电子商务B2B市场交易规模达7.1万亿元人民币，环比增长19.7%，中国电子商务B2B呈乐观增长趋势。

b. B2B市场的格局：根据EnfoDesk易观智库产业数据库最新发布的《2013年中国电子商务B2B市场季度数据监测报告》，2013年阿里巴巴、环球资源、慧聪网分别以46.4%、8.2%、4.4%占据市场前三位。首次行业领袖阿里巴巴继续保持高市场占有率，第二梯队慧聪网实现线上支付，整体市场稳步发展。主要得益于网络设施的不断完善，互联网自身高速发展，大数量的批发业务转移线上。

② 中国中小企业融资难　阿里巴巴推出的网络联保将给中小企业带来巨大的发展空间，帮助中小企业解决融资困难。

③ 拓展国外市场　阿里巴巴首先瞄准了中国最大的贸易伙伴日本。阿里巴巴在2008年7月与其股东日本软银集团建立了一家合资企业，2008年8月份公司又与韩国三家合作伙伴签订了谅解备忘录，欲在韩国推出韩语客服，2008年5月份它与孟买的Infomedia India组成战略伙伴关系，旨在吸引印度的中小型企业。

（4）T（威胁）

从阿里巴巴可能面临的威胁来看，主要有两方面：一方面是在B2B内部，阿里巴巴自身并不是非常完善，这也给了其他竞争对手看到超越他的可能性；另一方面B2B市场也不是非常完善，随着市场经济的发展，这种行业模式也有可能被新的模式取代，那依赖B2B贸易存活的阿里巴巴自然有可能面临被颠覆的威胁。

① B2B市场内部威胁　首先分析B2B市场，阿里巴巴的赢利主要在中国，但中国B2B的商业环境现状制约了阿里巴巴的进一步发展，如法律的健全、网上支付安全的漏洞、基础设施尚欠完善等都不利于阿里巴巴的发展。

a.盈利对象单一，市场机制不健全：从阿里巴巴的盈利来看，主要来自会员收费，而阿里巴巴的收费对象主要是中国中小企业，但中国政府虽然近年来加强了对中小企业的重视程度，鼓励支持中小企业的发展，但对于企业的网络交易等方面还没有建立起一套完整的体制，而且对网络服务行业的法律制定等还不是很规范，这种状况是阿里巴巴作为一个正规的大规模网络服务企业所不想看到但不得不面对的威胁。

b.竞争对手的多项发展：阿里巴巴的竞争对手已经拥有比较成熟的体系，这是阿里巴巴不得不面对的威胁。如环球资源已经在外贸这一块做了近30年，对于阿里巴巴致力于全球化来说这是一个巨大的威胁，而像网盛旗下的中国化工网、中国纺织网等垂直经营结构也是比较成熟的，并拥有一定的客户忠诚度，阿里巴巴想做细分市场战略的威胁不小。而且阿里巴巴线下贸易是一个短板，相对而言其竞争对手的多项发展是其重大威胁。

② B2B的外部威胁：B2B模式的商务网站近几年不仅在全球快速发展起来，又逐渐形成一种趋势——电子商务联盟——也就是兼并和合作趋势，这将会导致竞争越来越激烈。目前各家企业都在打并购牌，大小企业间的并购和强强联合已经成为一种趋势，阿里巴巴单独面对其中任何一家都不惧怕，但对于产生互补效应的联盟来说，其存在本身就是对B2B行业的冲击，加之强强联合的实力并不一定会让阿里巴巴的优势继续存在。对于阿里巴巴来说这是其必须要警觉的威胁之一。

5.4.5.2 阿里巴巴的财务分析

财务分析是整个分析体系中的核心内容，也是透视公司经营情况、预测股票价值的必要工具，现采用阿里巴巴财务数据及其他相关资料，采用横向分析、纵向分析和财务比率分析三种方法对阿里巴巴的财务状况进行剖析。

（1）阿里巴巴财务状况的横向分析

横向分析是对相邻两期财务报表间相同项目的变化进行比较。

企业的营业收入直接体现了企业的市场占有情况，也表明企业经营和竞争能力的强弱。对企业营业收入情况的分析，可以从营业收入的构成及其变动以及营业收入的增长情况等方面进行。

阿里巴巴的营业收入主要来自国际交易市场，国际市场营业收入约占总收入的70%，但我们从数据中也可以得知国内交易市场的增长率明显大于总营业收入的增长率，国内增长态势良好。

在2013年第2～4季度，阿里巴巴的营收增速超过了支出增速。其中阿里巴巴的营收成本同比增加了33%，至15.9亿美元；产品开发成本上升了34%，增至38.9亿美元。仅2013年第4季度，阿里巴巴总成本同比攀升52%，至16亿美元。不过同一时期，阿里巴巴的营收增速也取得了57%的增幅，净利润率达43.8%。仅2013年第4季度，阿里集团利润同比增幅高达104%。

2013年阿里集团的营业收入在67.63亿美元，增速在65.64%。除此之外其毛利润和净利润也都以更高的速度增长，分别为81.5%和467.7%。需要说明的是净利润如此高的增速是因为在2012年阿里支付给了雅虎5.5亿美元的一次性技术使用费用，拉低了全年的净利水平。

（2）阿里巴巴的纵向分析

纵向分析又称结构百分比分析，是指同一期间财务报表中不同项目间的比较与分析。

经分析，阿里巴巴的流动资产比重很高，其资产的流动性和变现能力便较强，企业的抗风险能力和应变能力较强，但缺乏雄厚的固定资产作后盾，可能稳定性会略差，但对于成长型企业，出现这种情况是正常的。流动资产比重上升，说明企业应变能力提高，企业创造利润和发展的机会增加，加速资金周转的潜力较大。这也明显反映出阿里巴巴于2007年融资了大量的资金，为今后公司扩张、市场开拓、产品开发及员工培训的费用奠定了基础。

阿里巴巴资本结构的变化正由激进型的资本结构向适中型的资本结构变化，积极型的资本结构会导致过高的负债比率，会使企业的所有者权益比重下降，所有者权益对债务的保证程度下降，引起债务危机的可能性增大。所以当阿里巴巴已经步入盈利能力很好的时候，他就赶紧调整资本结构以便降低风险。

三大现金流量净额趋势分析？阿里巴巴经营活动产生的现金流量已经处于良好的运转状态，不但能够支付因经营活动而引起的货币流出、补偿全部当期的非现金消耗性成本，而且还有余力为企业的投资等活动提供现金流量支持，对企业投资规模的扩大起着重要的促进作用。企业投资活动产生的现金净流量处于小于零的情况，这正好符合企业处于市场扩张、企业的发展期。

（3）阿里巴巴财务比率分析并与竞争对手比较

阿里巴巴在2007年前后偿债能力发生了巨大的变化，提高了企业的偿债声誉，为以后的融资奠定了良好的基础。

① 营运能力分析　阿里巴巴对全部资产的使用率基本保持稳定，但闲置资金较多，导致流动资产周转率下降，从而影响总资产周转率。

② 增长能力分析　单从净利润增长率来看，可知阿里巴巴经营业绩突出，盈利能力大幅度上升，具备良好的增长势头。再结合销售增长率，可知虽然销售增长率呈下降趋势，但净利润增长率近两年都大于销售增长率，这也同样表明阿里巴巴产品获利能力在不断提高，而且正处于高速成长阶段，具有良好的增长能力。

③ 流动比率比较　阿里巴巴依旧是增长最快的企业；环球资源一直保持较稳定的状态，而且处于最高位置，这也体现出环球是处于稳定增长期的大企业，具有较强的偿债能力。可慧聪处于逐年下降趋势，这可能是业绩不佳的一种表现，值得重视。网盛也是较平稳的，只是还跟不上环球资源的偿债能力。

④ 资产负债率比较　阿里巴巴在2007年前采用高风险、高债务的资产结构，由于企业处于高速成长阶段，企业的前景比较乐观，预期的现金流入也比较高，适当的高资产负债率可以充分利用财务杠杆作用。经过几年的赢利，阿里巴巴的偿债能力提高了，所以降低了资产负债率，有利于风险和收益的平衡。环球资源、慧聪基本保持保守的财务政策，不利于企业的成长和发展，不过也有可能股东拥有大量的资金，且投资于自己的企业。

⑤ 产权比率比较　阿里巴巴产权比率较高，是高风险、高报酬的财务结构，而其他三家

均保持较低、较稳定的产权比率。这也说明阿里巴巴经过一番高风险尝试并取得高报酬后也转型为较稳定的资产结构。

⑥ 偿债保障比率比较　阿里巴巴与环球资源偿债保障比率基本持平。

环球资源总资产周转率最高，能很好地利用企业全部资产进行经营，有较强的销售能力。阿里巴巴还不够稳定，而网盛看起来总资产周转率长期处于较低的状态，最好采取措施提高销售收入或处置资产，以提高总资产利用率。

在流动资产的管理效率上，慧聪比率较高，这样会相对节约流动资产，在某种程度上增强了企业的盈利能力。网盛处于下滑趋势，这值得注意。

⑦ 固定资产周转率比较　阿里巴巴与环球资源固定资产周转率都较高，表明他们对企业的固定资产相对来说投资得当，结构分布合理，营运能力较强。而慧聪和网盛可能存在固定资产数量过多或没有充分利用，导致设备闲置。

⑧ 销售毛利率比较　阿里巴巴、环球资源与网盛销售在2013年都达到了87%以上的毛利率水平，而唯有慧聪毛利率处于负值，意味着慧聪在盈利上存在着很大的问题，若长此以往将会影响其竞争地位，必须赶紧采取措施以防恶化。

⑨ 销售净利润比较　通过销售净利率，进一步说明慧聪在盈利能力上存在问题，注意改进经营管理，以便提高盈利水平。阿里巴巴处于上升趋势，这是盈利能力提高的一个好的表象。

⑩ 净资产收益率比较　该指标关系到投资者对公司现状和前景的判断。可知阿里巴巴的净资产收益率最高，这也是阿里巴巴成功吸引巨额外资投资的关键要素。而慧聪由于净利润为负的经营状况，使得该指标仍处于负值，这将影响该企业的筹资方式、筹资规模，进而影响企业的未来发展战略。

⑪ 总资产收益率比较　阿里巴巴、环球资源和网盛在资产管理水平上都较好，资产运用得当，费用控制严格，利润水平就高。而慧聪恰恰要注意这点，可以通过考察各部门、各运营环节的工作效率和质量来分清内部各部门责任，从而调动各方面生产经营和提高经济效益积极性。

⑫ 销售增长率比较　阿里巴巴的销售收入增长最快，只是由于边际递减效应会使增长率呈下降趋势，不过从销售收入的增加额来看，每年增加的数量都递增。销售收入的大大增加将会更快地提高阿里巴巴的生存和发展能力，使阿里巴巴增长后劲十足。而慧聪的销售收入额每年呈下降趋势，销售情况每况愈下，盈利增长后劲不足。

⑬ 净利润增长率比较　阿里巴巴净利润增长率接近直线上升的趋势，可以明显看出阿里巴巴净利润增长能力比较稳定，具有良好的增长趋势。而其他三个竞争者净利润增长波动较大。

综上所述，阿里巴巴经过几年的飞速发展，在2007年已经具备较强的偿债能力，在资产运用上效率也较高，在盈利能力上更是具有着良好的增长势头，是一个后劲十足的成长型企业。纵观其他三个竞争者，都各自存在着缺陷，特别是慧聪处于艰难摸索转型道路之中，可能存在严重的内部管理问题，再继续这样下去可能将失去其竞争能力。环球资源是它们之间成立最久的一家企业，在各方面都表现得较稳定，能有效地运用企业资产，也具有良好的盈利情况，是一个较有实力的竞争对手。网盛根据目前的增长趋势没有阿里巴巴的规模大，但其在B2B的垂直型上有着较强的竞争优势，是阿里巴巴值得学习的地方。

5.5　创业企业的风险管理

风险是在一定的失控条件下，由于各种因素复杂性和变动性的影响，使实际结果与预测发生背离而导致利益损失的可能性。

5.5.1 创业企业成长风险的分析

5.5.1.1 扩张冲动

企业成长期也就是企业扩张期，企业极易掉进战略陷阱。因为从主观愿望讲，任何企业都是追求成长与成功的，这是企业扩张的心理基础。当企业成功地渡过培育期，进入成长期后，展现在企业面前的是一片崭新的天地和众多的机会。创业的成功使企业的经营者和整个员工队伍都充满自信，逐渐丰厚的利润回报也使企业具备了扩张的一定实力，同时，银行也因看好该企业而使融资变得比较容易。这一切都诱发着企业急于扩张的心情。

5.5.1.2 理念缺失

当今中国企业的共性问题是企业理念苍白无魂，经营观念陈旧，导致企业规模一大，就精神涣散，难以统合。其经营方式、管理手段过于传统，导致在战略选择和企业经营上传统守旧，经验行事。创新是企业获得持续优势和长期成长的保障。一个国家的竞争力在于创新，一个产业的竞争力在于创新，一个企业的竞争力同样在于创新，创新才能立于不败之地。不少企业当初是靠创新起家的，但由于后续创新意识和能力跟不上，仍然归于失败。

5.5.1.3 模式仿效

如照搬成功模式。在如今的经济环境中，企业要获得经营上的成功，显然比以前更为困难。企业经营环境日益复杂，企业竞争不断加剧，在这种情况下，一些赫然成功的企业就成为众多企业中的佼佼者，其经营模式被套上炫目的光环并为他人所艳羡。于是，渴望成功的企业纷纷套用这些"成功经验"或"成功模式"。而实际情况是，很多采用相同模式的企业，在经营若干年之后，其结果却大相径庭。

5.5.1.4 素质偏低

对世界优秀企业发展历程的分析可以看出，卓越的领导者在经营企业的过程中，表现出强烈的竞争意识与危机感，对环境的变化非常敏感，积极探索未来环境的可能变化，面向未来开展经营活动。而当前中国由于部分企业管理者素质较低，缺少世界大师级的管理巨匠，管理还停留在经验管理和科学管理阶段，至于风险管理还未真正起步，因此如何适应新的经营环境形势和权衡自身竞争优劣势，做出各自的战略抉择，实现企业可持续成长的目标，是处在调整时期的中国企业所面临的重大挑战。

5.5.2 风险分类

5.5.2.1 企业家精神所产生的风险

企业家精神是企业家在长期生产经营管理活动中所形成的经营理念、价值取向、事业追求和文化定式的总和，它既是企业家个人多方面素质的综合，又体现了企业家对本企业所特有的理想、信念和追求。

创业企业由于各种因素，明显带有创业者本人的色彩：创业者为稳重型性格，则企业表现得稳重；创业者为急进者，则企业一般表现出猛烈扩张的事态。同时，创业者个人的文化、天赋、抱负等素质也可以决定创业企业的发展速度、发展到最后的规模。比如乔布斯，天赋很好，一方面是电脑方面的天才，另一方面又是商业上的好手，所以苹果在乔布斯时代发展飞速。所以,对于创业企业来说,创业者本身的素质(企业家精神)对企业来说就是一个很大的风险。优秀的企业家精神对创业企业来说就是正风险,企业将得到收益;相反,较低的企业家素质,对企业来说就是负风险,企业随时都有可能遭受损失。

5.5.2.2 创业企业的商机风险

风险项目的商业风险是指风险投资环境的变化或者投资水平的差异所形成的未来收益的不确定性。投资环境和投资水平形成风险投资的商业风险。其影响因素有以下几种。

(1) 投资项目的类型

不同类型的高科技企业其投资额不一样,年经营费用不一样,年经营收益也不一样,一般来讲,投资于消费型高科技企业风险要相对于小些,投资阶段越靠后其风险也就越小。

(2) 投资项目的管理水平

管理水平高的投资项目,其经营支出低而经营收益高,这样就保证了投资的尽快收回,保证了在外部环境变坏的情况下也能维持其经营。所以管理水平高的投资项目,其抗商业风险的能力就强。

(3) 投资项目竞争对手的情况

当相同类型的竞争企业出现后,所投资项目的经营收益必然受到影响,多数都是经营收益下降,这样就加大了商业风险。所以,对于竞争对手是否出现、出现时间的早晚等问题,必须在投资之前进行详细研究。

(4) 经济景气与政府政策

风险投资所在地的经济发展情况若是不景气,会导致该地原有发展规划和投资计划发生削减,从而加大了投资的商业风险。同时,政府政策的改变,尤其是调整性政策的出台,必然导致某些项目成为牺牲品,结果导致此类项目的商业风险加大。

5.5.2.3 创业企业技术创新风险

"创新"是一个经济范畴而非技术范畴,它不仅指科学技术上的发明创造,更指把已经发明的科学技术引入企业之中,形成一种新的生产能力。现代技术创新理论正是在上述创新理论的基础上衍生和发展起来的。当前学术界一般普遍认为技术创新是指将有商业价值的新思想变成商业化产品的活动,是新产品和新工艺设想的产生(获取)、研究开发、应用于生产、进入市场销售并实现商业利益以及新技术扩散整个过程的一切技术经济活动的总和。

创业企业,特别是一些依靠高新技术创业的企业,可以说技术是企业的生存之本。这些企业往往是凭着开发某种新技术或者改进某项旧技术,而获得投资者的青睐,得到企业需要的资源(或者掘到市场的第一桶金)。创业企业在创业成功后为了保持发展速度,加强自己的竞争力,也必须在创业的后续阶段进行技术创新。技术创新是创业企业的主要活动之一,而技术创新又由于是一项对未来不确定性的活动,是一种"创造性破坏",所以风险就会伴随整个技术创新的全过程。

5.5.2.4 创业企业的营销风险

营销风险是指由于企业制定并实施的营销策略与企业营销环境(包括企业微观环境和企业宏观环境)的发展变化不协调,从而导致营销策略难以顺利实施、目标市场缩小或消失、产品难以顺利售出、盈利目标无法实现的可能性。

营销风险来自于营销环境的变化,重点集中于市场的变化,主要表现在两个方面:一是消费者需求的变化,二是竞争对手力量对比的变化。消费者需求的变化会导致市场上企业现有供给的产品滞销,从而给原有企业带来目标市场选择的风险,同时对于创业企业来说也带来了机会。而竞争对手力量对比的变化将使有竞争优势的企业得以生存和发展,无竞争实力的企业被淘汰出局。

5.5.2.5 创业企业成长速度风险

创业企业成立后,就会遇到发展速度的问题,有的企业因为对市场不敏感,没有抓住机遇,结果企业发展太慢而被淘汰出局;有的企业由于没有料到市场的风险或对风险估计不足,盲目追求发展速度,投资过大、扩张太快,结果当市场发生较大变化时,"船大难调头",企业转型困难,最后也有可能失败。确定适宜的发展速度,对创业企业是一项困难而且至关重要的工作。

5.5.3 分类风险管理

5.5.3.1 企业家精神的培养

任何一个企业家作为企业经营的最高领导者,作为企业职工的领头人,为了引导企业在激烈的市场角逐中获胜或占领一席之地,必须具备以下一些基本精神素质。

(1) 创新精神

企业家的创新精神反映了市场经济的本质要求。企业家时时刻刻都处在机会与风险的包围之中,竞争过程就是适应环境、出奇制胜的过程。以"奇"制胜,就是以创新制胜,不断地以新的市场、新的产品、新的服务来适应社会的需要,使企业永存长盛不衰的势头。每个企业家都有自己创新的风格。企业家的创新精神不是盲目的、杂乱无章的。它必须具备四个必要条件:第一,永不安于现状。满足现状是创新的最大障碍,不满足则是创新之源。第二,勤奋。创新精神需要勤奋、坚毅和奉献。第三,发扬自己的优势。以企业的优势形成自己的创新特色。第四,适应顾客需要。只有那些面向市场、面向顾客的创新才是最成功的。

(2) 冒险精神

冒险精神是企业家特有的一种精神素质,体现了企业家求新求变的心态、永攀高峰的事业追求和强烈的竞争意识。风险性是市场经济的基本特征,市场经济的多变性、开发性和流动性使企业家的活动充满了艰难、曲折与风险。所谓风险,就是在两种以上的不确定中进行选择,包括成功与失败两种可能,失败的可能性越大,风险也越大。企业家就是冒险家。风险既为企业家的成功提供了机会,又为他们的失败埋下了陷阱。企业领导者只有把风险视为压力并转化为冒险精神,充分利用风险机制,才能成长为真正的企业家。冒险精神是企业家(特别是创业的企业家)成功必备的主观条件。但是企业家的冒险精神决不意味着盲目的赌博以及无科学的预测和周密的论证。

(3) 求实精神

在生产经营活动中,企业家应该具备的精神素质,最基本的就是求实。所谓求实,用我们的习惯用语即是实事求是,用日本经营大师松下幸之助的话来说,就是"内心不存在任何偏见,它是一种不被自己的利益关系、自己的感情、知识以及成见所束缚的实事求是看待事物的精神"。

求实精神在行动上的体现是务实的作风,也就是说能够把企业目标和实际行动结合起来,通过制定有效的措施,使理想转化为现实。因此,企业家必须是一名务实派和一个实干家。企业家的务实作风决不意味着事必躬亲,而是从大处着手,在企业总体目标具体化和制定行动方案上狠下工夫。但作为一个实干家,务实作风还远远不止于此,他还要围绕着在全

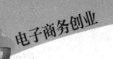

局起主导作用的重点目标，抓住那些影响全局的细节和小事亲自过问，亲自控制。重行动，重成果，几乎是所有成功企业家的共同特点，他们总是乐于踏踏实实地行动。求实精神是企业家精神素质的基础，离开求实精神的创新冒险，不论对企业还是对企业家都意味着一场灾难。

（4）卓越精神

美国管理学家劳伦斯·米勒指出："卓越并非一种成就，而是一种精神。这一精神掌握了一个人或一个公司的生命与灵魂，它是一个永无休止的学习过程，本身就带有满足感。"追求卓越是一种永不满足地追求出类拔萃的进取精神。永无止境地追求卓越是优秀企业家和平庸企业家之间的主要区别。要适应社会的变化，不断采取新的对策，创造出今天比昨天、明天比今天更好的东西，求新求变，日新月异。这种对优化的执著追求，是企业家追求卓越精神的真谛所在。

5.5.3.2 创业企业的商机风险管理

在选择商机时，需要测算商业机会的风险收益，依次判断创业者是否值得冒某些风险。只有风险收益达到足够的程度，创业者才值得去抓特定的创业机会。

5.5.3.3 营销风险管理

为了防范营销风险，企业的营销管理必须坚持以市场为中心，顾客至上的原则，研究市场变化规律，掌握消费者需求动态，生产那些顾客愿意买的产品并对用户提供包括售前服务、售中服务、售后服务在内的服务。

营销风险直接威胁着现有企业的正常发展。企业可以根据其内外环境点，制定和实施科学的经营策略，防范目标市场变化的风险。利用市场细分，防范目标市场变化的风险。任何市场的消费者可以分为若干具有不同需求、特征、行为的群体，将其中以相似方式对给定营销激励集合做出反映的消费者群体就称为市场面。市场细分就是一个将整个市场分成许多不同的市场面的过程。通过市场细分，企业可以深入了解各个市场面顾客的不同需求，并根据对各个市场面购买潜力的分析，研究购买者需求满足程度及该市场的竞争状态，开发新产品，开拓新市场。企业在进行市场细分策略选择时，可以根据自身的特点及外部环境选择以下三种不同的策略，以防范目标市场风险。

① 无差别营销策略　是以一种产品去满足不同市场的需求。无差别营销策略需要产品有较强的适应性，人们需求的共同性因素居主导地位。采用无差别营销策略能节约成本，但风险较大。

② 差别营销策略　是指企业在市场细分的基础上选择某几个市场面，根据各个市场面的不同需求，分别设计和生产不同性能和质量的产品，以满足不同消费者的需求。这样，即使某一类型的产品发生滞销，对企业的损失也不会太大。但采用差别营销策略，由于企业产品多样化，企业资源被分散用于各个市场面，产品成本较高。

③ 集中营销策略：是从整个市场中选择一个或少数几个特定的市场面，集中自己的优势，实行专业化生产和销售。但这种策略本身风险较大，企业未来的一切都集中于一个或少数几个市场面上，一旦市场变化，企业就可能陷入困境，尤其是时尚产品，更新换代频繁，运用不好，会适得其反。

对于创业企业来说，由于资源有限，企业实力还不够强大，产品种类、知名度不高，不可能追求太大的市场面，可以采用差别营销策略，在某种产品上有比较大的技术优势的创业企业采用集中营销策略则更好，因为这样的话，企业可以在某一个小的市场面上取得近乎垄断的优势，取得更大的利润。

企业在选择了目标市场和确定了市场发展策略之后，就要针对目标市场要求，根据外部环境因素，最有效地利用本身的人力、物力和财力资源，制订企业最佳的营销方案，以便达到企业预期的目标。

5.5.3.4 分阶段实施有效的风险控制

（1）创建阶段

在这一阶段实施相应的风险控制时，一方面要确保企业资金的到位，这是产品、技术开发成功的前提，另一方面要注意高级经营管理者的培养和引进，帮助建立企业，并制订详实可行的企业发展规划。

（2）成长阶段

这一阶段企业已完成组织规划与市场分析，并组成相应的管理机构。本阶段除了继续提供给企业较创建阶段更多的营运资金，完善第一代产品外，还应注重市场研究与开拓，建立销售团队及销售网络，避免管理因素成为企业创业发展阶段的制约瓶颈。

（3）扩张阶段

这一阶段企业管理机制趋于完善，产品发展成熟，企业致力于市场开拓与第二代产品的开发，销售市场处于快速增长之中，企业盈利能力增强，此时市场风险和管理风险加大。企业应一方面坚持市场开发，解决好生产增长而市场占有率停滞不前的矛盾，同时保障资金回收渠道的畅通；另一方面抓紧组织建设，尤其要做好组织更新与变革、管理监控和战略定位等工作，确保企业的正常发展。

（4）成熟阶段

这一阶段企业经营规模稳定成长，产品已拥有相当的市场，具有竞争力，建立了良好的市场形象并产生明显的利润，同时企业的经营管理团队亦趋于成熟。企业除了继续加强对各种风险的管理和控制外，实现企业的公开上市或企业间并购、重组也是减小企业经营风险的有效途径之一。

【综合应用案例5-3】凡客诚品

电子商务创业一直是风险与机遇并存，把握不好机会就会被其他竞争者拍在沙滩上。凡客给了我们一个很好的案例，回头来看凡客的发展路径，从扩张到收缩，从激进到蛰伏，短短几年间所反映出来的互联网经济的狂热与泡沫，足以让行业警醒。

一、凡客的发展历程

凡客创建于中国消费电商大爆发的2007年，当时凡客从模仿PPG开始起家。2009年是中国电子商务的拐点，2010年则是一个爆炸点，也是凡客最得意之时，一年卖出了3000多万件服装，总销售额突破了20亿元，同比增长300%，不仅是垂直电商的老大，更以全行业排名第四的业绩，让所有人为之侧目。在2010年的业绩刺激下，凡客开始"大跃进"，盲目修改销售预测指标。2011年，凡客最热闹时，公司里有1.3万多人，总裁级的领导就有三四十位，然而凡客却步步陷入危机。2011年，生产线、资金链紧绷、巨额库存积压这三座大山一齐向凡客压来，凡客开始走向衰落。2012年陈年已经意识到了产品的短板，以"凡客的成长还需要时间"来回应外界的质疑。2014年，陈年专心做产品，公开露面的次数不超过5次，更多时间他是一个产品经理。2014年8月29日，被认为是凡客"重装上阵"之时，陈年以"凡客再不好好做事情，是要遭雷劈的"宣告回归，站在舞台的他言辞激烈，豪情再度迸发。

从意气风发到蛰伏反思，这是凡客CEO陈年过去四年的转变。凡客的崛起与衰落，令无数人扼腕，但如同现在陈年的反思一样，四年前，凡客跃进、陈年狂热、行业里一片叫好，

谁会预料到凡客如过山车一般的跌宕起伏？

二、凡客扩张中的迷失

凡客创建于2007年10月，至今不过八年的时间，凡客经历了创业领导判断失误的风险，盲目扩张带来了致命的伤害。

2010年"淘宝"两字已经可以用来区分人群；B2C大火，凡客体流行一时；GroupOn模式兴起，千家团购网站风起云涌。甚至，以下载业务为核心的迅雷也做起了电子商务。所以，凡客的迅速发展并非只是他们自己，当时的京东、淘宝、亚马逊等一大批老牌B2C电商都实现了爆发性的增长。事实上，凡客起步时更多是幸运地站在了中国服装电商的风口，两三年内业绩连年翻番。与此同时，凡客多次拿到巨额融资，估值快速飙升。

"爱网络，爱自由，爱晚起，爱夜间大排档，爱赛车，也爱29块的T-SHIRT，我不是什么旗手，不是谁的代言，我是韩寒，我只代表我自己。我和你一样，我是凡客。"2010年7月，这句红极一时的广告词让凡客成为炙手可热的公众焦点，"凡客体"亦爆红网络。

在2010年的业绩刺激下，2011年1月，陈年将凡客的年销售额目标"保守"定在60亿元这样一个增长200%的数字。而到了2011年3月，陈年又将这个数字"修正"成了100亿元。也就是在2011年3月，陈年在接受时代周报记者采访时，说出了一句当时让整个行业震惊的话："我希望将来能把LV收购了。"至此，凡客以及陈年的狂热达到顶点，但凡客在这一年也迎来了拐点。

100亿元的大跃进让凡客迅速扩张，为了完成销售目标，凡客开始大幅度扩张人员、地盘，不断增加库存单品量来进行市场份额的扩张。在鼎盛时期，凡客的员工总数一度超过1.1万人，拥有30多条产品线，不仅有服装，还有家电、数码、百货，甚至还有拖把和菜刀。开新仓，补旧仓，源源不断进货。直至2011年年末，凡客的库存达到14.45亿元，总亏损近6亿元，100亿元的销售目标也只完成1/3。此后一年多的时间里，凡客始终在做着清库存的重复工作。除了清库存，还有清人员。

但陈年并不甘心，尤其是有好伙伴雷军的指点和力挺，凡客开始了小米化的救赎。雷军的支持无疑为凡客命运带来转机，首先，雷军在董事会力排众议，坚定支持陈年。IDG等原有股东共累计砸下1亿美元，使团队人心初定。其次，雷军与陈年8次深入交谈，每次长达8小时，这让陈年意识到不够专注、不够极致才是凡客的根本病因。而"专注、口碑、极致、快"正是小米的七字诀，至此，凡客的小米化开始。至此，陈年带领凡客向去毛利率、去组织架构、去KPI层层推进。此后，凡客的变革开始，员工由搬家前5000人裁至300人，SKU由最高19万缩减到300个，力争百元衬衫完爆千元衬衫质量，陈年下定决心先做好一件白衬衫。

2014年，陈年亲抓产品设计、上游供应链、下游制造商等各个环节。从其微博上看，这一年的陈年，出国已经成为工作常态，他屡次提及为解决白衬衫设计难题，亲赴越南向日本衬衫泰斗吉国武请教，直到确定最佳效果才回国。

"我先把产品做好"成为陈年口头禅，他希望以白衬衫为原点挽回用户的心，并重新塑造品牌。可以看到，通过1年多的蜕变、改造、升级，凡客逐渐摆脱品牌制胜的发展策略，转向以"单品+爆款+性价比+口碑"类小米的产品模式。但"回归"之后，凡客并没有期待重回往日巅峰时的荣光盛景。一件真正的白衬衫并没有让凡客再次走入主流，没有回到公共话语空间。时至今日，似乎唯有"凡客倒下"这样的标题才能让人们的目光多为凡客停留几秒。

三、复杂的凡客

凡客一直以来的最大痛点是什么？其实还不是扩张过快，而是产品定位，换言之，凡客有营销无产品。

陈年对凡客的定义一直非常清晰，让普通人都穿得起时尚，其实这与目前线下一直非常火爆的H&M这类的平民时尚品牌如出一辙。H&M时至今日仍在全球快速扩张中，但凡客却走向了反面。

"我找来找去，发现我在凡客上能买的东西并不多。"多位经常去ZARA、H&M购物的女性顾客对时代周报记者这样评价凡客。

在业内人士看来，凡客的产品与战略首先是错位的，定位平民时尚，推出的却更多是标准化、低价位白衬衫。

"爱网络，爱自由，爱大排档……"凡客体火爆一时，强调的是每个人的个性，但凡客上提供的服装产品却没有同样的个性，也没有时尚的灵魂。

有营销无产品，这才是凡客最本质的问题。

事实上，从来没有过如凡客一样复杂的公司，它有着漫长的产业链，涉及最传统的服装行业，既有产品设计、品牌营销、时尚品位，又有电子商务行业的配送和仓储等诸多产业链条。其中每一个环节都是环环相扣，不仅有巨大的人力投入和资源调配，又有对潮流、时尚的感觉，以及对品牌管理的设计和规划。同时，它面临传统行业和电商领域的双重挑战，既是对陈年所有经验的考验，也是对他管理能力的巨大挑战。凡客内部人士表示："凡客现在还是以大规模的、普适服装为主，如男士衬衫，这样可以控制住设计成本，才能控制住价格。"然而快时尚的设计产品，必然会加大成本，虽然有设计师推出这类产品，但在凡客的总体成本和产品规划中，这一类产品无法交付工厂。"2012年的凡客，摆在第一位的问题是品质、增长以及风险控制。品质之后才是增长，增长是从品质来，而不是价格。因为品质的提高，让用户更加认可凡客诚品，降低退换货比例，让用户产生更多的重复购物。因为口碑传播的时候，品质是关键。"上述人士说道。

虽然当时的陈年对凡客的下一步发展规划清晰，甚至凡客还在尝试一种新的产品拓展分层架构。"第一层叫做畅销经典款，这就是比较标准化的一款；第二层叫做创新款，就是在畅销经典款下面有所变化，补充更多的款，这就叫创新；第三层叫做突破，比如化妆品。"但陈年也承认，让凡客更时尚、更符合互联网快时尚品牌，需要解决产品的核心问题。这是陈年在解决了管理问题之后所面临的另一个重大挑战，不过，对于生长于中国的凡客来说，走到与ZARA、H&M同样的程度，的确需要时间。可惜的是，市场总是稍纵即逝。从这个维度反思凡客：产品的短板、产品定位的低端化，没法吸引住大量年轻、喜欢时尚服装的消费女性，加之凡客公司过快的扩张带来的诸多混乱，这一切都导致凡客踏上了不归路。

四、凡客领导者的气质

当46岁的陈年，身着黑色圆领T恤，脚踏帆布鞋，同时又挺着中年大叔特有的肚腩频频现身时，总会有一种庞麦郎式的"时尚时尚最时尚"的错觉闪现。

有这样一个细节，或许可以帮助外界了解陈年。2010年的"凡客体"之后，2012年，凡客的营销推广的广告词换成了"有春天，无所谓"。彼时，凡客诚品正因IPO受挫而饱受争议，亏损日逾显现，业界人士都认为，这一广告其实表达的是陈年的心声。现在回头来看，如果说，2011年的"凡客体"掀起了凡客的扩张步伐，在2012年，陈年已经看到了凡客在经历大规模扩张之后带来的诸多隐忧，但陈年并没有将注意力放到凡客的产品上，而是仍在营销和广告文案上下工夫。陈年曾经详细讲述了这段文案的诞生过程。2012年3月，陈年在去爬京郊蟒山的路上突然惊醒，手机上有短信："有春天，无所畏。"陈年很喜欢海子的那句诗："春天是我的品质。"于是，他当即拍板，新的广告文案就用了能代表其心声的话。

从这个细节不难看到陈年的本质：相比于商人，他更像一个文艺青年。陈年真名叫王玮，但像所有文化人一样，在公开场合，他更愿意使用自己的笔名"陈年"。他曾经做过出版社编辑，创办过文化刊物，2000年参与创办卓越网，这才一头扎进互联网以及电子商务。

电子商务创业

作为文艺青年,陈年卖书有一手。2000年,《大话西游》一天内就卖掉近万套;2001年,550元的《丁丁历险记》一个月内卖掉5000多套;2002年,一周卖掉一万套老狼的新专辑,甚至《钱钟书全集》这样的冷门书籍也在陈年的"包装"下卖得火热。

也是因为卓越的缘故,陈年与雷军有了长达15年的交情。当年卓越网卖给亚马逊之后,陈年再创业时就请教过雷军。过程波折很多,但最终陈年创办凡客,也得到雷军的支持。而当凡客遇困,雷军也曾直言建议。

据陈年自己回忆,雷军先是以"我们还是不是兄弟"开头,而后开始痛陈陈年和凡客弊病。在此番谈话后,陈年大变,先是将办公地点从市中心搬到亦庄,而后重新打磨产品细节,塑造品牌。从此,陈年一直对雷军言听计从,陈年在自己微博上说,雷军给过陈年60小时的时间进行交流,一起喝酒到天亮。而如果从资历和年龄上,陈年并不逊色于雷军。2000年,陈年参与创办卓越,是中国最早涉足电子商务领域的领军人物之一。

而当下的陈年,喜欢宣扬"做好一件衬衫"的不易,"敬畏之心"成为口头禅,"雷军"也总成为绕不开的话题……总之,据陈年自己的表述,他有点"看过繁华,回头是岸"的意思;而雷军则更像是一语点醒迷途者的高僧。相比陈年,雷军更像一个商人,因为小米的成功,雷军在商界中地位骤升,小米模式也仿佛无所不能。但雷军与陈年的相同点在于,两个人都没做过产品经理。有业内分析人士称,就算雷军有"专注、口碑、极致、快"的七字诀,但雷军的产品意识并不强烈,小米手机并非以产品取胜。

当陈年的凡客面临的是产品的核心症结时,雷军给陈年的建议又能有多大帮助?令人怀疑。事实上,2012年时陈年当时就知道产品是凡客最大的弱点,但他的关注点仍在广告和营销上。陈年的文艺青年气质,既成就了凡客、凡客体的营销,但也是使"无产品"的凡客走到今天的根本原因。有营销,无产品,这就是凡客的最大症结。但没到真正的低谷,永远不会有真正的觉悟。

2014年下半年,凡客已经完成新一轮融资,金额超过1亿美元。据悉,凡客本轮融资由雷军领投,IDG、联创策源、赛富、启明、淡马锡、中信、和通等股东均参与了本轮投资,使凡客产品设计、原料选择、工厂生产等整个生产供应链的效率和品质控制力得到了保障。总体来看,经过将近一年的筹备,凡客在2014年大幅削减产品品类及款式,同时以大幅提升品质、做顶级单品为目标,在2014年春夏陆续推出卫衣、T恤、衬衫、运动裤等一系列高品质单品。如此看来,凡客经过真的剧痛之后,真正回归到了"产品"的初心之上。但从目前凡客的产品来看,凡客离平民时尚中的时尚精髓还有点远。

凡客的未来将如何?没人可以给出答案,但至少还没有倒下的凡客仍有一线希望。但从领导者的气质来看凡客从辉煌到衰落的过程,令人深思。

思考题

1. 简述创业团队文化建设的重要性。
2. 创业企业人力资源规划内容主要有哪些?
3. 创业初期营销方式有哪些?
4. 简述企业的风险分类。
5. 阅读综合案例分析,简述凡客在创业中遇到了哪些风险,如果你是陈年如何带领企业再次成长?

第三篇

电子商务创业案例分析

- 第6章　全国大学生电子商务"创新、创意、创业"挑战赛案例
- 第7章　电子商务创业实践案例分析
- 第8章　电子商务创业失败案例分析

电子商务创业

第6章 全国大学生电子商务"创新、创意、创业"挑战赛案例

电子商务是中国互联网的经济命脉,也是社会经济发展的新引擎,同时还吸引了数以百万的创业者和投资者。为了更好培养创业者,出现了各种各样的电子商务创业类大赛。其中由教育部高等学校电子商务专业教学指导委员会举办的面向全国大学生的电子商务"创新、创意、创业"挑战赛(简称电子商务三创赛)是教育部重点支持项目,也是目前国内电子商务类大赛中影响力、参赛规模及竞技水平都名列榜首的大赛。

本章从诸多三创赛案例中,遴选出了四个典型案例进行剖析,以期抛砖引玉,启迪创业思维。

案例一是第四届电子商务三创赛省级赛获奖案例,产品是O2O模式下的高校专利孵化与智能推广平台,是创意非常好的案例。此案例虽没有真正进入实施阶段,但创业方案考虑周全、分析到位,可以给创业者一个很好的示范作用,如何进行创业前的分析和创业策划,也可以为参与"创新、创意、创业"比赛的学生提供一定的参考。

案例二是较成功的农产品销售电商平台案例,是以产品质量为主要特色的创业成功案例。此案例给电子商务创业者,在选品和产品质量控制等方面给予一定的启发。

案例三是从大学生旅游和社交的角度进行创业,创意很新。此外,本案例财务分析较全面,可以借鉴。

第四个案例是全国电子商务"三创"大赛省级二等奖案例,是武汉高校在校大学生网上创业的真实案例,该创业团队已经注册自己的公司,在高校的创业基地有固定办公场所,前期还获得了一定的融资,主要业务是通过互联网、移动网络开展网上商城、餐饮配送、租房、淘宝创业指导等业务。此案例启发创业者从点滴做起,发现创业机会。

6.1 知交网

知交网是一个专为创新者和投资商服务的O2O模式商务平台,专注于搭建专利对接服务的桥梁渠道,以推动高校专利的转化。利用O2O模式,在保证两方用户信息、财产安全和遵循现行法律的基础上,为其提供线上展示交流、线下联系定案的服务。网站致力于为每一位高校创新者和支持者筑起通往梦想的桥梁,以创造更大的价值而服务。

仅在2012年,我国受理三种专利申请205.1万件,同比增长26%;专利授权量达125.5万件,同比增长了31%。早在2011年,我国的专利申请就超越了美国,成为世界第一,但涉及知识产权创新和知识产权成果方面却明显处于劣势。其中,根据教育部《中国高校知识产权报告》中的统计数据显示:高校的平均专利转化率也只有5%。当中由于缺乏相应的专利孵化指导措施或相关的规范机构,而导致很多人因各种原因而放弃了专利成果转化的情况数不胜数。知交网的存在就是为了发挥高校群体在专利发明申请中的带头作用,搭建专门对接服务的桥梁。

知交网将根据投资者和创新者的共同需求，实现智能匹配，进行双方推荐。

当专利项目获得投资后，知交网可根据申请者的需求提供相应的跟踪服务以减少发展的风险。此外，知交网还会聘请专业人士或企业家，分享他们的经验，帮助项目实施者更好的发展。

6.1.1 技术与服务

6.1.1.1 项目简介

（1）知交网品牌标志

多种颜色的区域代表项目的组成方，即技术方、高校专利方、投资方等多方资源。另外，标志色调以酒红色、蓝色、橘黄色为主，给人以清新活力之感，象征知交网"服务、创新"的宗旨和高校的生机与活力。整个标志寓意知交网通过智能匹配搭建了三方联系交流的桥梁，帮助专利推广，为专利的孵化寻求资金、技术等支持，促进专利转化为产品，提高高校的专利转化率，实现知识的孵化。

（2）品牌定位

知交网是一种O2O模式下的高校专利孵化与智能推广平台，通过需求展示、智能匹配等线上方式和团队搭建、项目跟踪等线下服务，整合高校专利孵化的专利、资金、技术三方资源，服务于拥有专利的高校师生、投资方、技术需求方，以提高高校的专利转化率，让知识在应用中发挥价值。

6.1.1.2 项目组成

（1）专利方

专利方是指专利提供者，即拥有专利项目的高校师生群体。其中，专利拥有者是指拥有已被授权且仍处于保护中的专利的客户。他们需要投资者资金的支持去发明创造；抑或者是拥有整套产品，却没有客户市场的用户，他们希望将产品或技术交易给有客户资源的企业，例如：一些游戏软件等。

（2）投资方

投资方是资金援助的提供者，主要包括以个人名义进行投资的个人投资者、以企业名义进行投资的企业投资方和风险投资人。他们寻找有令他们感兴趣的有价值的专利，投资专利而不插手其运营或研发，最后共享运营、研发成果，或者直接得到其他已约定好的回报。

（3）技术支持方

技术支持方是对专利转化为产品提供技术支持的用户，多半为技术企业。一种情况是他们参与或主导将专利、创意方案转化为产品的过程，最后共享这些成果。另一种则是他们交易专利、创意方案，自己投入技术将其转化为产品，并独享其成果。

（4）专家团队

专家团队是知交网雇佣社会或高校中的某些专利类别的专家和法律方面的专家，法律专家为用户解决关于专利保护方面的咨询；行业专家对此行业类别的专利应用和专利孵化情况有较深的认识，他们对专利的推广和专利的重组提出建设性的意见，促进专利的孵化。

(5)梦桥大学

网站会定期分享有关知识产权保护、专利推广、专利重组、专利转化、投资知识等方面的干货，利用这些软文来增加项目的流量和用户的忠诚度。

6.1.1.3 项目流程

6.1.1.4 运作模式

（1）运作模式概述（图6-1）

知交网是一种O2O模式下的高校专利孵化与智能推广平台，是国内第一家高校虚拟孵化器，服务于拥有专利的高校师生群体。通过搭建专业的专利交易平台，来帮助更多优秀的专利成果做最大限度的孵化，以创新出真正符合市场需求的产品，提高高校专利孵化的产出水平。

图6-1 网站运作模式概念图

在线上，为创意者与投资者提供需求意向展示平台，并为其提供在线聊天工具（保留备份聊天记录，保护知识产权和双方的利益）。并为双方提供技术、服务支持，解决双方的合作障碍（由在线客服实现）。另外平台将对双方的合作进行督促，实时提供创意孵化进度。对于创意、投资具有共同需求的两项目将实现智能匹配，进行双边推荐。为保护创意者的创意，平台将与创意提供者签订电子合同。

（2）运作模式详述（图6-2）

① 项目认证模式

a. 专利类项目认证：对于专利类项目，将查阅相关专利，对专利的存在与否进行认证，并对专利持有者与提供者进行同一认证。同时将对用户的身份进行认证。两项均通过方可上线展示。

b. 创新创意类项目（未申请专利）：对于未申请专利的项目，将对项目的可行性进行基本的审核，同时对用户身份进行审核。审核通过后双方签订电子合同后，即可上线。

② 用户管理模式

a. 身份认证制度：对于创意、项目的提供者，在提供创意、项目的同时需要提供身份信息供网站审核，同时提供昵称等供网站展示，对于身份认证未通过者，将不予以项目的展示。

b. 项目积分制度：项目上线审核通过后网站将提供一个基础的评分，后根据游客对项目的浏览次数、停留时间、评论数等指标进行后期加分。根据分数提出相应的推广策略。积分达到一定程度，网站将进行线下推广项目，促进项目的孵化。

c. 投资人贡献制度：对于投资者，根据投资者在网站上历次的投资贡献数，进行度量打分。相应的分数获得相应的个性服务。为其提供项目推荐，项目提供者约谈等服务。

③ 会员模式

该模式与积分模式结合使用，用户可以收费形式注册成为网站会员，也可通过对网站的贡献获取的积分积累成为会员。会员将享受与普通用户相区别的个性服务。

④ 项目管理模式

a. 项目智能匹配推送模式：对于项目创意供应与投资相匹配的双方，平台将自动为双方推荐。对于网站的会员或活跃用户，将为其推荐项目投资于投资方引荐服务。

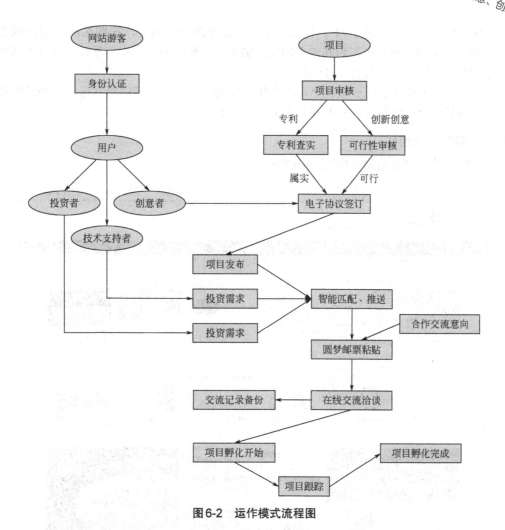

图6-2 运作模式流程图

b.项目孵化支持模式：对于尚未成型且有创意或项目，平台专家团队提供项目优化服务，帮助申请专利、推荐技术团队、提供法律咨询等。

c.项目一站式跟踪模式：对于不善经营、管理的创意者。选择"一站式跟踪模式"，网站将在项目开始、融资、开发、生产的各个阶段，均有相应服务提供，并实时监控、实时指导。

⑤ 信息管理模式

a.线上沟通方式：在双方有意向进行交流沟通，并在取得了网站的特制邮票后，线上平台将提供在线聊天工具，供双方沟通交流。

b.线上沟通督促监管模式：由于双方的沟通涉及创意与知识产权，平台将会对双方的聊天记录进行备份，督导双方以公平公正、不违法违纪的态度与方式进行交易、沟通，以保护双方的利益。

c.在线客服服务模式：对于有关于技术、服务、项目等方面的问题，可采用网站的在线客服进行交流咨询。

⑥ 线下管理与服务

在线下，有专门的团队，为有意向达成合作的双方提供场所和平台供双方交流。并为双方的相关文件、合同进行审核、公正，并备份保留双方的文件。线下还有经纪人团队，针对好的项目进行团队建设、融资服务。

a.线下知识经纪人模式:对于不愿涉及经营等方面的创意者,在购买网站相应的服务后,将为其配备知识经纪人,为其建立团队、融资等工作,孵化推广其项目。同时为其知识创意进行经营,以产生更大的经济效益。

b.线下公证人模式:对于在线上达成合作意向的双方,可申请由网站提供的场所进行细节的商讨与具体合同的签订,并为双方作第三方公证。

6.1.1.5 项目开发现状

目前网站的开发页面如图6-3至图6-8所示。

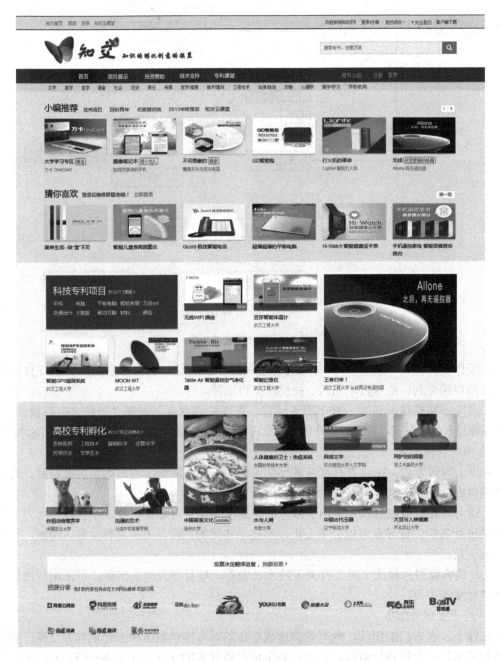

图6-3 知交网首页

图6-4 实时的意见

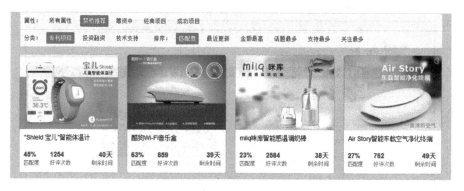

图6-5 智能匹配

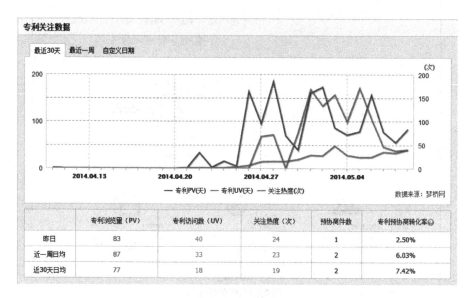

图6-6 专利关注数据

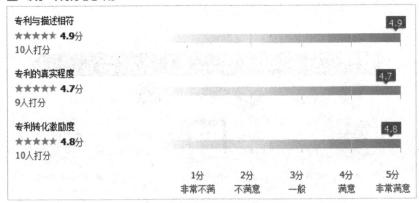

图6-7 专利评分

图6-8 全程跟踪服务

6.1.1.6 项目创新点

（1）定位于高校专利

近年来，我国高校专利申请、授权数量数十甚至上百倍地增长。但是，专利质量不升反降，平均寿命只有3年多，专利转化率也普遍低于5%。从而要想让专利成果真正走出高校，实现科研与产业的对接，还需要"孵化"。在这一过程中，中试资金的投入至关重要。目前，这一资金的缺乏已成为制约我国高校专利转化实施的主要原因之一。因此定位于高校专利的转化，使知交网切合很有潜力的市场需求。

（2）智能匹配

知交网整合了专利提供方、投资方、技术支持方三方的资源。对于这三方的用户，网站将根据其需求与供应进行智能匹配，并进行三方推荐。智能匹配功能为三方的合作提供了便利，使得三方更容易找到潜在的合作者。

（3）全程服务

知交网将提供一站式全程跟踪服务供用户选择，并将全程监督促进专利向产业的转化。为专利的转化保驾护航，促使双方更高效、便捷、迅速地合作。从而，让专利能及时的创造出市场价值。

6.1.2 市场分析

我国高校专利转化率低下，要想让专利成果真正走出高校，实现科研与产业的对接，仍需要进一步的"孵化"。因此知交网专门针对高校市场，通过建立专业的专利交易平台，帮助更多优秀的专利成果做最大限度的孵化，以创新出真正符合市场需求的产品，这是顺应时代发展的需求。

6.1.2.1 市场现状

21世纪人类已经进入了以知识为基础的知识经济时代，全球的经济结构和产业结构发生了重要变革，知识已成为国家经济增长中不可或缺的战略性资料，科技竞争成为国际综合国力竞争的焦点。科技竞争和经济不断发展的现实对知识创新和技术创新提出了新的要求。高校作为国家创新体系的重要组成部分，作为知识创新和技术创新的重要基地，肩负创造自主知识产权的重任。高校知识产权保护及应用水平直接关系到国家知识产权战略的构建和实施。其中更以专利的转化与应用为重，高校专利的市场价值的实现才是关键和目的所在。

（1）高校专利转化现状

"1985～2010年期间，我国高校累计专利申请总量为319595件，年平均增长率19.8%；累计专利授权总量为150029件，年平均增长率26.0%。2010年，我国高校共提交79332件专利申请，是1985年的52倍，获得的专利授权量为43153件，是1985～1986年期间专利授权总量的113倍。"

"国高校专利申请、授权数量数十甚至上百倍地增长，但是，专利质量不升反降，平均寿命只有3年多，专利转化率也普遍低于5%。"（引用自经济日报《高校利转化率为何低于5%》）高校专利目前呈现一种专利数量多，但专利转化率低的现状。

（2）国内专利转化中介服务的现状

截至2007年底，我国大中城市共有中介机构9万多个，从业人员约140余万人。其中，各类科技咨询机构有2万多家，从业人员近50万。生产力促进中心已发展到1331家，从业人员1.6万余人，服务企业9.03万家，通过各种服务使企业增加销售额644亿元。全国共有技术市场管理机构1.8万余个，技术合同认定机构1.5万个，技术交易中介服务4万多家。（数据来源自《专利转化的中介服务研究》）

随着我国国民经济不断发展，专利转化中介服务行业不断规范化，但其中仍存在诸多问题。当前，我国专利转化中介服务呈现出典型的中国化特征，主要体现在以下几方面。

① 政府主导。以国有为主体、普遍存在上级主管部门的科技中介机构，占据着科技中介行业的主体地位。

② 地区发展不平衡。与不同地区经济发展水平、市场化程度差异相同，我国专利转化中介机构在发展过程中也呈现出地区发展的不平衡性。经济发展水平、市场化程度较高的城市和地区，专利机构发展程度远远高于经济落后、市场化程度较低的地区。

③ 产业内部发展不平衡。与不同类型专利转化中介机构本身特征相联系，中介机构内部也体现出不平衡性发展特征。在整个中介服务行业中，咨询业在数量、产值方面占据明显优势，发展较快较好，其他如生产力促进、孵化器、科技情报信息机构、专业服务中心也有相当发展，除此以外的其他中介机构则发展较慢、力量较弱。

④ 在服务功能上多处于创新技术下游，而进入技术创新上游的较少。很多科技中介机构是处于为技术创新末端提供服务，与技术创新结合不紧密，往往只针对现成技术，而直接参与技术创新的科技中介机构，或为创新资源合理流动和优化配置的科技中介机构的占比较小。

我国科技中介机构的发展正处于迅速发展阶段，以技术经纪人、咨询师和专利代理人为标志的高层次的中介队伍诞生，风险资金开始起步，进入高新技术产业市场，各类专业服务机构进入高新技术服务领域，大大提高了企业的运营效率。同时，中介机构在体制上有较大创新，一大部分综合服务机构，采取共享模式，使地区的智力整体优势得到较好发挥，并引来了大批大型创新型、实力雄厚的、经受住市场考验的，能起典型示范、推动作用的大型骨干技术中介机构。一批行业性组织相继成立，也促进科技中介由无序步入有序。

目前，专利转化中介行业正在良好地发展，但仍存在问题。而市场中并没有专注于高校专利转化的中介机构。

6.1.2.2 市场前景

在当今市场状况下，可以从行业发展水平、高校专利、专利需求企业、政策四方面来分析市场前景。

① 专利转化中介行业已经成形，慢慢由无序走向有序。在这种情况下，一方面，新进企业有基本稳定的发展环境和可借鉴经验，动荡较小；另一方面，行业处于发展前期阶段，并没有达到高峰，市场未饱和，有相当大的发展前景。

② 高校专利数量多、转化率低，有充足的专利来源和需要转化专利的目标客户群体；而且目前市场上并没有一家成熟的专注于高校专利孵化的企业，这片细分市场有很大的发展潜力。

③ 在新经济和WTO的挑战前，所有企业都需要在层出不穷的高新技术中拥有领先的专利战略。这表明在市场里，存在着充足的专利成果需求方。

④ 政府鼓励并扶持专利转化行业，国家领导人多次强调，抓紧制定并实施国家知识产权战略，切实加强知识产权保护。

从以上四方面的分析可知：市场是在政策许可、加强开拓下的；对比现今行业发展状况，市场是富余的，待开发的；它有充足的专利供应方和专利成果需求方是可持续发展的。

6.1.2.3 高校专利转化率分析

近年来，高校承担国家自然基金项目占全国的2/3，我国约有80%的专利源于高校和科研院所。高校不仅承担着基础研究和高科技研究等重大科技计划项目,完成了大批科技成果,而且拥有着相当数量的发明专利等自主知识产权,为推动国家科技与经济结合以及新科技产业发展做出了重大贡献。

(1)专利转化率现状

近五年来,高校发明专利申请量占高校全部(24年)发明专利申请总量的78.6%;高校获发明专利授权32614件,占高校全部(24年)发明专利授权量的81.4%。

(2)高校专利转化率低的原因

高校专利数量增长率上升,转化率却在下降,究其原因:①缺少资金,专利技术融资体系单一;②"复合型"专利管理人才匮乏;③专利买家在国内很活跃,转化挑战变大。

至此可知,国内专利转化行业,需要一个专业的平台,为高校专利聚拢资金,提供专业的专利管理咨询、培训,并且在专利买卖中保护专利交易弱势方。

6.1.2.4 资金流入量分析

在专利转化过程中的资金流入是多来源的:① 在专利项目研发过程中,资金主要是国家经费,如"十五"期间高校承担的863计划项目数和经费分别占总数的50%和40%以上;② 在专利孵化的过程中,主要来源有:投资方、国家扶助资金、个人资金等三个方面。

6.1.3 营销策略

6.1.3.1 产品及服务策略

(1)项目定位

知交网是一个专为创新者和投资商服务的O2O模式商务平台,专注于搭建专利对接服务的桥梁渠道,以推动高校专利的转化;利用O2O模式,在保证两方用户信息财产安全和遵循现行法律的基础上,为其提供线上展示交流、线下联系定案的服务。网站致力于为每一位高校创新者和支持者筑起通往梦想的桥梁,为创造更大的价值而服务。

(2)用户生命周期

生命周期是指一个主体从开始到结束的发展过程,所以网站用户的生命周期可以解释为用户从与网站建立关系开始到与网站彻底脱离关系的整个发展过程,而用户的生命周期价值就是在这个过程中用户为网站所带来的价值总和。因此研究网站用户的生命周期对制订相关的营销推广策略非常重要。如图6-9所示,用户的生命周期可以分为4个阶段。

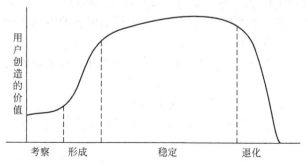

图6-9 用户生命周期价值曲线图

从用户的生命周期曲线可以看出用户在与网站建立关系期间一般会经历4个阶段,每个阶段都为网站带来不同的价值。

① 考察期：用户会试探性的偶尔来访问网站，这个时候用户创造的价值比较低；

② 形成期：用户可能已经有点喜欢上网站了，他们会不定期的进入网站，并开始尝试做些交互，同时用户创造的价值得到了飞速提升；

③ 稳定期：用户成为了网站的忠实客户（粉丝，Fans），他们经常会光顾网站，不仅自己使用网站提供的服务，同时可能还会帮助宣传网站，这时用户创造的价值到达最高峰并保持相对稳定；

④ 退化期：用户由于某些因素而开始与网站的关系产生裂痕，进而迅速破裂直到彻底离开，这个时期用户创造的价值迅速递减。

但是，用户不一定只在到达稳定期后才与网站的关系发生衰退，在任何时期，只要有某些因素影响了用户的满意度，用户的生命周期就可能进入退化期，进而彻底脱离该网站。

因此必须通过以下指标——用户访问频率、最近访问时间、平均停留时间、平均浏览页面数来对用户进行细分，从而可以针对处于不同时期状态的用户，计算出相应推广策略的回报率，进而做出能增加用户群以及提高用户忠诚度的最佳选择。

（3）用户生命周期策略分析

基于对网站用户生命周期价值的计算判断，可以通过以下几个方面来对用户进行细分，以制定相应策略。

① 用户的访问来源

可以通过计算由搜索引擎、外部链接、社交网络、直接登录等方式首次访问网站的用户的平均生命周期价值来比较哪些来源为网站带来了最多的有价值用户；从而可以根据相关数据制定出适合自身的推广策略。

② 用户首次访问中浏览的内容

基于内容的细分，比如以网站的项目展示内容的分类进行细分。可以选取用户的生命周期价值排在前100的访问用户首次访问我们网站中访问了哪些分类目录下的项目来进行分析，将其中带来用户数和价值转化率最高的项目可进行重点位置展示以争取获得我们网站的最高关注度。

6.1.3.2 网络推广

（1）网络推广方式

① 免费推广

可以通过微信、网络分类目录、SEO、微博、博客、EDM、QQ群、论坛社区、书签收藏夹等方式进行免费推广。具体操作如下。

A.微信推广：开设网站的官方公众号"圆梦帮"，通过搭建一个页面美观、模块丰富的企业微网站，将企业信息、服务、活动等内容通过微信网页的方式进行展示，从而在能够提高信息量的同时增强移动用户的交流体验。

B.网络分类目录：把网站（知交网）提交给网址导航、行业信息网等资源，以增加外链的方式来提高浏览量。

C.SEO推广：在百度、Google等主流搜索引擎上投放进行SEO优化过的关键词，提高网站关键字的自然排名。目前，参考对汇桔网、点名时间、众筹网等相似类别的网站的关键词排名分析，选定关键词进行投放。

D.博客推广：鼓励员工在其个人博客上经常性的撰写有价值的相关行业软文，如《一个专利拥有者的找'投'有路》、《丰硕的成果，殷切的期待》等，在给阅读者营造专业氛围的同时，自然地加入网站（知交网）的相关链接和关键字进行宣传推广。

E.微博推广：

a.注册官方新浪微博以及腾讯微博账号,每日传递最新的企业文化、专业知识等内容,并及时与@的粉丝进行互动沟通;

　　b.可不定时发起各类讨论投票活动赢得更多微博粉丝关注度。

　　F.EDM推广:利用邮箱进行网站推广,针对不同客户,根据对用户行为以及浏览记录的分析,设计一个优美的界面并投放用户可能感兴趣的相关内容,发送到目标客户群邮箱里面,避免成为被客户反感的垃圾邮件。

　　G.QQ群推广:

　　a.建立若干个QQ账号,加入到可能有相关服务需求的用户交流群中,先在群里经常性发言获得熟悉度,一段时间后可在平时聊天时自然加入知交网的相关链接,避免打纯广告而被踢出群;

　　b.建立官方QQ群,为会员们提供自由发言的空间。

　　H.论坛社区推广:可鼓励员工注册多个账号,在百度知道、贴吧、新浪问问等社区上真诚地为有相关疑问者去回答解决问题,并顺带对网站进行宣传;也可在各大知名高校的BBS论坛上注册企业账号,不定期发表言论,参与讨论,并在签名处设为知交网。

　　I.书签收藏夹:请访问者将网站做个书签。看上去虽简单,但可为访问者的再次访问带来更多的可能。

　　② 付费推广

　　一般可以通过搜索引擎竞价排名和网络广告等方式进行网络付费推广。

　　搜索引擎竞价排名:通过缴纳推广费用,在搜索引擎(百度)上通过关键词高排名的方法,使得网站具有更高的曝光率。

　　网络广告:通过租用一些流量比较大,而且跟自己的目标人群比较接近或者是自己网站的潜在用户的网站或论坛来投放广告,包括文中广告、关联广告和视频广告三种模式进行展示。

　　(2)网络推广实施计划(表6-1)

表6-1　网络推广实施计划表

项目	渠道推广	流程	费用项	项目操作权重	时期
免费资源类	SEO推广	1.根据最新专利内容在网站内部排名规律以及参考相关网站的关键词排名进行SEO关键词提取 2.根据网站内部排名规律制定关键词排列规则 3.参照关键词及排列规则进行标题功能性描述 4.天天更新网站　5.网站内容创新 6.增加网站外链　7.制作网站数据包	人力成本(组建SEO团队)	常规	萌芽期,开拓期,发展期,成熟期
	论坛社区推广	活跃发帖、回帖,帮助答疑解决问题,通过发帖ID引流到网站	人力成本	配合	萌芽期,开拓期,发展期,成熟期
	微博推广 微信推广	每日传递最新的企业文化、专业知识等内容,并及时与粉丝进行互动,不定期发起参与活动	人力成本	常规	萌芽期,开拓期,发展期,成熟期
	QQ群推广	活跃发言,一段时间后可有目的性的引导话题,对网站进行自然宣传	人力成本	配合	萌芽期,开拓期,发展期,成熟期

续表

项目	渠道推广	流程	费用项	项目操作权重	时期
免费资源类	EDM推广	每周一次，定点发送，精准直投	人力成本	配合	发展期，成熟期
	博客推广	1.发布原创文章 2.博客更新最好同网站一起更新 3.自然的加入网站（知交网）的相关链接和关键字	人力成本	配合	萌芽期，开拓期，发展期，成熟期
	书签、收藏夹	客服部：当潜在顾客咨询时，即便洽谈不成功，提醒用户将网站加入收藏夹	人力成本	辅助	萌芽期，开拓期，发展期，成熟期
	网络分类目录	1.编写网页标题，注意其长度和密度 2.提交给免费的网址导航，行业信息网等资源	人力成本	常规	萌芽期，开拓期，发展期，成熟期
收费资源类	搜索引擎竞价排名	通过关键词竞价，按照点击付费，进行网站的精准推广服务	百度：预付成本5600元/年 谷歌：预付成本4800元/年	常规	发展期，成熟期
	网络广告	投放文中广告、关联广告和视频广告	首页中间横幅广告：2500/月 内页Flash广告：1000/月 三级页文中图片广告：300/月	常规	发展期，成熟期

(3) 线下推广

① 公益营销

A.知交网将设立反哺基金，发起"梦想火炬"计划，鼓励在知交网上已成功转化并有盈利的项目者，捐献部分收入作为反哺基金，为后续还未孵化的项目提供资金支持。将反哺基金用于资助其他梦想者圆梦，将创业的梦想火炬不断传递下去。

B.联合各大高校的创业者协会，在校内举办首届"梦桥杯"科研成果创新挑战赛。参赛者可以是学生团队，也可以是师生团队，以商业策划书和成果展示的形式参加比赛。比赛将设置为三轮，其中初赛和复赛是由企业高层和教育专家组成的评委团进行评审打分，最后一轮决赛参赛者利用微信平台进行项目展示，通过网络投票方式进行评选，将最终选择权交由学生市场。最后获胜的团队将成为知交网的首批重点扶持对象，将免费为其团队项目提供全方位的孵化服务帮助，旨在打造知交网的首个成功案例。

② 活动策略

A.开展不定期线下主题分享会

活动主题：聊聊咱们最初的梦想

活动内容及意义：每个人都有着不同的经历和故事，在线下真实互动中，我们"以真示人"。这里没有大咖，只有认认真真在路上前进的普通人。通过邀请这些在路上的追梦人，分享不同经验的故事，在投资人与创新者间建立起情感沟通的桥梁，脚踏实地地去搭建知交网的品牌文化氛围。

B.举办年度武汉高校专利成果展览会

活动主题：武汉高校专利成果展览会

活动目的及意义：为那些拥有专利的武汉高校师生们，通过展会形式提供展示他们成果的机会，并借此吸引投资商的关注支持，真正帮助高校专利者们圆一个创业梦，使知交网在高校群体中成为值得信赖的专利孵化与智能推广平台。

主办单位：知交网

承办单位：武汉各大高校

活动对象：拥有专利的武汉高校师生们、受到邀请的知交网会员用户

活动流程安排（略）

展览方式和费用（略）

③ 合作策略

A. 与高校合作

积极筹备与各大高校签署战略合作协议，将本网站作为帮助其校科研成果搭建专利对接桥梁服务的指定中介平台。发展初期以本校为发展基地，逐步覆盖武汉市各大高校寻求合作，在积累了一定的行业声誉后向省外逐步拓展业务。

依托高校资源，寻找和邀请有相关投资需求的校友作为投资方入驻网站平台。

在知交网的官方网站上建立高校联盟友情链接。合作院校也需在官方网站上开设专利对接频道链接至知交网。

B. 与线下孵化器合作

网站建设初期，可以主动寻求与本地一些孵化器的友好合作，免费邀请线下孵化器入驻网站平台，启动"高校专利落地"计划，对于网站内一些好的专利项目将就近推荐到各地孵化器中进行产业化，以缩短专利商品化周期，从而建立起与真实孵化器企业的长期合作关系。在网站发展较为稳定后，欢迎支持更多的优质孵化器加入知交网，这时可收取一定的平台入驻费。

6.1.4 盈利模式

（1）网站盈利模式概述

在这个新技术、新思想层出不穷，市场瞬息万变的时代，企业之间竞争的根本已经不再仅仅是产品的竞争，而是品牌之间、盈利模式之间的竞争。盈利模式已成为企业生存并稳定高效发展的重要因素。一个好的盈利模式，能够让企业在更低的商业成本上最大限度地获得高额的商业利润。而一个善于打造自身盈利模式的企业，它的发展潜力、市场竞争力、稳定性都将大大提升。

知交网的盈利模式主要分为以下七项：邮票收益、广告收益、评估预测收益、定制化跟踪服务收益、代招孵化器收益、站内推广收益和直接投资收益。其中广告收益来自于网站外的其他广告主，其余六项均来自于本网站的用户。另外考虑到网站前期推广问题，会员收益一项暂时不予考虑，即前期网站的主要收入以广告收益为主，到后期网站慢慢成熟，数据库逐渐庞大，其余收益也将逐渐成为网站的主流收入。

以下就是网站盈利模式的具体内容与详细解说，随着时间的推进与网站经营经验的积累会逐步对其进行改进与完善，打造一套本网站特有的盈利模式，让企业更具有市场竞争力。

（2）邮票收益

"邮票"是网站推出的一种虚拟货币，一张"邮票"需支付人民币1元，每张邮票设有时间限期。邮票的具体使用方式是，用户向本网站的其他用户发送信件，如果贴上了"邮票"，

对方就能免费打开;如果没有贴,对方想要查看信件内容就必须自己付费贴上"邮票"。

"邮票"具体应用于本网站:项目展示方、投资援助方、技术支持方、需求推广方四大方(以下简称四方)用户在通过网站的智能匹配系统找到与自己要求相符合的其他方之后,如果要与其进行交流联系就必须贴上"邮票"进行通信,通过收取"邮票"费,巧妙地扩宽了网站的收入来源,提高了网站的收入。

(3)广告收益

近几年来随着网络的兴起和普及,网络广告成为了最热门的新型广告模式。广告主或者广告联盟向网站主支付合理的广告收益就可在网站上播放广告主的广告进行宣传推广提高广告主收益,网站主也轻松地把网站访问量变成收益。知交网就充当了其中网站主的角色。

告投放模式:知交网的广告收益方面收入主要来自两方:a.直接广告投放;b.第三方广告联盟的广告投放(图6-10、图6-11)

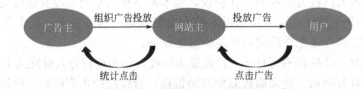

图6-10 直接广告投放模式图

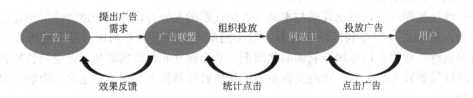

图6-11 网络广告联盟模式图

(4)评估预测收益

评估预测收益即本网站针对四方用户中的专利方特别提供的一种增值服务项目。

如果用户拥有一个专利项目但是由于专业知识匮乏,对于项目的可行性、市场前景以及后期的盈利情况完全没有概念,或者是对自己的专利项目有一些自己的见解但是没有把握,有意向选择相关方面的专业人士的进行指导的,都可以申请此增值服务项目,网站提供相关方面的专业人士通过网站系统的数据分析给其以意见或建议,帮助其完成预测,更好地了解自己的项目,把握其市场前景。另外,此服务项目的目标消费者也可由专利方扩展至有想法(idea)想获得专利的人群,即本网站可以对其想法提出改进意见,为后期的专利申请的填写等各方面提出建设性的意见帮助其更快捷的申请到国家专利。知交网将根据指导过程中所耗费的人力、物力、财力收取适当的收益,即将此增值业务纳为收入项。

(5)定制化跟踪服务收益

定制化跟踪服务具体包括两个方面的内容:① 对四方用户中的投资方进行资金的代管。如:投资方如果选择资金代管业务,将资金交予本网站托管,则在其与其他方签订业务合同,我方认证之后就可直接将资金汇入合同的另一方,无需投资方自己动手进行转账操作;另外投资方也可选择分批资金到账的方式,本站可按要求定期定时的将资金汇入对方账户,以免发生投资方遗忘导致意外。② 为专利的各个孵化时期提供"看护",为其孵化提供实施的建议。具体服务模式跟评估预测收益模式相似,即本站会根据其需求安排相应的专业人士在其孵化过程中提供建设性的意见帮助其更健康、更迅速的成长起来。

（6）实体孵化器收益

由于本网站是O2O模式即线上对线下模式，所以经营内容包含线上和线下。实体孵化器收益主要针对人群是线上的专利项目，如果他们自己找不到合适的孵化器，将动用本网站的资源帮助其找到相匹配的孵化器并帮助其申请线下孵化器，实现其目的，同时也实现了线上与线下相结合的模式（O2O）。

（7）站内推广收益

具体来说就是对于本网站的四方用户中有迫切需求的：专利方——急切需要帮助的专利、投资方——有强烈投资欲望的投资人、技术方——想给别人代工的技术公司、需求方急切需求某一种专利的公司，可以对其收取一定的收益，在适当的范围内直接在站内进行推广，帮助其尽快地找到理想的合作伙伴。

（8）直接投资收益

在公司发展到中期时，针对于具有市场前景的创意或专利，公司将进行可行性评估，评估通过的专利，公司将直接参与投资。转化后盈利的项目，将会是网站的另一种盈利模式，将会为公司带来收益。

6.1.5 增值服务

（1）反哺基金

知交网将设立反哺基金，鼓励在知交网上的成功转化并有盈利的项目者，捐献反哺基金，作为项目基金，为后续还未孵化的项目提供基金支持。

将反哺基金用于帮助其他梦想者圆梦，为梦想搭桥，将梦想爱心传递下去。

（2）创意调研与转化

对于还未形成专利的具有发展前景的创意，知交网将为其提供技术、服务支持，为其进行市场调研、提供优化方案，或利用网站的反哺基金为其提供资金援助。促进其转化为专利，并进一步孵化。

（3）专家服务

知交网将提供专家服务，专家一对一解答关于专利、专利转化、投资等方面的问题。以解决专利孵化与投资合作方面的困扰。

6.1.6 公司管理

6.1.6.1 公司介绍

（1）公司简介

知交网是一个专为创新者和投资商服务的O2O商务平台。它专注于搭建专利对接服务的桥梁渠道，以推动高校专利的转化；利用O2O模式，在保证两方用户信息财产安全和遵循现行法律的基础上，为其提供线上展示交流、线下联系定案的服务。网站致力于为每一位高校创新者和支持者筑起通往梦想的桥梁，以创造更大的价值而服务。

（2）企业理念

帮助更多优秀的高校专利成果做最大限度的孵化，以创新出真正符合市场需求的产品，提高高校专利孵化的市场份额，是公司秉承的理念。

让高校专利因为知交网的存在可以更方便地成为产品。现在，高校师生群体在创业路上

往往都处于弱势角色，尤其是在找投资人的路上。而知交网的存在则是为了给高校师生群体提供优质的一站式服务，并利用公司的优势全方位保障他们的利益。让有专利、有创业冲动但不懂法律、不懂金融的人才也可以成功创业，并将其塑造为可以让高校群体信赖的专利"孵化工厂"，这也是公司的追求。

（3）企业文化

助力有专利、有创业追求的高校师生群体是知交网中每个"搭桥人"的使命。

用心对待每一个向我们抛出橄榄枝的客户。每当做决策时，都会首先考虑可不可以保障他们的权益。对于不懂法律、技术的客户，一定要做到每次都细心认真地给他们讲解，直到他们理解为止。让每一个满怀希望走进公司的客户都会微笑走出来。

6.1.6.2 组织结构

作为一个服务型公司，每个服务者的服务态度及水平将会直接影响到交易的成败，所以为了保证每个梦桥人都是优秀的"搭桥者"，以及高效的服务，知交网将采用扁平化管理。

在扁平化的管理制度下，每个部门的主管直接对总经理负责，每个专员则直接对各自的主管负责。所有部门根据各自部门业务的需要决定部门员工的数量。

① 运营部主要负责：网站及系统的日常管理和运作，保证网站可以24小时不间断地向客户提供优质、高效的服务。该部门主要有技术专员和运营专员两类，其中运营专员负责网站的在线客服、网站的日常管理、客户信息的管理等。而技术专员则负责系统的维护和扩展等，保证系统不会出现任何宕机、数据丢失等意外，他们的努力是网站正常运营的基本保障。

② 人事部则负责：公司人才招聘、绩效考核、日常行政事务等公司各方面的基本业务，为公司物色优秀的员工，并对每位员工进行考核和激励，使每位员工都能感觉到公司的温暖。同时也通过对公司日常行政事务的管理，为公司每个部门提供良好舒适的工作氛围。人事部职员主要分为人事专员和行政专员。其中，人事专员负责公司人员的招聘和考核工作，行政专员则负责打理公司的日常行政事务。

③ 财务部主要负责：公司内部的基本账务处理；公司的资金、资产管理；公司资本的投资管理；编制财务计划以及财务分析和预测工作。

④ 咨询部：为网站客户提供法律、金融等相关方面的咨询服务，来尽可能的为其答疑解惑。可以通过线下和线上的"双线服务"来满足客户不同的需求。

⑤ 公关部：代表企业接受顾客的投诉，建立企业和顾客间的相互了解、信任和支持的关系，树立良好的企业形象。加强信息传播工作，主动收集顾客的意见和反应，及时向管理部门通报各种信息，协助管理部门制定经营决策，监督各业务部门的工作情况以及不断督促他们提高管理水平和服务质量。不断地向顾客传播"服务至上"的经营观念，组织开办有特色的服务项目和活动，积极联络社会各界公众，主动承办各类宣传活动。打造良好的商业环境，结合企业自身特点来规定公关活动的内容和做法，是企业成功开展公关活动的前提。

6.1.6.3 公司战略

（1）总体战略

初期面对拥有专利的高校师生，为他们找到高质量的投资者和合作者。后期面向大众，让专利者可以在网站上成功找到高质量的投资人和专业的技术人员；让有投资意愿的投资者可以在网站上成功找到符合自己投资方向的专利；让专业的技术人员可以在网站上成功找到符合自己期望的岗位；让有特定专利需求的公司或个人在网站上成功找到符合自己需求的专利。

（2）竞争战略

① 成本领先战略

公司以线上为主，线下为辅，利用管理信息系统，采用扁平化管理，优化公司管理，提高公司运作效率，降低运营成本。公司创办者拥有开发网站的技术，能自行搭建公司所需的网站，最低限度的节约公司的启动经费。

② 差异化战略

公司是一个专门为创新者和投资商服务的O2O模式的商务平台。与汇桔网和众筹网相比，它的注重范围更小，是专注为高校师生专利转化服务的电子商务平台。不同于汇桔网的围绕知识产权的一体化服务，知交网是立足于高校专利这一项，致力于在创新者与投资商之间建立起展示、交流的平台；在O2O模式下，保证两方用户，线上展示交流、线下联系定案，一方面保证其信息财产安全，另一方面保证遵循现行法律。

③ 集中战略

公司专注于高校师生群体，在用户群建立比较优势，逐渐扩大公司的影响力，继而开拓新的用户群体。并且公司会争取和各大高校进行合作，以提高公司的规模和创新能力。

（3）发展战略

一是公司专注为高校师生群体服务，获取高校的合作支持，在用户群上建立竞争优势，同时提高公司的创新能力，获得更多的发展空间。二是避开现在同行业的大公司的残酷竞争区域，开拓自己的领域，并在此领域保持领先。

（4）人力资源战略

公司根据马斯洛需求层次理论，为员工提供自我实现的道路。

在公司管理结构上，每个部门的主管直接对总经理负责，而每个专员则直接对各自的主管负责。所有的部门根据各自部门业务的需要决定部门员工的数量。公司根据按劳分配的原则，多劳多得，为员工分红。另外，公司会定期对员工进行业务培训，提高他们的业务水平。对有能力的员工可破格提拔。

6.1.7 风险分析

6.1.7.1 风险识别

（1）技术风险

① 知交网作为立足于知识产权交换与技术产品孵化的网站，在系统架构初期软件可能存在安全漏洞，运营过程中也可能受到来自所处通信系统的恶意攻击或者网站自身监管体制不健全，造成丢失客户和网站重要数据，因而存在一定安全隐患。

② 知交网作为O2O的网络平台，其用户：专利或创意持有者、投资人、技术提供公司身份信息不属实，投资人的财力难以证实致使网站中交易安全无法得到保障，不排除恶意注册和网上资金欺诈等行为，这些都造成线上交易存在风险。

③ 知交网为提供更为完善与准确的用户服务，除前期客户需求分析调研外，如何通过网络途径更为快速的把握市场动向和用户需求偏好，从而吸引用户、提高用户体验，进而留住用户是网站开展中的一个难点。若网站对于目标用户或者用户需求不明确，那么极有可能造成网站用户流失。

（2）市场风险

① 市场需求风险，据市场分析可知，中国已成为世界第三大产品与发明专利申请国，近10年来中国的专利申请数量已经增长了8倍，这一趋势在未来几年还将继续。有别于简单的

知识产权贸易，知交网作为联接技术提供者、投资者、专利拥有者等多方的整合性网站，这种针对专利孵化且实体化的创新模式是否存在可观市场。

② 竞争者风险，目前无论是针对投资还是知识产权转让都存在较为成熟的网站，如汇桔网、投融网、众筹网等。知交网可能遭遇现有竞争者行业壁垒或者发展后期同类型网站兴起的竞争。

③ 营销风险，作为新型服务网站，网站特点和知名度不高。网站在公众中信誉度和可信度不高无法吸引投资者形成一定规模，第三方平台优势无法发挥。

（3）运营风险

① 运营流程风险，网站审核确认申请者上传专利的唯一性，尤其是创意类申请的可行性过程中存在难度和风险。

② 网站信用问题，专利申请者、创意拥有者一旦网上信息展示后极可能被窃取和复制。另外合作双方在交易过程中可能涉及专利产品信息的保密性问题，双方交易存在纠纷时用户的维权问题。这些都会损害网站的信用，致使用户流失。

③ 财务风险，网站营运过程中关于聘请相关专业人士进行咨询服务，拥有自己的技术团队等增值服务和线下活动的开展等成本过高，而作为一个第三方的服务平台发展中短期盈利可能无法很好地支付人工和运营成本，致使网站无法正常地运转。

（4）管理风险

① 网站结构流程设计可能存在风险：网站结构流程设计不合理，不利于供求双方项目线上实施。

② 人才流失风险：网站建设扩展过程中如何预防人员流失，尤其是项目人员流失问题。

③ 公司管理层针对于行业的政策、市场不敏锐而产生的决策性错误。

6.7.1.2 风险应对

（1）技术风险的应对措施

① 开发的各个阶段而言，系统模块之间应该有较好的关联性和模块内的可扩充性。提高系统的稳定性，减少系统的安全漏洞。除网站日常的软硬件维护与系统审计外，还须采取必要的安全措施：防火墙，在线沟通的数字加密技术，关于资金流转的数字证书加密技术，用户访问控制权限等。

② 知交网采取实名制形式，用户注册时则需进行身份验证或者银行卡相关信息验证。知交网会与身份证实名认证平台、知名银行合作来确保用户的信息真实性、可靠性。网站中部分内容对不同用户设置用户权限限制访问。相关公司企业则须验证公司营业执照或者许可证。

③ 网站应注重收集客户信息以提供更好的服务。除了常规的用户调查与征询意见外。应用基于网络的后台数据分析技术（服务器日志文件，客户端数据，以及一些应用软件工具等）分析网站用户行为尤为重要。包括用户的站内浏览行为，用户浏览入口，页面的停留时间，每天各个时间段的用户流量等。以此来分析得出哪些为目标客户，目标群体的真实需求和偏好，以及网站的不足之处，也有利于网站宣传推送服务等的开展。

（2）市场风险的应对措施

① 知交网是以客户需求为初衷。知交网利用网络平台实现产权交易与技术交易的跨区域性与非强制性，通过在线电子平台有效进行大量资源信息的整合，实现三方的智能匹配。这种开放性的第三方平台模式在实现交易电子化和网络化必然具有优势。

② 作为市场的新入者，其用户主要定位于个人专利拥有者和高校大学生群体。高校的专利转化率只有5%，这一数据大大低于来自企业的转化率数据。致使高校和个人专利转化率

低的原因是多方面的，但是也由此看出高校师生的专利实体化具有着巨大的市场。网站初期主要针对于这一目标群体，以尽快拥有自己的市场基础，突破行业壁垒，提高市场竞争优势。

③ 网站初期营销除了常用的宣传策略外可增加高校内推广活动（高校论坛推广，各高校的专利成果展示会等），同时尽可能地寻求政府和高校合作。借助于政府孵化器与高校的企业孵化器来完善网站的线下服务，同时可达到更好的营销效果，提高网站可信度。

（3）运营风险的应对措施

① 专利的真实性检验可以与相关网站（专门检测查询网站或政府网站）合作。网站发展可逐渐向创意类想法实体孵化延伸，前期通过网站进行调研，借助与网站合作的公司或专家进行产品可行性分析。后期网站会拥有自身专业团队进行协作。

② 知交网是一个线上的孵化系统，可帮助创意类申请专利化以后再进行网上的公示，以获得法律的保护。作为一个为产品孵化寻求投资或技术支持的中间渠道，那么在交易过程中则需有个监督机制，网站作为监督买卖双方的第三方，分别与双方签订保密担保相关协议。对于网上相关交易信息备份加密监管二者行为，确保产品专利信息的保密性、安全性。同时作为日后可能发生纠纷的凭证。

③ 网站主要作为一个第三方的平台，在投资双方的经济活动过程中主要提供服务咨询或者是项目的跟踪情况反馈而并不实质性的参与项目运作。网站发展到一定的规模才有资金与能力拥有自身的法律与技术支持。关于线下活动的开展等支出须严格控制运营成本，建立明确的资金使用明细表，执行人员与监督人员定期向总公司汇报资金使用状况。

（4）管理风险的应对措施

① 健全网站的业务流程，可采取在线调查问卷或者用户回馈等方式收集网站的用户体验，必要时根据用户需求调整网站结构。

② 注重公司的企业文化，强调公司的发展愿景，加强内部员工之间的交流，同时制订一套完整的薪资奖惩制度。增加员工的满意度与归属感同时激励员工，减少可能的人才流失。

③ 随时关注市场行业走向，做好调研，并可以向上级进行有效及时的反馈，以不断调整公司发展策略，做出相应的决策。

6.1.8 风险资本退出

6.1.8.1 退出方式

风险投资公司投资于知交网的目的并非是为了拥有该项目，其目的是通过培育知交网快速成长，使其拥有的股份升值，然后在适当的时机出让其拥有的股份，从资本增值中获得高额的投资回报。根据财务分析，公司的内涵投资报酬率将达到137.6%时，能够满足风险投资家获利的目的。

我国风险投资的退出方式有主板市场、二板市场、境外市场、买壳上市、境外上市、风险企业回购、二次出售、企业诟病、破产清算9种方式。结合知交网初期发展的条件限制，短期内不能通过发行股票的方式退出风险资本，但是知交网支持并购退出方式、知交网回购、寻找第二期收购、清算退出4种风险资本退出方式。

（1）并购知交网

风险资本可以通过由另一家企业兼并收购知交网来退出。知交网发展到一定阶段后，随着对专利孵化需求的增加、对保护知识产权重要性的深刻认识和相关法律的健全，网站定会形成规模用户，各种风险不断减少，技术、市场优势已培养出来，企业前景日趋明朗，加之商业广告纷纷入驻网站和付费服务启动，知交网开始出现盈利，想进入知识产权保护这一领域的其他公司将会非常乐意用收购的办法介入。这时就风险投资家而言，他们可以考虑采用这种快捷的并购方式，安全地将资本退出。

优点：程序简单，退出迅速，较容易找到买家，交易比较灵活。

缺点：知交网一旦被一家大公司收购后就不能保持其独立性，公司管理层将会受到影响。

（2）知交网回购

被其他公司并购，意味着知交网将会失去独立性，公司的经营也常常会受到影响，这非常不利于知交网的战略实施。因此，将知交网出售给其他企业有时会遇到来自风险企业管理层和员工的阻力，而采用风险企业管理层或员工进行股权回购的方式，则既可以让风险资本顺利退出，又可以避免由于风险资本退出给知交网运营带来太大的影响。由于企业回购对投资双方都有一定的诱惑力，因此，这种退出方式较为双方认可，但前提是知交网有足够的资金支持或较好的筹资策略。主要有三种退出方式：管理层收购（MBO），员工收购，卖股期权与买股期权。

优点：可以保持公司的独立性，避免因风险资本的退出给知交网运营造成大的震动；项目内部管理人员可以由此获得已经壮大了的企业的所有权和控制权。

缺点：要求管理层能够找到好的融资杠杆，为回购提供资金支持。

（3）寻找第二期收购

通过第二期收购是出售股份的一种退出方式，它指将股权一次性转让给另一家风险投资公司，由其接手第二期收购。如果原来的风险投资公司只出售部分股权，则原有投资部分实现流动，并和新投资一起形成投资组合，如果完全转让，原始风险投资公司全部退出，但风险资本并没有从风险企业中撤出，知交网不会受到撤资的冲击。

优点：风险投资公司退出灵活；转换的只是不同的风险投资者。

缺点：可能会遭遇知交网管理层的抵触。

（4）清算退出，获取风险保险赔付

知交网在建立之初，为了吸引风险资本的投入，会建议风险人购买风险保险。并承诺支付一半的保险费用。如果知交网没有实现预期的发展规划，将以失败的方式告终，风险资本应采用清算方式退回以尽可能多地收回残留资本，并获取保险公司的赔付。

优点：阻止损失进一步扩大或资金低效益运营。

缺点：资金的收益率通常为负，据统计，这种方法一般仅仅收回原投资额的64%。

6.1.8.2 退出时间

退出方式和退出时机决定着风险资本能否带着丰厚的利润退出知交网。理论上，风险投资周期由项目边际增加值和项目边际成本共同确定。但是实际上，很难获取项目收益和项目成本之间的曲线关系，风险资本退出时机只能在投资后的某一时点，通过该项投资的预期收益与所面临的风险的对比权衡来决定是否退出。风险资本退出时机受到知交网的保本价值、当前知交网的价值、知交网的预期收入、知交网的预期风险的影响。风险资本可以下时机退出。

（1）知交网处于成熟期

由项目的发展时期（图6-12）可知，在项目发展的前期，知交网不能够盈利，相应的风险资本的价值也得不到增值，因而风险资本退出没有收益。而知交网在扩展时期可能开始出现盈利，为实现风险资本的利益最大化，所以风险资本退出的最佳时机应在知交网处于成熟期时。具体在成熟期的那个时间段退出，风险人只能根据成熟期知交网现时的用户量、转化率、盈利状况和市场环境，预测评估项目短期将来的发展情况，决策具体退出时机。

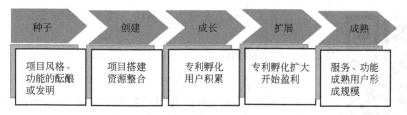

图6-12 项目的发展时期

（2）知交网的市场形势不好

知交网在发展的过程中会遇到技术、市场、运营等方面的风险或社会环境的不利影响，如果处理不当，项目可能面对发展受阻、用户流量少、专利孵化转化率低的威胁。风险家可请专家利用项目现时的发展情况对知交网的未来市场形势进行预测评估，当较能肯定市场形势不好时，风险资本应果断退出。

（3）风险资本家管理能力有限或资本紧张

风险资本家是积极的投资专家，风险资本家在向风险企业投入资本的同时参与风险企业的管理。风险资本家的管理能力是有限的，一个风险资本家只能同时有效管理少数几个投资项目。在短期内，即使知交网显露良好的获利前景，但是受管理能力和资本的限制，风险资本家会将风险资本从知交网中退出，投入到获利前景更良好的风险企业中，这样可以获得比较利益。所以，短期内风险资本家的管理能力和资本没有弹性会导致风险资本提前退出。

（4）签订的投资协议到期

风险资本投资时，风险人和知交网会签订相应的协议，协议中明确规定了资本的投资期限。当期限到期时，若双方无续约意向或未一致同意续约条件，风险资本也只有被迫退出。

6.1.8.3 风险资本退出比较（表6-2）

表6-2 风险资本退出比较

退出方式	资本买家	优点	缺点	退出时机
并购项目	并购企业	程序简单 买家容易找到 交易灵活	企业失去独立性	市场形势不好或已实现较好收益
项目回购	知交网管理层或员工	独立性 控制权	资金需求大	成熟期
寻找二期收购	新的风险投资者	退出灵活	新投资者的介入影响项目管理	风险人管理能力有限或资本紧张
清算退出，保险赔付	无	降低损失	亏损较大	网站面临破产

通过以上风险资本的退出方式和退出时机分析，每种退出方式都有自己的优缺点，同时受到知交网的运营情况、盈利情况、市场前景的影响。风险资本退出方式和退出时机是紧密相连的。

6.2 谷绿农品

谷绿农品是一个互联网农产品品牌，也是为数不多的从开始就种植参与农产品圈供应链的农产品品牌。谷绿源自英文Green的音译，产品类别以农产品为主。它从2人团队到180名员工,在各大平台上有官方旗舰店,线下专柜98家,会员60万。

6.2.1 产品简介

(1)谷绿农品品牌简介

谷绿农品不强调所谓奢华的包装只注重产品的品质,从消费者的生活中发现并开发有益健康的商品,让每一件物品都回归本质。让食品安全,生活健康。谷绿农品不只是一个品牌,更是传递一种生活理念,再借助电子商务的力量,让这个企业脱颖而出。

谷绿农品官网

谷绿农品提倡有机、自然、简约的生活方式,落实在不同方面:坚持选用各地优势的农产品,采用合作社方式,从选种到收割全程监控,全程专家指导;一粒米、一棵青菜从田间到厨房,它们没有接触过任何化学农药;一棵棉花加工成一件服装,从田地到衣柜,从未接触过任何化学农药;坚持简单,摒弃奢华的包装,让生活更低碳,让商品更体现价值。

从谷绿农品品牌创立以来,已将有机的健康生活哲学带进了近百万户家庭,谷绿农品一直坚持"有机、健康、低碳"的生活哲学。谷绿农品的产品现已经远销日本、新加坡、澳洲。

(2)谷绿农品发展历程

2009年,谷绿农品成立。

2010年,谷绿农品着重建设与管理种植基地和农产品供应链管理。

2011年,谷绿农品入驻天猫商城,从传统医药超市销售走向电子商务。

2011年,全国有20万户家庭通过网络和电话直接采购谷绿农品有机食品,当年完成销售额750万元。

2012年,谷绿农品入驻杭州大厦、万象城等国内一线商场。谷绿农品系列产品成为绿城集团、中国银行、电信公司、和黄药业等企事业单位直供商品。

2012年,谷绿农品入驻京东商城、一号店、当当网。8月13日,在天猫年中大促销量位于粮油类目榜首。

2012年,江苏阳澄湖大闸蟹、大连长海县野生海参成为谷绿农品用户家庭新宠儿。

2012年11月11日,谷绿农品销售额在双11购物狂欢节中位居粮食第一,当年完成销售额3000万元。

2013年,谷绿农品线上线下同时发力,完成销售额1.3亿元。

目前谷绿农品有机食品拥有有机大米、有机杂粮、无添加花茶、无防腐剂坚果零食、天然粉粉、精选食用菌、高端滋补品等7大类目,300多款单品。

6.2.2 经历的困境

6.2.2.1 供应商选择

谷绿农品在2009年3月成立,创始人王安平当时是浙江大学经济学的在读硕士生。谷绿成立时公司只有三个人,因为一句"咱卖大米去"的玩笑话,王安平和大学的俩哥们一拍即合,凑成了"中国合伙人"。故事的开始都是曲折的,毕业不久的大学生还是too young too naive(太年轻太天真)。

王安平就是用天真形容当时创业的自己。因为才开始做,对农业一窍不通,市场上什么米好吃,多少一斤一概不知,于是他们便跑到农贸市场问大妈们,听到最多的答案就是"五常"。"好,那就卖五常大米",说着王安平都被自己给逗乐了,他们的卖大米之路竟然开始得如此"草率"。

接下去就要找供应商，但是茫茫人海供应商在哪里。于是王安平他们去到黑龙江五常，挨家问。"那会儿才起步，跟人家要1吨，那简直是小打小闹啊，谁理你？"回忆起那段日子，王安平摆摆手直言往事不堪回首。还好最后在五常住了3天，他用一把韧劲抓住了支持大学生创业的"贵人"。但有了供应商还远远不够，销售的渠道更难打通，"我以为拿到货，跟超市的人沟通一下就可以放那里卖，结果我们被轰出来了，还是太天真"，因为光入场费就要20万，还有各种条码费等等，所以王安平他们又碰壁了。

大概三个月后王安平的两个小伙伴打起了退堂鼓，觉得前景不佳，路途迷茫，现实版的"中国合伙人"曲未终人却散了。王安平虽然感到失落，但还是咬咬牙坚持下来，有赖于城院的老师"牵线"，他遇到了同校毕业的姜章。从此两个人携手，打算做有机农产品的销售。

6.2.2.2 产品销售

有机农产品和传统农产品一样，在流通方面存在某些限制，区域的局限性，交易环节繁多，销售渠道窄，成本也高。看上去，农产品走高端似乎难度很大，不大可行。谷绿农品也遇到同样的情况。当时王安平负责基地的开发，在找到黑龙江那边省的生产基地后，谈妥了合作，开始有了自己的有机产品。有了产品后的第二步，是如何将产品卖出去。

传统的产品销售，假如还没有响亮的品牌，其渠道多数是依靠经销代理制。谷绿农品前期所拥有的产品不过几款，都是五谷杂粮。销售依靠线下的一些代理商，或者直接和华东医药等超商合作，产品更多是以礼品的形式卖出去。

除此之外，与其他线下产品一样，为了推广和宣传，谷绿农品各处的展销会或者农产品博览会每年都会参加，甚至是一些团购活动也会有参与。但从总体效果来看来说，收效不大。

更重要的一个因素是，尤其是，王安平与同伴他们发现，国内的农产品交易实际上只能称之为贸易，那是粗放式的传统交易模式，不止提货不方便，流通的成本也很高。而他们想要的是将农产品零售出去。

想零售农产品，又想减少交易环节，降低中间成本，不得不考虑电子商务。

2010年年底，谷绿农品开始筹备转型做电子商务，王安平他们逐步将线下的一些销售渠道砍掉，他们保留了一些常规销售，但是与运营成本很高的小区街边便利店，以及和医药超商的合作都在减少。

2011年初，谷绿农品正式入驻天猫商城，大米和杂粮虽然是非标准化的产品，但经过包装后，依据包装规格的大小，实际也是某种意义上的标准化。这时，谷绿农品由原先的5人创始团队增加为13人的团队，原先的五谷杂粮产品也上升为近28款有机农产品。

传统的农产品市场，产供销之间并非是完全接通的，有时候销售和生产的断裂会造成库存的积压，而电子商务恰好可以弥补这点。

入驻天猫仅一个月，谷绿农品有了爆发式的增长，第一个月的当月销量近20万元。

有机农产品作为农产品中的一项特殊商业品类，相对普通农产品而言附加值较高；再加上近几年来有机概念的火爆，以及人们对于养生与健康的重视，有机食品行业发展迅速，有机农产品也成为不少投资机构关注的一类产品。

6.2.2.3 规模和运营模式问题

然而即便如此，有机农产品依然逃不开作为农产品和食品的一些共性，同时或许也将是像谷绿农品这样的企业需要突破的瓶颈。

首先是规模化生产。由于农产品的基础价格较低，即使附加值再高，如不实现规模化生

产，恐怕也很难支持企业的种种运营成本。

其次，选择做制造商还是渠道商。目前看来，谷绿农品的运营模式更像是渠道商，在各个平台上的商业行为更像是店中店，同时在产品宣传上注重产地优势，即消费民间原有的农产品品牌。如果决定做这样的渠道商，那么未来如何摊薄渠道成本，扩大销售规模，使自己能在与上下游供应链的谈判中获得话语权，将是很大挑战。

除此之外，由于中国目前的有机食品认证市场还很混乱，产品的定价体系也同样受其影响，处于高度竞争和不规范的状态，这会变相增加企业的成本压力，使得渠道商在进入一些平台时，需要面对较高的门槛。

6.2.2.4 物流问题

而在农产品电子商务中，还有两个很难回避的问题：存储和配送。农产品的配送链条较长，从生产地到仓库，再到消费者终端，如何在运输过程中保证产品的新鲜与品质，同时包装完好，给消费者以较好的消费体验，也是很大挑战。这同样是变相增加成本的因素：普通产品或许只要普通的包装、找普通的快递就可以，高端农产品配送需要特殊的包装及专门的配送公司来运送。

按目前大部分有机农产品企业的生存现状来说，这个行业的生存环境还是较艰难的，最理想的方式是用心做出一个好品牌，再寻求大企业收购。这或许能够把上面说到的不少问题解决：借大企业的规模化运作，摊薄有机农产品生产与销售中产生的成本，进而使企业的运作更为健康。

如果说传统农产品通过第三方平台进行网络销售是O2O模式的话，那谷绿农品倒是可以被看作一个垂直的农产品B2C电商。

王安平透露，目前谷绿农品的常驻员工有70余人，整个团队分为六个中心，分别是生产、物流、行政、销售、采购和设计中心。生产中心就是当农产品经过基地当地的加工后运输过来，会在杭州进行二次加工和更精细的包装。

如果说有机、健康是谷绿农品所一直试图倡导的理念的话，实际上它的产品包装反而更直观。因为农产品的非标化，谷绿的包装都是采用最直观的透明、简单的盒子或者罐子。这样的包装适合进行零售，也适合进行配送。

说到物流配送，实际是农产品电子商务化中最为重要的一环，因为它最耗成本。以谷绿农品作为案例来说，因为十多个基地区域不同，季节变化也不同，产品也不同，所以涉及的产品保鲜、物流配送情况都较为复杂。

以有机大米和谷物杂粮这些产品来说，也就是红豆、绿豆、薏米之类的，南方地区，一般从5月份开始就会长虫子，或者发霉。但有机产品本身是不添加任何化肥和杀虫剂的，所以夏天，谷绿农品一般会将粮食存放在冷藏室，配以冷藏标签，这时购买的客户也需要将买去的产品放入冰箱冷藏。

夏季以外，一般2～3月是谷绿农品的淡季，5月之后，包括年底是旺季。根据淡旺季的销售情况，王安平他们会将谷物原料保存在原产地，根据销售需求进行加工，再发往杭州的电商物流部。

谷物是时鲜性质不怎么鲜明的产品，实际上谷绿农品还有阳澄湖大闸蟹和大连长海县海参这两个产品。因为大闸蟹和海参的特殊性，其培育不可能由谷绿农品来完成，他们是通过当地政府，以招标的形式筛选出合格的供应商，然后派遣专人小组在当地进行把关。并且直接由当地发货给顾客，而不是和其他产品一样还要发往杭州。

那么算起来，谷绿农品涉及了两个成本，库存成本和物流配送成本。而物流配送成本又分为两块，一块是产品原产地将产品集体发往杭州电商物流部产生的物流费，一块则是杭州电商物流部将产品零售快递给消费者产生的快递费。

依据保鲜产品和非保鲜产品来划分，像大闸蟹和海参之类的，谷绿采用的是冰淇淋式的发货模式，和顺丰合作，用冰袋和保温箱配送发货。非时鲜类产品则是普通的快递模式。

王安平直言，在生产、采购、设计等各个环节中，物流成本最高。2012年"双11"时，谷绿农品的物流成本占到了销售额的27%，2012全年的仓储和物流成本耗费占到了全年销售额的30%。

6.2.3 成功因素

谷绿农品把高端有机杂粮产品卖进杭州大厦、万象城以及北京的国贸大厦等大型商场的同时，全力进军电子商务。谷绿农品先后入驻天猫、1号店、京东商城、当当网，还有腾讯的拍拍网等等，产品受到全国各地市民的热捧。

谷绿农品在网上销售有机食品，减少了交易环节和中间成本，使高端有机米的价格更亲民，契合了这个时代民众的需求。在短短几年内，有机食品的销量全国前列，成为国内有机食品的领导品牌。

6.2.3.1 选品

跟普通大米相比，谷绿农品的大米有三大特色：水稻品种是首届全国粳稻产业大会上专家首选的"稻花香二号"；种植的肥料是麻省理工合作提供的当代尖端生物科技产品——高级植物生长营养液和生物有机菌肥；稻米种植完全采用纯手工。大米还通过了各项有机认证。

对于消费者而言，口感是非常重要的。据介绍，谷绿农品有机米以香甜滑软之味和专业检测拿到了农业部评定的86分，在口感上达到了米业的绝对高度。这也是其产品受到追捧的重要原因。

秉着"无添加，大自然的艺术"的产品理念，这几年，谷绿农品一直开发和寻找更多的有机种植基地。"今年新增的黑龙江密山有机大米基地，那边靠近俄罗斯，风景秀美，有美丽的国家级景区兴凯湖。农民收入低，只靠种粮收入，但是地处偏远，农民没有能力兼顾种粮和销售两个环节，谷绿农品今年计划完成密山7000吨大米销售任务。要把最优质的大米从大山里带出来。"王安平说。

6.2.3.2 销售模式

与传统农产品一样，有机农产品在流通方面也存在某些限制，比如区域的局限性，交易环节繁多，销售渠道窄，成本也高。看上去，农产品走高端似乎不大可行。

在发展初期，谷绿农品只专注于实体销售渠道，入驻了华东医药旗下连锁药店及部分高端超市。当业务逐渐走上正轨之后，这种仅限于线下销售的模式让企业觉得一时找不到突破口。一次偶然的机会，王安平和伙伴把目光转向了电子商务。2011年初，公司成立电子商务部，以旗舰店的模式入驻天猫商城。

"在一些人眼中，网购似乎意味着'低质'和'低价'。不过，经过摸索和分析，我们发现，只要品质获得认可，高端产品一样可以在网上热卖。"王安平称，网上销售减少了交易环节和中间成本，使高端有机米的价格更亲民，这让谷绿农品拥有超过80万的老顾客和粉丝。

近两年，根据公司的发展战略和定位，谷绿农品把电子商务作为发展重点。同时，公司

电子商务创业

还有意识逐步将线下的一些销售渠道砍掉。比如，与运营成本很高的小区街边便利店以及医药超商的合作等，都在减少。据悉，目前谷绿农品在网络渠道的销售额已经远远超过传统渠道。

6.2.3.3 质量保证

"通过电子商务，谷绿农品把偏远山区最优质最新鲜的农品，第一时间卖进了城市家庭，农民赚到了钱，城里人获得了健康。"这是中国著名经济学家茅于轼对谷绿农品的评价。

茅于轼讲这句话是在2010年，当时是在谷绿农品创业最艰难的时候。而这句话也一直激励着谷绿农品的创业团队不断前行，在谷绿农品发展和经营过程中，不管遇到什么困难和挑战，他们都选择了坚持。

网络渠道打开后，结合"有机、健康"的产品理念及消费者的需求，那么谷绿的产品质量是如何保证的？这得从产品的源头追溯起了。谷绿农品不断丰富自身的产品线，在国内开发的基地已有13处。王安平称之为自有基地。这些基地北至五常、小兴安岭、大兴安岭，南至神农架、云贵高原、和田，谷绿农品采用的是合作社的模式。由谷绿农品提供种子，进行承包，当地的农民负责种植，培育。以大米为例，也许很多人不知道何谓"有机米"，其实就是指种植在三年没碰过化学农药的土壤里，采用自然农耕法，使用有机肥的大米，消除了可能有的重金属或农药残留。谷绿农品在各个基地安装摄像头监控，同时派遣大学生员工在基地驻场。"为确保农作物基地全程无添加、无污染，农产品精致生产，谷绿农品采取全程监控、低温鲜活运输的方式将优质农产送至客户手中。"王安平介绍。

不过王安平认为源头上保证了质量还不够，因为有机市场鱼龙混杂，所以需要诸多有机认证，才能让消费者获得看得见的安心。比如大家可以通过谷绿产品上粘贴的追溯码在国家认证委网站上查询真伪，以及食品出自哪家公司、哪个基地，甚至还可以前往实地考察。更贴心的是王安平还给自家大米做了口感测评，100分里得了86，因为考试难度较大，80分以上的大米都不多，这已经算是大米届的"学霸"了。

在王安平的质量把关下，其实谷绿的产品已经是哪里都能发光的金子，所以无论是线上还是线下的销售都开始走俏了。"实体销售占了4成，网上的占了6成。去年网上的销售额已经破亿，2014年就上半年已超越了去年的销售额。我希望线上可以帮助线下推广，线下能帮助线上提高消费者的信任度，两者相辅相成"，王安平认为这依然是未来谷绿发展的大方向。

6.2.3.4 管理创新

虽然谷绿在今天的农产品界有了话语权，但曾经也有过瓶颈期。2012年，也就是谷绿起步的第二年，公司慢慢壮大但王安平却感觉发展变得缓慢，员工不如以往有激情。所以在管理上需要一点革新，给公司注入新的活力，因为人直接影响着产品。

最终王安平提出了"项目组"的概念，每个人都可以提出要做的新产品，参与人员、资金等也可以自己决定。比如谷绿的烘焙组，一共三个人，他们只管烘焙方面的工作，最终每个月除了底薪还可以拿到该项目70%的收益，做得越好收益越高。而且只要有能力，有的甚至一个人可以承担起一个项目，收益也是很可观的。在这种"游戏规则"的激励下，每个员工都充分调动创造力，又在项目里获得凝聚力，还能给公司带来较大的利益，可谓双赢。

不过这个概念最初受到了员工们的反对，因为工作压力确实很大，但王安平说，"进到谷绿，你不是来乘船的，搭着谷绿快车一帆风顺，而是来做一名水手，自己遨游探索"。不过王安平还是尽量给大家一个自由轻松的环境，在谷绿没有员工手册，没有很多规矩束缚，

顶多迟到的时候罚点钱到"快乐基金"里。"我迟到也罚钱，快乐基金就给大家买零食呢。"王安平凑趣道。

6.2.3.5 包装用心

"在我们将黑龙江五常的大米介绍给消费者之前，很多人并不知道在中国就有那么好吃的米。"姜章不无自豪，要维持产品美妙的品质还需要付出很多。比如说有机大米，五常的米之所以好吃，在于当地的气温日夜温差大，大米中含有的水分很足，口感好。然而当把五常米运到江浙一带时，问题就出来了：由于江浙一带的空气湿度大，有机农产品储存很容易长虫。为此，谷绿农品专门安排了恒温15℃的仓库来储存粮食，同时，销售的大部分产品都是5斤以下的小包装产品。"量少的话，顾客容易储存，吃的快也能防止变质。"姜章介绍，谷绿农品的产品从来没有陈年旧货。

如今，谷绿农品的全国客户已达120万，客单价消费在200元左右，以高级白领与家庭主妇为主。

6.2.3.6 体验店模式

"我们的专柜已经进驻了杭州大厦、万象城等高端商城。"除了产品专柜之外，姜章最近还在忙一件事："我们的首家五色谷物水吧很快将在杭州的钱江新城问世。"姜章希望这样的谷物水吧能如星巴克一样令客户享受休闲时光。姜章理想中的客户消费模式是其在水吧体验到产品后，可以通过多种方式方便地购买到这些产品。未来，她还希望能够进驻高端社区，开办社区门店。

6.2.4 未来的发展

从卖大米到卖农产品，王安平透露正在做的下一步是开发独立平台，整合农产品的供应链，并和政府合作，推广当地独具特色的标签农业。

6.3 学伴旅途

6.3.1 网站简介

学伴旅途网是一个专门为大学生设计的旅游交友网站，即提供一个平台，在这里大学生不仅可以通过网站设计的旅游路线以最省的方式旅游，还可以通过特有的论坛聊天模块以团游约伴的方式，结交到各大高校的志趣相投的朋友。

随着旅游市场的快速发展，关于大学生旅游这一方面，已经越来越受到重视，由此预见未来市场预期良好。

结合于一些调查显示，由于上大学之前繁重的学业使他们忽略了与人交流的技巧的重要性，所以上大学后他们交流的时间非常少，多数人显得特别内向。大学生在校园里具有较大的自主空间，大学生可以钻研浩瀚的专业知识，也可以在广阔虚拟的Internet空间里漫游。不注意人际关系培养的大学生，在激烈竞争社会中喜欢单打独干，易于自我封闭，不善与人交流合作。没人管了，自制力较差，天天沉迷于络游戏，小说等，从而"没有时间"去交流，只能同舍友每天说上几句话，因此很多学生因找不到与别人交流的合适的途径而感到苦恼。还有就是有好多学生想出去旅游，但是苦于没有好的选择，没有伙伴，还有金钱不足等因素而不得不选择在寝室呆着。

这种情况很不利于以后就业和正常的社会生活。美国著名的人际关系专家戴尔·卡耐基也说："一个人的成功，只有15%是由于他的专业技术，而85%要靠人际关系和他的待人处事能力。"所以通过结合旅游与交友建立网站，让大学生在旅游这个轻松愉悦的环境中结交到志趣相投的朋友，还可以在这一过程中，使自己的眼界得到开阔，思想和心智得以成熟，并提高自己的人际交往能力。

致力于改变大学生的现实生活，还他们一个积极向上、阳光欢乐的多姿多彩的校园生活。

6.3.1.1　技术背景及服务简介

（1）SQL Sever数据库技术

通过使用最常用的数据库管理语言——结构化查询语言（SQL）以对会员的信息存储，资金流动记录等网站数据进行数据库管理。

（2）JBoss Web服务器技术

JBoss Web服务器为Java EE、Microsoft ASP.Net、PHP和CGI脚本技术提供一个单一的、高性能的企业级部署平台。它的意图是在所有主要平台上替换掉标准的Web服务器。JBoss Web在Apache Tomcat和Apache Portable Runtime（APR）技术上开发。它把Java EE服务器和本地的HTTP服务器很好结合到一起。

（3）动态Web网站开发技术

利用ASP.NET技术，可在页面美化，会员注册、登录，站内信息的传递，以及优化网站的设计与管理等方面中实现网页的动态交互效果，以及代码分层与复用等功能。

（4）系统安全验证技术

由于网站涉及会员私人信息和资金流动，因此网站安全显得尤为重要。主要通过会员身份验证，使用第三方支付平台，数据加密和备份，监控和日志的方式确保网站的安全性。

（5）手机APP开发技术

借助ASP.NET和JAVA技术制作移动客户端以满足移动用户的需求。

（6）服务器端服务程序开发技术

前期受到条件限制，会租用大型的网络服务器。当网站发展到一定的规模后，就需要拥有自己的服务器群，能够支持大量用户的同时访问，更利于网站的管理和维护。

6.3.1.2　目标市场

目标市场是大学生这个特殊的群体，他们思想活跃，也乐于尝试新鲜的东西。对于旅游他们也有极大的兴趣，他们也乐于交友，只是苦恼于没有合适的方法，在这里我们将两者结合在一起，提供一个集旅游与交友为一体的平台。让他们的大学生活更加多姿多彩

6.3.1.3　运营与营销

学伴旅途网致力于大学生旅游与交友相结合，为大学生提供一个交流平台。在运营与营销这块，采用线下与线上相结合的方法，以线上为主，线下为辅。

线上：通过微信、SEO、博客、微博、各大高校的论坛等方式进行免费推广以及搜索引擎竞价排名、网络广告等付费方式进行网络推广，交换友情链接，利用电子邮件传递方式把网址发送到互联网用户的信箱中，参加广告联盟等。

线下：印传单在各大高校分发；设计个性海报张贴在大学生聚集较多的地方；和各高校附近网吧合作把浏览器默认首页设为你的网站；与高校附近的店铺合作，为他们免费开辟专栏和客户做互动和网上营销；与各景点取得联系，争取与他们合作；与各种便宜安全舒适的

旅馆合作。

6.3.1.4 盈利模式

"传统—网络"式：顾客与网站直接交易，网站扣除佣金后将剩余金额支付给供应商。

"信息平台"式：一些在线旅游服务供应商通过提供大量免费旅游信息和论坛、社区等方式凝聚人气后，推出广告信息服务，从广告公司和旅游服务提供商处获得盈利。

6.3.1.5 投资与财务

网站通过自筹和吸引投资获得启动资金，作为大学生创业也可以申报相关创业资金，发展期通过贷款以获得发展资金，成熟期通过吸引投资以进行网站功能的扩展和进一步的市场推广。公司成立初期费用主要由启动成本、固定资产投资、无形资产投资及其他启动费用四大部分构成。

6.3.2 电子商务网站

6.3.2.1 网站框架（图6-13）

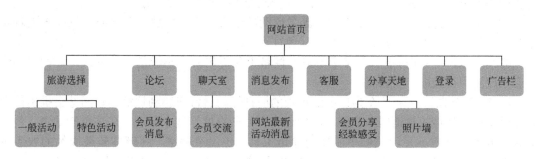

图6-13 网站框架

6.3.2.2 旅游选择模块

在旅游选择这一模块，我们主要分为一般活动还有定期特色活动（旅游路线由我们设计提供或者会员自己选择自己喜欢的路线）。

（1）一般活动

① 单车游——定期在网站上提供单车游活动，或者会员自己在论坛发布自己的约伴出游信息，一起骑单车到达目的地，体验低碳绿色生活（单车可以在网站上在线预订）。

② 帐篷游——定期在网站上提供帐篷游活动，或者会员自己在论坛发布自己的约伴出游信息，一起到达目的地后，体验野营露宿生活（帐篷可以在网站上在线预订）。

③ 徒步游——定期在网站上提供徒步游活动，或者会员自己在论坛发布自己的约伴出游信息，一起徒步到达目的地。

④ 公益游——定期在网站上提供公益游活动信息，召集有爱心的会员一起去奉献他们的爱心，在活动中，我们不仅可以奉献自己的爱心，还可以结交到同样有爱心的小伙伴。会员自己也可以在论坛发布自己的约伴出游信息，一起到达公益地，奉献自己的爱心，彰显大学生健康的精神面貌（这样的活动也可以进一步地推广网站）。

⑤ 情侣游——定期在网站上提供情侣游活动，或者会员自己在论坛发布自己的约伴出游信息。一对或多对情侣出游，分享自己的甜蜜爱情，记录恋爱的浪漫经历（网站上有情侣

装,情侣挂件等出售)。

　　⑥ 省外游——定期在网站上提供省外游活动,或者会员自己在论坛发布自己的约伴出游信息,一起到达目的地后,互相帮助,愉快玩耍,在长长路途中享受群游欢乐(网站提供车票和旅社预订)。

　　⑦ 极限游——你敢挑战自己吗?你敢直面自己内心深处的渴望吗?网站带你一起挑战自己。

　　(2)定期特色活动

　　① 春运游——你还在为火车站售票厅门口那长队而叹息吗?你还在为火车走到拥挤的人群而烦恼吗?带上你对家的思念,拿起你的电话,与老乡一起,在欢声笑语中回家。在我们网站上就可以约伴一起回去,可以徒步,也可以在我们网站上租自行车和帐篷,这样不仅回家了,还可以来一次别样的"旅行"。如果达到了,一定的人数,当然也可以在网站上包旅游车回家。

　　② 情人节浪漫情侣游——在这个浪漫的节日里,我们将为您提供一次浪漫的约会。为你们的爱情旅途增添一笔浓烈的色彩。

　　③ 3.7女生闺蜜游——有一种感情,比友情浓烈,比爱情质朴,那便是闺蜜情,在春意盎然的季节里,约三五闺蜜,带上背包。来一次与大自然的亲密接触。

　　④ 3.4.5月踏青季——还在为胸中蠢蠢欲动的小心思无处安放而苦恼吗?还在为喝咖啡还是喝果汁而忧愁吗?扔掉顾虑,踏上绿色征途吧。

　　⑤ 亲子游——在母亲节和父亲节的时候带上父母出游,不管是何种形式,你们的亲情都会在旅游中得到进一步加深。

　　⑥ 7.8月暑期游——还在为自己的漫长的而枯燥的暑假而感到烦恼吗?网站会推出热门的旅游景点,让你的暑期增添光彩。我们还有"回归自然"这个活动,在这个活动中,他们会住到农家,在农家里,他们不能使用通讯工具,也没有网络,在哪体验最原始的农家生活。在这个活动中,你们与朋友同学能够体验到离开网络的生活,体验最原始的交流。

6.3.2.3　论坛模块

　　通过论坛,会员可以在网站上发布消息,这些消息都会被其他浏览学伴旅途网的学生看到,如果看到消息的会员对消息中的出游信息很感兴趣,就可以加入他们,这样就可以快速的组成一个团游队伍。除了旅游消息,会员也可以根据个人爱好发布一些积极向上的信息。

6.3.2.4　消息发布模块

　　在这一模块自己可以在上面发布一些最新活动,比如一些特色活动,网站中一些比较热门的帖子,还有热门的会员分享,有关大学生的热门消息和新闻等。

6.3.2.5　分享天地

　　在这一模块会员可以分享自己出游的照片,还有自己的一些体会,通过这也可以记录下大学生活的点点滴滴。对于分享内容好的会员,网站会给他们做旅行明信片、文化衫。

6.3.2.6　客服

　　如果会员对于网站有什么疑惑,他们可以在这一模块找到问题的解决方案。

6.3.2.7　登录

　　考虑到安全问题,网站采用实名制的形式来进行会员登录。前期会员只包含在读大学生,后期会扩展到校友的加入。

6.3.2.8 广告栏

旅游景点及附近旅社的广告,学校附近商铺的广告,旅游用品商铺的广告等。

6.3.3 市场分析

6.3.3.1 市场现状

(1)旅游态度分析

大学生有着强烈的求知、求新、求奇、求美的心理需求,不甘于墨守成规,渴望了解"象牙塔"外的世界,对旅游怀有极大兴趣。在抽样调查中得知,有88%大学生表示很喜欢旅游、较喜欢旅游,而表示不喜欢旅游的比例仅为12%,这表明大学生旅游愿望非常强烈,市场开发潜力巨大,如图6-14所示。

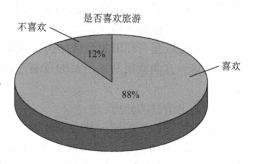

图6-14 旅游态度分析图

(2)旅游因素分析

尽管大学生出游愿望非常强烈,但客观因素的存在经常能左右大学生的最终选择。影响大学生出游的因素除了精力、体力、个人兴趣等方面的个人特征外,还有经济、学习压力等方面的原因。从调查结果可以看出,经济因素是限制大学生出游的最主要因素,其次是"旅游存在很多不可知因素(如去哪里玩、怎么走、住哪里等)",这表明一方面旅游景区可进入性差,交通、住宿等基础设施不是很完善;另一方面旅游企业针对大学生的旅游宣传力度不够大,推出的旅游产品不能够满足大学生的需求。

但是网站可以为他们定期推出特定旅游活动信息,还有平时的一些常规旅游信息,这解决了他们去哪的问题;网站会设计最优路线,罗列出他们满意的居住旅社,这就解决了他们住哪的问题;最优路线的设计也会为他们省一笔钱。

(3)出游方式分析

大学生出游方式主要以团体出游为主。调查结果显示(图6-15):有61.24%的大学生选择了"同学、朋友相邀",这表明大学生出游有明显的群体特征,倾向于同自己关系亲密的人外出旅游;有11.23%的大学生选择"家庭出游",这与大学生心理特征有明显的相关性,由

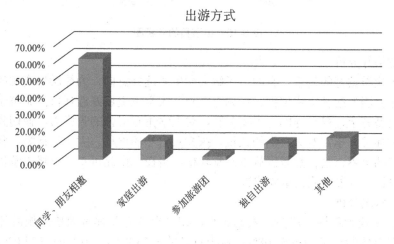

图6-15 旅游方式分析图

于大学生在心理和生理上都处在日趋成熟阶段,对独立进行社会活动的要求明显强烈,急于摆脱家长的束缚而不希望和家长一同出游;而仅有3.25%的大学生选择"参加旅游团",出现这一情况的原因主要是:一方面,大学生受经济条件限制,所以相对于不自由、花钱较多的随团旅行而言,他们更愿意自己想尽办法来减少旅行费用;另一方面,旅行社不重视大学生旅游市场,推出的旅游产品不能够满足大学生需求和旅行社宣传不够。总的看来,大学生比较偏好自由度较大能灵活安排但又经济实惠的自助式旅游,这与老年人比较保守,向往传统历史文化以及有怀旧思乡情结但又注重生活质量的集体式旅游形成鲜明对比。

在这一方面就很利于网站的发展,提供一个组团自助游的平台,刚好符合了当代大学生的需求。

(4)出游目的分析

大学生正处于校园向社会过渡的亚社会状态,存在着有别于其他旅游市场的特殊的旅游目的。如图6-16所示,调研对象认为旅游目的是"增长见识"的占25.56%、"满足好奇心"的占13.06%、"探险追求刺激"的占14.02%、"娱乐购物"的占3.29%、"体验新生活"的占30.41%、"摆脱学习压力"的占11.3%、"其他"的占2.36%,而没有大学生选择"探亲访友"这一项。可见,对大学生来说"增长见识""体验新生活"处于同等重要的位置,"摆脱学习压力"并不是大学生出游的主要目的。从这也可以看出,大学生的强烈好奇心,对于新鲜事物的追求也促使他们要走出寝室,该网站就提供了一个好的平台,助他们出游更方便。

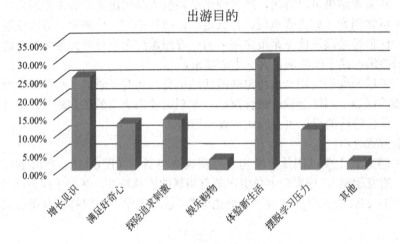

图6-16 出游目的分析图

(5)旅游偏好分析

对大学生旅游偏好的调查,有助于了解大学生的选择意向,为旅游地资源的开发、各项设施建设及旅游服务配套提供依据。据调查发现,大学生更偏好选择自然旅游景点,我国自然旅游资源类型齐全、景色秀丽、多姿多彩,对大学生有很强的吸引力,他们到大自然中感受人类生存的环境,丰富对大自然的认识,探究大自然的奥秘。大学生认为,到大自然才能全方位感受美的世界,去自然景区旅游感觉轻松、自在。由此可见,自然旅游资源在大学生旅游产品的设计、开发中应占重要位置。

(6)消费状况分析

大学生消费较为理性、成熟。根据调查,在"出游之前都有简单的旅游计划吗?"这一选项中,选有旅游计划的占62.08%、从未有过的占13.89%、不明的占24.03%。在深入访谈中发现有计划的大学生做计划时并不是简简单单地安排行程,而是深入到"食、住、行、游、购、娱"等方方面面。这些现象表明大学生在策划自己的旅游时已趋于成熟，目的较为明确，可以有计划、有步骤地完成自己的出游准备，不会盲目的作出决定。

大学生旅游经济来源。通过调查发现：有16.67%的来自省吃俭用，有11.45%的来自兼职，有63.19%的来自家庭，有3.62%的来自学校奖励，有4.35%的来自其他。这表明大学生在经济上不能独立，家庭的经济状况直接决定其进行旅游活动的深度和广度。

大学生旅游消费水平。从调查结果可以发现：首先，大学生旅游可承受费用表现出很大的差异性。由于大学生经济来源主要来自家庭，家庭经济状况决定了大学生在旅游可承受费用上的差异；其次，大学生旅游可承受的旅游费用表现出很大的区域差异性，地域经济发展的不平衡性和行业的不平衡性，导致社会贫富差距拉大、家庭收入的差距拉大，而大学生经济来源主要来自家庭，使得不同区域的大学生可接受的旅游价位存在很大差距。

（7）旅游产品不符合大学生的需求

旅游产品形式单一，市场针对性不强。旅游企业觉得大学生旅游市场经济效益不高、风险大，而且很难提供合适的旅游产品，所以旅游企业就懒得开发。目前虽然有一些开发出来的大学生旅游产品，但是针对性不强、形式单一，有些只是把大众旅游产品简单的"克隆"套用在大学生身上；有些针对学生推出的校园旅游、修学旅游、暑假少年团、亲子团旅游等旅游产品，大多更适合于中小学生，没有体现出大学生的特色。

旅游设施不完善，服务不到位。较老年人而言，大学生出游时较为随意，对吃住要求不高，但旅游供给方对大学生出游未能给予关注和优惠——青年旅馆在国外非常盛行，有"青年之家"的称号，而在我国其规模较小，知名度不高，没有网络服务系统。再者，目前我省某些旅游景点可进入性差，旅游地没有专门针对大学生的旅游商店。同时，通过深入访谈发现，大学生之所以对旅游企业提供的服务产生抵触情绪，主要是因为服务质量和水平问题。如旅行社不负责任的态度、服务内容的"缩水"现象、导游素质低等。

此外，虽然我国有不少的旅游网站，尽管它们的信息量很大，但都没有过多关注大学生旅游这一块，没有根据大学生特点来提供旅游信息。并且大部分旅游企业提供的旅游产品信息多在校外进行，这就造就旅游企业虽然设计了符合大学生需求的旅游产品简单的"克隆"套用在大学生身上；有些针对学生推出的校园旅游、修学旅游、暑假少年团、亲子团旅游等旅游产品，大多更适合于中小学生，没有体现出大学生的特色。

6.3.3.2 市场前景

我国大学生旅游发展迅速，已经成为旅游市场上的一个新的亮点。大学生已经是旅游市场上的重要组成部分。1998年高校实行扩招计划，在这之前大学生已达到600多万，2002年达到1400多万。在2010年，这一数字将增长到2500万人，他们分布在全国各个省市，其中又以北京、上海、广州、南京、成都、武汉、西安、沈阳等城市分布最为集中。全国一些新兴城市也相继出现了大学城。据中国旅游假日周刊所作的抽样调查表明，2002年51%的学生有旅游的经历，2007年这个数字达到了61%左右。如果按照60%计算，2010年将有1500万左右的高校学生会参与到旅游当中去。这些数据已经说明了大学生是一个庞大的群体，参与旅游的大学生也将会越来越多。（本段数据摘自中国知网）

6.3.4 竞争性分析

6.3.4.1 同类项目竞争

目前，我国大部分在线旅游企业的服务项目还是酒店和机票预订，靠索取代理佣金来获

得利润，但随着品牌酒店借助其品牌优势大力发展垂直营销，分流了部分网上旅行预订运营商的订房业务，这部分的利润将缩减。随着各家在线旅游企业对资源掌控的差异性，在线旅游市场的差异化竞争也将展开。

（1）目标群体

学伴旅途的目标群体是大学生这一年轻且具有消费能力的群体。据了解，携程网的用户中，商务客人占了88%，休闲客人占了12%，商务客人仍占有绝对优势，但是休闲旅游目前正迅速成为思想活跃、收入中等以上的年轻人群热衷的一种生活方式，这将成为一个潜力巨大的客户群。同时，网民阵容正在迅速扩大，2006年1月17日，国家互联网研究中心公布的我国网民的最新数字是1.11亿人，可以说他们都是在线旅游服务的潜在使用者。学伴旅途充分利用资源挖掘潜在用户。

（2）互动系统

用于用户交互的论坛系统是学伴旅途与大众用户交互的最主要的平台。通过论坛系统用户可以获取不单单是学伴旅途的新信息，还可获得其他用户提供的资源，做到资源共享，还可通过互联网搜索的方式提高平台认知度，扩大客户源；在论坛上可以邀请爱好相同的用户一起组团。

（3）学伴旅途利用大学生自己的旅游经验分享

自己的旅游照片墙，各种美食推荐，旅游路线推荐等，将这些数据整理就可以形成属于大学生自己的景点介绍，这样更适合大学生对于旅游地的选择。

（4）学伴旅途产品丰富

从近千家旅行社，精选出性价比高的优质线路，组成丰富的产品线，满足您出游需求。

为满足不同消费者的需要，学伴旅途开设丰富旅游产品的结构品种、不断开发旅游新产品，形成观光旅游、度假旅游、特种旅游、主题旅游等品种以及高、中、档旅游产品之间的平衡和协调发展。

（5）真实透明的价格

大学生根据自己的旅游花费，给出整个行程大概所需要的花费。旅行社或者其他旅游网站未给出的景点门票，景点内门票，伙食费都明确摆出来，让花费透明化，减少超出预算的可能。

（6）增强用户互动

大学生可在平台上实现即时交流、留言和评论等。

（7）及时的信息更新

我国旅游网站普遍存在网页设计杂乱无章、旅游信息更新不及时、内容陈旧、没有明显的旅游标志等问题，而且景点介绍单调，缺乏图片和动态演示；就管理信息系统而言，也存在建设不完善、地域和内容不完整等问题。

在这里，该网站就会做到网站信息的及时更新，包括该网站特色活动，还有当期的旅游景点的优惠信息及热点旅游项目，该网站的热门帖等。

6.3.4.2 实体旅行社竞争

实体旅行社主要是线下工作为主，它们往往有一定的经验积累和客户市场。但学伴旅途比旅游企业更有优势。相比传统旅游企业，旅游网站信息更丰富、经营方式更合理，游客可在网站里收集文字、图片、游记、评论以及目的地的景点、食宿和交通等详尽的信息，还可通过链接和搜索引擎带你漫游相关网站。由于旅游网站可以打破地域的限制，可以最大限度地将各种旅游资源以最经济的方式结合在一起，同时无店铺经营也将有助于降低成本，使旅游资源的所有者和消费者都得到益处。旅游服务的无形性也使其更适合网上销售。

6.3.4.3 采取的竞争策略

（1）选择恰当细分市场

学伴旅途选择了其他旅游网站或者旅行社忽略的大学生市场进行市场定位后，服务特色是针对大学生这个特殊人群开展低价优质，超常规旅游服务。

（2）个性化旅游产品设计

旅游者逐步走向消费成熟化，他们不仅需要传统的包价团队旅游，而且越来越多的旅游者希望根据自己的特殊兴趣和爱好，选择有针对性、主题鲜明、重点突出的旅游方式。学伴旅途利用因特网向旅游者分类提供超大量的旅游信息，旅游者可以在网上查询自己感兴趣的有关旅游产品各类要素的信息，旅行社提供必要的组装指导服务，就可以形成因团而异、因人而异的时尚旅游产品。

（3）网上促销更广泛有效

旅行社传统的宣传手段主要是印发小册子和做电视、报纸广告，这种促销方式的范围较狭小。由于是单向的灌输式信息交流，当接收者不需要旅游时对广告不在意，当他需要旅游时又感到信息量不足，因此促销效果不理想。随着互联网电子商务的迅速发展，旅行社在网上促销迫在眉睫。因为网上促销的宣传面广泛、网页设计图文并茂、表现手法灵活、内容容易更新、成本低廉，而且与上网者可进行双向信息交流，引人入胜，说服力强，因而促销效果好。

（4）售后服务延伸客户

学伴旅途会定期进行回访，给客人打电话，或者网上对客人致以问候、给客人寄送意见征询单、明信片、举行游客招待会等等，以了解客户对网站的建议，旅途中的需求，抓住老客户。

6.3.5 营销策略

6.3.5.1 线上推广

① 内容：做成用户所最关注的，最吸引人的内容。网站所要做的就是内容整合，形成具有足够吸引力的鲜明主题，呈现在首页，频道主页及推广页面上。服务至上，细节到位，给浏览者足够大的想象空间，让普通的同行企业产生一种距离感。体现"简约而不简单"整体风格。也许这就是所谓的高端。

② 网站标题栏的优化：写好相关简要介绍，不超过30字，然后将其改编，尽可能合理的导入与网站所在行业相关的关键词，换句话说，要写成"搜索引擎版"的网站介绍。

③ 搜索引擎优化推广：优化网站，争取在搜索引擎相关关键词搜索中占靠位置。

④ 登录各大搜索引擎：登录搜索引擎，是网站对外发布的标志，目前在国内运营的各大搜索引擎，包括Google、bd、新浪、一搜、中搜、搜狗、搜搜、雅虎、MSN等等。

⑤ 群发邮件：利用邮件推广，这是网站推广中不可缺少的主要手段之一。切忌邮件泛滥，可以针对目标客户，潜在客户及老客户经常发一些如公司动态、公司活动、行业突发事件等相关性的邮件，并在邮件里附上网站的署名、网站网址、联系办法等。

⑥ 同业扩张：到别人的论坛上发发帖子。在个人签名、个性介绍等上面加上网站的署名、网站网址、联系办法或者公司业务等，并对个性签名加粗加大。

⑦ 利用个人即时通讯工具：QQ、旺旺、泡泡、MSN等的群发工具，狂发信息，主要针对公司动态、公司活动、行业突发事件等，并附上网站的署名、网站网址、联系办法等。切忌邮件泛滥，可以针对目标客户，潜在客户及老客户。

⑧ QQ收藏夹插件：QQ开通了个人网页收藏夹，在首页上做一个插件，当用户打开首页时，自动弹出对话框，请用户选择、添加。建议公司每一位员工都执行、让员工逐渐去发展自己的朋友。

⑨ 广告宣传：跟一些自行车驿站，户外运动用品商等合作，为他们打广告，同时他们帮助网站在店里做宣传。

⑩ 行业横向联营活动：发起、组织同行业网站的网友评选活动。

⑪ 百度贴吧：贴吧发帖或者贴吧回帖。

⑫ 各大搜索引擎网站付费推广：百度固定排名、百度竞价排名，google右侧固定排名等。根据公司的业务及经济条件随时调整。

⑬ 广告联盟：集合中小网络媒体资源组成联盟，通过联盟平台帮助广告主实现广告投放，并进行广告投放数据监测统计，广告主则按照网络广告的实际效果向联盟会员支付广告费用。

6.3.5.2 线下推广

① 和周边的各大旅行社合作，互惠互利。一来旅行社可以借助该网站平台来提高他们的业绩，网站也可以通过旅行社来为其做宣传。节假日旅行社人流量大，是个很好的机会。

② 借鉴携程网、芒果网的做法，做一个关于旅游方面的小册子，里面夹上会员卡，上面有ID和密码，登录了就有500的积分或者20元的现金抵用券等，在人流量大的地方或找针对性的地方发放。

③ 街头问卷调查，找大学生来做兼职，方便大学生向自己的同学、舍友推广。

④ 免费做名片业务，那些小店铺很多，免费给他们做名片，但名片背面得放上旅游网站一条小广告。他们散名片的同时，旅游网站也间接地宣传了一次。

⑤ 与商家联动，买建材、买家电、买数码等送旅游优惠券。

⑥ 路边灯箱广告，以站台灯箱为主；公交车广告，公交车身广告，内部横福小广告等。

⑦ 公益活动，以网站的名义参加活动，如支持贫困山区送衣服送书，保护母亲河万人大签名，网站志愿者上山拣垃圾保护城市绿肺等等。

⑧ 和学校各大社团、协会、学生会、班委联合起来。以便更好的利用资源，做宣传。

6.3.6 公司管理

6.3.6.1 公司介绍（略）

6.3.6.2 公司战略

（1）总体战略

灵活的开发思路，针对大学生旅游动机多样化、旅游形式个性化的特点，灵活地摄取旅游产品。

① 在旅游产品组合上机动灵活。吃、住、行、游、娱、购项目分别列示，供大学生根据自身情况，自由选择，自由组合，形成短、中、长线的包价旅游或小包价旅游甚至零包价旅游。

② 旅游方式多样化，根据大学生需求，设计多种可选择的旅游方式，如、远足、自行车、轮船、火车等，也可将他们进行组合。

③ 组团要机动灵活，大学生出游前，在本网站中寻找到志同道合的出游者，旅游企业可

以根据其特点推行自组旅游团。

企业把"新""奇""特"确定为核心战略，打造属于自己的品牌风格，迎合大学生消费者的口味和要求，企业的产品和服务要突出新意，变化和特色，吸引广大大学生的注意力，并使其在消费后产生个性化的满足感，体会到产品及服务的形象价值，从而在大学生的消费群体中树立别具一格的产品形象及品牌，因此不断建设品牌的个性形象，获得更多大学生的认可。

（2）战略定位

学伴旅途大学生旅游网站应国内市场需求而生，为大学生旅游提供一个良好的平台。

公司总体战略：　8～10年后　　成为国内同行业的领头羊。
战略规划：　　　1～2年　　　公司品牌战略阶段。
　　　　　　　　2～5年　　　产品多元化战略阶段。
　　　　　　　　6～10年　　　成为中国学生旅游第一品牌。

（3）战略实施

① 前期（1～2年）：进入市场，形成品牌。主要面向武汉大学生旅游市场，通过武汉这个细分市场来一步步打开中国大学生旅游市场的大门，利用武汉高校集中和旅游资源丰富的优势，积极拓展武汉大学生对我们产品和公司的认知度，通过和教育培训机构，武汉本地知名旅行社及各大高校的合作增加大学生对公司的了解和宣传。通过公司产品的独特性和娱乐教育性，逐步形成大学生旅游的武汉模式。以此为蓝本并结合其他城市和地区的市场实际情况，拓展企业的业务范围，迅速占领大学生旅游市场，已取得较大的市场份额和市场竞争力。

第一年：产品导入市场，提高产品知名度，树立品牌形象；逐步建立健全销售网络；市场占有率达到10%。

第二年，提升品牌形象，增加无形资产；增加设备，扩大业务访问，利用现有销售网络，开拓河北市场；旅游服务产品基本成熟，开发衍生服务产品，拓展市场；市场占有率达到15%。

② 后期：产品多元化，企业集团化。进一步建立健全销售网络；重点开发相关旅游产品，进一步拓展旅游线路和旅游项目，实行多元化经营战略；市场占有率达到17%～20%，居于主导地位；巩固并拓展大学生特色旅游市场。

6.3.6.3　竞争战略

对于大学生消费市场的开发，可以增加新型模式，可以在本旅游网站中或校园BBS系统设立学生旅游网友，设置定制化订购和及时反馈系统，在不同时间推出适合大学生的时尚旅游产品和户外旅游产品，在旅游论坛上，通过新颖的活动吸引学生参与，根据大学生生活的环境，为他们量身定做旅游路线、出行方式和旅游活动内容，利用社团组织促销，社团是学生聚集和较信任的地方，旅游企业和社团联合举行活动，通过社团宣传旅行社的产品，吸引学生参加旅游活动，这种方式可以及时了解大学生的生活方式，推出满足大学生旅游需求的产品，又可以节省宣传费用。

6.3.6.4　发展战略

① 强化广告宣传，在高校学生感兴趣的报纸杂志上推出旅游专版，详尽介绍旅游线路、旅游目的及特色，运用立体宣传媒介，强化宣传效果，选择最佳时机，形成超前的，持续的宣传效应，刺激高校学生旅游欲望，促成其旅游行为。

② 利用网络营销，该营销方式成本低，优势明显。

③ 加强人员促销,可考虑招募学生代理,如邀请学生组织代表参与旅行社旅游项目策划,并赋予他们一定程度的决定权和自主权,激发其积极性和创造性,更好地为学生服务。

④ 采用销售促销,针对高校学生价格敏感特点,使用会员卡和积分制促销。

6.3.6.5 人力资源管理战略(略)

6.3.7 财务分析

6.3.7.1 股本结构和规模

公司注册资本3万元。股本结构和规模如下:团队成员康琴琴以项目方案及现金出资占60%;团队其他成员以现金投资入股各占总股本的10%。

6.3.7.2 设备投资

资金主要用于购买办公设备(1.62万元/年),购买的设备及费用如表6-3所示。

表6-3 固定资产投资

名称	规格、数量	预计金额
服务器(虚拟)	1G	980元/年
网站,APP建设	电子商务及教务API接口	2800元/年
宣传广告费用	海报60张/季 A4*1000张/季	3520元/季
电脑	4台(二手)	8000元
电脑耗材	打印机(租)	500元
办公地点	校内创新创业基地	无偿提供
办公费用	碳素笔、笔记本等	400元/年
合计		16200元/年

根据现有的国家企业财务管理措施,按照以下要求进行:
① 固定资产按照设备的市价估算;
② 筹建期间的人员工资、注册登记费、办公费等开办费用在第一年内平均摊销完毕;
③ 预备费按照费用之和的5%计提。

6.3.7.3 人员配备和薪酬分配

考虑到公司的现状以及长远的发展,同时参照本地区最低工资标准。拟定五年内的人员配备及薪酬水平如表6-4和表6-5所示。

表6-4 人员配备情况

会计年度	第一年	第二年	第三年	第四年	第五年
管理人员	1	1	1	1	1
营销人员	2	2	3	3	3
设计策划人员	2	3	3	5	5

表6-5 薪酬水平　　　　　　　　　　　　　　　　　　　　单位：元

职位＼月薪（元/人）	第一年	第二年	第三年	第四年	第五年
管理人员	7200	7200	7920	8712	9583
营销人员	3000	3181	3600	4160	4716
设计策划人员	3000	3279	3706	41885	4800

其中：公司员工工资不包含企业应缴纳的"五险"，但包含个人应缴纳的"五险"。

6.3.7.4 投资收益与风险分析

基本假设：公司组建顺利，在第一年能够开始正常运行。

（1）投资净现值（NPV）

$$NPV = \sum_{t=1}^{n} \frac{CF_t}{(1+K)^t} - CF_0 \quad (t\text{为经营年限，}K\text{取}10\%)$$

公司各年的NCF不等，列表进行计算，如表6-6所示。

表6-6 投资净现值计算表　　　　　　　　　　　　　　　单位：元

年度	各年的NCF (1)	现值系数（$k=10\%$）(2)	现值 (3)=(1)×(2)
1	6000	0.909	5454
2	130600	0.751	98080.6
未来报酬的总现值			103534.6
减：初始投资			1000000
净现值（NPV）			3534.6

通过计算求得，本公司的NPV=3534.6，远大于零，说明公司在计算期内盈利状况良好，该方案具有可行性。

（2）投资回收期（PP）

$$\text{投资回收期（PP）}=\text{原始投资额}/\text{每年营业净现金流量}$$

因为该公司每年的营业现金净流量不等，故编制表6-7计算各年尚未回收的投资额。

表6-7 投资回收期计算表　　　　　　　　　　　　　　　单位：元

年度	每年净现金流量（NCF）	年末尚未回收的投资额
1	6000	94000
2	130600	—

预计投资回收期（PP）=1+94000/100000=1.94年。据此，求得该公司预计的投资回收期为1.94年。

（3）获利指数（PI）

$$PI = \text{未来报酬的总现值}/\text{初始投资额}$$

由NPV的计算过程，求得未来报酬总现值为23295.11元。则：

$$PI=23295.11/1000000=2.33$$

据此可知，该公司的获利指数为2.33，获利指数大于1，说明该公司具有良好的获利能力。

（4）内部报酬率（IRR）

由于该公司每年的NCF不相等，因而，必须逐次测算，测算过程如表6-8所示。

表6-8 内部报酬率计算表　　　　　　　　　　　　　　　　　　　单位：万元

年度	各年NCF	测试11%		测试12%		测试13%	
		复利现值系数	现值	复利现值系数	现值	复利现值系数	现值
0	−100	1.000	−100	1.000	−100	1.000	−100
1	0.6	0.901	0.5406	0.893	0.5358	0.855	0.513
2	13.06	0.812	10.605	0.797	10.409	0.783	10.23
3	55.62	0.731	40.658	0.712	39.601	0.693	38.54
4	101.96	0.659	67.192	0.636	64.847	0.613	62.50
5	177.47	0.593	105.24	0.567	100.63	0.543	96.37
NPV			5.2397		0.6255		−3.63

据此，利用插值法求得，该公司的内部报酬率IRR=12.2%，高于设定的贴现率10%，说明该项目可行，公司运营状况良好。

6.3.7.5 盈亏平衡分析（表6-9）

表6-9 前五年预计营业税金及附加表　　　　　　　　　　　　　　单位：万元

项目 年度	第一年	第二年	第三年	第四年	第五年
预计增值税销项税额	10.61	19.08	40.68	72.60	110.60
减：预计增值税进项税额	2.00	3.51	6.92	12.34	18.81
预计应交增值税	8.61	15.57	33.76	60.26	91.79
预计应交城建税及教育费附加	0.69	1.25	2.70	4.82	7.34
应交流转税合计	9.3	16.82	36.46	65.08	99.13
应交所得税	0	0	0	45.12	77.54

通过企业前五年预计营业税金的情况，我们可以知道未来五年的税金将会逐年增加，只不过前三年的应交所得税都是零，有利于企业减轻税费负担。

6.3.7.6 主要财务假设

根据《关于进一步促进以创业带动就业的实施意见》，公司享受自获利年度起免征第一年、第二年和第三年企业所得税的税收优惠政策，即公司成立自营利起三年内免征企业所得税，正常税率为25%。其他主要税率见表6-10。

表6-10 主要税率

序号	税 种	税率
1	企业所得税（4～5年）	25%
2	增值税（进项税/销项税）	17%
3	教育费附加	3%
4	城市维护建设税	5%

这样对于企业在建立初期所承担的资金投入压力，可以得到一定程度的减轻，有利于企业将仅有的资金投入到销售推广方面。

6.3.7.7 财务报表分析（表6-11）

表6-11 预计前五年资产负债表　　　　　　单位：万元

年度＼项目	第一年	第二年	第三年	第四年	第五年
流动资产					
货币资金	9.62	10.21	11.60	12.62	16.77
交易性金融资产					
应收票据					
应收账款	1.97	3.96	9.04	13.95	18.80
预付款项					
应收利息					
应收股利					
其它应收款					
存货					
一年内到期的非流动资产					
其它流动资产					
流动资产合计	11.59	14.16	20.64	26.57	35.57
非流动资产					
可供出售金融资产					
持有至到期投资					
长期应收款					
长期股权投资					
投资性房地产					
固定资产	2.24	1.99	1.74	1.49	1.24
在建工程					
工程物资					
固定资产清理					

续表

年度 \ 项目	第一年	第二年	第三年	第四年	第五年
生产性生物资产					
油气资产					
无形资产	0.90	0.80	0.70	0.60	0.50
开发支出					
商誉					
长期待摊费用					
递延所得税资产					
其它非流动资产					
非流动资产合计	3.13	2.79	2.44	2.09	1.74
资产总计	14.72	16.94	23.08	28.66	37.31
流动负债					
短期借款					
交易性金融负债					
应付票据					
应付账款	7.23	16.83	37.37	5.58	7.53
预收款项					
应付职工薪酬					
应交税费					
应付利息					
应付股利					
其它应收款					
一年内到期的非流动负债					
其它流动负债					
流动负债合计	7.23	16.83	37.37	55.80	75.25
非流动负债					
长期借款					
应付债券					
长期应付款	4.00	4.00	3.60	3.20	2.80
专项应付款					
预计负债					
递延所得税负债					
其它非流动负债					
非流动负债合计	4.00	4.00	3.60	3.20	2.80

续表

年度＼项目	第一年	第二年	第三年	第四年	第五年
负债合计	4.72	5.68	7.34	8.80	10.33
股东权益					
实收资本（或股本）	10.00	10.00	10.00	10.00	10.00
资本公积					
减：库存股					
盈余公积		0.17	0.78	1.35	2.33
未分配利润		1.09	4.95	8.53	14.66
股东权益合计	10.00	11.28	15.74	19.88	26.98
负债和股东权益合计	14.72	16.94	23.77	28.66	37.30

企业在第一、二年由于市场尚未开发成熟，而未盈利。从第三年开始，微信网络服务有一定的知名度，点击使用率高，开始逐步盈利，投入加大，相应的收入也在增加。从长远的发展来看，网站投入低，风险也小，获利能力强，表6-12为预计的前五年利润表。

表6-12 预计前五年利润表　　　　　　　单位：万元

年度＼项目	第一年	第二年	第三年	第四年	第五年
一、营业收入	62.4	118.21	239.27	427.05	650.57
减：营业成本	30.08	50.38	91.89	148.42	199.66
营业税费	0.69	1.25	2.7	4.82	7.34
销售费用	17.42	24.03	33.07	54.25	67.12
管理费用	17.8	2.17	33	39.1	66.3
财务费用					
资产减值损失					
加：公允价值变动损益					
投资收益					
二、营业利润	−3.59	2.08	7.86	18.05	31.02
加：营业外收入					
减：营业外支出					
其中：非流动资产处置损失					
三、利润总额	−3.59	2.08	7.86	18.05	31.02
减：所得税费用				45.12	77.54
四、净利润	−3.59	2.08	7.86	13.54	23.26

预计从第三年开始盈利，获得净利润7.86万元。且到第四年即可实现累计未分配利润13.54万元。表6-13为预计的前五年现金流量表。

表6-13 预计前五年现金流量表   单位：万元

年度 / 项目	第一年	第二年	第三年	第四年	第五年
一、经营活动产生的现金流量：					
销售商品、提供劳务收到的现金	6.00	11.55	24.53	44.34	67.15
收到的税费返还					
收到其它与经营活动有关的现金					
经营活动现金流入小计	6.00	11.55	24.53	44.34	67.15
购买商品、接受劳务支付的现金	1.20	2.15	4.39	7.71	11.33
支付给职工以及为职工支付的现金	3.81	6.41	10.94	15.41	20.41
支付的各项税费	0.93	1.68	3.65	11.02	17.67
支付其它与经营活动有关的现金					
经营活动现金流出小计	5.94	10.25	18.97	34.14	49.41
经营活动产生的现金流量净额	0.06	1.31	5.56	10.20	17.75
二、投资活动产生的现金流量：					
收回投资收到的现金					
取得投资收益收到的现金					
处置固定资产、无形资产和其它长期资产收回的现金净额					
处置子公司及其它营业单位收到的现金净额					
收到其它与投资活动有关的现金					
投资活动现金流入小计					
构建固定资产、无形资产和其它长期资产支付的现金	2.48				
投资支付的现金					
取得子公司及其它营业单位支付的现金净额					
支付其它与经营活动有关的现金	0.30				
投资活动现金流出小计	2.78				
投资活动产生的现金流量净额	−2.78				
三、筹资活动产生的现金流量：					
吸收投资收到的现金					
取得借款收到的现金					
收到其它与筹资活动有关的现金					
筹资活动现金流入小计					
偿还债务支付的现金					
分配股利、利润或偿付利息支付的现金	−0.97	0.56	2.12	3.65	6.28

续表

年度 \ 项目	第一年	第二年	第三年	第四年	第五年
支付其它与筹资活动有关的现金					
筹资活动现金流入小计	−0.97	0.56	2.12	3.65	6.28
筹资活动产生的现金流量净额	0.97	−0.56	−2.12	−3.65	−6.28
四、汇率变动对现金及现金等价物的影响					
五、现金及现金等价物净增加额	−2.62	0.74	3.44	6.54	11.47
加：期初现金及现金等价物余额					
六、期末现金及现金等价物余额	−2.62	0.74	3.44	654	11.47

在市场经济条件下，企业现金流量在很大程度上决定着企业的生存和发展能力。即使企业有盈利能力，但若现金周转不畅、调度不灵，也将严重影响企业正常的生产经营，偿债能力的弱化直接影响企业的信誉，最终影响企业的生存。

6.3.7.8 比率及趋势分析

表6-14 财务比率表

项目	第一年	第二年	第三年	第四年	第五年
流动比率	16.02932	8.410362	5.522686	4.761845	4.726222
资产负债比率（%）	32.08	33.55	31.80	30.63	27.68
销售利润比率（%）	−5.75	17.61	32.85	31.69	35.75
资产报酬率（%）	−2.44	12.29	34.07	47.22	62.35
股东权益报酬率（%）	−3.59	18.49	49.95	68.08	86.21

表6-14中主要列举了偿债能力和盈利能力的几个指标，从这些指标的变化我们可以看出公司的偿债能力和盈利能力是不错的，公司处于正常稳定的发展中，资产报酬率是逐步稳定的上升，这些变化都能说明公司的发展前景是可观的。考虑到流动比率的数值比较大，单独作出图6-17进行分析。

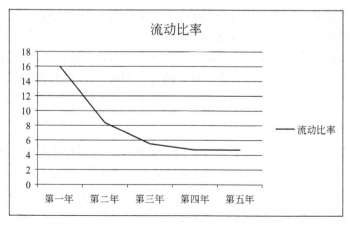

图6-17 流动比率图

6.3.8 风险分析

随着全球化进程的不断推进，不同的国家、地区和民族之间的交流日益频繁，这一发展趋势必然促进旅游业的快速发展，促进世界旅游一体化。根据世界旅游组织分析，今后一个时期，全球旅游经济将平均以8%～10%的速度迅速发展，高于同期全球经济平均增长速度。我国所处东亚及太平洋地区近年来旅游业发展最快的地区，占国际旅游市场份额逐渐增多，发展前景十分广阔。但是，随着我国对外开放程度的加大，我国旅游业又将直接或间接面临着一系列的风险。但具体到该公司，主要面临的有以下几方面的风险问题。

6.3.8.1 价格风险

随着公司规模不断扩大，旅游产品的价格是否能够保持稳定或者更有竞争优势，都将影响公司产品的正常生产和公司的盈利水平。因为作为大学生而言，没有自己的收入，只能通过节省生活费或者搞一些兼职，故价格是他们最在意的一个因素。针对旅游产品价格风险的对策：该公司将继续巩固现有的销售渠道，继续加强同定点旅游公司和旅游中间商的友好合作关系；并积极与景区或旅游景点进行协调，利用批量带团的方式降低价格成本，或者通过一些环保的交通工具等降低成本，以最小的收益去换取大批的大学生的参与，同时为公司以后的发展固定了一批潜在的上游客户，同时多拓展其他新颖旅游项目，比如体育类和野营类项目，一般这样的项目成本很低，而且还能增加大学生旅游的吸引力。

6.3.8.2 市场风险

中国大学生旅游市场随着经济逐步开放和壮大，市场瞬息万变。因为毕竟大学生这个市场还是一片处女田，大学生旅行社可能逐年增多，公司利润面临下降的风险。

针对市场风险的对策：吸收专门的信息收集、分析人员，设立一个专门处理信息的部门，根据市场变化，及时作出正确的决策；做好市场细化，选择公司最有利的目标客户，通过多种渠道维持客户的信赖度；根据市场变化，及时调整旅游产品结构，开发新产品，设计新路线，培育新的利润增长点。

6.3.8.3 创新和服务风险

旅游产品种类繁多，由于竞争者的创新能力和服务水平不断提高，新的旅游路线和旅游产品不断涌现，对公司的旅游产品构成一定威胁。

针对创新和服务风险的对策：不断加大调查研究投入，加强对大学生细化市场的关注和敏感度，并与国内外各大知名旅行社保持良好的合作关系。创造良好的服务工作条件，吸引国内外旅游方面的人才来公司工作。

6.3.8.4 管理风险

公司所涉行业为朝阳行业，管理者在企业经营的某方面经验不足，可能出现管理失误。随着企业规模的不断壮大，公司高素质人才相对缺乏，并容易流失。

针对管理风险的对策：聘请有名的专业人士和旅游方面的顾问，对高层管理人员进行系统培训，对全体员工进行基础化培训；规范公司的规章制度，建立有效的激励和制约制度，比如给公司高层管理人员和重要导游人员部分股份。

6.3.8.5 人力资源风险

公司由于不可避免地存在内部奖励机制和约束机制不够健全的地方，可能导致人才流失而影响公司经营。随着公司经营规模的扩张，公司对高级管理人才，尤其是高素质的导游人才的需求将大量增加，人力资源的问题将更加突出，因此公司存在人力资源风险。针对人力资源的风险对策：公司将根据市场和环境的变化，健全适应市场经济要求的激励机制和约束机制，最大程度地开发人力资源，减少相应的风险。以宽松和人性化管理来吸引旅游方面人才的加盟，以弹性的用工制度来防止员工的流动性。

本案例风险资本退出略，方法可参考6.1.8内容。

6.4 斯达沃网上创业项目

6.4.1 公司简介

武汉馨语星网络科技有限责任公司是一家主要从事互联网行业的公司，其业务内容涉及网络技术服务，创业服务，网站运营，网络平台开发等。公司旨在为消费者创办一个自由、全面、简洁、实惠的网站，为大学生创业者提供一个良好的创业平台。

6.4.2 项目背景

（1）电子商务行业分析（略）
（2）S2C电子商务模式分析

S2C电子商务模式，近些年在业界逐渐受到广泛关注。S2C，S即shop，泛指网店、店铺、商场、专业卖场。网站主要做两方面：一是为商家做宣传，为商家发布促销消息，加速商家推广；二是为会员提供购物咨询，购物辅导，最重要的是提供购物积分。

同城电子商务S2C在这股电子商务大潮中应运而生。纵观电商市场，目前整个国内的C2C与B2C市场上已经有京东、淘宝、卓越等几大巨头。全国性的交易平台市场已经被这几大网站分割抢占趋近饱和。然而地区性的S2C交易平台市场目前仍有许多空缺，它将以自己的区域性特色、物流配送服务在一定程度上取代C2C或者B2C市场。

S2C的优势主要体现在如下几点。

① 高效率的双向的信息流动。不论是在传统的营销还是其他电子商务模式都存在时间与空间的距离缺陷，传统营销只能运用单向的沟通方式，非S2C的电子商务模式下的营销虽然是双向的信息流动环境，但是也存在时间的距离，几天与半月不等。但是两者都有自己的优势，传统营销的信息交流是即时的，可以当面解决产品在销售过程中的问题。非S2C的电子商务模式拥有营销双向信息流动的优点。S2C通俗的来讲就是结合两者的优点，即时和双向的流动带来了高效的销售效率。

② 更多样的支付方式。传统的电子商务模式虽然能给顾客带来信息的便利和网路购买的物美价廉，但是支付方式的局限性仍然是一大问题。而S2C则将支付方式多元化，顾客可以线上支付，也可以当面付款。多选择性会吸引更多不同年龄段的顾客。

③ "本地化"路线是物流快速反应的关键。说到电商就不得不提物流。C2C、B2C电子商务网站所销售产品的运输基本都依赖于物流公司，存在的弊端是不可忽视的，其一是加大了公司完成交易的成本，其二是不利于企业进行服务信息的沟通。S2C电子商务模式走的是

本地化路线，进行同城或者周边购物，商品的派送由销售方直接派送，距离短决定了成本的低廉。在控制成本的同时，还可以与顾客进行更多的直接交流，贯彻顾客的需求，打造专业且值得信赖的商家形象，利于发展长期的稳定的合作关系。

④ 为消费者提供更多个性化的增值服务。电子商务模式下的网络促销在将商品出售的同时，也为顾客提供了"一对一"的个性化服务，其为稳定的客源奠定了坚实的基础。在S2C电子商务模式下，这一措施变得更加简易。商户与顾客直接接触，理解顾客的特殊需求，建立数据库，因人而异地推荐商品。

6.4.3 项目介绍

6.4.3.1 主营业务

（1）网站运营

公司前期的主营业务为商城运营业务，最先创办了斯达沃工大购物网（图6-18）。在武汉工程大学校内开展点餐、订房、旅游、租房等业务，消费群体主要针对大学生及周边社区居民。

图6-18 斯达沃工大购物网截图

公司前期通过运营斯达沃工大购物网积累丰富的管理运营经验，不断地开拓市场，顺利开发湖北经济学院市场，同时也在开发武昌理工大学业务。

斯达沃湖经购物网（图6-19），目前主要服务于"经苑送"团队，该团队在公司扶持下顺利招标，成功与湖经后勤集团达成合作协议，开展校园外送业务，目前月营业额在7万～8万元左右。目前该商城是公司网站运营的主要收入之一。

（2）网站平台开发

网站平台开发是公司目前的主要业务，公司技术团队通过不断的攻坚克难开发出优秀的购物商城（图6-20），为客户提供优质的服务。同时也提供个人网页开发业务。

图6-19　斯达沃湖经购物网商城截图

图6-20　网站版本示意样图

该版本网站主要针对当前大学生如火如荼的校园送餐业务，开设的有二手市场、发现、达人秀、商城等入口。同时也可以根据客户的具体要求修改完善网站。

（3）微信平台开发

微信平台开发目前是公司的拳头产品，根据扶持大学生创业群体的特殊要求，开发出不同版本的微信平台。公司成功地扶持了几个优秀的团队创业。

乐酷江城微信平台（图6-21），是公司与"梦之源"创业团队合作开发的项目，公司提供技术及平台服务，由该团队负责运营，目前在周边高校均有分团队开展业务，发展较为稳定。

微信平台首页主要体现的是对消费人本身的利益与服务，微信营销已经成为一种营销手段，平台布局的简约化、人性化仍然是一个重点。充分利用微信的特点，所实现的价值会远超过网站本身所带来的利润。图6-22是微信的网页版包括几个极具特色和人性化的结构，如微会员、微活动、微留言、微相册。

223

图6-21　乐酷江城微信平台截图

图6-22　公司微信平台

（4）创业服务

目前在校大学生创业者较多，且大部分的创业主要从事淘宝开店，微信小店，公司根据市场需求，为大学生量身定做创业服务、项目指导、平台开发、营销策略指导、图片处理等一站式服务。

淘宝学院是公司与校内团队合作开发的项目，相对于阿里巴巴学院，淘宝学院主要针对大学生从事淘宝的系列培训，为想在淘宝网开设店铺的学生，提供技术、管理、营销等服务支持。

6.4.3.2 盈利模式

（1）网站加盟

网站初期为有志于在网上开店的学生按店铺的等级收取相关的费用，网上开店分为A1，A2，A3，加盟费用分别为300元、200元、100元。A1店铺享有网页最佳店铺位置的选择权。加盟费用包括为其店铺初期的优化以及网站布局的设置，刚开始的网站宣传活动以及管理的基本培训等支出。

（2）平台开发

平台开发包括网站平台的开发和微信平台的开发两部分收益，公司发展初期在向各学校覆盖的同时为各学校提供相关的技术服务。网站平台搭建以斯达沃工大购物商城的网站模式，一个网站平均2000元，同时，以20%股份入股。对于微信平台开发，根据微信平台的复杂程度分为C1，C2，C3，C4四个等级，费用分别为1500元、1000元、800元、600元。

（3）技术支持

在最初搭建好服务平台后公司将为各区域网站及微信平台提供长期的技术服务和相关的维护。对于网站网站的维护，受到黑客攻击，病毒侵入，被破解，以及后期的优化，升级等根据具体服务后根据公司评估收取相关费用作为公司的收益。

（4）广告收入

广告收入费用分为加盟店铺广告费用、实体店铺宣传的广告费用、代理费用、以及外来广告入驻费用。对于固定的实体店铺如一些餐饮店铺每个店铺平均80元/月，加盟店费用一次广告费用200元。代理费用根据其需要的宣传力度，宣传时间来计算每月200元。外来入驻广告同样根据其需要评估后收取相关费用。

6.4.4 市场分析

6.4.4.1 市场背景（略）

6.4.4.2 行业发展分析

（1）中国互联网发展概况（略）

（2）S2C局域性电子商务发展概况

电子商务消费的理想模式以安全、快速反应、价格低廉为主要特点。而同城电子商务S2C模式的提出，一方面解决了电子商务在发展过程中的"瓶颈"问题，另一方面有利于解决由于我国基础设施不完善给电子商务发展所带来的制约。S2C电子商务模式以消费者为出发点，提升消费者价值，通过一整套的服务与解决方案而不再仅以单纯的产品来满足消费者的最终需求，并进一步革新传统商场、专业卖场以及商店的商业模式。

(3) STPP分析

① 市场细分（segmenting）（图6-23）

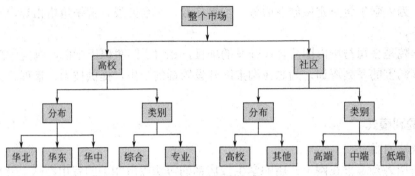

图6-23 市场分布图

两个方向，两种不同的服务。公司将以整合资源为消费者提供方便快捷的服务为主要市场，同时为企业（以及个体商户）提供应用平台，打造属于自己的网店，并且提供技术支持，管理经验，以及微信平台的开发，维护，以及宣传等技术性服务。

a.服务型市场

为商家提供服务，与商家合作，整合周边所有商家的信息，我公司的网络平台上予以展示，为商家策划，宣传；为消费者（学生以及周边社区人员）提供服务，向消费者宣传，提供购物信息，以供消费者简单快捷的达到消费的目的，并且为消费者提供快捷的服务，满足消费者的需求。

此类市场的特点：服务性要求高，利润低，但需求量巨大，一旦打开市场，将有巨大的发展。

b.技术型市场

为所有有志于发展电子商务的客户提供技术支持：技术平台的全方位支持，管理经验的提供，以及微信平台的开发与维护。

此类市场的特点：技术性要求高，需要全套的跟踪性服务，周期长，但也是公司潜在的服务型客户，有长远的发展。

② 目标市场（targeting）

由于我国人口众多，且国家正处于稳步发展阶段，各个城市的发展步伐不一致，各个时代文化和消费水平不均衡，以及对网络的接触程度不一，所以其网购的消费水平也截然不同。据某调查表明网购者特征分析如下。

调查发现，我国网民存在群体偏年轻化的特点，并且有从较高学历和收入群体向较低学历和收入人群扩散的趋势。网购用户特征的变化也呈现类似的特点，但网购市场用户也具有一定的独特性。从网购用户的学历结构，网购用户整体学历集中在大学（包括大专）的居多。与普通网民相比，网购用户中高学历群体占比较高，大学本科学历的占到73.8%，高中及以下的只有7.8%。调查结果显示网购用户的职业分布主要是以白领为主，这一群体占比达34.8%。学生群体是网购市场第二大用户群体，占比达27.5%，公务员占15.4%，个体户和蓝领分别占5.1%和6.3%。并且在过去一年里，全国超过55%的在校大学生都已经加入网上"淘宝"军，同时也有很多学生以及个体商户看重网购市场，正在待机进入电子商务领域。

结合市场情况，我们将目标市场细分为三类。

a.有网购意愿的大学生

大学生作为现代社会网购消费的主体之 ，消费所占比重较大，网购消费频率高，熟悉网购流程。如今我们所开发的地区性交易平台,以一种超一流的配送速度快速服务,更容易满足客户心中简单快捷的期望。

b.社区居民

社区作为一个人群聚集点,同样是消费的重点,也将是我们所需抓住的重点之一。

c.个体商户或网上创业

我公司所提供的网络交易平台可为励志网上创业的大学生,以及商家提供技术支持,管理经验,以及后期微信平台的开发与运行。

③ 产品定位(Positioning)

A.第一阶段地区:武汉

武汉作为中国的中部地区,有着丰富的资源,并且是全球高校最集中的地方之一,这里拥有一百多万的大学生,数以百万计的大学生催生了各行各业的飞速发展,而我们的消费主体正是大学生,所以在这里打响第一枪是最佳选择。选择理由如下。

a.用户资源丰富:过去武汉在校大学生数量一直在全国排第三(位于北京、上海之后),但根据最新统计,目前,武汉市有104万在校大学生(表6-15),而北京、上海各有90多万,武汉市在校大学生数已跃居全国第一。

表6-15 武汉院校及人数统计表

武汉院校及人数		
院校	数量(所)	人数(万人)
一本	10	20000
二本	18	40000
三本	26	20000
高职高专	31	24000
总计	85	1040000

b.产品资源丰富:武汉作为华中地区最大的都市,华中金融中心、交通中心、文化中心,教育,旅游,工业等各方面发展迅速,吸纳了全国各地人前来。

c.政府优惠政策:武汉市政府大力支持大学生创业活动,每年设置各类企业孵化器支持大学生创业,以及提供创业基金等支持,几乎各所高校都设有大学生创新创业实习基地。

B.第二阶段地区:北京

北京作为首都,如市场成功开拓有辐射全国、影响全国的效果。

C.第三阶段地区:全国

经过第一和第二阶段的发展,网站拥有了一定的知名度和信誉,进一步将业务扩展至全国大部分地区。

④ 市场定位(positioning)

经过市场细分和目标市场分析之后,决定将网站发展成为为高校学生以及社区居民提供一站式服务的综合性网站平台,同时网站会以独特的模式给所有用户一个全新个性的网络体验。

从形式上看,是以"实体门店+网络平台+物流配送"的综合性网站,但有别于其他任何网站。我们的目标是给用户提供一种意想不到的便捷体验。

(4)竞争分析

A.竞争优势

与传统的淘宝模式相比,公司率先采用的S2C模式,具有地域性的优势:方便、快捷、

优惠。

方便：学校周边所有的商品都可以在网络平台上展示出来，购物者只需通过上网就可以像淘宝购物一样任意挑选自己需要的商品，节省的大量的时间和精力。

快捷：通过网上平台购物者可以很快了解周边商户的情况，货品详情，以及详细价格，节省了时间。而且，提供优质的送货上门服务，只需在网上选购商品，便可在您满意的时间送货上门，免除取货的问题。

优惠：斯达沃购物商城与部分周边商家进行合作，在网络平台上购买的商品享受一定的折扣，给您更多实惠。

传统模式的缺点：购物周期过长，由于物流配送的延时性问题，过多地消耗了购物的时间；退换货物不便，一方面退换货物增加了费用，另一方面，退换货物又一次消耗了购物的时间。

B. 竞争对手

a. 商户

商户，作为网站服务的对象，也是我们竞争的对手，网站是通过销售他们的产品达到盈利的目的，所以，他们能在我们所提供的网络平台上卖出更多的商品才是网站的目的，而商户本身也在通过自己的渠道销售自己的产品。所以如何让商户在网站上卖的更多是我们在竞争中取胜的关键。

b. 全国性的交易平台网站

在整个国内的C2C市场上目前已经有淘宝、京东、国美、苏宁等几大全国性交易平台网站。这些都是众人皆知的大型网络交易平台，全国性的交易平台市场已经被几大网站分割抢占。以自己的区域性特色、优质的物流配送服务取代C2C或B2C市场，依然面临着来自这些商业巨头竞争压力。

（5）SWOT分析

A. 优势分析（strengths）

a. 物流配送效率高

斯达沃购物网针对高校学生及周边商家，自有物流系统能够在50分钟以内将货物送达，保证配送速度，提高工作效率。

b. 区域针对性优势

斯达沃网站采用S2C模式，针对区域性消费群体，从而更好的了解用户的需求，提供便利的服务，从而推广网站。对消费者消费文化以及对消费者消费习惯更好的把握，用户和商家互动性更强，可以量身定做。

c. 模式可复制性优势

斯达沃S2C模式，具有较强的可复制性，对于开发新的高校市场具有便捷性，模式上的可复制性，团队上的创新性，并且公司提供网站建设，微信建设，团队建设及内部员工培训，市场开拓等服务支持。

B. 劣势分析（weakness）

a. 规模偏小，采购能力较低

公司前期发展规模较小，业务范围较小，网站商品供货采购能力较低导致成本增高，与其他同类网站竞争优势较低。

b. 管理水平较低且人才缺乏

公司前期发展，主要以四位创办人为公司核心决策，管理经验不够丰富，公司内部缺乏专业的管理人员。

c.物流配送水平低

　　物流配送水平低。物流是此模式中非常重要的一环，其关系到客户体验状况。如果没有专业的物流配送人员则可能会引起一些不可预测的状况，而雇佣专业的物流配送人员则需要很大一笔资金，可能会导致入不敷出的状况。

　　d.没有建立起自己的竞争优势

　　规模偏小，联络能力低。此模式需要大量商户的配合，由于创业初期是小规模的并且知名度不高，商户可能会对此模式持怀疑态度，增加商户的信任度会是未来发展的一大挑战，初期内部人员不充足，对于商户联络能力较低。

　　C.机遇分析（opportunities）

　　电子商务不断普及和深化。电子商务在我国工业、农业、商贸流通、交通运输、金融、旅游和城乡消费等各个领域的应用不断得到拓展，应用水平不断提高，正在形成与实体经济深入融合的发展态势。跨境电子商务活动日益频繁，移动电子商务成为发展亮点。

　　电子商务支撑水平快速提高。电子商务平台服务、信用服务、电子支付、现代物流和电子认证等支撑体系加快完善。围绕电子商务信息、交易和技术等的服务企业不断涌现。电子商务信息和交易平台正在向专业化和集成化的方向发展。社会信用环境不断改善，为电子商务的诚信交易创造了有利的条件。网上支付、移动支付、电话支付等新兴支付服务发展迅猛，第三方电子支付的规模增长近60倍，2010年达到1.01万亿元。现代物流业快速发展，对电子商务的支撑能力不断增强，特别是网络零售带动了快递服务的迅速发展，通信运营商、软硬件及服务提供商等纷纷涉足电子商务，为用户提供相关服务。

　　a.中国零售业拥有巨大的市场潜力

　　艾瑞统计数据显示，2013年中国电子商务市场交易规模9.9万亿元，同比增长21.3%，预计2014年后未来几年增速放缓，2017年电子商务市场规模将达21.6万亿元。内外因驱动电子商务市场保持快速增。可见，未来电子商务的增长空间还是很大；而广大的农村市场将是一片蓝海；另外，便利店、折扣店、专业店等业态在我国很多地方尚属空白，这些地区无疑是国内电子商务企业未来发展的空间。

　　b.政策的支持

　　2015两会期间明确提出了鼓励居民进行电子商务交易，并且中央政府出台了一系列支持商品市场发展的政策体系及其他支持现代市场形式和流通方式发展的具体措施。

　　D.威胁分析（threats）

　　馨语星商品利润低。国内近几年的竞争加剧，本土零售商的利润微小。加上短途物流配送会耗费大量的人力与资金，可能会造成商家对此模式的不认可。

　　馨语星缺乏良好的社会信用环境。在电子商务刚刚崛起的时候，人们考虑到其风险性还是花了很长一段时间才愿意网购，而S2C是跟随电子商务近几年才兴起的产物，这个接受的过程也需要不短的时间。

　　馨语星面临强大的竞争对手。国际零售集团已经从渗透阶段转入攻城略地阶段，国际知名品牌在进入时已不再是单个商店的单枪匹马，而是连锁形式的遍地开花，统一管理统一配送，具有明显的规模效应，使得竞争更为激烈。

　　a.国内竞争加剧，本土零售商利润率低

　　几年来商业网点的迅速扩张，远远大于销售总额的增长，商业企业全面进入微利时代。

　　b.面临强大的竞争对手：外资零售企业

　　国际零售集团已从渗透阶段转入攻城略地阶段，国际知名品牌在进入时已不再是单个商店的单枪匹马，而是连锁形式的遍地开花，统一管理，统一配送，具有明显的规模效应，使得竞争更加激烈。

c. 缺乏良好的社会信用环境

目前还没有健全的电子商务法律制度来制约非法的、欺骗性的商务活动，大大影响了消费者对商品的信心。

E. 市场容量预估

公司以武汉各高校为突破口，以此来展开市场。据统计，湖北省的高校数量在全国是排第一位的，高校的绝对数量带来的是在校大学生的绝对数量。今年湖北的在校大学生数量已达到130万，其中武汉市有108万在校大学生。武汉拥有高等院校82所，高校数量中国第一（一本高校10所，二本12所，三本高校23所，高职院校30所，另有军事院校7所，其中985工程建设大学两所，985工程优势学科创新平台建设大学四所，211工程建设大学有七所），培养研究生的高校18所，有博士学位授予权的高校16所。

而据东方今报2013年调查报道，不同性别、不同学制、不同学校、不同地域的大学生每月网购支出也存在差别。全国男大学生平均每月网购支出803元，远高于女生的680元；硕士及以上学历、本科、专科生的平均每月网购支出分别为1222元、567元、484元；211高校人均月支出838元，非211高校的这一数字为546元。从消费支出来看，大学生网购族平均每年在网上的消费支出超过4000元。

大学生的网上消费能力与武汉的大学生数量相结合，使武汉这个大学城具有了巨大的市场。

目前，据统计湖北大学生的网上消费普及率为52%，全国排名第七位，相当于湖北每100个在校大学生中，52个有网购经历。仍有约一半的数量还未加入网购的大军。而且，近年来，政府大力支持企业利用电子商务平台开展国际贸易，建设电子商务示范基地建设，对电子商务产业发展发挥了积极作用，未来B2B电子商务应用将会得到飞跃式的发展。当快捷支付模式成熟之后，这一市场的前景将更加广阔。

F. 市场前景预测

通过以上分析我们不难发现：利用好我国零售业商场的优势力量及时城市物流网的快速反应，不仅解决了我国零售企业目前所面临的窘迫，对于电子商务在我国的发展也有一定的启示作用。

公司在起步阶段会因为资金不足、缺乏知名度而亏损，但由于网站经营内容的"个性化"、服务对象的"特定化"、赢利模式的"多元化"，网站的运营将在经营初期之后进入一个良性循环，从而扭亏为盈，并占据电子商务领域的一席之地。

6.4.5 公司战略

6.4.5.1 发展规划

（1）短期目标

以湖北武汉为重点，主要面向高校学生和社区居民，创造属于自己的品牌，做好营销工作，稳步运营网站；快速提高网站访问量；完善网络结构和功能；打开网络知名度、提高公司知名度，不断提高服务方式及质量，获得一定业务收入；做好政府公关和企业公关工作，加强和合作企业得联系，使得斯达沃购物网站网站深入人心；特别是结合大学生创业的良好商业契机，树立公司品牌形象，提升公司形象。同时结合新时代的到来，开创更多崭新的商业服务模式。此阶段预计需要两年时间。

（2）中期目标

以华北地区为目标，扩展到北京，天津，东北三省等省份，预计将覆盖15个省市和地区，保证技术和业务上的不断创新。

进一步开发购物或技术开发平台，开发手机增值业务平台，和国内重要媒体合作，开拓线上和线下两方面市场。

此阶段预计需要两年时间。

（3）远期目标

将业务规模扩展到全国各主要城市，成为国内消费者休闲旅游的首先企业，传播消费新概念，建立权威可靠的信用评价体系。

技术上实现新突破，扩大网站服务功能，与时俱进地进行技术和业务的自然转型，在实现中期目标的基础上，通畅各种融资渠道，将公司做大做强。此阶段预计需要两年时间。

6.4.5.2 经营策略

（1）前期发展

公司前期发展策略主要是以斯达沃购物商城平台为主，以与餐饮业商户间合作，订餐，送外卖业务，带动网站人气，吸引众多学生的注册会员，提高网站的浏览量，同时将S2C模式电子商务推广给每位学生，吸引更多学生参与电子商务创业中，为下一步发展做铺垫。

（2）中期发展

公司发展到中期将网站附加值低的商户逐步关闭，将外卖业务转型，公司提供网站平台及微信平台给商户，物流系统交由商户自组织。逐步向技术型公司转型，开拓新的市场，提供技术，管理支持，将斯达沃逐步推广到武汉各所高校，其中与湖北经济学院后勤集团间的"经苑送"合作项目取得巨大成功，斯达沃湖经团队经过多轮竞选获得独家合作权。

（3）后期发展

公司后期将要将内部组织转型，推行股份制，吸纳更多风险投资，扩大规模，将继续以技术为核心，为更多的青年电子商务创业者提供技术支持，管理经验、团队管理、员工培训等业务。目前已经开展"淘宝学院"、微租房等项目。

6.4.6 市场营销

6.4.6.1 整体营销策略

网站不同于普通的校园性区域性网站，它是另外一种形式。从最大限度上为客户谋取福利，为客户节省时间，让消费者在网站浏览时能感觉到网站的与众不同之处，能找到对他们有用之处，努力做到让每一个浏览网页者都有所获。为了让营销策略更有目标性，所以把主营业务做了细分。如图6-24所示。

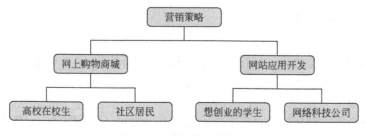

图6-24 营销策略结构图

在营销过程中要注意维护网站形象，树立起斯达沃的品牌形象，体现网站价值，让众多消费者相信斯达沃，逐渐通过口碑相传等方式增加斯达沃品牌的影响力。

6.4.6.2 商家营销策略

（1）推广策略

斯达沃购物网是依附于实体店的一个电子商务网站，其商家也就主要分布在高校附近，其中主要包括学校周围口碑较好，生意较好的一些商家，包含餐饮、娱乐、学习等方面。在制定营销策略时要注意根据不同性质的商家制定切合本店铺的营销方案，要做到让商铺舒心，让消费者满意且宣传效果好，一定要突出斯达沃购物商城宣传效果，达到预期的吸引力。

推广的难点和重点在于覆盖率和商家的认可程度，即需要在最短的时间内覆盖尽可能多的商家，有两种策略可以选择。

① 策略一

利用暑期或节假日，招募部分兼职营销人员（以大学生为主）。通过简短培训作为公司的营销人员。根据区域，委派营销人员去与商家协商公关，并鼓励营销人员挖掘新的合作商家。商家加盟采用免费的形式，但需要商家承诺当销售量达到一定额度之后提供一定折扣。

② 策略二

在校园内做宣传，寝室发宣传单，校内做活动，赞助学校或学院活动，提供网站奖品等，以此来增加网站知名度。

在校区做宣传和校园不同，成人主要注重服务与价格，所以活动要有针对性，贴近日常生活。

在校园做活动要注意符合校园气息，在小区做活动要贴近生活，争取以最贴切的方式将活动融入到消费者心中，以树立公司良好形象。

（2）营销手段

斯达沃购物网吸引个人用户群体进行消费，一部分依靠的是网站的积分回馈体系。为了让商家认可积分回馈制度，必须在网站经营初期承担给用户回馈的费用，这样，用户享受了实惠，商家也没有受到任何损失；而用户拿着斯达沃购物网的宣传卡片来到商家进行消费，商家不但不会觉得吃亏，反而会对网站产生信任和好感，消费者也会受到良好的待遇。

下一步，商家就会有热情继续和网站合作，甚至建立长期稳固的合作关系。

6.4.6.3 网站店铺销售策略

实体店铺由于平日工作本来就很忙，花在做宣传上面的工作时间本来就很少，所以在与其谈合作时，可以主动地帮其解决此类问题，当然在宣传上面要挂上网站的域名，并且在其店铺内部也要有网站的宣传，以此来增强网站的宣传力度。

另外当帮助一家店铺完成工作，并且达到了令人满意的效果之后，通过店铺老板的口碑相传，下一步的工作就很容易大范围的开展。

6.4.6.4 个人用户营销策略

（1）初期推广

初期推广以在校学生为主，推行针对学生的个性化营销手段，并给较低的折扣，让其得到好处，从而在朋友间宣传。

（2）广告词设计

广告词需贴合需求群体的特点来进行设计，必须达到亲切和朗朗上口的要求。如：

"斯达沃，让生活变得更简单！"

"上斯达沃，书写别样生活！"

"enjoy starwords, enjoy life！"

（3）电视、报纸、杂志等媒体推广

学生最爱思考自己的一日三餐以及课余活动，所以将网站所推广的理念通过广告的形式在校园内呈现。另外传统的电视，报纸广告也是抓住的重点，因为对于老年人来说，很多时候都待在家中，他们通过电视、报纸来了解最新的消息，而且对于一个家庭来说，电视也是很好的媒介。

（4）校园，社区实体宣传

在白领居住的公寓楼进行宣传，如电梯旁边的挂壁电视等框架传媒进行广告宣传。深入社区与居委会合作推行"自由，便捷，实惠"的消费理念。

在学生宿舍楼进行宣传，如招聘学生兼职在寝室内部进行口碑宣传，在显眼位置贴出宣传单。深入学校与后勤合作，推行网站的普及度。

（5）"SNS"社区网站推广

借助社区网站火爆之风，在白领阶层积聚的社区网站上进行更加针对性的推广，如在国内知名网站"人人网"、"占座网"、"若邻网"进行广告宣传。

当网站发展到一定规模，可以在根据地附近的高校同时进行网站建立以及推广，扩大知名度后就会令消费者信任网站。

（6）在搜索引擎上注册

可以在百度，Google，Yahoo等搜索引擎上注册，用户登录时就能够看见网站的导航条，在知名旅游行业站点申请链接。如果资金允许，也可以适当地在搜狐，新浪等门户网站上投放关键词广告。

在学校主页或是学校贴吧上面进行注册，与其合作在网页上添加链接，直接就能登录网站主页。

（7）网站资源合作

本着资源共享，共同扩大收益的原则与网站进行交换链接，与用户资源合作，与广告资源合作，从而多渠道的宣传网站，达到互赢。

6.4.6.5 无间断式有规律营销

由于校园内部各种活动以及人员流动量大，所以宣传一定要有持续性，但是不能让消费者感到疲倦，所以要有规律性，例如每周一次活动宣传，每天都有一种特惠等等，让网站更富有吸引力，保持网站新鲜度。

6.4.6.6 网络营销

① 通过与学校领导以及校园名人协商，请他们在qq或微博上面发表有关网站的信息，如邀请校团委书记发表微博支持该网站项目。这样在校园内增加可信度，且此种方式能够快速大范围的将网站推广出去。

② 在校园贴吧上发布消息，如定期在贴吧上发布有关网站的活动等信息，并请吧主支持该项目，把与网站有关的帖子置顶。

③ 微信营销，建公司自己的APP，或是与校园官方APP合作，定期发布有关网站的活动等信息。

6.4.7 公司管理

6.4.7.1 公司结构图

（1）第一阶段公司结构图

第一阶段公司结构图如图6-25所示。

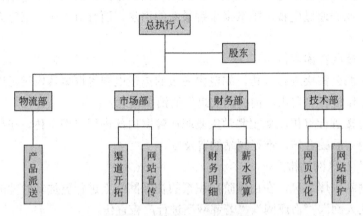

图6-25　第一阶段公司结构图

注：① 本企业在初创期规模较小，管理简单，故可由总执行人承担中央管理任务，由部门主管对所属部门及商铺负责，② 此要求部门主管精明能干，具有多种管理专业知识，能够亲自处理各种业务。

该组织结构的优点：

① 管理结构简单，管理费用低，指挥命令统一，决策速度快，责任明确，反应灵活，纪律和秩序维护较为容易。

② 避免了不必要的管理层次。以免影响信息交流、增加管理成本、降低管理效率，同时能够使公司拥有更充足的资金和时间来运作经营。

③ 管理事务增多时，一些专业职能可由专业人员来承担，如财务职能可由专业财务人员来负责。

（2）第二阶段公司结构图

第二阶段公司结构图如图6-26所示。

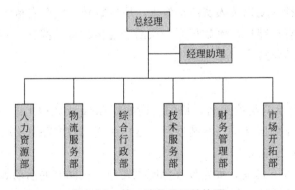

图6-26　第二阶段公司结构图

注：此时公司发展已步入正规化，规模也不断扩大，为了克服直线职能制的缺点，公司

会设立各种综合委员会或建立各种会议制度,以协调各方面工作,加强各部门沟通,为公司长期规划及业务发展出谋划策。

该组织结构的优点:直线职能制是在综合直线制和职能制优点的基础上形成的,因而既有利于保证集中统一的指挥,又可以在各级行政负责人的领导下充分发挥各专业管理机构的作用。

6.4.7.2 网站和微信平台管理

（1）后台管理

① 订单处理流程（图6-27）

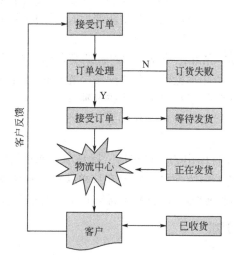

图6-27 订单处理流程

② 订单接受

接受订货的第一步是接收订单,接收订单的方式包括网站订货与微信订货两种。

③ 订单确认

A.确认所需货品、数量、交期；

B.确认订单形态；

C.确认订货价格。

不同客户、不同数量,可能有不同的货物价格,在输入价格时应审查,若输入价格不符（输入错误或业务员降价强接单）,应予以锁定,以便主管审核。

D.确认包装方式

客户所订货品,是否有特殊的包装、分包装与贴标签的要求,或有无易腐、易湿物品在其中。

④ 建立客户档案

客户档案应包括:客户名称、编号、等级；客户信用额度；客户付款及折扣率条件；开发负责此客户的业务员资料；客户的配送区域；客户的收货地址；客户配送路径的顺序；客户点卸货特点；客户配送要求；延迟订单处理方式。

⑤ 存货查询与订单分配

输入客户所订商品的名称、代码后,系统就查对存货档的资料,查看此商品有无缺货,如有缺货就查看商品资料有无替代品,或缺货有无采购还没入库信息；

订单输入确认无误后,最主要的就是将订单汇总、分类、调拨库存。订单分配方式可以单一订单分配或批次分配；根据每一订单或每批订单的种类，考虑批订单的标准拣取时间；依订单排定出货时间与拣货顺序。

⑥ 订单分配后存货不足处理

若公司存货不足不能满足客户需求时，客户又不接受替代品，则按客户的要求与公司规定有如下几种方法处理。

A. 重新调拨。若客户不允许过期交货，公司不愿失去订单时，则有必要重新调拨分配订单。

B. 补送。若客户允许不足部分可以等有货时再过期交货时，公司政策也允许，则采用补送处理；若客户允许不足订单额的部分或整张订单留待下一次订货时配送的，也采用补送处理。

C. 删除不足额订单。若客户不接受部分出货，或公司政策不希望分批出货时，则删除订单；若客户不接受过期出货，公司也无法再重新调拨时，则删除订单。

D. 延迟交货。

a. 有时限延迟交货，客户允许在一段时间内过期交货，且希望所有订单一起送达；

b. 无限延迟交货，客户允许不论延迟多久交货，希望所有订单一起送达，则等所有订货到后再一起配送；对延迟订单需要有记录存档或单独列项。

E. 取消订单。若客户希望所有订单一起到达，且不允许延期交货，公司也无法再重新调拨，则取消订单。

⑦ 订单资料输出。需要打印出的资料包括：拣货单（或拣货单条码）、缺货资料。

以上为订单处理所涉及的方方面面，物流在订单执行过程中扮演及时、安全、足额配送的关键角色，并直面门店和终端客户，也是了解客户需求与服务反馈的一个重要信息源。

6.4.7.3 新闻创建与产品更新

（1）信息采集

① 根据网站几个板块内容，不同的版块内容根据客户不同阶段的需求及时更新。

② 信息采集人员应保证网页、图片及文件资料无病毒、信息准确，并做好相关资料的备份。

（2）信息审核

需要在网上发布的信息及上传文件须经部门经理审核后方可发布。

（3）发布原则

① 网站平台维护更新遵循需求主导，突出重点，统一标准的原则。

② 网站平台内容至少每两天更新一次，并于每周的周五报网站管理员发布。

（4）发布及归档

① 网站管理员负责按时发布信息，凡经经理签发的信息原则上随到随发，以保证网站信息快捷传播。

② 建立信息发布日志，网站管理员负责记录每次信息发布时间，做好发布信息审批记录及原始资料的归档工作。

6.4.7.4 网站安全管理（略）

6.4.7.5 物流管理

（1）体系简介

该物流体系以网站平台中心为中心的物流供应链。当客户通过网站或微信平台订购商品后，网站或微信平台中心将迅速接收到订单。订单处理后在同一时间将订单发送给物流人员和店铺或仓库。物流人员将根据订单信息，确定需要从店铺里面取货还是需要从仓库里面提取商品，最后将商品送给客户。

供应链整合：主要包括流程上游产品信息搜集与下游的配送服务。其中，产品本身优劣势与企业的核心竞争力息息相关，因此，需要花费重点资源用于开发、比较、甄别及选择上游供应商；另外，在流程下游部分，客户在网上下订单之后，既然需要快速响应，良好顺畅的配送服务当然是必不可缺的；该环节是实践平台对客户的承诺，由此，配送质量的好坏，也直接影响到客户对企业形象的评价，优秀的配送服务对实施品牌战略也将具有积极重大的影响。

（2）物流配送服务

a. 自营物流

该物流方式被应用于武汉工程大学流芳校区的配送服务。

优点：自营物流是在电子商务刚刚萌芽的时期，对于电子商务企业规模不大，从事电子商务的企业多选用自营物流的方式。企业自营物流模式意味着电子商务企业自行组建物流配送系统，经营管理企业的整个物流运作过程。在这种方式下，企业也会向仓储企业购买仓储服务，向运输企业购买运输服务。

不足：这些服务都只限于一次或一系列分散的物流功能，而且是临时性的纯市场交易的服务，物流公司并不按照企业独特的业务流程提供独特的服务，即物流服务与企业价值链的松散的联系。

b. 第三方物流（3PL 或 TPL）

该物流方式应用于湖北经济学院。

优点：第一，物流企业为提高服务质量，也在不断拓宽业务范围，提供配套服务；第二，很多成功的物流企业根据第一方、第二方的谈判条款，分析比较自理的操作成本和代理费用，灵活运用自理和代理两种方式，提供客户定制的物流服务；第三，物流产业的发展潜力巨大，具有广阔的发展前景。

不足：第三方物流实行外包物流，成本相对较高。

6.4.8 财务分析

6.4.8.1 项目投资概算

（1）开办费用

斯达沃创业团队初期内部融资4万元，主要使用在网站服务器维护费用、办公场所租用费用、办公设备费用、物流设备费用等日常开支费用。中期引入风险投资3万元投入公司正常运营中。

（2）固定资产投资

公司固定资产当前已达3万余元，包括办公设备、交通工具、通信设备等固定设备。

（3）无形资产投资

公司无形资产投资主要在服务器租用以及网站运营维护费用，投资用于微信平台开发以及APP开发科研费用。

（4）其他不可预见费用

公司其他不可预见费用预备金为5000元，主要用在其他突发事件支出，例如：员工送货意外受伤费用、交通工具损坏维护费用等。

6.4.8.2 营业现金流量分析

（1）销售收入（表6-16）

表6-16 公司财务收入明细　　　　　　　　　　　　　　　　　　单位：元

月度\类别	网站营业收入	广告收入	技术服务收入	微信营业收入	管理服务收入	物流收入	中介服务收入	经苑送团队收入
2013年9月	1200	600	2000	1500	600	990	300	无
2013年10月	1009	800	1300	2000	700	780	300	无
2013年11月	1500	1000	4000	1800	800	889	200	无
2013年12月	1350	1233	900	1700	790	990	300	无
2014年1月	1290	900	1500	1800	678	890	500	4400
2014年2月	1390	440	2900	1900	900	1100	400	5500
2014年3月	1600	780	3890	3000	800	1200	600	7000
2014年4月	1700	490	1300	2000	590	1000	500	8800

（2）销售成本（表6-17）

表6-17 公司销售成本及各项支出费用　　　　　　　　　　　　　单位：元

月度\类别	网站维护费	员工工资	技术开发费	营业费用	折旧费用	摊销费用	各项税费	其他费用
2013年9月	300	2000	500	1000	100	120	0	150
2013年10月	260	2500	600	1200	200	90	0	150
2013年11月	120	1500	500	1100	300	100	0	400
2013年12月	800	1800	400	900	400	110	0	300
2014年1月	560	1500	800	800		120	0	250
2014年2月	300	1900	600	1300	350	200	0	300
2014年3月	500	1500	560	1200	300	200	0	100
2014年4月	460	1500	700	990	400	180	0	400

2013年11月网络营业收入中技术服务收入大幅增长，开始赢利，随后成本相对稳定，收入逐渐增长。

6.4.9 融资规划

6.4.9.1 股本结构与规模

企业作为新成立的有限责任公司，在创立之时，计划同时通过内部融资和外部融资两大途径进行融资。

（1）内部融资

企业创立之初各股东的投资，公司注册资本共计为40万元人民币，注册之处，利用政府给予大学生自主创业的优惠政策，实行零注册，但公司通过内部融资总共计为4万元，详细情况如表6-18所示。

表6-18 股本结构图　　　　　　　　　　　　　　　　单位：元

股东	出资额	股份比例
总经理	20000	36%
营销经理	5000	18%
物流经理	5000	18%
财务总监	5000	18%
团队	5000	10%
股东资本合计	40000	100%

留存收益融资，企业计划在第一年不向股东发放股利，并且不提取任意盈余公积，将第一年大部分的盈利用于下一年的生产计划，这样做可以有效地利用未分配利润，降低筹资成本，并且在增加权益资本的同时，不会稀释原有股东的每股收益和控制权，还可以增加公司的净资产，支持公司扩大其他方式的筹资。

（2）外部融资

a.银行贷款

公司创办之初资金需求并不是特别紧张，所以未向银行申请贷款，在中期及后期发展中如需扩大规模，将向银行申请贷款。

b.风险投资

为弥补公司资金空缺，采取吸引风险投资的方式筹集资金3万。除创业团队所占有股份之外的剩余股份必须由多个风险投资家分摊，避免其他股东掌握控制权。（附件5，风险投资协议书）

6.4.9.2 融资运用

① 添置相关固定资产：购买办公设备、物流设备、通讯设备、网站设备等相关固定设备。

② 雇佣技术员工及物流员工：雇佣技术员工开发技术，以及维护网站、微信运营平台，雇佣物流员工负责物流物品派送。

③ 技术开发投入：成立技术团队小组，不断更新网站及微信平台，投入大量资金用于技术开发项目。

④ 市场开拓投入：公司不断开拓新的高校市场，组建分部网站运营团队，提供技术、管理等支持。

6.4.9.3 投资回报

① 投资收益（股利政策）：公司营业收入按照各位投资合伙人入股比率分配，并将留余一定资金用于公司的运转。

② 资本利得：公司将会按照风险投资协议中规定划分公司利得，并每月提供财务分析报表，向各位股东阐述，保证公平公正。

6.4.10 项目特点

斯达沃网上应用平台是武汉工程大学生及其合作伙伴创建的，率先在校内成功运营的网络交易平台，目前已经有较为稳定的访问量和顾客群，和商家也建立了良好的合作关系。通过该案例在网络创业方面的相关经历,研究网络创业模式与方法,可以找到更贴近大学生的行之有效的创业模式。通过了解该项目的创业模式或创意,可以发现新的网络创业发展模式,从而实现创业模式创新。通过专家访谈、头脑风暴等方式总结新的创业模式。如软件开发、O2O、服务交易、移动电子商务等。现在大学生具有创业的勇气与激情,想在广阔的网络市场当中实现自己的梦想。然而网络创业并非人人都能成功,同样充满的风险和不确定性。通过该项目的研究,可以使大学生们清楚地认识到目前网络创业的模式及方法,正确地选择创业道路。其特点包括以下几点。

(1) 项目目前已经正常运作

斯达沃网络开发应用平台分为斯达沃购物商城和斯达沃微信网络平台,该平台主营业务分为营销平台开发应用、网络综合购物两部分。服务于大学生,同时为大学生创业提供平台。该平台2013年9月开始运营,隶属于武汉馨语星网络科技有限公司,率先采用S2C (Shop to Consumer) 模式,以提供生活圈周围全部企业(个体工商户、学生个体)与广大用户之间便捷的网上购物、点餐、订房、交易、企业展示,派送等服务。同时,扶持大学生创业,做网站和微信平台技术开发,帮助团队构建的一系列服务。公司前期的主营业务为商城运营业务,最先创办斯达沃工大购物网。在武汉工程大学校内开展点餐,订房、旅游、租房等业务,消费群体主要针对大学生及周边社区居民。斯达沃湖经购物网,目前主要服务于"经苑送"团队,该团队在公司扶持下顺利招标成功与湖经后勤集团达成合作协议,开展校园外送餐服务。淘宝学院是公司与校内团队合作开发的项目,相对于阿里巴巴学院,淘宝学院主要针对于大学生从事淘宝的系列培训,为想在淘宝网开设店铺学生,提供技术、管理、营销等服务支持。

(2) 已经成立公司及获得一定的风险投资资金

项目核心成员作为创业者成立了武汉馨语星网络科技有限责任公司,有营业执照,公司章程,目前运作良好,并且签订了风险投资合同,获得了企业发展的初始资金。

(3) 学校的大力支持

学校为鼓励大学生创业,成立了大学生创业基地,提供办公场所、办公设备,并在学校政策、资金支持上予以扶持,目前该项目已经正式入驻创业基地,有固定的办公场所,为后续创业发展提供了便利。

(4) 商业计划书获得省级奖项

以该项目为主要内容的商业计划书参加了2014年第四届"创新、创意、创意"电子商务大赛,项目团队及内容得到了评审老师的认可,获得湖北省三创比赛二等奖。

(5) 团队具有创业热情及创业素质

项目负责人有着良好的商业头脑和思维,极具创业热情。是该校专为创业开设的"企业佳"班成员。目前斯达沃商城运行良好,对完成项目有重要的实际意义。组员来自不同院系,其中包括电子商务专业,他们接受过电子商务专业相关知识的培训,都有良好的成绩与较强的实践能力,都已接受相关专业知识的学习,在大学里,小组成员取得良好的成绩与较强的实践能力,而且他们各有所长。或精通计算机知识,能利用网络高效的分析问题、解决问题;或有很强的人际沟通能力,能很好地实施现场调查工作;或有很强的分析能力,能找到问题的根源并有很好的表达能力。

6.5 小结

以上四个案例代表了不同阶段和产品，第一个案例由学生团队操作完成，从身边发现商机，想做这样一个O2O模式下的高校专利孵化与智能推广平台，目的是让高校专利能够迅速市场化，项目停留在创意阶段，真正要实施，投资较大。初期创业者，不太适合直接做平台。但此案例仍不失一个创意非常好的案例。

第二个案例，团队也是从学校萌生了创业的想法，一句卖大米的玩笑话当了真，一起去市场调研哪个大米卖得好，市场大妈说五常大米好卖，"因为好吃"，他们真的就实施起来。这个案例最后获得了成功，说明了创业初始选品很重要，选品是成功的一半。公司开始主要做线下的渠道，和医药商、便利店、高端生活区商场等合作，有了一定的区域客户基础。经历了近两年的探索，2010年年底，谷绿农品开始筹备转型做电子商务，逐步将线下的一些销售渠道砍掉，2011年入住天猫实现了爆发式的增长（如图6-28所示）。这也是一个很好的由传统企业转向电商成功的一个典型案例。

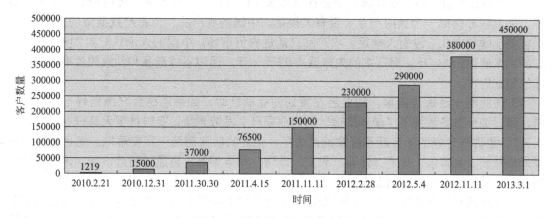

图6-28 谷绿农产品客户增长图

第三个案例，直接从淘宝开始创业之路，为了打开市场，考虑了每个细节，有很多值得我们借鉴的营销方式。

从这几个案例，尤其是案例二和案例三，我们可以总结下电商创业成功的几个因素。

（1）清晰的商业模式

可以简单但是一定要经得起推敲，有自己的核心竞争力，这个核心竞争力可以是个人，或者核心技术，或者团队，或者是某些资源，总之这个不是什么人都能很容易拥有的，有了这个商业模式就等于有了大厦的根基。

（2）根据自己的商业模式建团队

一个创业公司，如果没有联合创始人一定成功不了，找需要的人加入，最好是互补的，每个人都有自己的强项，互相磨合。

（3）注册一个能够满足你需求的公司

如果需要，一定在前期注册自己的公司，针对自己的产品，注册相应的品牌，避免后期很多麻烦。比如案例三的经历。

（4）计算好创业所需的资金

创业资金是一个创业项目启动的前提条件之一，虽然其有多少之分，但是，在开始之前，创业者还是需要储备一些资金的。对于启动资金的多少，创业者可以在开始前有一个初

步的估算,但是,这个估算并不准确,甚至无法确保你完成一套商业计划书,为此,在创业启动之前,你需要对你的创业资金进行一次准确的预测,这样才能对你以后的发展提供坚实的基础。并提前规划好,这些资金应该如何分配。

(5)项目规划一定要合理

先做什么,后做什么,最好前期越简单越好,把一些能拖后的工作都安排到后期,这样更能集中精力把前面基础做好。

案例启示与思考

1.知交网是一个专为创新者和投资商服务的O2O模式商务平台,专注于搭建专利对接服务的桥梁渠道,以推动高校专利的转化。从自己的角度分析O2O模式下的高校专利孵化与智能推广平台项目,实施的可能性,最大的实施难度在那里?

2."谷绿农品"不仅在卖米,更是在挑战某些传统思想,颠覆某些传统理念。没有人规定,创业就非得搞一个热门产业;没有人规定,中国的农产品、土特产就要做的土里土气,不需要品牌和文化;没有人规定,农产品只能进农贸市场,中国的大米只配卖2块一斤,泰国的大米能卖6块一斤,而日本的大米该卖99元一斤。通过谷绿选品和创业的故事,谈下对你的创业启发。

3.创业不一定是苦差事,创业者在策划创业项目时,如果能结合兴趣爱好(如喜欢旅游,通过细分市场策划了"学伴旅途"的创业项目)发散思维,有时甚至天马行空去"异想天开",也许一个好的项目就不经意间产生了,但好的创业想法一定要落地。结合自身兴趣爱好或特长,如音乐、美术、体育、天文、地理、军事等等,再通过细分市场,想想有没有创业机会并相互研讨启发创业思维。

4.斯达沃网上商城是一个典型的校园电子商务创业项目,作为该项目的服务对象有哪些特点?随着项目的发展,你认为还有哪些产品或服务能加入到该项目当中?斯达沃网上商城面临的竞争者有哪些?应该如何制定竞争策略?请你为该项目设计可行的网络营销方案。

第7章 电子商务创业实践案例分析

7.1 御泥坊电子商务案例分析

【摘要】 电子商务成就了御泥坊，御泥坊创造了国际化民族品牌的奇迹。追根溯源，御泥坊源自湖南御家汇网络有限公司。该公司打造了一个汇美丽商城，而御泥坊是其口碑品牌之一。本案例以电商知名护肤品御泥坊背后的公司和网络商城为剖析对象，对服务内容、对业务发展模式、管理理念、营销策略等方面的成功经验进行深入剖析，同时审慎洞悉其面临的挑战，给出适当的建议。

【关键词】 御泥坊；护肤品；民族品牌；御家汇；汇美丽商城；业务发展模式

7.1.1 基本情况

7.1.1.1 公司简介

湖南御家汇网络有限公司（简称御家汇）是一家集传统产业与电子商务于一体的科技型企业，目前主要以网络营销为主要渠道，公司与淘宝网、天猫商城、京东商城、一号店、当当网、乐蜂网等全国一百余家主流网上商城建立了深度合作关系，全力打造和独立拥有了B2C商城——汇美丽化妆品商城，该商城于2011年10月8日正式上线。2007年，公司由国家商务部认定为"全国百家电商示范企业"，并获得国内综合排名第一的人民币基金深圳创新投资集团与国家发改委下属基金的共同投资。公司全资控股御泥坊、师夷家、花瑶花、小迷糊四个护肤品品牌，拥有多个获得国家专利自主研发的护肤品配方技术，其中旗下品牌御泥坊在中国水洗类面膜市场份额位居全国第一，并逐渐发展成多元化的化妆品商城。

7.1.1.2 汇美丽商城服务

汇美丽商城承诺服务包括"100%正品保障""7天退换货"等，上线一年，商城已超过30万会员，更有7500位美肤达人帮助用户解答肌肤烦恼，努力实现为每位女性带来独一无二的美丽惊喜。具体服务内容可登录商城网站获取。

御泥坊也获得了诸多荣誉：2007年度淘宝网化妆品终评榜"最佳面膜奖"；2008年淘宝网化妆品终评榜"最佳控油面膜"；2007、2008连续两年力压同时参选的多家国际品牌，是在国外最热卖的五款国货精品之一；2010年CCTV-2《创业英雄汇》冠军；中国化妆品行业单店单月、单店单天销售纪录保持者；淘宝网销量第一面膜；淘宝商城化妆品类目销量第一品牌。

7.1.2 商业模式

从销售质优价廉的网货积累用户规模，到反向整合供应链，再到品牌营销和推广，被历史遗忘的民族精粹成为网络标杆性口碑品牌，汇美丽商城尤其是御泥坊吸引了越来越多国人的眼球。

首批入驻淘宝商城，成为第一批"淘品牌"，加强品牌运营和市场推广，在消费者心中逐步树立起具有品牌内涵和精准定位的品牌形象；

通过博客、SNS、微博等社会化媒体进行口碑传播，缩短了品牌与消费者之间的距离，消费者的广泛参与成为品牌共建的核心；

不断开发新产品，丰富产品线，尽可能满足消费者个性化、差异化的需求。为一对80后新婚夫妇特别打造"婚庆定制版套装"，实现消费者和品牌之间的情感连接，引领化妆品个性化定制新风潮；

创新性地推出"御泥坊团爱情"大型主题团购活动，把EMS办公室搬到自家仓库，确保每天数以万计的订单当天下单当天发货，包裹中还贴心地赠送了爱情魔豆、亲笔信、喜糖等惊喜礼品，改变了团购的形态和意义，大大提升了购物体验。

前瞻性的推广手段与顺应潮流的变革举措，与消费者建立更加有效和直接的双向沟通模式，大幅度提升了品牌价值的累积速度。

7.1.3 管理理念

作为网络商城中敏锐的先行者，御家汇对新商业文明时代"开放、透明、分享、责任"的特性有着深刻理解，成为网购市场"秩序建设"的忠实拥护者和积极实践者。

（1）独特企业文化——御家文化

御家汇是一个以价值观色彩来覆盖产品、服务和管理的团队，公司在对待顾客、团队凝聚力、对待变化、提升自我价值、激发热情、工作过程和结果七个方面，各有自己的要求与标准，形成了独特的"御家文化"，即倡导价值观第一、业务技能第二，并概括为"顾客永远是对的""发现问题，解决问题，提升价值""今天最好表现，明天最低要求"等七句话，也就是我们常说的"御家七剑"。

（2）崇高管理使命——打造民族品牌、引领人类时尚

中国经济已出现了从财富时代到品牌时代的契机，互联网口碑将强力助推民族品牌的崛起。如何打破传统渠道的山阻水隔，为民族品牌在新商业文明时代里寻找新生，御家汇实现了，他既把握了契机，又通过互联网创业振兴了民族品牌。只因御家汇拥有崇高的管理使命：力争把"中国制造"升级为"中国创造"，打造出更多让中国人引以为傲的民族品牌，让民族文化引领人类时尚。

7.1.4 营销策略

目前，御家汇的营销模式主要以特色产品为载体，以网络营销为渠道，依靠网络口碑相传，以低营销成本、低风险、高效率的营销方式，通过成功的经验和成熟的品牌运作方式，在政府的支持下，御家汇打造了一个中小企业直接面对全国乃至全世界客户的模式，受到大量时尚知性女性的追捧，连续多年在化妆品领域获得诸多荣誉。

因此，御家汇自成立以来盈利能力持续攀升，在公司的主营产品中，御泥坊系列产品高达70%的毛利率水平是其他国内本土化妆品不可比拟的（除雅霜之外，其他产品的毛利率均在40%左右）。同时公司享有一定的终端提价能力，所以各产品的毛利率自问世以来基本保持稳定水平。

7.1.5 问题与建议

（1）存在的问题

第一，品牌知名度有待进一步提高。御泥坊虽然在网络上有了一定的知名度和销量，但相对其他国际知名品牌的品牌认知度、美誉度差距显著。

第二，营销渠道有限，导致了销售渠道的相对单一。御泥坊产品目前主要为网络营销，线下营销很少。有些潜在用户由于不上网或对网络不信任从而没有渠道可以线下购买产品。同时，国外市场的单一代理商模式也存在一定弊端。

第三，大众媒体广告投入较少，品牌曝光率较低。如电视、报刊、广播、户外平面广告

栏等很少看见关于本产品的广告，而这些广告目前对于消费者的影响又是毋庸置疑的。

第四，产品种类有限，针对不同消费群体系列品牌产品有待进一步开发。

（2）建议

第一，产品策略。御泥坊是御家汇企业中的明星产品，经过前期市场培育，目前已进入了成长期，为公司带来了经济收益和品牌效应。建议公司今后依托御泥坊进一步扩大市场经济规模和市场机会，丰富产品线做大做强。

第二，营销策略。御泥坊通过给力的口碑传播蜚声海内外，成为第一家通过电商渠道进入国际市场的中国化妆品品牌，但要被更广泛客户认知还需一段时间，一方面继续发挥网络营销的自身优势，另一方面可逐步开拓线下营销渠道，如进入超市或在商场设置地面体验店等。并可以尝试部分营销媒体如电视、报刊、广播等。

第三，管理制度。一方面，人才的引进时尽量优择专业素质高、执行能力强，有思想，和企业价值观符合的人才；另一方面，建议完善和巩固内部培育机制，让与企业共同成长的年轻人得到不同层面、不同程度的提升，让员工通过工作机会来实现自我的不断完善，从而实现企业与员工共同成长。

案例启示与思考

1. 民族品牌产品目前整体表现怎样？请调研3～5个民族品牌产品目前现状，从中选1个民族品牌进行深入调研形成调研报告。对成功运用电子商务创业实现民族品牌创新的企业，分析其如何运用电子商务获得成功；对于尚不成功的民族品牌提出电子商务振兴民族品牌的可行性方案。（分组调研，集体研讨）

2. 主营护肤品、化妆品相关网站有哪些？详细分析1～2个网站，分析重点可以是营销模式、赢利模式等。

3. 调研御泥坊采用的网络营销手段，每人至少提3种方式，并分析营销目标和效果。

4. 分析御家汇如何通过电子商务满足顾客个性化需求？

5. 御家汇的盈利模式是怎样的？如何进一步提升其盈利能力？

6. 评价案例中的问题及其建议，提出自己的观点。

7.2 云南土特产网电子商务平台案例分析

【摘要】为鼓励农村青年抓住信息化进程给农业农村发展带来的市场机遇，并积极利用电子商务等现代商业模式来拓宽创业致富渠道，近日，团中央、商务部联合实施农村青年电商培育工程，农业日趋成为"互联网+"背景下产业信息化发展的下一个风口。而集文化与地域特征为一体的土特产产品则构成了农产品信息化进程中的重要一环。这些因素让土特产成为电子商务创业者较易选择的项目。同时，信息化能够有效传播农产品的产品质量等特征信息，有效提升其品牌知名度，拓展其销售渠道，并实现农产品供求的良好对接。云南土特产网是依托云南丰富的土特产品，通过整合O2O营销、B2B2C电子商务模式以及大数据支撑将电商、电销、金融和现代物流四大板块进行有机融合的一个电子商务平台。本案例以云南土特产网电子商务平台项目为例，通过对该项目的基本情况、商务模式、运营模式、技术架构等方面的分析来总结其运营特点及创业经验。

【关键词】电子商务平台；土特产；长尾理论；B2B2C；O2O；LAMP

7.2.1 基本情况

（1）电子商务平台

电子商务平台（统称平台）是在线上实现商品展示和交易的综合性平台；是建立在Internet上开展商务活动的虚拟网络空间和保障商务顺利运营的管理环境；是协调并整合信息流、物质流、资金流有序、关联、高效流动的重要场所。企业、商家可充分利用电子商务平台提供的网络基础设施、支付平台、安全平台、管理平台等共享资源进而可以有效、低成本地开展其商务活动。而作为平台项目的创业方案，平台应包含基本的产品管理、客户关系管理、后台管理、运维管理、支付管理、售前管理以及售后管理等功能。同时，平台还应根据具体的产品特征及平台定位抑或是目标群体而赋予平台一些特殊的功能，并以此来反映平台运营中的特色所在。此外，根据平台建设的需要，较强的可拓展和跨平台功能也是必不可少的。

（2）农产品电商

云南是一个物产丰富，素有"动物王国"和"植物王国"美誉的省份，在绿色产品和土特产方面有着天然优势，开发云南电子商务在线交易平台，实现土特产产品的信息化交易，这为无法达成线下交易的潜在客户、倾向线上交易的客户以及偏好于独特地域文化特色产品的小众客户提供了了解并获得云南土特产的机会，而这也无形中提升了云南省土特产的产品知名度。近期中央多项政策大力支持农村电商发展（详见节后知识链接），以此为契机开展云南特产网电子商务平台项目必将带来农产品信息化建设的新热潮。相关政策也为该平台的建设实施提供了强大的资金支持和环境支持。

7.2.2 商业模式

（1）经营模式——B2B2C

一方面，该平台以B2B2C为主要经营模式，通过有效整合对接线下生产商和线上客户的双边需求，并通过利用现代信息技术、互联网、物联网、现代化的物流管理系统以及先进物流技术和物流装备来整合移动商务、银联、支付宝结算支付工具而建立专业的B2B2C模式的独立的网上电子商务平台。它通过构建自身的文化特色和响应小众化用户的特色需求为切入点，充分运用现有的影响数据服务信息来为企业经营和市场预测把脉，并通过商务智能来为商城消费高峰的到来提前做出反应。由此，云南土特产网电子商务平台通过构建B2B2C电子商务模式整合了类似苹果公司的O2O模式（线上销售+线下展示）、基于长尾理论的小众化服务特色以及通过构建土特产品的文化内涵来升级其产品信息及电子商务平台的品牌知名度，并缩短了产品流通环节、降低了采购成本、加速了产品和资金周转效率，提供了一个融合商流、物流、资金流、信息流的综合性电子商务平台。

（2）商务模式

图7-1从电子商务平台的市场地位、运营模式、盈利模式及其推广途径四个方面对其商务模式进行了概括。土特产网的市场定位在于打造具有专业文化产品特色的类似于京东和淘宝的电子商务平台。它通过赋予其产品的文化特质、协调双边互动中线下供货商和线上潜在顾客的行为、提升品牌知名度和加强质量认证下的特色有机产品的供应来不断强化其市场地位。进一步地，土特产网的运营模式则涵盖了O2O整合营销渠道以及B2B2C的双边经营战略并以此来节约库存成本，强化产品信息传播，并通过管理绩效的提升来优化运营管理水平。

从盈利模式的角度考察，云南土特产网从利润即产品差价、特许加盟费以及富有针对性的在线广告三个角度来提高电子商务平台利润水平。继而，以此为基础，云南土特产网的产品或服务的推广途径可以概括为社交推广（如通过微信APP来绑定电子商务平台信息推广相关产品的使用和养生知识、奖励微博大V的宣传行为）、服务推广（如产品健康知识和售前服务）以及活动展销三个方面。

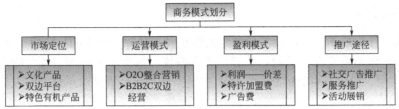

图7-1 云南特产网电子商务平台的商务模式

表7-1揭示了根据Johnson and Christensen❶对商业模式的划分所展现出来的云南特产网电子商务平台相比于传统网上电子商务平台的不同之处。

表7-1 传统电子商务平台与云南特产网对比

项目	传统网上电子商务平台	云南特产网
客户价值定义	扩大用户规模	从推动文化产品需求入手,拓展土特产产品的供销渠道,提升产品知名度
利润公式	成本加成定价;多元化经营	多产品定价;专卖;低库存成本;
产业定位与整合	传统企业的线上平台	产品即服务,提升农产品供销的文化特质,整合线上线下营销
核心资源和流程	用户价值;	专卖专营;小众化用户价值;供销一体化经营

7.2.3 运营模式

依托云南丰富的土特产品,云南特产网将电商、电销、金融、现代物流四大板块进行了有机融合。图7-2展示了云南土特产电子商务平台所包含的网站功能:

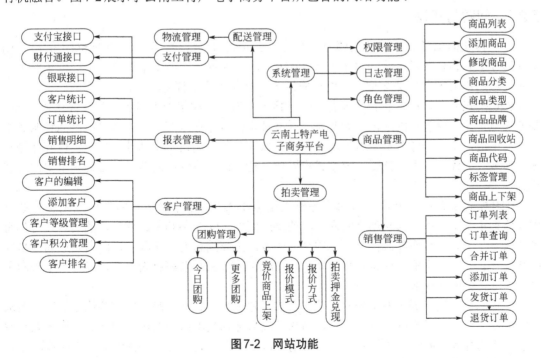

图7-2 网站功能

---

❶ 商业模式的纬度划分:Johnson M W, Christensen C M, Kagermann H. Reinventing your business model [J]. Harvard business review, 2008, 86(12):57-68.

7.2.4 技术架构

以WEB2.0作为技术框架，该平台通过使用经典、开源、免费的LAMP（Linux+Apache+MySQL+PHP）作为系统部署平台，节省了操作系统、数据库系统购买等费用，并能够保障系统高效、实用、稳定、可靠的运行，进而实现操作系统、数据库系统及开发软件自定义权限安全。

（1）Linux是Unix克隆（Unix clone）或Unix风格（Unix alike）的操作系统，是一个支持多用户，多进程，多线程，实时性较好的功能强大而稳定的操作系统。它运行速度快，运行稳定，对硬件的配置要求低，兼具了其他操作系统的优点。这使得云南特产网的运行效率有了大幅度提升，并为电子商务平台的功能拓展和性能提升做了基础性支持。

（2）Apache是一个开放源码的、世界排名第一的WEB服务器，可以在大多数计算机操作系统中运行，它快速、可靠并且可通过简单的API扩展，Perl/Python/PHP等解释器可被编译到服务器中。通过融合Apache服务器的丰富特性，能够为云南土特产电子商务平台提供强大的后台支持。

（3）MySQL是一个真正的多用户、多线程、支持SQL99标准的SQL数据库服务器。它可以运行在Windows NT、Windows 2000、Windows XP、Windows 2003、Linux等多种流行操作系统之上。选择PHP+MySQL开发系统后，该平台系统可以运行在以上流行的操作系统平台中并能够足够快而灵活地存储记录文件和图像。

（4）PHP即PHP：Hypertext Preprocessor是跨多操作系统平台的、被广泛使用的开放源代码的多用途脚本语言，尤其适用于web开发并可以嵌入到HTML中去。PHP支持多种数据库，从而使得该平台的数据库架构具有更加灵活可拓展的特性。

7.2.5 问题与建议

（1）传统的电子商务模型主要分为企业（Business）对终端客户（Customer）的电子商务（即B2C）和企业对企业的电子商务（B2B）两种主模式。而本案例的土特产电子商务平台主要运用B2B2C模式来拓展产品的供应链条，提升产品知名度。

B2C模式：它是从企业到终端客户（包括个人消费者和组织消费者）的业务模式。B2C是通过电子化、信息化的手段，尤其是互联网技术把本企业或其他企业提供的产品和服务不经任何渠道，直接传递给消费者的商务模式。以其与大众的日常生活的密切相关性和低搜寻成本而被人们优先认识和接受。该模式应用较多且已日渐成熟，故而以B2C为其主要的经营模式。

B2B模式：企业与企业之间的业务模式被称作B2B，电子商务B2B的内涵是企业通过内部信息系统平台和外部网站将面向上游的供应商的采购业务和下游代理商的销售业务都有机地联系在一起，从而降低彼此之间的交易成本，提高满意度。实际上，面向企业间交易的B2B，无论在交易额和交易领域的覆盖上，其规模比起B2C来都更为可观，其对于电子商务发展的意义也更加深远。

B2B2C模式则是通过网上独立运营平台的搭建来整合线下产品供应方和线上的产品需求方的综合平台。该模式以电子商务平台的福利最大化为基本前提通过协调双边价格来调整双边参与者的行为。同时，该模式与双边市场类似，即考虑到了交叉外部性对于价值流转途径影响。而云南特产网的成功则涵盖了商务模式上的合理定位。

（2）和传统商务过程一样，云南特产网电子商务平台中的任何一笔交易都包含信息流、商流、资金流和物流。电子商务交易的过程，始终需要这四种流的协调配合才能得以完美展现。电子商务与物流相辅相成，物流是电子商务的基本构成要素和根本保证，会制约电子商务的发展。一般认为物流包括运输、储存、包装、装卸、流通、加工、配送、信息管理等七方面的内容，它是这些活动的集成系统。B2B2C涉及到物流的电商企业，一定要重视物流管理的有效性，这样才能体现竞争优势。

（3）Rayport等人认为任何一个组织都是在两个不同的世界中进行竞争：一个是管理人员看得见、摸得着的有形资源的世界，称为市场场所（marketplace）。另一个是由信息构成的虚拟世界，虚拟的信息世界借助电子商务技术产生一个新的价值创造场所，即市场空间（marketspace）。这两个不同世界是通过不同的价值链来开展价值创造活动：市场场所通过采购、生产和销售等活动组成的物理价值链（physical value chain，PVC），在现实世界中，物流一般从供应商、制造商、物流公司和分销渠道等角色流向客户，形成物理价值链。市场空间通过虚拟价值链（virtual value chain，VVC），即信息的收集、组织、综合、选择和发布等活动创造价值。信息流控制着物流的方向、流速和流量，因此物理价值链上的各个活动也对应着网络虚拟空间里各种活动，它们主要是一些信息的加工活动，由各种信息系统辅助完成。这些信息加工活动构成了另一条价值链——虚拟价值链，两条价值链都能增值。在信息时代，唯有充分挖掘并利用有效信息方能提升其运营价值。而云南土特产网的建立与实施则展示了物理供应链和虚拟价值链的有效整合。而这也构成了云南特产网运营成功的关键之一。

（4）在"互联网+"背景下农业电商的发展离不开大数据的支持。传统农业的发展常常受制于不良的气候环境和难以预期的市场前景，尽管技术的发展已经使得农业从传统的"望天收"的困境中摆脱出来，但是现在国内农业的发展依旧受到了难以预期的经济波动的不良影响。由此，大数据为农业电商的发展提供了强有力的决策支持。依托于大数据分析下的经济前景分析和农产品市场发展预测，可以在全息数据的指引下做出有利于包括土特产在内农产品经营的良好决策。而这也是新时期所赋予的农业电商健康有效发展的前提保障。

（5）农业的有效发展主要受到了政府政策的影响。正如基本情况中所介绍的团中央和商务部下发文章重点强调了着力培养农业电商人才。而财政部经建司商贸处处长吴祥云也在"全国农村电子商务现场会"上透露，2015年，中央财政将拨20亿元专项资金对全国中西部地区的200个县进行支持。从而充分揭示了中央对于农业发展乃至是农业信息化建设的重视，并由此揭示了当代开展独具特色的农业电商企业或平台的重要性。而土特产作为农业经济中的最为显著的要素之一，自然引起了兼具地域特有性和地域文化特色的农产品的电子商务平台的构建的必要，而这也正是农业信息化发展的当务之急。

案例启示与思考

1. 在"互联网+农业"背景下除了案例所介绍的模式外，你还知道哪些模式？这些模式分别有什么特点？对应的成功运营的企业有哪些？
2. 土特产网的技术LAMP的特点及优势有哪些？
3. 思考一下你的家乡有哪些土特产，并分析其销售渠道以及是否具有网络销售开发价值，如果有，请设计一份详细可行性报告；若家乡土特产网络销售良好，试分析其成功的原因。
4. 调研褚橙、柳桃、潘苹果目前的发展状况，并分析故事营销的效果，并进一步分析其中创业成功的因素和不足之处。
5. 考虑WEB2.0背景下电子商务平台企业中大数据平台构建、O2O模式的实施以及社交化服务的供给所带来的影响，并思考企业成功运营的关键所在。

电子商务创业

> **知识链接**
>
> **农村电商发展扶植政策**
>
> 团中央、商务部农村青年电商培育工程的重点在于培养依托电子商务发展的农村青年创业致富"领头雁"以及各级涉农创业青年协会组织成员,旨在通过技能培训、金融支持、领建站点等途径,引导广大农村青年运用电子商务创业就业、增收致富;支持农村青年电商与涉农企业、农村专业合作组织等加强合作,拓宽特色品牌农产品的销售渠道,促进现代农业发展;组织青年参与"电子商务进农村综合示范"和农村市场体系建设工作,并创建基层电商服务点;通过网络新媒体加强对农村青年的联系扶持和创业服务,更好地吸引和凝聚广大农村青年,扩大基层团组织的工作有效覆盖面。
>
> 而与此同时,在全国农村电子商务现场会上,财政部经建司商贸处处长吴祥云透露,2015年,中央财政将拨20亿元专项资金对全国中西部地区的200个县进行支持,每个县的拨款数额高达一千万。

7.3 微淘吧电子商务案例分析

【摘要】中国手机网民数量2014年规模已达5.27亿,我国网民手机上网使用率达83.4%,首次超越传统PC使用率,手机作为第一大上网终端设备的地位更加稳固。移动互联网营销已是商家必争之地。而用户在眼花缭乱、精彩纷呈的网络营销中筛选的成本也随之增加。如何解决用户筛选困难的痛点,帮助企业实现移动互联网营销,微淘吧应运而生。本案例通过对微淘吧电子商务的商业模式、经营模式和技术方案的分析,分析当下移动电子商务的一种应用形式及其未来发展趋势。

【关键词】移动电子商务;O2O;移动营销;二维码;LAMP

7.3.1 项目背景

当前网络营销现状:传统互联网营销困境凸显,价格高启,网民总数增速已放缓,而2014年中国智能手机用户首超5亿人:始终保持全球第一。在这场有马就有地的移动互联网盛宴中,企业做营销,怎么能放过移动营销。微信成为当前企业移动互联网营销的最佳入口。与此同时,用户消费更注重体验、服务质量以及便捷性,微淘吧在此背景下创业,一方面为企业解决营销成本高、效果不明显等难题,为企业提供一个高效的产品展示平台;另一方面为用户提供一个高质量便捷的获取信息、优惠券的方式,解决筛选之难。

7.3.2 商业模式

微淘吧——为用户淘优惠、淘实惠。如图7-3商业运行图所示,微淘吧以二维码为中心点,利用网站、微信、站牌广告和报纸等资源建立一个便捷的、全面的信息公开化展示平台,为用户提供优惠券下载、会员卡下载、订房等服务,所优惠通过扫一扫二维码就能实现。这取代传统的优惠券、会员卡一对一发放形式,高效便捷,安全新颖,省时省力。整个项目整合线上和线下(O2O)进行推广宣传。

线上:展示各类商家优惠信息,提供优惠券、会员卡下载以及在线订房等服务。

线下:公交站牌、报纸广告位展示商家二维码。

线上为商家提供信息的公开展示平台,结合线下进行宣传推广,用户可以快速了解商家信息,下载商家优惠券、会员卡。

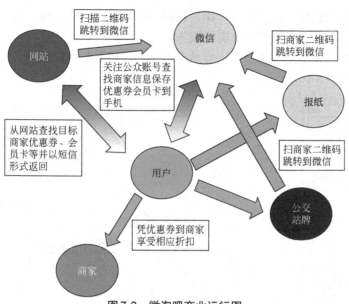

图 7-3　微淘吧商业运行图

微淘吧项目建设包括：网站建设，微信平台建设，线下广告位建设，以及项目推广建设。

7.3.3　经营模式

微淘吧网站主题为用户淘美食、淘酒店、淘娱乐、淘各类商家优惠信息。网站为用户提供各类商家的二维码优惠券、电子会员卡下载，还可以在线预订酒店、KTV 房间，从而提供高效便捷的服务。图 7-4 展示了微淘吧网站的逻辑布局。

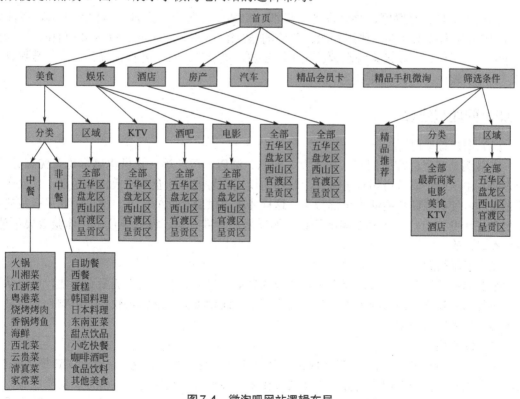

图 7-4　微淘吧网站逻辑布局

网站的整体运营围绕二维码进行。用户在网下载二维码验证信息，凭二维码到目标商家验证后即可享受折扣、会员特权、订房等服务。

网站建设功能（图7-5）：优惠券、会员卡下载，订房服务，优惠券、会员卡抢拍，以及会员系统和支付系统。

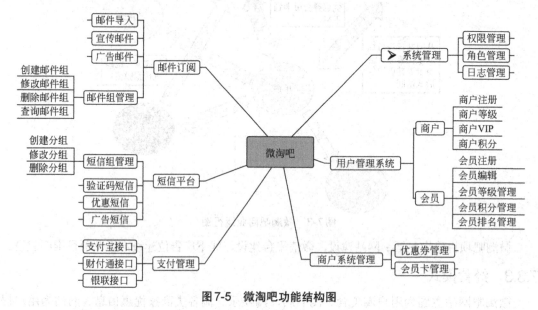

图7-5　微淘吧功能结构图

7.3.4　技术方案

依托计算机、互联网、移动商务、报纸、招贴广告等媒体，以二维码为中心，以流行的WEB2.0作为技术框架，使用开源、免费的LAMP（Linux+Apache+MySQL+PHP）作为系统开发部署平台。且要求系统高效、实用、稳定、可靠的运行。并保证操作系统、数据库系统、及开发软件自定义权限安全。

7.3.5　问题与建议

（1）商户数量问题

本案例是有限的注册商户（如美食、娱乐、酒店、房产等）提供优惠信息及优惠券等。一方面，由于电子商务市场竞争激烈，这样的模式容易被其他企业所模仿并超越，建议企业筹划布局，使更多商户能够被全部覆盖，这样才能提供最全面的信息。建议企业采取策略吸引更多优质商户自行注册到微淘吧平台。如果商户数量有限，容易导致用户体验效果不佳，形成不好口碑。

（2）流量问题

企业的持续运营，一方面要靠来自商户的流量，另一方面，用户流量更重要，可以从培养用户使用本款软件的习惯入手，争取用户可以大面积覆盖，这样该软件的影响力才会被大大加强，进入运营中期。

（3）O2O模式

O2O即Online To Offline，简单地讲就是"线上交易，线下消费"。对于O2O模式来说，其核心理念就是把线上用户引导到现实的实体中，并通过在线支付，实体提供优质服务，并实时统计消费数据提供给商家，再把商家的商品信息，准确推送给消费者。O2O的特点是只把信息流、资金流放在线上进行，而把物流和商流放在线下。O2O模式以其特有的优势，目前已经广泛应用于在线旅游、房地产、餐饮、电影票等电子优惠券等诸多领域。本项目就是一种形式的O2O，它只提供用户最感兴趣且最实用的信息，这样大大提高用户的PU（感知有用性）和PE（感知易用性），是该项目的一个特色。

O2O对用户体验要求很高，线上体验和线下体验都不容忽视。建议线上能及时准确、真实反映线下情况。如线下商户出现某些情况能第一时间让线上客户或已购买产品客户知晓。

案例启示与思考

1. 调研大众点评网、美团网，结合本案例分析各自优势，对本案例今后发展提出可行性发展建议。

2. 从佐卡伊、黄太吉、上品折扣、阿姨帮（家政O2O）、叫个鸭子（餐饮O2O）、爱屋吉屋（房产O2O）、e袋洗（洗衣O2O）等O2O案例中选择一个进行深入调研，可针对商业模式、经营模式、营销模式、赢利模式等其中一种模式进行深入分析，形成分析报告，在课堂上分组讨论。

3. 调研社区电子商务发展现状，思考社区O2O创业有哪些机会。

4. 仔细观察分析，日常生活中有哪些痛点可以借助电子商务去解决。

7.4 百途微投电商平台案例分析

【摘要】随着移动互联网的不断开放和发展，我们的社会进入了一个高度网络数字化时代。能够充分利用现代电子信息网络技术，就能迅速占领高地，企业若能结合自身特征，就会形成行业竞争优势。某文化传播有限公司是一家综合性网络信息文化传媒服务公司，其综合业务思想、多元技术研发及强大联盟团队和文化创新是其系统性核心竞争力。本案例通过计然之策的百途微投平台项目，对微平台的基本情况、商业模式、运营模式、管理模式等方面做出分析，总结其特点及成功经验并指出其面临的挑战。

【关键词】微商；百途微投；物联网；社交体验；电商平台；信任机制

7.4.1 基本情况

（1）公司简介

某文化传播有限公司是由一批网络信息化专家和精干技术人员参股共同发起，投资注册的计算机网络、软件研发、经济信息咨询、商务信息咨询、教育培训等综合性网络信息文化传媒服务公司（以下简称公司）。公司以"诚信立业"的经营理念，直面市场，走新兴科技网络传媒服务技术研发之路。公司以网络传媒软、硬件技术研发和咨询、教育、商务服务应用相结合发展公司多元化综合网络传媒服务体系。公司团队将原有的网络系统集成、智能环境服务、网络软件研发、互联网络服务的有机结合构成公司综合的信息网络传媒服务能力。

团队经营的建筑智能环境服务系统（包括多媒体会议室、安防监控等）、计算机软件研发（网络办公、零售系统、远程教育、电子商务等）、物联网络信息系统集成等以优质的工程质量及完善的售后服务。随着网络传媒产业的发展，社会进入了一个高科技网络数字化时代。为追求发展、开拓市场，团队联盟以科技研发为依托，以现代传媒服务市场为导向，形成以咨询、教育、商务、传媒、软件研发及网络系统集成为一体的数字化网络传媒服务提供商。

公司结合校企合作在科研成果转化中的互补优势，通过整合各协作企业的行业能力优势和高校的教育科研资源优势，共同研发了一系列的行业竞争力强的优势产品，这些科研成果的协同运营形成企业多元化的系统性核心竞争力。

（2）项目背景

百途微投平台，旨在为学员和企业提供创新性创业孵化分享环境，旨在为用户提供强连接社交环境，致力于打造一个集服务咨询、信息共享、社交体验式电商为一体的综合性网络平台，建立我们和用户、用户和用户之间的信息分享和资源流通的桥梁，让闲置资源得以最大化地流通和利用。

百途微投的三大优势：

① 从人才、资源、服务、创新培育等方面实现教、育、产、创结合的产业化服务价值体系；

② 建立用户体验渠道体系，实现体验即品牌，品牌即体验；

③ 用户强连接信任代言机制，实现最诚信、最安全的分享环境。

7.4.2 组织机构

如图7-6百途微投组织机构图所示，百途微投项目下设两个部门：物联网络研发和社交体验式电商平台。

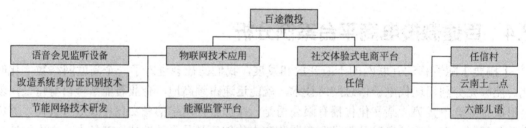

图7-6 百途微投组织机构图

其中，物联网技术应用部门负责网络技术的研发，为百途微投项目的运作作技术支撑。物联网是按照约定的协议，把任何物品与互联网相连接，进行信息交换和通信，以实现智能化识别、定位、跟踪、监控和管理等网络功能。物联网一般是在计算机互联网的基础上，利用RFID、无线数据通信等技术，实现物品或商品的自动识别和信息的互联与共享。百途微投的物联网技术应用包括监狱服刑人员会见系统物联技术应用集成升级改造建设项目和节能网络技术研发，其中有语音会见监听设备和改造系统身份证识别技术等，语音会见监听设备被改造升级，使其录音监听设备可以自动联网，语音记录信息可以自动归档案，这样来减轻业务科室的工作繁度，同时也减少人工处理的出错概率等问题。提高整个系统的工作效率和工作质量。改造系统身份证识别技术是通过集成服刑人员和服刑人员家属信息数据，应用身份证识别技术自动读取到访问人员身份证信息，关联相关的服刑人员和相关的访问记录，实现对访问信息的自动登记处理和数字化归档案。节能网络技术研发下设能源监管平台项目，是面向政府、企事业单位（集团）应用需求而研发的专业能源监测与集中控制管理平台，帮助企业加强能源计量管理，开展企业节能降耗行动，提高能源利用率，减少资源消耗、保护环境；协助企业更好地完成资源调配、组织生产、部门结算、成本核算，对能源供应进行监测，以便企业实时掌握能源状况，为实现能源自动化调控奠定坚实的数据基础。系统配合各用能单位的节能工作，科学合理地降低单位产值或单位产品的能源资源消耗，实现分产品、分车间的能源管理，提高能源资源的利用水平，建立科学合理的能源体系，同时为用能单位能源网络的设计、优化、改造提供全面的基础数据和分析数据；加强对用能单位能源利用状况的宏观监督管理，以及对用能单位能源资源投入产出全过程进行全面的审计，建立科学的能源审计体系；为企业的安全、可靠、高效的用能提供全面的科学指导，最大限度地延长企业生产设备的使用寿命，有效降低维护成本。

社交体验式电商平台部门负责面向用户推出的具体项目的运作。社交体验式电商平台是一种社会化电子商务，它借助社交网站、SNS、微博、社交媒介、网络媒介等传播途径，通过社交互动、用户自生内容等手段来辅助商品的购买和销售行为。在Web2.0时代，越来越多的内容和行为是由终端用户来产生和主导的，比如微博和微信。

任信村，旨在打造一个纯自媒体环境，为用户提供专业的个人品牌树立和自我展现服务，为用户提供专业的自媒体服务体验。美国新闻学会的媒体中心对自媒体（We Media）下定义，"We Media是普通大众经由数字科技强化、与全球知识体系相连之后，一种开始理解普通大众如何提供与分享他们本身的事实、他们本身的新闻的途径。"所有人都可以参与进来并展现自己。

云南土一点，通过建立熟人与消费者之间的信任机制，疏通未流通资源与资源受众之间的桥梁，实现资源整合。信任问题一直都是商家与消费者之间难以逾越的鸿沟，如果能越过它，便可为企业赢得竞争优势。信任要在交易安全性、网站品质和诚信经营的良好声誉上下工夫。

六部儿语，细致的生活服务，用爱陪伴成长，提供给用户最省心的体验。将六部儿语以微信作为依托平台，让万千家长参与互动交流，从中轻松找到自己想要的信息。

在百途微投，物联网技术应用何社交体验式电商平台是相辅相成的，物联网将物品与互联网相连接，实现了信息交换和通信，我们得到了智能化的网络管理，这些技术不仅可以直接被用于相应的组织活动中，其使用过程中产生的物的数据和企业原始的交易数据、社交数据三大数据构成了全息数据，全息数据被智能分析，从而洞察到用户需求，最终企业将用这些搜集、反馈、分析来的知识来改进社交体验式电商平台上的用户体验。

7.4.3 运营模式

百途平台通过社交体验式电商平台，建立物联信任机制，构建熟人与消费者之间的桥梁，链接社会断层，为资源流动创造更诚信、更安全的渠道。服务包括节能网络研发、软件开发、创业微投、相关平台编辑策划、网站维护、社交和电商服务等内容。

任信平台，旨在做一个侧重于熟人圈子的社交体验式电商网络平台。在强连接环境下，为用户提供最安全、最诚信的体验。

任信平台采用物联信任代言机制，确保用户强连接关系，降低社交和电商活动安全隐患。依托互联网、移动网络、物联信任机制、互动分享和物联网实现强信任社交体验式电商。

7.4.4 管理模式

（1）平台理念
① 至信至简；
② 最小投入，最快成型，最大效益；
③ 资源整合，发挥资源最大效益；

④数据支撑，实现最好的用户体验。

（2）管理团队

首先，百途核心管理团队，本着走在互联网时代最前端的目标，采用自组织管理模式，让成员自行承担工作职责，选择自己喜欢和擅长的工作内容，激发团队成员积极性和主动性，将自己的所长发挥到极致，最大限度的提高自身工作效率。

现有百途团队成员90%为大专及以上学历，除了固定职员外，其他团队成员采用聘用在校大学生的方式，培训在校学生同时巩固核心团队。运用年轻血液提高团队核心竞争力。现阶段已有云南财经大学电子商务实验室团队。

7.4.5 创新模式

（1）寻找社会断层法

将企业问题上升为社会问题，解决企业问题同时解决社会问题，树立企业形象，确保企业更加长远的发展。

（2）文化创新法

不走产品升级和产品创新的老路，结合社会实际情况和意识形态，运用恰当的神话和文化密码使得产品文化变得生动，进而实现文化创新。

（3）数据分析法

利用数据做支撑，采用数据分析、数据挖掘的方式，决策适合用户的方案，制定适合并解决用户需求的产品。最大程度实现用户期望，实现最好的用户体验。

7.4.6 综合概述

随着网络时代的高速发展，人们的生活越来越依赖于网络，物联网和社交化电商是必然趋势。云南百途微投平台，作为一个综合性网络平台，创立之初自然不能和其他功能强大、技术先进、服务全面、用户数量庞大的平台相抗衡，但是我们确保用户之间强连接关系的熟人机制概念，却是领先其他平台先形成的，即使功能不同，每个平台都有一个共同的目标就是弱连接关系向强连接关系的转化，粘贴用户，培养用户忠诚度，我们的物联信任机制减弱了这个问题实现的难度，确保后期用户参与的积极性和主动性。与此同时，我们结合实际数据进行决策的数据分析系统很大程度上缩小了预测结果的偏差，减少了决策错误的机会，为用户提供期望实现率最高的服务和产品体验。

7.4.7 案例点评

（1）在商业行为中，最难的就是商家和消费者之间信任关系的建立，而从利益关系上来说，买卖双方本质上是利益对立的，而这种信任关系的天生独立，恰恰可以通过社会化关系的介入来产生影响。百途微投平台的三个子项目都是以信任为基础开展商业活动，建立熟人机制，最大限度地创建一个侧重熟人圈子的社交体验式的安全平台。在这样的强连接环境下，可以最大限度地杜绝社交安全隐患的缺陷。但是强连接下，平台用户人数的扩张是企业急需解决的一个重要问题，通过现有的平台运作机制，能否吸引到足够的用户？

（2）作为社会化电子商务的龙头企业，微信作为通信工具已经成为绝大多数微信用户的主要诉求，从产品开发角度来看，微信完全由腾讯公司自主开发，经验和竞争意识很强。从产品定位的角度来说，微信是手机即时消息类应用，是一种聊天工具，这是其进行其他业务的本质基础。微信的大量用户来自于原来的腾讯QQ用户，它借助手机通讯录将用户捆绑在一起。在手机通讯录里比较亲密的熟人、朋友等微信用户的带动下，产生一种"病毒营销"模式式的扩张。微信还推出了基于LBS的功能插件"附近的人"，扩大了个人交际圈，增强了用户的使用黏性。微信面向名人、政府、媒体、企业等机构推出的合作推广业务的公众平台，在帮助这些机构宣传、提高品牌知名度的同时，也实现了自身的推广，扩大了微信用户的规模。微信的营销模式可总结为"熟人+陌生人+圈子"。处于扩张用户规模阶段的微信，对平台双方都是免费的。当用户黏性达到一定程度之后，营销工具必然要付费。微信作为典型的社会化电子商务的成功案例，值得社会化电子商务企业来借鉴与参考，并加以创新。

（3）用大数据做为现代电子商务的支撑，可以给企业提供准确的企业交易原来的数据、人产生的社交数据、物（传感器等）的数据，在这些数据的支撑下，企业的预测更准确，决策更有效。这些数据具有体量大、多样性、速度快、价值密度低等特点。在这样海量数据面前，企业需要做好数据的分析工作，将数据从负债阶段转化到信息价值阶段甚至信息商品化阶段，才能将数据的优势发挥到极致。

（4）该企业的产业化服务的价值体系思路独特，从人才、资源、服务、创新培育等多方面将教、育、产、创结合，形成的产业化服务价值体系，将相关相通的各种资源和各种开展形式结合起来，优势互补、互相促进，形成一个较为完整的产业化服务的价值体系，实现全面发展。

（5）在团队建设上，该企业充分利用联盟的形式，将专业服务施工队伍、专业网络与软件技术开发人员、在校大学生、关联龙头企业、高校结成战略合作，整合各方优势，这也是其多元化的系统性核心竞争力。

案例启示与思考

1. 社交体验电商平台核心理念是什么？
2. 百途微投平台区别于其他平台的特点是什么？
3. 社交体验电商平台中用户的弱连接关系向强连接关系的转化是如何实现的？
4. 本案例使用熟人机制来确保社交体验的信任机制，熟人机制是如何实现的？还可以通过其他什么方法来实现？
5. 如果你来做社交体验式电商，你要从哪些方面下工夫？试从策略、执行上分析。

7.5 在线电子商务信誉管理系统及应用案例分析

【摘要】随着电子商务的兴起，网络的发达带来了网络经济的高速发展，网上交易B2C、B2B、C2C的经济活动越来越多，由于电子商务的全球性、虚拟性、匿名性等特点，网络交易容易造成交易双方的信息不对称，交易双方的信用、信誉受到置疑，同时也使交易风险增大，交易成本增加，为了降低交易成本和交易风险，基于网络的信誉管理越来越显得重要。在线电子商务信誉管理系统就是为解决信誉这个大问题应运而生的。本案例主要从其技术模式的各个方面对电子商务的信誉管理的应用进行分析，以期对其有更深的研究和启发。

【关键词】信誉管理系统；跨平台信誉共享；技术模式；LAMP；互联网金融

7.5.1 基本信息

在线电子商务信誉管理系统对交易各方的行为产生约束力，限制投机行为，鼓励诚信行

为，降低交易风险（尤其是信用风险），阻止道德风险和逆向选择的发生；便于交易各方了解交易伙伴的信用状况，帮助用户确定信任对象，从而提高网上交易的成交率；无论从卖方还是买方的角度看，信誉管理系统都能够降低交易成本。例如减少卖方为使买方信任其产品所作的宣传、广告等方面的支出，减少买方搜索产品、收集信息的时间、费用等；对于卖方而言，信誉管理系统能够传递产品质量信息，可以作为控制产品质量的一种机制。

7.5.2 商业模式

在网络安全问题越来越被重视的情况下，有必要寻找适合电子商务特点的新的信誉管理方式，以有效地降低交易过程的风险并提高交易的成功率，而在线信誉系统的出现，在保障网上交易稳定性，防范网络欺诈，建立良好信任关系，提高市场效率等方面发挥着积极的作用，为解决信任危机提供了一种有效的途径。

本系统ORMS（Online Reputation Management System）是使用B/S架构在LAMP（Linux、Apache、MySQL、PHP）平台上使用WEB2.0技术，以MVC模式开发设计的信息管理系统。各个电子商务网站在ORMS中注册后，就可以向ORMS提交评价数据和查询用户信誉及用户收到评价，实现跨平台信誉共享。

7.5.3 技术模式

7.5.3.1 本系统技术

本系统ORMS使用B/S架构在LAMP（Linux、Apache、MySQL、PHP）平台上使用WEB2.0技术并以MVC模式开发设计的信息管理系统。系统的客户端运行平台可以是Windows操作系统，也可以是Linux/Unix/Mac OS X操作系统，只要可以运行IE、Chrome、Firefox等浏览器即可，并且要求系统高效、实用、稳定、可靠的运行，保证操作系统、数据库系统及开发软件自定义权限安全。

（1）Linux

Linux是Unix克隆（Unix clone）或Unix风格（Unix alike）的操作系统，在原代码级上兼容绝大部分Unix标准（指的是IEEE POSIX，System V，BSD），是一个支持多用户、多进程、多线程，实时性较好的功能强大而稳定的操作系统。运行速度快，运行稳定，对硬件的配置要求低，兼具了其他操作系统的优点。

（2）Apache

Apache是一个开放源码的、世界排名第一的WEB服务器，可以在大多数计算机操作系统中运行，由于其多平台和安全性被广泛使用。它快速、可靠并且可通过简单的API扩展，Perl/Python/ PHP等解释器可被编译到服务器中。Apache服务器拥有丰富特性。

（3）MySQL

MySQL是一个真正的多用户、多线程、支持SQL99标准的SQL数据库服务器。MySQL是以一个客户机/服务器结构的实现。MySQL可以运行在Windows NT、Windows 2000、Windows XP、Windows 2003、Linux等多种流行操作系统之上。选择PHP+MySQL开发系统后，所开发的系统可以运行在以上流行的操作系统平台中。同时MySQL也足够快和灵活允许存储记录文件和图像。

（4）PHP

PHP即Hypertext Preprocessor是跨多操作系统平台的、被广泛使用的开放源代码的多用途脚本语言，尤其适用于web开发并可以嵌入到HTML中去。其语法利用了C，Java和Perl，非常容易学习。该语言的主要目标是让web开发人员可以很快写出动态生成的网页。PHP支持多种数据库。

7.5.3.2 功能设计

在线信誉管理系统采用浏览器/服务器方式运行于Internet上，各个电子商务网站（EC2-WEB）在系统中注册后，就可以向ORMS提交评价数据和查询用户信誉及用户收到评价。系统的客户端运行平台可以是Windows 9X/ME/2000/XP/2003等Windows操作系统，也可以是Linux/Unix/FreeBSD/Mac OS X操作系统，只要可以运行IE、Firefox或Mozilla等浏览器即可。

在线信誉系统与各个电子商务网站通过定义标准XML数据的接口进行数据交换，如图7-7所示。

根据需求分析，把ORMS子系统分解为前台、后台两部分，并划分为模块，总体结构，如图7-8所示。

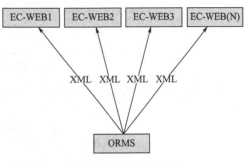

图7-7 系统访问模型

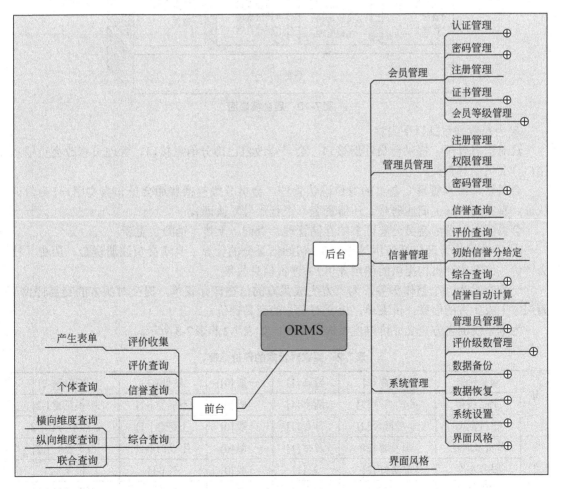

图7-8 总结构图

① 前台是指普通用户面对的界面。在登录系统后，可以进行交易评价、信誉分的查询。对交易过的产品提出质量评价，服务评价，如图7-9所示。

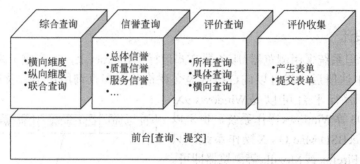

图7-9　前台模块图

② 后台为ORMS系统管理员经过系统登录才能看到和操作的管理操作界面，如图7-10所示。

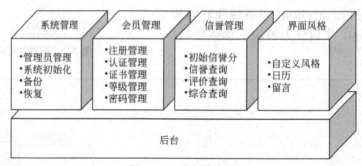

图7-10　后台模块图

③ 会员管理包括以下内容。

注册信息管理：提供会员注册接口、会员修改自己部分信息接口、管理员修改会员信息接口、会员信息查询。

会员认证级别管理：会员的身份确认管理，会员分级包括普通会员和真实用户[身份证认证、真实用户（工商注册号、注册资金、银行账号）认证]。

会员证书管理：会员公匙证书的存储管理、查询、上传、销毁、更新。

④ 信誉评价管理包括信用等级评定/初始信誉分的计算；真实会员注册资金、历史、社会评价（信誉中介机构提供的信用评价）；评价信息收集。

一次交易为一个整体事务，为卖方生成买方的信誉评介表单，提交对买方的交易评价；为买方生成卖方的信誉评价表单，提交对卖方的交易评价。

为本系统的卖方定义评价维度及评价标度，如表7-2和表7-3所示。

表7-2　买家对卖家的评价标度

品资	商品价格	非常高[2]	较高[1]	一般[0]	较低[-1]	非常低[-2]
	商品质量	非常满意[2]	满意[1]	一般[0]	不满意[-1]	很不满意[-2]
	相符程度	非常符合[2]	符合[1]	一般[0]	不符合[-1]	非常不符合[-2]
服务	发货及时性	很及时[2]	及时[1]	一般[0]	不及时[-1]	很不及时[-2]
	服务态度	非常好[2]	好[1]	一般[0]	差[-1]	很差[-2]
	承诺及售后	非常满意[2]	满意[1]	一般[0]	不满意[-1]	很不满意[-2]

表 7-3　卖家对买家的评价标度

交易满意度	非常满意[2]	满意[1]	一般[0]	不满意[-1]	很不满意[-2]

信誉分计算和信用等级进级

单次信誉集结方法：

$$S = W_1 * \sum_{i=1}^{3} w_i p_i + W_2 * \sum_{i=4}^{6} w_i p_i$$

W_1=0.6，W_2=0.4。分别是评价中的一级指标商品的质量与服务的权重。

w_1=0.15，w_2=0.6，w_3=0.25，w_3=0.25，w_4=0.29，w_5=0.27，w_6=0.44

w_i是二级指标的权重，通过层次分析法得到。

p_i为商品价格、商品质量、相符程度、发货及时性、服务态度、承诺及售后的单次评价得分。

一个月的信誉得分集结：$M = \sum_{1}^{31} S_i$，i为本月的第几天。

一年信誉分集结：

n为当前 $Y_n = \sum_{1}^{12} M_i \frac{12-i+1}{12}$ 月开始向前推的第 n 月。

总的信誉分集结：

$$T = \sum_{1}^{n} \frac{Y_n}{12^n}$$

n为当前年开始向前推的第 n 年。

所得的信誉分数与等级的计算公式，S为分数，N为等级

$$S = N^3 + 6*N$$

分别使用 ☆、♦、●图标表示，图标进级使用三3制，一级一个星，三个 ☆ 为一个 ♦，三个 ♦ 为一个 ●。共三个 ● 为顶。

信誉报表统计

具有某一等级的会员人数统计。

多维度信誉查询

横向维度查询

为会员提供查询拥有某物品的所有卖方、买方

纵向维度查询

为会员提供查询具体某种属性（价格、交货及时性、质量、售后、信誉）的所有卖方、买方。

多条件联合查询

为会员提供查询拥有某物品、且具有某种属性的所有卖方或所有买方。

跨系统接口

跨系统使用需要实现：不同评价体系中的信誉分互相转化。不同软件平台中的数据传输和共享。

使用的评价体系：5级（−2，−1，0，1，2）评价体系；

```
<?xml version="1.0" encoding="UTF-8"?>
<trade>
<buid>uid</buid>
<suid>uid</suid>
<siteid>siteid</siteid> （ec-web，跨平台）
<goodsid>gid</goodsid>
<goods>name</goods>
<price>value</price>
<desc>describe</desc>（描述）
<date>date</date>
<time>time</time>
</trade>
```

图 7-11 交易数据接口 XML

```
<?xml version="1.0" encoding="UTF-8"?>
<appraise>
<tid>value</tid> //交易ID
<suid>value</suid> //卖方ID
<buid>value</buid> //买方ID
<price>value</price> //价格评价
<qs>value</qs> //质量评价
<ps>value</ps> //相符程度
<time>value</time> //发货及时性
<ts>value</ts> //服务态度
<as>value</as> //承诺及售后
</appraise>
```

图 7-12 买方对卖方评价数据接口 XML

```
<?xml version="1.0" encoding="UTF-8"?>
<appraise>
<tid>value</tid> //交易ID
<suid>value</suid> //卖方ID
<buid>value</buid> //买方ID
<ts>value</ts> //trade service（交易满意度）
</appraise>
```

图 7-13 卖方对买方评价数据接口 XML

定义数据接口

如图 7-11 所示，交易数据接口 XML。

如图 7-12 所示，买方对卖方评价数据接口 XML。

如图 7-13 所示，卖方对买方评价数据接口

系统支持模块

电子商城注册管理

为共享本系统的信誉管理的电子商城提供注册，并提供接口。

用户权限管理

系统管理的权限分级。会员增加自己交易物品，并只能对属于自己的物品进行价格、数量的修改。

用户密码管理

会员设置、更新自己的密码。系统为丢失密码的用户找回密码。

其他附加功能。

界面风格

留言功能

辅助决策

给交易者推荐物品及推荐建议。

安全系统

在当今的信息时代，必须保护对其发展壮大至关重要的信息资产，另一方面，这些资产也暴露在越来越多的威胁中，毫无疑问，保护信息的私密性、完整性、真实性和可靠性的需求已经成为企业、单位、消费者的最优先的需求之一。本系统考虑以下方面的安全：

系统安全

不经过允许，系统不会被非法使用。

数据安全

存储的数据是安全的，不能被非法获得。

评价安全

用户对交易过程的评价不能作假，将如实的针对本次交易中的产品质量、服务作出评价。

密码安全

用户密码通过加密是安全的，即使数据库系统管理员也不能知道。

7.5.4 系统延伸

（1）商务智能

商务智能（B2）支持工具的使命就是把信息转化为供决策行动所用的知识，在本案例中，信誉作为一种知识，是信息与经验、前因后果、诠释和反映的结合体，是信息的高价值阶段，能够直接为决策和采取行动所用，在此也优化为一种商品，供需要的企业以一定的商业模式进行交易，这也是知识共享的一部分，可以通过 LAN 技术实现企业内部的知识共享，

通过Internet让所有知识实现共享，这就是跨平台信誉的共享过程，它的关键是商务智能。

（2）评价机制

在评价方面，有文化和习惯的影响，评价者的认真程度和客观程度都是值得深入探究的问题。评价的主观性太强，涉及多方面因素。人们对评价的不认真态度多是由其认识的局限性所导致的。在线电子商务信誉管理系统，如果能让人们更深入认识评价这个行业，能将评价的客观性程度做到最好，便可以将在线电子商务信誉管理系统纵向和横向地延伸下去，真正建立起一个评价行业。

（3）互联网金融信用

互联网金融是传统金融行业与互联网精神相结合的新兴领域。在互联网金融模式下，支付便捷，搜索引擎和社交网络降低信息处理成本，资金供需双方直接交易，可达到与现在资本市场直接融资和银行间接融资一样的资源配置效率，并在促进经济增长同时，大幅减少交易成本。这个市场充分有效，接近一般均衡定理描述的无金融中介状态。但是，目前我国信用体系尚不完善，互联网金融的相关法律还有待配套，互联网金融违约成本较低，容易诱发恶意骗贷、卷款跑路等风险问题。信誉与信用管理系统的发展壮大会大大促进我国整个信用体系的建立，也是互联网金融信用风险问题的一个重大突破。

案例启示与思考

1. 分析跨平台信誉共享的意义和延伸。
2. 对于信誉这种无形资产，如何设定它的盈利模式？如何衡量其价值？
3. LAMP平台技术和WEB2.0的结合在电子商务系统的应用很广泛，你还能举出哪些例子？并分析其在技术上的相同之处和不同之处。
4. 试述信誉与信用管理系统与互联网金融的关系。

第8章 电子商务创业失败案例分析

"创业不是好玩的事情,90%以上的创业一定会死,能活下来的绝对是祖坟冒青烟。"天使投资人雷军曾这样感慨。互联网创业在中国掀起了一轮又一轮热潮,站在风口上的公司获得了融资,活得很好,甚至上市。还有大多数创业者和他们的公司面临着失败、公司破产倒闭、团队解散等各种问题,成功者毕竟是极少数。

本章提供一些互联网创业的失败案例,失败是成功之母,透过失败的案例,我们可以看到互联网创业不仅有鲜花和掌声,更多的是坎坷和荆棘。成功的创业者是克服了所经历的一个又一个困难才到达胜利的彼岸,这些案例或多或少会给我们一些启示:避免重蹈覆辙,学会少走弯路。

8.1 生鲜电商失败案例分析

8.1.1 公司基本情况

某生鲜网是"像送牛奶一样送菜"模式的创造者。通过在每个客户门口放置一个购物箱的方式,解决了生鲜电子商务的诸多难题。通过预定、定时配送和集中配送等低成本运作方式,让低价生鲜电子商务成为可能,让广大白领,能上班时买菜,下班时,家门口取菜,大大方便了人们的生活。

经营产品包括新鲜果蔬类、粮油主食类、调味品类、肉蛋奶类、有机蔬菜类、包装食品类、饮料类、进口食品类、居家日用品(卧室、厨房、卫生间、文体用品、团购会议用品、商务礼品等)。

公司有一千平方米加工中心,进行蔬菜、水果包装加工,网上商超发货流水作业。物流配送部拥有装备齐全的仓储物流车、以及遍布社区的专业社区配送队伍。

2011年6月,公司正式签约某社区服务中心,成为社区服务中心96156品牌服务商,并成为北京市海淀区社区居家养老服务的试点企业。随着公司形象进一步完善,公司建立起全市客户服务中心,客户服务质量全面提高,标志着公司已经建设成为一家在政府指导下规范经营的专业社区服务公司。

公司聘请专业生产管理人员,严格控制质量,建立了一套完善的生产、包装、配送服务标准体系。产品供应北京各大社区,及各高科技企业园区等,通过不断完善的产品结构来满足社区居民的购物需求。

8.1.2 创业项目优势与特色

(1)特色

该网像送牛奶一样送菜的模式,学习了腾讯利用人们"聊天"的需求,建立了庞大的高粘性网上客户群,利用人们"吃"的需求,创建更加庞大的实体客户群,而互联网让这一切成为可能。该网在成立仅三个月就拿到了风险投资,受到资本市场的青睐。

成立两年来,该网解决了上千个生鲜电子商务的难题,通过加盟试点,并取得成功,终于可以在北京及全国试点城市全面铺开了。

（2）优势

① 首先，该网的蔬菜按订单进当日最新鲜蔬菜，这既保证了新鲜，又降低了损耗；而通常去菜市场或者超市买菜，蔬菜就经过挑选、各种摩擦后就不新鲜了，有的剩菜到晚上就全部扔掉了，综合损失率在30%以上，而该网的损失率低于5%。

② 该网的场地等租金也比超市和菜市场便宜的多，不需要在繁华地段，虽然增加了运输成本，但是该网通过科学的物流，通过不见面和集中的配送形式，让物流成本大大降低，这也是该网低成本的法宝。

③ 低成本还来自于科学的管理，该网通过流水线和标准化包装，大大降低了人工成本。

④ 比超市方便而且成本更低，可以直接送达用户指定地点，量大后还具有议价权，所以，可以预见该网未来与超市的竞争中将获得优势。

（3）理念

公司依托北京特有的优势，联合中关村科技园区企业，建立软件开发基地，联合京郊绿色生态园，建立有机绿色生态园观光基地。公司物流配送中心地理环境优异，交通运输十分便捷。公司的宗旨是"团结敬业，优质服务"。原则是"质量第一，信誉第一"，目标是为北京市各社区居民提供最优质的服务，以人才、信息、质量、效率竭力满足社区服务行业日新月异的发展需要。

网站在顽强支撑了两年，烧光了投资人几百万后，最终还是选择了放弃。目前，该网公开寻求出售，据其创始人×××透露，出售费用大概在150万元左右。据悉，已经有多家公司与该网进行了接触。

在我国，"生鲜电商"这一领域至今仍然处于起步和摸索阶段。诚然该网也不是第一家倒闭的"卖菜"网站，近年来已有多家卖菜网站从"先驱"变成了"先烈"。"卖菜"看似一个农民都能做好的生意，近年来一次次被搬到网上"尝鲜"，结果却屡屡受挫，举步维艰，事实证明"书生"败给了"农民"。

8.1.3 创业失败原因分析

（1）融资困难

融资困难直接导致公司的规模无法拓展，最终创业失败。需谨慎对待目前融资现状：小额融资相对容易，大额融资困难重重，创业后续发展需未雨绸缪。

（2）没有体现出该网本身的"优"来

该网一开始做的是有机蔬菜，取得了一定的成果。可是做了一段时间之后，发现很多所谓的有机蔬菜都是假的，于是又转做普通蔬菜。这样一来就背离了其本身"优"的宗旨，再加上普通蔬菜的质量无法得到保证，使得客户的体验大打折扣，也直接导致了很多客户的流失。

（3）"会员制"购物门槛过高

首次在该网买菜，必须先注册账号并在账号中充入200元钱方可购物。对于大多数人来讲，是不愿意在没有了解商品质量的情况下就掏钱的，这样一来无形中就把很多潜在客户挡在了门外。

（4）支付方式不够灵活

该网只有在线支付和网站账户支付两种支付方式，也就是说必须先交钱后送货。抛开很多老年人不会用网银和支付宝这一客观事实不讲，但就退货这一环节，就够客户麻烦的。如果能够推出货到付款方式。这样一来就方便多了，很多不会用网银的人也可以下订单。一旦出现客户对货物不满意的情况，直接拒收就可以了，免去了退货、退款的麻烦。

（5）不能提供比菜市场更好的购物体验

去菜市场或超市通常可以通过品尝挑选自己爱吃的口味，比如苹果，同样的红富士，口味非常多超市可能在不同苹果的品种前放有品尝样品。而在该网上购买，送到家的苹果可能千滋百味，没有品尝体验的机会。

（6）物流成本过高

网站负责人表示：“现在第三方物流一般都不接生鲜类的生意，所以物流大家都是自己在做。”这样不但增加了公司运作的环节，也加大了公司的运营成本。马云曾说过"电商最大的考验是物流"，生鲜电商最难的也正是物流。

（7）盲目扩大经营范围

为了增加效益，该网选择扩大经营范围，从原来的蔬菜、水果逐步增加了油盐酱醋，最后甚至连日用品也纳入到了经营范围。卖菜的捎带手买点儿油盐酱醋也就算了，连卫生巾都摆到货架上，明显给人一种不专业的感觉，客户流失也就顺理成章了。电商创业须选好细分市场，想创业淘宝、京东之类大平台不是没有可能，但难度很大，而选定恰当规模的细分市场，专注并做到极致才更容易成功。

（8）企业运营环节太多

进货、仓储、装配、物流、网站维护、客户发展……牵扯了太多精力，花费了太多成本。创业要集中精力做好最擅长的事，让专业人做专业的事，有些非核心业务可以采用外包等形式。

（9）信息不对称，劣币驱逐良币

比如黄瓜，客户认为的好黄瓜和该网认为的好黄瓜有巨大差异，客户认为颜色浅且鲜艳，外观直且顶花带刺的才是好黄瓜，其实这是"劣币"。但是客户思想一时很难改变，如果没有一个权威的信息对称，很容易出现好货被退货的情况。创业时有些消费理念是要充分引导和利用，而有些消费理念需要正确树立并进一步引导。

（10）盲目扩张

该网在初期获得成功后，对外发布了加盟信息，以期迅速扩大覆盖范围。虽然覆盖范围扩大了，但是麻烦也接踵而至。加盟商的水平参差不齐，使服务质量和客户满意度都受到了影响。城里很多地方都禁止货车通行，很多客户订了菜却被告知无法送达，直接导致了网站信誉度的下降，很多客户也就流失了。创业扩张选择加盟商是不错的方式，但一定要严格把关，不能以降低客户体验为代价的盲目扩张。

（11）菜箱子的利与弊

"像送牛奶一样送菜"的理念落实到行动上，网站为客户在家门口安装了菜箱子。这样一方面形式上给客户以专业化服务体验，另一方面也避免送货员因等待客户浪费时间成本。然而菜箱子也存在不少弊端。首先，对于小区住户家门口突然冒出来的大箱子，很多物业都表示无法接受，有的甚至给拆了。与报纸桶、牛奶箱相比，菜箱子一时之间还让人无法接受。其次，这些箱子都是需要成本的，安装费用不提，单材料费据说就要50～60元钱。该网一共装了几千个箱子，这是一笔不菲的开支。最后，生鲜品对温度的要求菜箱子无法满足，从而导致冬天芹菜像铁条、萝卜像板儿砖；夏天菜蔫了，有的甚至会腐烂。用户体验不佳，后续难以维继。

这次生鲜电商创业虽然以失败告终，但并不代表生鲜电商创业不能成功。北京目前还有鲜直达、沱沱工社等运营不错的生鲜网站，虽然生鲜B2C模式在中国没有任何先例可循，目前见到的京东、淘宝、当当等电商模式，用在生鲜上统统不管用。这个有着巨大市场空间，无限美好未来的行业，在中国究竟应该采用什么模式才是对真正符合中国国情，才能最终走向成功？

8.1.4 创业失败中发现的问题

现有的平台包括淘宝、京东等都不适合做生鲜，因为都是全局电商，没有"本地化基因"，而生鲜非常适合本地化经营。本地化生鲜平台是未来的必然，也是该生鲜的方向，通过平台进行专业化分工，基地只管种菜，电商只管发展用户和服务用户，平台负责IT解决方案，物流外包给专业生鲜物流企业等。只有专业化分工才能真正让各个环节的效率达到最高。

目前生鲜电商还需要解决如下问题才会有未来。

① 标准化。比如，能做到比自己选菜还好的客户体验，就是说通过网上买到的，就是自己喜欢吃的。同样叫苹果，口味可差的太大了。通过标准化生产和标准化标注才能实现这点，这还有很长的路要走。

② 安全感。客户信奉眼见为实，线下销售，有一个推销过程，而线上很难实现，往往客户被忽悠了，还觉得自己买菜经验很丰富。引入专家，实现信息对称，将是较好的解决方案。

③ 生鲜物流。本地化生鲜物流方面是平台成功的关键，一是政府投资，像建设高铁一样；二是企业联合体来做，需要IT串联。该网曾经尝试过很多种方式，包括跟送牛奶合作，跟实体店合作，跟城市100合作，自营等等。

8.2 团购网站失败案例分析

仅1年多时间，某团购网站从6名员工发展到了2000多人。而在仅半年时间内，其月营业额又经历了从3000万元到500万元的自由落体。

2011年12月，某团购网资金链出现危机，无法正常结算合作商家的欠款，并开始大规模裁员。截至目前，该团购网拖欠的员工工资与商家货款的金额达到1000万元。短短时间内，曾经的先行者风采全部灰飞烟灭，由先驱很快变成行业"先烈"。

这只是团购网站倒下的开始。多位团购行业的合作商家表示，不仅是该团购网有欠款，而且现在排名前列的团购网站也在拖欠商家的货款，资金链也开始紧张。团购网站只有做出相应的变化，真正地做好服务，才有可能获得新生。同样，如果不解决用户忠诚度，只提供价格导航，那么它们同样是在劫难逃。

8.2.1 ×团购网的倒下

自2011年下半年开始，×团购网就开始走下坡路。据透露2011年9～11月，×团购网每个月的营业额在600万～700万元。而就在此前的3个月，每个月营收至少2000万元。

2010年10月底，团宝的资金链开始告急。以往业务经理在提交"还款单"之后即日可以打款给商家。2011年10月底，给商家打款的周期开始变长。拖延情况日趋严重。

在最后的两个月，×团购网的日子并不好过。一份×团购网内部的营销记录显示，2011年12月份，×团购网主做实物类团购的国内业务部的毛利是33万元，营业额是302万元。而据悉国内销售部的营业额占到整体营业额的60%，在毛利中占据的比例则更高一些。从这一比例来估算，2011年12月，×团购网的总体毛利是50万元，营业额约500万元。

2012年1月份的营业额可能更是"惨不忍睹"。在2011年12月、2012年1月，×团购网的大部分员工不是在与商家协商欠款归还时间，就是与人事商量何时离职，打单已经成为一件奢侈的事情。×团购网倒下了。

8.2.2 团购的困境

"×团购网的历史就是团购网站的缩影。"×团购网的倒下并不意外,这也只是团购网站"折戟"的开始。

2010年3月上线的×团购网,在团购行业一直都位前10。根据百度的统计数据显示,2010年团购网站关注度排行上,拉手网(微博)是14.48%,美团网是9.49%,糯米网(微博)是5.45%,聚划算是3.12%,×团购网是2.71%。根据团800的数据显示,2011年1～2月,×团购网的销售额是1104万元。2011年3月份,×团购网的营业额有1240万元。

2011年春节之后,团购网站开始冲规模,意欲使用互联网"唯快不破"的大法吃掉其他团购网站。于是乎,团购网站成了电视、公交、地铁、楼宇等媒介的广告大户,×团购网也不例外。该网CEO曾公开宣布,2011年,×团购网投入5.5亿元用于市场推广。

短时间内,广告效应凸显。根据×团购网内部的一份营业额统计表,2011年4月,×团购网的营收接近2500万元。此时,尝到甜头的该网CEO对这一数字并不满意,他给×团购网订下的任务是一个月5000万元。

2011年5月,×团购网开始加大广告投入力度,邀请何润东、秦岚、于娜等明星做形象代言,在央视、分众传媒(微博)、航媒、地铁广告、户外车体广告等媒介上"狂风暴雨"式的推广。

然而此时,采取了"激进"打法的×团购网,资金储备并不充分。×团购网于2010年4月、12月进行了两次融资,总共融资不到3亿元。

那时该网CEO认为,团购网站如此之火,融资并不是问题。他当时不会预测到,融资困难却成为×团购网倒下的原因。2011年3月,筹备C轮募资。2011年5月,赴美融资失败。

资本市场率先对团购行业显现谨慎。2011年5月,金沙江创投合伙人朱啸虎称,现在团购网站已经很难拿到资金了,并且,资本市场开始要求团购网站盈利。

而衰退的迹象被团购的一片兴盛"遮住了眼睛"。2011年4月,美团关闭了赤峰、龙岩、玉林、马鞍山四个城市的分站。当年6月初,高朋网开始裁员。这一消息迅速波及整个团购行业。到了7月下旬,开心网裁撤了100多名员工,南京、宁波、郑州、厦门等12个城市站点开始被"调整"。此时,窝窝团也开始了裁员。

但是,×团购网并没有开始采取"紧缩"的策略,反而想借助广告效应来推高流量,趁机做大。×团购网一位高管的微博显示,那时,他对团购还满怀信心,认为团购只有1年多的时间,才刚开始,还会继续保持高速发展。

在"行业拐点"初现的5月,×团购网还在延续3月的策略,即疯狂扩张。一份来自×团购网内部的数据显示,×团购网编辑设计部一共有55人,其中,2010年入职的仅2人,2011年1～7月入职新人50余人。

国内业务部业务经理坦承,"大量员工招聘进来之后,人均的流水并没有提到,毛利反而下降了。后来,公司不再进行大范围扩张,养这么多员工就是成本,给公司造成了不小的压力。"

到2011年下半年,×团购网的境况就江河日下。同样一个项目,有的上半年的时候有1000多个人团购,但到了下半年,就只有100个人团购。

资本的冬天让×团购网无法短时间内找到"救命钱"来给补血。在没有后续资金入账的情况下,每个月就靠着10%的毛利,以及之前留下来的"余粮"来维持员工工资及公司的运营支出。

就这样，×团购网"挨饿"了几个月，还是无可奈何地等来了自己的命运。

8.2.3 创业失败分析

（1）盈利是关键

在.com时代，互联网创业有三段论：规模做到第一，就可以最快上市，上市之后就可以解决一切问题。但是，这三段论并不适合现在的互联网，更不适合团购。×团购网的创业失败，给其他团购网以很大警醒。

团购行业的净利率很低，竞争激烈时，甚至是赔本赚吆喝，自身的造血能力很低。如果没有资本的支持，那么死亡的概率很大。虽然这个错误整个团购都犯了，但是由于×团购网没有找到第三轮融资，因此，这样的错误对×团购网就是致命一击。

对团购网站来说，能够保证活下来最有力的因素是必须盈利。没有合适的盈利模式和盈利能力"倒下"只是先后的问题。

（2）管理靠制度

×团购网在管理上的混乱、不规范极其突出。一位团购行业人士透露，在向外人吆喝的过程中，×团购网并没有练好内功，是"自己淘汰了自己"。

"每天都有很多招聘，先是人事把关，然后是各个部门的组长、经理。"那个时候，每个管理人员都需要花费大量的时间在人员招聘，带新人上。由于精力的大量消耗，许多人在业务上，以及内部管理上有些力不从心。

但是，在人员大扩张的时候，正是需要加强管理的时候，而各业务部门的总监经常在外地四外奔波。这让整个公司的中层管理经常处于"真空"的状态。

不仅如此，中层、高管的离职亦让×团购网的管理团队不稳定。2011年初，×团购网市场总监离职；当年9月，副总裁离职；11月初，客服总监离职。

初创期的公司，管理上并不成熟，没有形成必要制度，特别是人员规模超过2000时，许多高管对如此规模员工的管理并无经验，造成人员成本高，人员效益得不到发挥。

并且，2011年上半年，在大扩张之时召进来的员工大多对×团购网没有多少认同感，忠诚度不如创业初期的那些员工。这些员工大多是"85后"，对工作与公司并没有"由内而生"的责任感，往往说辞职就辞职。

（3）创新不是拍脑袋决策

在团购行业的产品与服务并无差异的情况下，×团购网也在寻求差异化。但从结果来看，这些创新收效甚微，有些甚至还是"搬起石头砸自己的脚"。2011年9月28日，×团购网推出效仿Swoopo竞拍模式的"财迷老道"网站，但是这一活动不仅不赚钱，甚至连用户的眼球都没有赚着。

针对流量下滑，任春雷曾经做过一次变革，将团购项目3天结束，改为长期在线，永不结束。这让团购项目太多，每个项目能够在首页上展示的机会大大减少了。并且，那些好的项目却无法得到充分的展现，这让用户的体验大幅下降，营业额也大幅下滑。

这些所谓创新没有收效，反而起了负作用。创业创新不能盲目为之，任何创新不是拍脑袋决策，而是要在灵感基础上认真分析可行性。

电子商务创业

案例启示与思考

1. 调研沱沱工社、1号店、我买网（中粮集团）的生鲜电子商务情况，分析各自的优势和劣势，根据这三家电商生鲜运营情况进一步分析本书失败案例的失败因素及如何避免。

2. 调研团购市场整体情况，分析美团、糯米、京东团购、聚划算各自优势和可改进的方向。结合失败案例，思考电商创业中如何控制风险、把握节奏。

3. 今天创业失败的领域将来未必不能成功，今天成功的创业案例明天前途也未知。放弃创业的理由千千万万，创业的理由只需要一个。你的创业理由是什么？如果选择创业，就选择了将在黑暗中孤独行走，走过黑夜才能看见曙光。

4. 未来电子商务创业天地广阔，这里提供几个方向：农村电子商务，社区电子商务，生活服务业电子商务等。谈一谈你想创业的方向。

参考文献

[1] 兰宜生,王东,汤兵勇.网上创业[M].北京:机械工业出版社.2007.

[2] http://classroom.eguan.cn.

[3] http://www.wangchao.net.cn/web/detail_160528.html.

[4] http://club.1688.com/threadview/5568350.html?forumId=14841.

[5] http://www.admin5.com/article/20120105/402150.shtml.

[6] http://jingyan.baidu.com/article/8ebacdf0e6a57249f65cd5b8.html.

[7] 赵大伟.互联网思维——独孤九剑[M].北京:机械工业出版社.2014.

[8] 刘树安.大学生电子商务创业成功秘诀[J].合作经济与科技,2014,(11).

[9] 吴余舟.大学生职业生涯规划与就业创业指导[M].北京:机械工业出版社,2010.

[10] 余海胜.如何组建优秀的创业团队.

[11] 张涛,熊晓文.创业管理[M].第2版.北京:清华大学出版社,2011.

[12] 兰宜生,王东,汤兵勇.网上创业[M].北京:机械工业出版社,2007.

[13] 周波.MBA创业团队的组建与管理问题初探[D].西南财经大学工商管理硕士(MBA)学位论文,2013.

[14] 柯新生.网络支付与结算[M].北京:机械工业出版社,2012.

[15] 冯韵.移动支付中身份认证分析与研究[J].信息通信,2012,(3).

[16] 张艳,沈亮,顾健.基于移动终端的手机银行安全性技术及评估需求浅析[C].第27次全国计算机安全学术交流会论文集,2012.

[17] 张彦明,孙曙光.二维码:手机银行新应用[J].金融电子化,2012,(6).

[18] 黄超.网络支付[M].北京:机械工业出版社,2013.

[19] 郭琳.电子商务物流配送模式比较[J].商业时代.2013,(16).

[20] 吴秀程,项浩程,叶素.基于电子商务发展的四种物流模式[J].中国物流与采购,2012,21.

[21] 马宁.电子商务物流管理[M].北京:人民邮电出版社,2013.

[22] 吴晓波.商战电商时代[M].武汉:湖北教育出版社,2014.

[23] 艾伦.哈里森.物流管理[M].北京:机械工业出版社,2013.

[24] 道格拉斯·兰伯特.物流管理[M].北京：电子工业出版社，2010.

[25] 魏炜，朱武祥著.发现商业模式[M].北京：机械工业出版社，2010.

[26] 林伟贤著.正道：商业模式决胜未来[M].北京：人民邮电出版社，2009.

[27] 申音著.商业的常识[M].太原：山西经济出版社，2011.

[28] 程慧.找到可盈利的移动互联网商业模式[J].通信企业管理，2012，（03）.

[29] 徐耀.中国互联网商业模式之殇[J].企业管理，2011，（01）.

[30] 黄福玉，刘古权.互联网时代的商业未来[J].企业管理，2011，（01）.

[31] 黄炜迎.中小企业创业初期的人力资源管理思考[J].产业与科技论坛，2014，（13）：231-232.

[32] 谢皖莹.创业公司人力资源管理[J].企业科技与发展，2018，（13）：17.

[33] 汤云.电子商务企业文化建设实例剖析[J].商业时代，2007，（24）：127-128.

[34] 计东亚.创业企业成长能力研究[D].杭州：浙江工商大学，2012.

[35] 贺小刚，李新春.企业家能力与企业成长：基于中国经验的实证研究[J].经济研究，2005，10.

[36] 李明充.创业企业的风险管理[D].武汉：武汉理工大学，2003.

[37] 李明珍，陈斐.创业企业经营与管理[M].广州：华南理工大学出版社，2012.